（明）冯梦龙 编著

智囊全集

凤凰出版社

图书在版编目（CIP）数据

智囊全集 / （明）冯梦龙编著. -- 南京 ：凤凰出版社，2019.4
ISBN 978-7-5506-2928-8

Ⅰ. ①智… Ⅱ. ①冯… Ⅲ. ①笔记小说－小说集－中国－明代 Ⅳ. ①I242.1

中国版本图书馆CIP数据核字(2019)第042677号

书　　名	智囊全集
编　　著	(明)冯梦龙
责任编辑	王　剑　尤丹丹
装帧设计	姜　嵩
出版发行	凤凰出版社(原江苏古籍出版社) 发行部电话025-83223462
出版社地址	南京市中央路165号,邮编:210009
出版社网址	http://www.fhcbs.com
照　　排	南京凯建图文制作有限公司
印　　刷	扬州皓宇图文印刷有限公司 扬州市食品工业园连心路68号,邮编:225002
开　　本	880毫米×1230毫米　1/32
印　　张	15.375
字　　数	428千字
版　　次	2019年4月第1版　2019年4月第1次印刷
标准书号	ISBN 978-7-5506-2928-8
定　　价	38.00元

(本书凡印装错误可向承印厂调换,电话:0514-87825262)

出版说明

与欧洲文艺复兴相对应，在中国明末清初时期，有一个人第一次旗帜鲜明地讴歌了人的智慧，将人的智慧、人对智慧的运用提升到了一个从未有过的高度，这个人就是编纂《智囊全集》的冯梦龙。该书的编纂，充分显示了冯梦龙人文主义思想的光辉，他第一次将人的智慧作为正面的肯定对象，讴歌了人的智慧。将人的智慧，比喻为照亮黑暗的日月之火，将无智之人比喻为行尸走肉。尤其是对女性智慧的肯定，更是打破了自宋元以来“女子无才便是德”的迂腐枷锁，专门设立《闺智》一部，认为男子具有的才能，女子全都具有，男子拥有的智慧，女子一点也不少，第一次高度肯定了女性的智慧。

冯梦龙编纂《智囊全集》，还体现了他的平等思想。不管是帝王将相、达官贵人，还是士农工商、卑田院乞儿，只要有其一智，无论贵贱，悉予载录，显示了冯梦龙“在智慧面前人人平等”的人本主义思想。正因为冯梦龙有此平等思想，所以，不论历史人物在政治上有何功过是非，只要涉及智慧，一律加以记录褒扬，而不拘泥于人物的是是非非，如秦桧、王振，尽管在历史上声誉不佳，一为南宋权奸，一为明代的巨珰，但对他们处理问题的手段还是赞赏有加，并不以德贬智，因德废智。在对智慧的高度褒扬这一点上，冯梦龙可谓是不遗余力。

所谓智慧，无论是经国之大计，还是市井小民之小智，不外乎以下几类：一是对形势的判断特别清楚、对未来的发展趋势有足够的把握，知彼知己，百战不殆，如吕不韦帮助异人归国的种种智谋。二是对人物心理、人性弱点的准确把握，如唐太宗对薛驸马的前后不同的评价，导致公主对驸马喜怒不同的效果。三是以邪对邪，以迷信的手段来破除迷信，如西门豹治邺，破除崇拜河神的迷信。四是对前人智慧的灵活运用，如东汉时的虞诩“少兵增灶”，就是对孙膑“增兵减灶”的灵活运用。

《智囊全集》在明末清初时曾经相当流行，版本很多。书名也各有不同，或名《智囊》，或名《智囊补》。本书以明代还读斋刻《智囊全集》为底本，参校其他各本，进行标点校勘，并改正一些明显的误字。不足之处，还望读者批评指正。

自　叙

冯子曰：人有智，犹地有水。地无水为焦土，人无智为行尸。智用于人，犹水行于地。地势坳则水满之，人事坳则智满之。周览古今成败得失之林，蔑不由此。何以明之？昔者桀纣愚而汤武智，六国愚而秦智，楚愚而汉智，隋愚而唐智，宋愚而元智，元愚而圣祖智。举大则细可见，斯《智囊》所为述也。

或难之曰："智莫大于舜，而困于嚚，亦莫大于孔，而厄于陈蔡。西邻之子，六艺娴习，怀璞不售，鹑衣彀食。东邻之子，纥字未识，坐享素封，仆从盈百，又安在乎愚失而智得？"冯子笑曰："子不见夫凿井者乎，冬裸而夏裘，绳以入，畚以出，其平地获泉者，智也。若夫土穷而石见，则变也。有种世衡者，屑石出泉，润及万家。是故愚人见石，智者见泉。变能穷智，智复不穷于变。使智非舜、孔，方且灰于廪，泥于井，殍于陈若蔡，何暇琴于床而弦于野。子且未知圣人之智之妙用，而又何以窥吾囊。"或又曰："舜、孔之事则诚然矣。然而智囊者，固大夫错所以膏焚于汉市也，子何取焉？"冯子曰："不！不！错不死于智，死于愚。方其坐而谈兵，人主动色。迨七国事起，乃欲使天子将而己居守。一为不智，谗兴身灭。虽然，错愚于卫身，而智于筹国，故身死数千年，人犹痛之，列于名臣。挽近斗筲之流，卫身偏智，筹国偏愚，以此较彼，谁妍谁媸？且智囊之名，子知其一未知二也。前乎错，有樗里子焉，后乎错，有鲁匡、支谦、杜预、桓范、王德俭焉。其在皇明，杨文襄公并擅斯号。数君子者迹不一轨，亦多有成务竖勋，身荣道泰，子舍其利而惩其害，是犹睹一人之溺而废舟楫之用，夫亦愈不智矣。"

或又曰："子之述智囊，将令人学智也。智由性生也，由纸上乎？"冯子曰："吾向者固言之，智犹水，然藏于地中者，性；凿而出之者，学。井涧之用与江湖参。吾忧夫人性之锢于土石，而以纸上言为之畚锸，庶于应世有瘳尔。”或又曰：“仆闻取法乎上，仅得乎中。子之品智，神奸巨猾或登上乘，鸡鸣狗盗亦备奇闻，囊且秽矣，何以训世？”冯子曰：“吾品智，非品人也。不惟其人惟其事，不惟其事惟其智。虽奸猾盗贼，谁非吾药笼中硝戟，吾一以为蛛网而推之可渔，一以为蚕茧而推之可宝。譬之谷王，众水同归，岂其择流而受？”或无以难，遂书其语于篇首。冯子名梦龙，字犹龙，东吴之畸人也。

续　　序

忆丙寅岁，余坐蒋氏三径斋小楼近两月，辑成《智囊》二十八卷，以请教于海内之明哲，往往滥蒙嘉许，而嗜痂者遂冀余有续刻。余菰芦中老儒尔，目未睹西山之秘籍，耳未闻海外之僻事，安所得匹此者而续之？顾数年以来，闻见所触，苟邻于智，未尝不存诸胸臆，以此补前辑所未备，庶几其可。虽然，岳忠武有言："运用之妙，在乎一心。"善用之，鸣吠之长，可以逃死；不善用之，则马服之书，无以救败。故以羊悟马，前刻已厌其繁；执方疗疾，再补尚虞其寡。第余更有说焉：唐太宗喜右军笔意，命书家分临《兰亭》本，各因其质，勿泥形模，而民间片纸只字，乃至搜括无遗。佛法上乘不立文字，而四十二章后增添至五千四十八卷，而犹未已。故致用虽贵乎神明，往迹何妨乎多识？兹补或亦海内明哲之所不弃，不止塞嗜痂者之请而已也。书成，值余将赴闽中，而社友德仲氏以送余故同至松陵。德仲先行，余《指月》、《衡库》诸书，盖嗜痂之尤者，因述是语为叙而畀之。

吴门冯梦龙题于松陵之舟中

《智囊全集》发凡

一、每部有总叙，每卷前复有题语，一如原刻。惟《经务》卷太繁，今分为上下二卷，益二十八卷为二十九卷云。

一、各条有原刻在某卷，今移载某卷者，皆出先生评定。即同卷中前后，亦多所更置。读者将前刻细心对阅，应知自有经纬。

一、各部如《大智》、《明智》、《察智》等，每卷增添甚多，特以有裨经世，殚力搜辑。其他如《闺智》、《杂智》，即偶增一二，非其急也，阅者勿以偶有见闻，妄訾疏漏。

一、各条有与原刻不同者，始略而今详也。其评辞，亦间有改窜，时露新裁。

一、原刻有补遗，今俱序入，便人观览。

目　录

上智部远犹卷二

上智部通简卷三

上智部迎刃卷四

明智部知微卷五

明智部亿中卷六

明智部剖疑卷七

明智部经务卷八

察智部得情卷九

察智部诘奸卷十

胆智部威克卷十一

胆智部识断卷十二

术智部委蛇卷十三

术智部谬数卷十四

术智部权奇卷十五

捷智部灵变卷十六

捷智部应卒卷十七

捷智部敏悟卷十八

语智部辩才卷十九

语智部善言卷二十

兵智部不战卷二十一

兵智部制胜卷二十二

兵智部诡道卷二十三

兵智部武案卷二十四

闺智部贤哲卷二十五

闺智部雄略卷二十六

杂智部狡黠卷二十七

杂智部小慧卷二十八

上智部总叙

冯子曰：智无常局，以恰肖其局者为上。故愚夫或现其一得，而晓人反失诸千虑。何则？上智无心而合，非千虑所臻也。人取小，我取大；人视近，我视远；人动而愈纷，我静而自正；人束手无策，我游刃有余。夫是故难事遇之而皆易，巨事遇之而皆细。其斡旋入于无声臭之微，而其举动出人意想思索之外。或先忤而后合，或似逆而实顺。方其闲闲，豪杰所疑；迨乎断断，圣人不易。呜呼！智若此岂非上哉？上智不可学，意者法上而得中乎。抑语云："下下人有上上智。"庶几有触而现焉。余条列其概，稍分四则，曰"见大"，曰"远犹"，曰"通简"，曰"迎刃"，而统名之曰："上智"。

卷一

上智部见大

一操一纵，度越意表。寻常所惊，豪杰所了。集“见大”。

太公　孔子

太公望封于齐。齐有华士者，义不臣天子，不友诸侯，人称其贤。太公使人召之三，不至，命诛之。周公曰：“此齐之高士，奈何诛之？”太公曰：“夫不臣天子，不友诸侯，望犹得臣而友之乎？望不得臣而友之，是弃民也；召之三不至，是逆民也。而旌之以为教首，使一国效之，望谁与为君乎？”

齐所以无惰民，所以终不为弱国。韩非“五蠹”之论本此。

少正卯与孔子同时。孔子之门人三盈三虚。孔子为大司寇，戮之于两观之下。子贡进曰：“夫少正卯，鲁之闻人，夫子诛之，得无失乎？”孔子曰：“人有恶者五，而盗窃不与焉。一曰心达而险，二曰行僻而坚，三曰言伪而辩，四曰记丑而博，五曰顺非而泽。画尽奸雄隐腹。此五者有一于人，则不免于君子之诛；而少正卯兼之，此小人之桀雄也，不可以不诛也。”

小人无过人之才，则不足以乱国。然使小人有才，而肯受君子之驾驭，则又未尝无济于国，而君子亦必不概摈之矣。少正卯能煽惑孔门之弟子，直欲掩孔子而上之，可与同朝共事乎？孔子狠下手，不但为一时辨言乱政故，盖为后世以学术杀人者立防。〇华士虚名而无用，少正卯似大有用，而实不可用。壬人佥士，凡明主能诛之；闻人高士，非大圣人不知其当诛也。不知其当诛，鲜有不受其蔽。唐萧瑶好奉佛，太宗令出家。玄宗开元六年，河南参军郑铣阳、丞郭仙舟投匦献诗。敕曰：“观其文理，乃崇道教，于时用不切事情。宜各从所好，罢官度为道士。”此等作用，亦与圣人暗合。如使佞佛者尽令出家，谄道者即为道士，则士大夫攻乎异端者息矣。

诸葛亮

有言诸葛丞相惜赦者。亮答曰:“治世以大德,不以小惠,故匡衡、吴汉,不愿为赦。先帝亦言,吾周旋陈元方、郑康成间,每见启告,治乱之道悉矣,曾不及赦也。若刘景升父子,岁岁赦宥,何益于治乎?”及费祎为政,始事姑息,蜀遂以削。

子产谓太叔曰:“惟有德者,能以宽服民,其次莫如猛。夫火烈,民望而畏之,故鲜死焉;水懦弱,民狎而玩之,则多死焉,故宽难。”太叔为政,不忍猛而宽,于是郑国多盗,太叔悔之。仲尼曰:“政宽则民慢,慢则纠之以猛;猛则民残,残则施之以宽。宽以济猛,猛以济宽,政是以和。”商君刑及弃灰,过于猛者也;梁武见死刑辄涕泣而纵之,过于宽者也。《论语》赦小过,《春秋》讥肆大眚,合之,得政之和矣。

光武帝

刘秀为大司马时,舍中儿犯法,军市令祭遵格杀之。秀怒,命收遵。主簿陈副谏曰:“明公常欲众军整齐,遵奉法不避,是教令所行,奈何罪之。”秀悦,乃以为刺奸将军。谓诸将曰:“当避祭遵,吾舍中儿犯法尚杀之,必不私诸将也。”

罚必则令行,令行则主尊。世祖所以能定四方之难也。

使马圉

孔子行游,马逸食稼。野人怒,絷其马。子贡往说之,卑词而不得。孔子曰:“夫以人之所不能听说人,譬以太牢享野兽,以九韶乐飞鸟也。”乃使马圉往。谓野人曰:“子不耕于东海,予不游西海也,吾马安得不犯子之稼?”野人大喜,解马而予之。自是至理,安得不从。

人各以类相通,述诗书于野人之前,此腐儒之所以误国也。马圉之说诚善,假使出子贡之口,野人仍不从。何则?文质貌殊,其人固已离矣。然则孔子曷不即遣马圉,而听子贡之往耶?

先遣马圉，则子贡之心不服。既屈子贡，而马圉之神始至。圣人达人之情，故能尽人之用。然世以文法束人，以资格限人，又以兼长望人，天下事岂有济乎？

选押伴使

三徐名著江左，皆以博洽闻中朝，而骑省铉尤最。会江左使铉来修贡例，差官押伴，朝臣皆以词令不及为惮。宰相亦艰其选，请于艺祖。艺祖曰："姑退，朕自择之。"有顷，左珰传宣殿前司，具殿侍中不识字者十人以名入，宸笔点其一，曰："此人可。"在廷皆惊。中书不敢复请，趣使行。殿侍者莫知所以，弗获已，竟往。渡江，始铉词锋如云，旁观骇愕，其人不能答，徒唯唯。铉不测，强聒而与之言。居数日，既无酬复，铉亦倦且默矣。

岳珂云："当陶、窦诸名儒端委在朝，若令角辩骋词，庸讵不若铉。艺祖正以大国之体，不当如此耳。其亦不战屈人，兵之上策欤？"〇孔子之使马圉，以愚应愚也，艺祖之遣殿侍者，以愚困智也。以智强愚，愚者不解；以智角智，智者不服。

白沙陈公甫，访定山庄孔易。庄携舟送之，中有一士人，素滑稽，肆谈亵昵，甚无忌惮，定山怒不能忍。白沙则当其谈时，若不闻其声；及其既去，若不识其人。定山大服。此即艺祖屈徐铉之术。

胡世宁

少保胡世宁，仁和人。为左都御史掌院事。时当考察，执政请禁私谒。公言："臣官以察为名，人非接其貌、听其言，无以察其心之邪正，才之短长。今日正犯此病。若屏绝士夫，徒按考语，则毁誉失真，而求激扬之当难矣。"上是其言，不禁。

公孙弘曲学阿世，然犹能开东阁，以招贤人。今世密于防奸，而疏于求贤，故临事遂有乏才之叹。

韩滉　钱镠

韩滉节制三吴，所辟宾左，随其才器，用之悉当。有故人子投之，更无他长，尝召之与宴，毕席端坐，不与比坐交言。公署以随军，令监库门。此人每早入帷，端坐至夕，吏卒无敢滥出入者。

吴越王常游府园，见园卒陆仁章树艺有智而志之。有心人。及淮南围苏州，使仁章通言入城，果得报而还，镠以诸孙畜之。

用人如韩滉、钱镠，天下无弃才、无废事矣。

按史：淮南兵围苏州，推洞屋攻城。守将孙琰置轮于竿首，垂绠投椎以揭之，攻者尽露。炮至则张网以拒之，淮南人不能克。吴越遣兵来救，苏州有水通城中，淮南张网缀铃悬水中，鱼鳖过皆知之。都虞侯司马福欲潜行入城，故以竿触网，敌闻铃声，举网，福因得过。凡居水中三日，乃得入城。由是城中号令，与援兵相应，敌以为神。疑即一事，姓名必有一误。

燕昭王

燕昭王问为国。郭隗曰："帝者之臣，师也；王者之臣，友也；伯者之臣，宾也；危国之臣，虏也，唯王所择。"燕王曰："寡人愿学而无师。"郭隗曰："王诚欲兴道，隗请为天下士开路。"于是燕王为隗改筑宫，北面事之。不三年，苏子自周往，邹衍自齐往，乐毅自赵往，屈景自楚归。

郭隗明于致士之术，便有休休大臣气象，不愧为人主师。〇汉高封雍齿，而功臣息喙；先主礼许靖，而蜀士归心。皆予之以名，收之以实。

丙吉　郭进

吉为相，有驭吏嗜酒，从吉出，醉呕丞相车上。西曹主吏白，欲斥之。吉曰："以醉饱之失去士，使此人复何所容？西曹第忍之，此不过污丞相车茵耳。"此驭吏边郡人，习知边塞发奔命警备事，尝出，适见驿骑，持赤白囊，边郡发奔命书驰来至。驭吏因随驿骑至公车刺取，知虏入云中代郡，遽归见吉白状。因曰："恐虏所入边郡二千石长吏，有老病不任兵马者，宜可豫视。"吉善其言，召东曹案边长吏科条其人。未已，诏召丞相、御史问以虏所入郡吏。吉具对，御史大夫卒遽不能详知，以得谴让，而吉见谓忧边思职，驭吏力也。

进任山西巡检，有军校诣阙讼进者。上召讯知其诬，即遣送进，令杀之。会并寇入，进谓其人曰："汝能讼我，信有胆气。今赦汝罪，能掩杀并寇者，即荐汝于朝；如败，即自投河，毋污我剑也。"其人踊跃赴斗，竟大捷，进即荐擢之。

容小过者以一长酬，释大仇者以死力报。唯酬报之情迫中，故其长触之而必试，其力激之而必竭。彼索过寻仇者，岂非大愚。

假书

秦桧当国，有士人假其书谒扬州守。守觉其伪，缴原书管押其回。桧见之，即假其官资。或问其故。曰："有胆敢假桧书，此必非常人，若不以一官束之，则北走胡、南走越矣！"

西夏用兵时，有张李二生，欲以策干韩范二公，耻于自媒，乃刻诗于碑，使人曳之而过。韩范疑而不用，久之，乃走西夏，诡名张元、李昊，到处题诗。元昊闻而怪之，招致与语。元昊识人。大悦，奉为谋主，大为边患。奸桧此举，却胜韩范远甚，所谓下下人有上上智。

有人赝作韩魏公书，谒蔡君谟。君谟虽疑之，然士颇豪，与之三千，因回书，遣四兵送之，并致果物于魏公。客至京，谒公谢罪。公徐曰："君谟手段小，恐未足了公事，夏太尉在长安，可往见之。"即为发书。子弟疑谓包容已足，书可勿发。公曰："士能为我书，又能动君谟，其才器不凡矣。"至关中，夏竟官之。手段果大。又，东坡元祐间，出师钱塘。视事之初，都商税务押到匿税人南剑州乡贡进士吴味道，以二巨卷作公名衔，封至京师苏侍郎宅。公呼讯其卷中何物。味道恐蹙而前曰："味道今秋，忝冒乡荐，乡人集钱为赴省之赆以百千，就置建阳纱，得二百端。因计道路所经场务，尽行抽税，则至都下不存其半。窃计当今负天下重名，而爱奖士类，惟内翰与侍郎耳。纵有败露，必能情贷，遂假先生名衔，缄封而来，不知先生已临镇此邦，罪实难逃。"公熟视，笑呼掌笺吏去其旧封，换题新衔附至，至东京竹竿巷。并手书子由书一纸，付之曰："先辈这回，将上天去也无妨。"明年，味道及第来谢。二事俱长人智量者。

楚庄王　袁盎

楚庄王宴群臣，命美人行酒。日暮，酒酣，烛灭，有引美人衣者。美人援绝其冠缨，趣火视之。王曰："奈何显妇人之节而辱士乎！"命曰："今日与寡人饮，不绝缨者不欢。"群臣尽绝缨而火，极欢而罢。及围郑之役，有一臣常在前，五合五获首，却敌，卒得胜。询之，则夜绝缨者也。

盎先尝为吴相时，盎有从史私盎侍儿，盎知之弗泄。有人以言恐从史，从史亡。盎亲追反之，竟以侍儿赐，遇之如故。景帝时，盎既入为太常，复使吴。吴王时谋反，欲杀盎，以五百人围之，盎未觉也。会从史适为守盎校尉司马，乃置二百石醇醪，尽饮五百人醉卧，夜引盎起曰："君可去矣！旦日王且斩君。"盎曰："公何为者？"司马曰："故从史盗君侍儿者也。"于是盎惊脱去。

梁之葛周，宋之种世衡，皆用此术，克敌讨叛。若张说免祸，可谓转圜之福；兀术不杀小卒之妻，亦胡虏中之杰然者也。〇葛周尝与所宠美姬同饮，有侍卒目视姬不辍，失答周问，既自觉惧罪，周并不言。后与唐师战失利，周呼此卒奋勇破敌，竟以美姬妻之。怜才之至。〇胡酋苏慕恩部落最强，种世衡尝夜与饮，出侍姬佐酒。既而世衡起入内，慕恩窃与姬戏。《三国演义》貂蝉事套此。世衡遽出掩之，慕恩惭愧请罪。世衡笑曰："君欲之耶？"即以遗之。由是诸部有贰者，使慕恩讨之，无不克。〇张说有门下生，盗其宠婢，欲置之法。此生呼曰："相公岂无缓急用人时耶？何惜一婢。"说奇其言，遂以赐而遣之，后杳不闻。及遭姚崇之构，祸且不测。此生夜至，请以夜明帘献九公主，为言于玄宗，得解。〇金兀术爱一小卒之妻，杀卒而夺之，宠以专房。一日昼寝觉，忽见此妇持利刃欲向，惊起问之，曰："欲为夫报仇耳！"此妇亦奇。术默然，麾使去，即日大享将士，召此妇出，谓曰："杀汝则无罪,留汝则不可,任汝于诸将中自择所从。”妇指一人,术即赐之。将知感而妇不怨矣。

王猛

猛督诸军十六万骑伐燕,慕容评屯潞州。猛进与相持,遣将军徐成觇燕军。期日中,及昏而反,猛怒欲斩成。邓羌请曰:“贼众我寡,诘朝将战,且宜宥之。”猛曰:“若不斩成,军法不立。”羌固请曰:“成,羌部将也,虽违期应斩,羌愿与成效战以赎罪。”猛又弗许。羌怒,还营严鼓勒兵,将攻猛。猛谓羌义而有勇。具眼。使语之曰:“将军止,谁肯。吾今赦之矣。”成既获免,羌自来谢。猛执羌手笑曰:“吾试将军耳,将军于郡将尚尔,况国家乎?”不得不如此说。

违法请宥,私也;严鼓勒兵,悍也。且人将攻我,我因而赦之,不损威乎?然羌竟与成大破燕兵,以还报主帅。与其伸一将之威,所得孰多?夫所贵乎军法,又孰加于奋勇杀敌者乎?故曰:“圆若用智,唯圜善转。”智之所以灵妙而无穷也。

魏元忠

唐高宗幸东都时,关中饥馑。上虑道路多草窃,令监察御史魏元忠检校车驾前后。元忠受诏,即阅视赤县狱,得盗一人,神采语言异于众。具眼。命释桎梏,袭冠带,乘驿以从,与之共食宿。托以诘盗,其人笑而许之。比及东都,士马万数,不亡一钱。

因材任能,盗皆作使。俗儒以鸡鸣狗盗之雄笑田文,不知尔时舍鸡鸣狗盗都用不着也。

柳玭

唐柳大夫玭,谪授泸州郡守。渝州有牟麐秀才,即都校牟居厚之子,文采不高,执所业谒见。柳奖励甚勤,子弟以为太过。柳曰:“巴蜀多豪士,此押衙之子,独能好文,苟不诱进,渠即退志。以吾称誉,人必荣之。由此减三五员草贼,不亦善乎?”

廉希宪

元廉公希宪，礼贤下士，常如不及。方为中书平章时，江南刘整以尊官来谒。公毅然不命之坐。刘去，宋诸生蓝缕冠衣，袖诗请见。公亟延入坐语，稽经抽史，饮食劳苦，如平生欢。既罢，弟希贡问曰："刘整贵官，而兄简薄之；诸生寒士，而兄优礼之，有说乎？"公曰："非尔所知也，大臣语默进退，系天下轻重。刘整官虽尊贵，然背国叛主而来者；若宋诸生，何罪而羁囚之？今国家崛起朔漠，我于斯文不加厚，则儒术由此衰熄矣。"

不惟兴文，且令知节义之重，是具开国手段者。

范文正

范文正公用士，多取气节而略细故。有气节才人，决不庸庸拘鄙，文正公所以具眼。如孙威敏、滕达道，皆所素重。其为帅日，辟置幕客，多取谪籍未牵复人。或疑之，公曰："人有才能而无过，朝廷自应用之。若其实有可用之材，不幸陷于吏议，不因事起之，遂为废人矣。"故公所举多得士。

天下无废人，所以朝廷无废事。非大识见人，不及此。

徐存斋

徐存斋由翰林督学浙中，时年未三十。一士子文中用"颜苦孔之卓"。徐勒之，批云："杜撰，置四等。"此生将领责，执卷请曰："太宗师见教诚当，但'苦孔之卓'，出《扬子法言》，实非生员杜撰也。"徐起立曰："本道侥幸太早，未尝学问，今承教多矣。"何曾损文宗威重。改置一等。一时翕然，称其雅量。

不吝改过，即此便知名宰相器识。闻万历初年有士作《怨慕章》一题，中用"为舜也父者，为舜也母者"句。为文宗抑置四等，批"不通"字。此士自陈：文法出在《檀弓》。文宗大怒曰："偏你读《檀弓》。"更置五等。人之度量，相越何啻千里。〇宋艺祖尝以事怒周翰，将杖之。翰自言："臣负天下才名，受杖不雅。"好大胆,非圣主不能容。帝遂释之。古来圣主名臣,断无使性遂非者。

又闻徐公在浙时,有二生争贡,哗于堂下,公阅卷自若。已而,有二生逊贡,哗于堂下,公亦阅卷自若。顷之,召而谓曰:“我不欲使人争,亦不能使人让。诸生未读教条乎?连本道亦在教条中,做不得主,诸生但照教条行事而已。”由是争让皆息。公之持文体皆此类。

屠枰石

屠枰石羲先生,为浙中督学,持法严。按湖时,群小望风搜诸生过失。一生宿娼家,保甲昧爽两擒抵署门,无敢解者,门开携以入。保甲大呼言状,屠佯为不见闻者,理文书自如。保甲膝行渐前,离两累颇远。屠瞬门役,刚正人却善谑。判其臂曰:“放秀才去。”门役喻其意,潜趋下引出,保甲不知也。既出,屠昂首曰:“秀才安在?”保甲回顾失之,大惊不能言。与大杖三十、荷枷,娼则逐去。保甲仓皇语人曰:“向殆执鬼。”趣甚。诸生咸唾之,而感先生曲全一酒色士也。自是刁风顿息,而此士卒自惩,用贡为教官。

李西平携城都妓行,为节使张延赏追还,卒成仇隙。赵清献宰清城,而挈妓以归。胡铨浮海生还,而恋黎倩。红颜滞人,贤者不免。以此裁士,士之能人者少矣。宋韩亿性方重,累官尚书左丞,每见诸路有奏拾官吏小过者,辄不怿曰:“天下太平,圣主之心,虽昆虫草木,皆欲使人得所。今仕者大则望为公卿,次亦望为侍从,职司二千石。奈何以微瑕薄罪,锢人于盛世乎?”屠公颇得此意。

李孝寿　宋元献

李孝寿为开封尹,有举子为仆所凌,愤甚,具牒欲送府。同舍生劝解,久乃释。戏取牒效孝寿花书判曰:“不勘案,决杖二十。”仆明日持诣府,告其主仿尹书判私用刑。孝寿即追至,备言本末。孝寿幡然曰:“所判正合我意。”如数与仆杖,快甚。而谢举子。时都下数千人,无一仆敢肆者。

宋元献公罢相守洛。有一举子，行囊中有失税之物，为仆夫所告。公曰："举人应举，孰无所携？未可深罪。若奴告主，此风胡可长也？"但送税院倍其税，仍治其奴罪而遣之。

胡霆桂

胡霆桂开庆间为铅山主簿，时私酿之禁甚严。有妇诉其姑私酿者，霆桂诘之曰："汝事姑孝乎？"曰："孝。"曰："既孝，可代汝姑受责。"以私酿律笞之，政化遂行，县大治。《姑苏志》载此为赵惧夫事。

尹 源

尹源，尹洙之兄也，举进士。通判泾州时，知沧州刘涣坐专斩部卒，降知密州。源上书言："涣为主将，部卒有罪不伏，笞辄呼万岁。涣斩之不为过。以此谪涣，臣恐边兵愈骄，轻视主将，所系非轻。"涣遂获免。

禁诸生宿娼，法也，而告讦之风不可长。效尹书判及失税私酿，专斩部卒，皆不法也，而奴不可以加主，妇不可以凌姑，卒不可以抗帅。舍其细而全其大，非弘智不能。

张 耳

张耳、陈馀，皆魏名士。秦灭魏，悬金购两人。两人变姓名，俱之陈，为里监门以自食。吏尝以过笞陈馀，馀怒欲起，张耳蹑之，使受笞。吏去，耳乃引馀之桑下，数之曰："始吾与公言何若？今见小辱，而欲死一吏乎！"

勾践石室，淮阴胯下，皆忍小耻，以就大业也。陈馀浅躁，不及张耳远甚，所以一成一败。

狄武襄

狄青起行伍十余年，既贵显，面涅犹存，曰："留以劝军中。"大识量。

即不去面涅，便知不肯遥附梁公。

邵 雍

熙宁中，新法方行，州县骚然。邵康节闲居林下，门生故旧仕宦者，皆欲投劾而归，以书问康节。答曰："正督者所当尽力之时，新法固严，能宽一分，则民受一分之赐矣。投劾而去，何益？"正论。

李燔朱晦庵弟子。常言，人不必待仕宦有职事，才为功业，但随力到处，有以及物，即功业也。莲池大师劝人作善事，或辞以无力，大师指凳曰："假如此凳欹斜碍路，吾为整之，亦一善也。"如此存心，便觉临难投劾者，亦是宝山空回。〇鲜于侁为利州路转运副使，部民不请青苗钱，王安石遣吏诘之。侁曰："青苗之法，愿取则与，民自不愿，岂能强之？"东坡称侁上不害法，中不废亲，下不伤民，以为三难，仕途当以为法。

杨士奇

广东布政徐奇入觐，载岭南藤簟，将以馈廷臣。逻者获其单目以进。上视之，无杨士奇名，乃独召之问故。士奇曰："奇自都给事中，受命赴广时，众皆作诗文赠行，故有此馈。臣时有病，无所作，不然亦不免。今众名虽具，受否未可知，且物甚微，当亦无他。"上意解，即以单目付中官，令毁之，一无所问。

此单一焚，而逻者丧气，省搢绅中许多祸，且使人主无疑大臣之心，所全甚大。无智名，实大智也，岂唯厚道？〇宋真宗时，有上书言宫禁事者。上怒，籍其家，得朝士所与往还占问吉凶之说，欲付御史问状。王旦自取尝所占问之书进，请并付狱，上意寝解。公遂至中书，悉焚所得书。已而上悔，复驰取之，公对已焚讫，乃止。此事与文贞相类，都是舍身救物。

严 震

严震镇山南，有一人乞钱三百千去就过活。震召子公弼等问之，公弼曰："此患风耳，大人不足应之。"震怒曰："尔必坠吾门，只可劝吾力行善事，奈何劝吾吝惜金帛，且此人不办，向吾乞三百千，的非凡也。"遂命左右准数与之。于是三川之士归心恐后,亦无造次过求者。

天下无穷不肖事,皆从舍不得钱而起;天下无穷好事,皆从舍得钱而做。自古无舍不得钱之好人也。吴之鲁肃,唐之于頔,宋之范仲淹,都是肯大开手者。〇西吴董尚书浔阳公份家富而勤于交接,凡衣冠过宾,无不延礼厚赠者。其孙礼部青芝公,嗣成。工于诗字,往往以手书扇轴及诗稿赠人。尚书闻之曰:"以我家势,虽日以银币为欢,犹恐未塞人望,奈何效清客行事耶?且缙绅之家,自有局面,岂复以诗字得人怜乎?将来破我家者,必此子也。"后民变事起,时尚书日老,青芝公不谙世故,愿自处分,只宜出示听民告官判断为是。愚民望处,一集千人,遂至破产。人始服尚书先见。〇弘治间,昭庆寺欲建穿堂,察使访得富户三人,召之谕以共建,长兴吕山吴某与焉。吴曰:"此不甚费,小人当独任之。"察使大喜。吴归语其父,父曰:"儿子有这力量,必能承吾家。"此翁之见,与浔阳公同。

萧何　任氏

沛公至咸阳,诸将军皆争走金帛财物之府分之,何独先入收秦丞相、御史律令图书藏之。沛公具知天下阨塞,户口多少强弱处,民所疾苦者,以何得秦图书也。

宣曲任氏,其先为督道仓吏。秦之败也,豪杰争取金玉,任氏独窖仓粟。楚汉相拒荥阳,民不得耕种,米石至万,而豪杰金玉尽归任氏。

二人之智无大小,易地则皆然也。又:蜀卓氏,其先赵人,用铁冶富。秦破赵,迁卓氏之蜀,夫妻推辇行。诸迁虏少有余财,争与吏求近处,处葭萌,唯卓氏曰:"此地瘠薄,吾闻岷山之下沃野,下有蹲鸱,芋也。至死不饥,民工作布易贾。"乃远求迁致之临邛。即铁山鼓铸,运筹贸易,富至敌国。其识亦有过人者。

董　公

汉王至洛阳,新城三老董公遮说王曰:"兵出无名,事故不成,故曰:‘明其为贼,敌乃可服。’天下共立义帝,项羽放弑之,大王宜率三军之众,为之素服,以告诸侯而伐之。”于是汉王为义帝发丧,兵皆缟素,告诸侯曰:“寡人悉发关中兵,收三河士,南浮江汉以下,愿从诸侯王击楚之弑义帝者。”

董公此说,乃刘项曲直分判处。随何招九江,郦生下全齐,其陈说皆本此。许庸斋谓沛公激发天下大机括,子房号为帝师,亦未有此大计。

蔺相如　寇恂

赵王归自渑池,以蔺相如功大,拜为上卿,位在廉颇之右。廉颇自侈战功,而相如徒以口舌之劳,位居其上。“我见相如必辱之。”相如闻,不肯与会,每朝常称病,不欲与颇争列。已而,相如出,望见廉颇,辄引车避匿。于是舍人相与谏相如,欲辞去。相如固止之,曰:“公之视廉颇孰与秦王?”曰:“不若也。”相如曰:“夫以秦王之威,而相如廷叱之,辱其群臣,相如虽驽,独畏廉将军哉?顾吾念之,强秦之所以不敢加兵于赵者,徒以吾两人在也。今两虎共斗,势不俱生,吾所以为此者,先国家之急,而后私仇也。”颇闻之,肉袒负荆,因宾客至相如门谢罪,遂为刎颈之交。

贾复部将杀人于颍川,太守寇恂捕戮之。复以为耻,过颍川谓左右曰:“见恂必手刃之。”恂知其谋,不与相见。姊子谷崇请带剑侍侧,以备非常。恂曰:“不然,昔蔺相如不畏秦王,而屈于廉颇者,为国家。”乃敕属县盛供具,一人皆兼两人之馔。恂出迎于道,称疾而还。复勒兵欲追之,而将士皆醉,遂过去。恂遣人以状闻,帝征恂,使与复结友而去。

汾阳上堂之拜,相如之心事也;莱公蒸羊之逆,寇恂之微术也。〇安思顺帅朔方,郭子仪与李光弼俱为牙门都将,而不相能。虽同盘饮食,常睇目相视,不交一语。及子仪代思顺,光弼意欲亡去,犹未决。旬日,诏子仪率兵东出赵魏,光弼入见子仪曰:“一死固甘,乞免妻子。”子仪趋下,持抱上堂而泣曰:“今国乱主迁,非公不能东伐,岂怀私忿时耶?”执其手相持而拜,相与合谋破贼。〇丁谓窜崖州道出雷州，先是谓贬准为雷州司户。准遣人以一蒸羊迎之境上。谓欲见准，准拒之，闻家僮谋欲报仇，亟杜门纵博，俟谓行远乃罢。

张　飞

先主一见马超，以为平西将军，封都亭侯。超见先主待之厚也，阔略无上下礼，与先主言，常呼字。关羽怒，请杀之。先主不从，张飞曰："如是当示之以礼。"明日大会诸将，羽、飞并挟刃立直，超入顾坐席，不见羽、飞座，见其直也，乃大惊。自后乃尊事先主。

释严颜，诲马超，都是细心作用。后世目飞为粗人，大枉。

曹彬　窦仪

宋太祖始事周世宗于澶州，曹彬为世宗亲吏，掌茶酒。太祖尝从求酒，彬曰："此官酒，不可相与。"自沽酒以饮之。公私两尽。及太祖即位，语群臣曰："世宗吏不欺其主者，独曹彬耳。"由是委以腹心。

太祖下滁州，世宗命窦仪籍其帑藏。至数日，太祖命亲吏取藏绢。仪曰："公初下城，虽倾藏取之，谁敢言者？今既有籍，即为官物，非诏旨不可得。"后太祖屡称仪有守，欲以为相。

鲁宗道字贯夫，亳州人。

宋鲁宗道为谕德日，真宗尝有所召。使者及门，宗道不在，移时乃自仁和肆饮归。中使先入与约，曰："上怪公来迟，当托何事以对？"宗道曰："但以实告。"曰："然则当得罪。"宗道曰："饮酒人之常情，欺君臣子之大罪。"中使如公对，真宗问公何故私入酒家。公谢曰："臣家贫无器皿，酒肆俱备，适有乡亲远来，遂邀之饮。然臣既易服，市人亦无识臣者。"真宗笑曰："卿为宫臣，恐为御史所弹。"然自此奇公，以为真实可大用。

吕夷简二条

仁宗久病废朝，一日疾差，思见执政，坐便殿，急召二府。吕许公闻命,移刻方赴,同列赞公速行,公缓步自如。既见,上曰:“久病方平,喜与公等相见,何迟迟其来?”公从容奏曰:“陛下不豫,中外颇忧,一旦急召近臣,臣等若奔驰以进,恐人惊动。”上以为得辅臣体。

庆历中,石介作《庆历圣德颂》,褒贬甚峻,于夏竦尤极诋斥。未几,党议起,介得罪罢归,卒。会山东举子孔直温谋反,或言直温尝从介学,于是竦遂谓介实不死,北走胡矣。诏编管介之子于江淮,出中使与京东刺史,发介棺以验实。时吕夷简为京东转运使,谓中使曰:“若发棺空,而介果北走,虽孥戮不为酷。万一介真死,朝廷无故剖人冢墓,非所以示后也。”中使曰:“然则何以应中旨?”夷简曰:“介死必有棺殓之人,又内外亲族及会葬门生,无虑数百。至于举柩窆棺,必凶肆之人,今悉檄至劾问,苟无异说,即皆令具军令状以保结之,亦足以应诏也。”中使如其言。及入奏,仁宗亦悟竦之谮。寻有旨,放介妻子还乡。

不为介雪,乃深于雪。当介作颂时,正吕许公罢相,而晏殊、章得象同升。许公不念私憾,而念国体,真宰相之度也。

李太后服未除,而夷简即劝仁宗立曹后。范仲淹进曰:“臣夷简又教陛下做一不好事矣。”他日夷简语韩琦曰:“此事外人不知。上春秋高,郭后、尚美人皆以失宠废,后宫以色进者,不可胜数,不亟立后,无以正之。”每事自有深意。多此类也。

古弼　张承业

魏太武尝校猎西河,诏弼以肥马给骑士。弼故给弱者,上大怒曰:“尖头奴,敢裁量我,还台先斩此奴。”时弼属尽惶惧,弼告之曰:“事君而使君盘游不适,其罪小。不备不虞,其罪大。今北狄南虏,狡焉启疆,是吾忧也。吾选肥马,以备军实,苟利国家,亦何惜死,明主可以理夺,干罪自我,卿等无咎。”帝闻而叹曰:“有臣如此,国之宝也。”弼头尖,帝尝名之曰“笔头”。时人呼为“笔公”。

后唐庄宗尝须钱蒱博,赏赐伶人,而张承业主藏钱,不可得。千古第一个内臣。庄宗置酒库中,酒酣,使其子继岌为承业起舞。舞罢,承业出宝带币马为赠,庄宗指钱积意在此。语承业曰:“和哥继岌小字。

乏钱，可与钱一积，安用带马？”承业谢曰：“国家钱非臣所得私。”庄宗语侵之，承业怒曰：“臣老敕使，非为子孙，但先王顾命，誓雪国耻，惜此钱佐王成霸业耳。若欲用，何必问臣，财尽兵散，岂独臣受祸也？”因持庄宗衣而泣，乃止。

后唐明宗

秦王从荣，性轻佻，喜儒学，多招致后生浮薄之徒，赋诗饮酒。一日，明宗问之曰：“尔军政之余，所习何事？”对曰：“暇则读书，与诸儒赋诗谈道。”明宗曰：“吾每见先帝好作歌诗，甚无谓。汝将家子，文章非所素习，必不能工，传于人口，徒作笑柄。吾老矣，于经义虽未晓，然尚喜闻之，余不足学也。”从荣卒败。

李　渊

李渊克霍邑，行赏时，军吏疑奴应募，不得与良人同。渊曰：“矢石之间，不辨贵贱，论功之际，何有等差？宜并从本勋援。”引见霍邑吏民，劳赏于西河，选其壮丁，使从军关中。军士欲归者，并授五品散官遣归。即汉高封四千户慰赵子弟。或谏以官太滥，渊曰：“隋氏吝惜勋赏，致失人心，奈何效之？且收众以官，不胜于用兵乎？”

刘温叟

开宝三年，刘温叟为御史中丞。一日，晚过明德门，帝方与黄门数人登楼。温叟知之，令传呼依常而过。翌日请对，言：“人主非时登楼，则下必希望恩赏，臣所以呵道而过，欲示众以陛下非时不登楼也。”帝善之。

卫青　程信

大将军青兵出定襄，苏建、赵信并军三千余骑，独逢单于兵。与战一日，兵且尽，信降单于，建独身归青。议郎周霸曰：“自大将军出，未尝斩裨将，今建弃军，可斩以明将军之威。”长史安曰：“不然，建以数千军，当虏数万，力战一日，士皆不敢有贰心。自归而斩之，是示后无反意也，不当斩。”青曰：“青得以肺腑待罪行间，不患无威，而霸说我以明威，甚失臣意。且使臣职虽当斩将，以臣之尊宠，而不敢专诛于境外，其归天子，天子自裁之，于以风为人臣者不敢专权，不亦可乎？”遂囚建诣行在，天子果赦不诛。

卫青握兵数载，宠任无比，而上不疑、下不忌，惟能避权远嫌故。不然，虽以狄枢使之功名，犹不克令终，可不戒欤！〇狄青为枢密使，自恃有功，颇骄蹇，怙惜士卒。每得衣粮，皆曰：“此狄家爷爷所赐。”朝廷患之。时文潞公当国，建言以两镇节使出之。青自陈无功而受镇节，无罪而出外藩，仁宗亦以为然，向潞公述此语，且言狄青忠臣。潞公曰：“太祖岂非周世忠臣，但得军心，所以有陈桥之变。”上默然。青犹未知，到中书自辨。潞公直视之曰：“无他，朝廷疑尔。”青惊怖却行数步。青在镇，每月两遣中使抚问。青闻中使来，辄惊疑终日。不半年，病作而卒。潞公之谋也。

休宁程公信为南司马，征川贵时，诏以便宜之权付公。公自发兵至凯旋，不爵一人，不杀一人，同事者以为言。公曰：“刑赏人主之大柄，惧阃外事不集，而假之人臣，幸而事集，又窃弄之，岂人臣之谊耶？”论者以为古名臣之言。

李　愬

节度使李愬既平蔡，械吴元济送京师。屯兵鞠场，以待招讨使裴度。度入城，愬具櫜鞬出迎，拜于路左。度将避之，愬曰：“蔡人顽悖，不识上下之分数十年矣，愿公因而示之，使知朝廷之尊。”其意甚远。度乃受之。

冯　煖

孟尝君问门下诸客，谁习计会，能为收责于薛者。冯煖署曰：“能。”于是约车治装，载券契而行。辞曰：“责毕收，以何市而反？”孟尝君曰：“视吾家所寡有者。”煖至薛，召诸民当偿者悉来。既合券，矫令以责赐诸民，悉焚其券，民称万岁。长驱至齐，孟尝君怪其疾也，衣冠而见之曰:“责毕收乎?”曰:“收毕矣。”“以何市而反?”煖曰:“君云视吾家所寡有者。臣窃计君宫中积珍宝,狗马实外厩,美人充下陈,君家所寡有者义耳,窃以为君市义。”奇。孟尝君曰:“市义奈何?”曰:“今君有区区之薛,不拊爱其民,因而贾利之。臣窃矫君命,以责赐诸民,因焚其券,民称万岁,乃臣所以为君市义也。”孟尝君不悦,曰:“先生休矣!”后期年,齐王疑孟尝,使就国,未至薛百里,民扶老携幼,争趋迎于道。孟尝君谓煖曰:“先生所为文市义者,乃今日见之。”

煖使齐复相田文,及立宗庙于薛,皆纵横家熟套。惟市义一节,高出千古,非战国策士所及。保国保家者,皆当取法。

王 旦

王钦若、马知节同在枢府。一日,上前因事忿争。上召王旦至,则见钦若喧哗不已,马则涕泣曰:“愿与钦若同下御史府。”旦乃叱钦若下去。上怒甚,欲下之狱。旦从容曰:“钦若等恃陛下顾遇之厚,上烦陛下,臣冠宰府,当行朝典。然观陛下天颜不怡,愿且还内,来日取旨。”上许之。旦退,召钦若等切责,皆皇惧,手疏待罪。翌日,上召旦曰:“王钦若等事如何处分?”旦曰:“臣晓夕思之,钦若等当黜,然未知使伏何罪?”上曰:“对朕忿争无礼。”旦曰:“陛下圣明在御,而使大臣坐忿争无礼之罪,恐夷狄闻之,无以威远。”上曰:“卿意如何?”对曰:“愿至中书,召钦若等,宣示陛下含容之意,且戒约之。俟少间,罢之未晚。”上曰:“非卿言,朕固难忍。”后数月,钦若等皆罢。

胡 濙

正统中,宗伯胡濙一日早朝承旨,跪起,带解落地,从容拾系之,遂叩头还班,御史亦不能纠。十三年,彭鸣中状元,当上表谢恩之夕,坐以待旦,至四鼓乃隐几而卧,竟失朝。纠仪御史奏令锦衣卫“拿”,已奉旨。胡公出班,奏状元彭鸣不到,合着锦衣卫“寻”,上是之。不然,一新状元,遂被拘执如囚人,斯文不雅观。老成举措,自得大体。

孙　觉

孙莘老觉知福州，时民有欠市易钱者，系狱甚众。适有富人出钱五百万葺佛殿，请于莘老。莘老徐曰："汝辈所以施钱，何也？"众曰："愿得福耳。"莘老曰："佛殿未甚坏，又无露坐者，孰若以钱为狱囚偿官，使数百人释枷锁之苦，其获福岂不多乎！"富人不得已，诺之。即日输官，囹圄遂空。

赵清献

赵清献公抃出察青州，每念一人入狱，十人罢业，株连波及，更属无辜。且狱禁中，夏有疫疾湿蒸，冬有瘴瘃冻裂。或以小罪，经年桎梏；或以轻系，迫就死亡。狱卒囚长，需索凌辱，尤可深痛。时令人马上飞吊监簿查勘，以狱囚多少，定有司之贤否。行之期年，郡州县属吏，无敢妄系一人者。邵尧夫每称道其事。

贾　彪

贾彪与荀爽齐名，举孝廉为新息长。小民因贫，多不养子。彪严为其制，与杀人同罪。城南有盗劫害人者，北有妇人杀子者。彪出案发，而掾吏欲引南，彪怒曰："贼寇害人，此则常理；母子相残，逆天违道。"遂驱车北行，案验其罪，城南贼闻之，亦面缚自首。方知明伦可以化俗。数年间，养子者数千，佥曰："贾父所长。"生男名曰"贾男"，生女名曰"贾女"。

手段已能办贼，直欲以奇致之。

柳公绰

柳公绰节度山东，行部至邓，吏有纳贿舞文，二人同系。县令闻公绰素持法，谓必杀贪者。公绰判曰："赃吏犯法法在，奸吏坏法法亡。"竟诛舞文者。

天伦王法，两者持世之大端。彪舍贼寇而案杀子，公绰置赃吏而诛舞文，此种识力，于以感化贼盗赃吏有余矣。若丙吉不问道旁死人，而问牛喘，未免失之迂腐。

季 本

季本初仕为建宁府推官，值宸濠反江西，王文成公方发兵讨之。而建宁有分水关，自江入闽道也。本请于所司，身往守之。会巡按御史某，以科场事檄郡守与本并入。守以书趣本，本复书曰："建宁所恃者，惟吾两人，兵家事在呼吸，而科场往返，动计四旬。今江西胜负未可知，土寇生发叵测，微吾两人，其谁与守？即幸而无事，当此之际，使试录列吾两人名，传播远迩，将以为不知所重，贻笑多矣。拒违按院之命，孰与误国家事哉！"守深服其言，竟不往。此守亦高人。

科场美事，人方争而得之，谁肯舍甘就苦？选事避难，睹此当愧汗矣。

卷二

上智部远犹

谋之不远，是用大简。人我迭居，吉凶环转。老成借筹，宁深毋浅。集“远犹”。

训　储二条

商高宗为太子时，其父小乙尝使人居民间，与小民出入同事，以知其情。

太祖教谕太子，必命备历农家，观其居处服食器用，使知农之劳苦。洪武末选秀才，随春坊官分班入直近前，说民间利害等事。成祖巡行北京，使二皇长孙周行村落，历观农桑之事。谕教者宜以为法。

张昭先逮事唐明宗，明宗诸皇子竞侈汰，昭疏训储之法。略云：“陛下诸子，宜各置师傅，令折节师事之。一日中但令止记一事，一岁之内，所记渐多，则每月终令，师傅共录奏闻。俟皇子上谒，陛下辄面问，倘十中得五，便可博识安危之故，深究成败之理。”明宗不能用。

此可为万世训储之法，胜如讲经说书，作秀才学问也。

李　泌

肃宗子建宁王倓性英果，有才略，从上自马嵬北行。兵众寡弱，屡逢盗寇，倓自选骁勇居上前后，血战以卫上。上或过时未食，倓悲泣不自胜，军中皆属目向之。上欲以倓为天下兵马元帅，使统诸将东征。李泌曰：“建宁诚元帅才，然广平兄也，若建宁功成，岂使广平为吴泰伯乎？”上曰：“广平冢嗣也，何必以元帅为重。”泌曰：“广平未正位东宫，今天下艰难，众心所属在于元帅，若建宁大功既成，陛下虽欲不以为储副，同立功者其肯已乎？太宗太上皇即其事也。”上乃以广平王俶为天下兵马元帅，诸将皆以属焉。倓闻之，谢泌曰：“此固倓之心也。”

王叔文

王叔文以棋侍太子，尝论政至宫市之失。太子曰：“寡人方欲谏之。”众皆称赞，叔文独无言。既退，独留叔文问其故。对曰：“太子职当侍膳问安，不宜言外事，陛下在位久，如疑太子收人心，何以自解？”太子大惊，因泣曰：“非先生，寡人何以知此？”遂大爱幸。

叔文固憸险小人，此论自正。

白起祠

贞元中，咸阳人上言见白起，令奏云：“请为国家捍御四陲，正月吐蕃必大下。”既而吐蕃果入寇，败去。德宗以为信然，欲于京城立庙，赠起为司徒。李泌曰：“臣闻国将兴，听于人。今将帅立功，而陛下褒赏白起，臣恐边将解体矣。且立庙京城，盛为祷祝，流传四方，将立巫风。臣闻杜邮有旧祠，请敕府县修葺，则不至惊人耳目。”妥贴。上从之。

苏　颂

苏颂执政时，见哲宗年幼，每大臣奏事，但取决于宣仁。哲宗有言，或无对者，唯颂奏宣仁后，必再禀哲宗；有宣谕，必告诸臣，俯伏而听。及贬元祐故官，御史周秩并劾颂，哲宗曰：“颂知君臣之义，无轻议此老。”

戮　叛二条

宋艺祖推戴之初，陈桥守门者拒而不纳，遂如封邱门，抱关吏望风起钥。及即位，斩封邱吏而官陈桥者，以旌其忠。

至正间，广东王成、陈仲玉作乱，东莞人何真请于行省，举义兵擒仲玉以献。成筑砦自守，围之，久不下。真募人能缚成者，予钱十千，于是成奴缚之以出。真笑谓成曰：“公奈何养虎为害。”成惭谢。奴求赏，真如数与之。使人具汤镬，驾诸转轮车上。成惧，谓将烹己。真乃缚奴于上，促烹之。使数人鸣鼓推车，号于众曰："四境有奴缚主者视此。"人服其赏罚有章，岭表悉归心焉。

高祖戮丁公而封项伯，赏罚为不均矣。光武封苍头子密为不义侯，尤不可训，当以何真为正。

宋艺祖三条

初，太祖谓赵普曰："自唐季以来数十年，帝王凡十易姓，兵革不息，其故何也？"普曰："由节镇太重，君弱臣强，今唯稍夺其权，制其钱谷，收其精兵，则天下自安矣。"语未毕，上曰："卿勿言，我已谕矣。"聪明。顷之，上与故人石守信等饮酒酣，屏左右，谓曰："我非尔曹之力，不得至此，念汝之德，无有穷已。然为天子亦大艰难，殊不若为节度使之乐，吾今终夕未尝安枕而卧也。"守信等曰："何故？"上曰："是不难知，居此位者，谁不欲为之？"守信等皆惶恐顿首曰："陛下何为出此言？"上曰："不然，汝曹虽无心，其如麾下之人欲富贵何？一旦以黄袍加汝身，虽欲不为，不可得也。"守信等乃皆顿首泣曰："臣等愚不及此，唯陛下哀怜，指示可生之路。"上曰："人生如白驹过隙，所欲富贵者，不过多得金钱，厚自娱乐，使子孙无贫乏耳。汝曹何不释去兵权，择使好田宅市之，王翦、萧何所以免祸。为子孙立永久之业。多置歌儿舞女，日饮酒相乐，以终其天年。君臣之间，两无猜嫌，不亦善乎？"皆再拜曰："陛下念臣及此，所谓生死而骨肉也。"明日皆称疾，请解兵权。

或谓宋之弱由削节镇之权故。夫节镇之强，非宋强也，强干弱枝，自是立国大体。二百年弊穴，谈笑革之，终宋世无强臣之患，岂非转天移日手段？若非君臣偷安，力主和议，则寇准、李纲、赵鼎诸人，用之有余，安在为弱乎？

熙宁中，作坊以门巷委狭，请直而宽广之。神宗以太祖创始，当有远虑，不许。既而众工作苦，持兵夺门，欲出为乱。一老卒闭而拒之，遂不得出，捕之皆获。设险固守，道只如此。

神宗一日行后苑，见牧猳猪者，问何所用。牧者曰："自太祖来，尝令畜。自稚养至大，则杀之，更养稚者。累朝不改，亦不知何用。"

神宗命革之。月余，忽获妖人于禁中，索猪血浇之，仓卒不得，方悟祖宗远虑。

郭 钦

汉魏以来，羌中鲜卑降者，多处之塞内诸郡，其后数因忿恨，杀害长吏，渐为民患。侍御史郭钦请及平吴之威，谋臣猛将之略，渐徙内郡，杂胡于边地，峻四夷出入之防，明先王荒服之制，此万世长策也。不听。卒有五胡之乱。

只有开国余威可乘，失此则无能为矣。宋初不能立威契丹，卒使金元之祸，相寻终始。我太祖北逐金元，威行沙漠，文皇定鼎燕都，三黎来庭，岂非万世久安之计乎！

处继迁母

李继迁扰西鄙，保安军奏获其母，太宗欲诛之。以寇准居枢密，独召与谋。准退过相幕，吕端谓准曰："上戒君勿言于端乎？"准曰："否。"告之故。端曰："何以处之？"准曰："欲斩于保安军北门外，以戒凶逆。"端曰："必若此，非计之得也。"即入奏曰："昔项羽欲烹太公，高祖愿分一杯羹，夫举大事不顾其亲，况继迁悖逆之人乎？陛下今日杀之，明日继迁可擒乎？若其不然，徒结怨，益坚其叛耳。"太宗曰："然则如何？"端曰："以臣之愚，宜置于延州，使善视之，以招来继迁。即不即降，终可以系其心，而母生死之命在我矣。"太宗拊髀称善曰："微卿，几误我事。"其后母终于延州，继迁死，子竟纳款。

具是依，则为俺答之款；具是违，则为奴囚之叛。

徐 达

大将军达之蹙元帝于开平也，缺其围一角，使逸去。常开平恐亡大功。大将军言："是虽夷狄，然尝久帝天下，吾主上又何加焉？将裂地而封之乎，抑遂甘心也？既皆不可，则纵之固便。"开平且未然。及归报，上亦不罪。

省却了太祖许多计较。然大将军所以敢于纵之者，逆知圣德之弘故也。何以知之？于遥封顺帝、赦陈理为归命侯而不诛知之。

元旦日食

元旦日食，富弼请罢宴彻乐，吕夷简不从。弼曰："万一契丹行之，恐为中国羞。"后有自契丹还者，言虏是日罢宴，仁宗深悔之。

值华虏争胜之日，故以契丹为言。其实理合罢宴，不系虏之行不行也。

贡　麟

交趾贡异兽谓之麟，司马公言："真伪不可知，使其真，非自至不为瑞；若伪，为远夷笑。愿厚赐而还之。"

方知秦皇、汉武之愚。

契丹立君

边帅遣种朴入奏："得谍言，阿里骨已死，国人未知所立。契丹官赵纯忠者，谨信可任，愿乘其未定，以劲兵数千，拥纯忠入其国立之。"众议如其请，苏颂曰："事未可知，今越境立君，倘彼拒而不纳，得无损威重乎？徐观其变，俟其定而抚戢之未晚也。"老成之见。已而，阿里骨果无恙。

地舆　贡道

熙宁中，高丽入贡，所经郡县，悉要地图，所至皆造送。至扬州牒取地图。是时陈秀公守扬，给使者，欲尽见两浙所供图，仿其规制供之。及图至，都聚而焚之，具以事闻。

宋初，遣卢多逊使李国主，还，舣舟宣化口，使人白国主曰："朝廷重修天下图经，史馆独缺江东诸州，愿各求一本以归。"国王急令缮写送之，于是尽得其十九州之形势、屯戍远近、户口多寡以归，朝廷始有用兵之意。秀公此举，盖惩前事云。

成化十六年，朝鲜请改贡道。因建州女真邀劫故。中官有朝鲜人为之地，众将从之。职方郎中刘大夏独执不可，曰："朝鲜贡道，自鸦鹘关出辽阳，经广宁，过前屯，而后入山海，迂回三四大镇，此祖宗微意，若自鸭绿江抵前屯、山海路大径，恐贻他日忧。"卒不许。

陈　恕

陈晋公为三司使，真宗命具中外钱谷大数以闻，恕诺而不进。久之，上屡趣之，恕终不进。上命执政诘之，恕曰："天子富于春秋，若知府库之充羡，恐生侈心。"

李吉甫为相，撰《元和国计簿》上之，总计天下方镇州府县户税实数，比天宝户数四分减三。天下仰给县官者八十二万余人，比天宝三分增一。其水旱所伤，非时调发者不在此数。欲以感悟朝廷，大臣忧国深心类如此。

李　沆

李沆为相，王旦参知政事，以西北用兵，或至旰食。旦叹曰："我辈安能坐致太平，得优游无事耶？"沆曰："少有忧勤，足为警戒，他日四方宁谧，朝廷未必无事。语曰：'外宁必有内忧。'譬人有疾，常在目前，则知忧而治之。沆死，子必为相，遽与虏和亲。一朝疆埸无事，恐人主渐生侈心耳。"旦未以为然。沆又日取四方水旱盗贼，及不孝恶逆之事奏闻，上为之变色，惨然不悦。旦以为细事不足烦上听，且丞相每奏不美之事，拂上意。沆曰："人主少年，当使知四方艰难，常怀忧惧，不然，血气方刚，不留意声色狗马，则土木甲兵祷祠之事作矣。吾老不及见，此参政他日之忧也。"沆殁后，真宗以契丹既和，西夏纳款，遂封岱，祠汾水，大营宫殿，搜讲坠典，靡有暇日。旦亲见王钦若、丁谓等所为，欲谏则业已同之，欲去则上遇之厚，乃知沆先识之远。叹曰："李文靖真圣人也。"

《左传》：晋楚遇于鄢陵，范文子不欲战，曰："惟圣人能内外无患，自非圣人，外宁必有内忧，盍释楚以为外惧乎。"厉公不听，战楚胜之。归益骄，任嬖臣胥童，诛戮三却，遂见弑于匠丽。文靖语本此。

韩　琦

太宗、仁宗尝猎于大名之郊，题诗数十篇，贾昌朝时刻于石。韩琦留守日，以其诗藏于班瑞殿之壁。客有劝琦摹本以进者，琦曰："修之得已，安用进为？"客亦莫喻琦意。韩绛来，遂进之。琦闻之叹曰："昔岂不知进耶？顾上方锐意四夷事，不当更道之耳。"石守道编《三朝圣政录》，将上，一日求质于琦。琦指数事：其一，太祖惑一宫嬖，视朝晏，群臣有言，太祖悟，伺其酣寝刺杀之。琦曰："此岂可为万世法？已溺之，乃恶其溺而杀，彼何罪？使其复有嬖，将不胜其杀矣。"遂去此等数事，守道服其精识。

刘大夏二条

天顺中，朝廷好宝玩，中贵言："宣德中尝遣太监王三保使西洋，获奇珍无算。"帝乃命中贵至兵部，查王三保至西洋水程。时刘大夏为郎，项尚书公忠令都吏检故牒，刘先检得匿之，都吏检不得，复令他吏检。项诘都吏曰："署中牍，焉得失？"刘微笑曰："昔下西洋，费钱数十万，军民死者亦万计，此一时弊政，牍即存尚宜毁之，以拔其根，犹追究其有无耶？"项竦然再拜而谢，指其位曰："公达国体，此不久属公矣。"

又，安南黎灏侵占城池，西略诸土夷，败于老挝。中贵人汪直欲乘间讨之，使索英公下安南牍，大夏匿弗予，尚书为榜吏至再。大夏密告曰："衅一开，西南立糜烂矣。"尚书悟，乃已。

此二事，天下阴受忠宣公之赐而不知。

辞连署　辞密揭

宪宗嘉崔群谠直，命学士自今奏事，必取群连署，然后进之。群曰："翰林举动，皆为故事，必如是，后来万一有阿媚之人为之长，则下位直言，无自而进矣。"遂不奉诏。

上御文华殿，召刘大夏谕曰："事有不可，每欲召卿商榷，又以非卿部内事而止，今后有当行当罢者，卿可以揭帖密进。"大夏对曰："不敢。”上曰：“何也？”大夏曰：“先朝李孜省可为鉴戒。”上曰：“卿论国事，岂孜省营私害物者比乎？”大夏曰：“臣下以揭帖进，朝廷以揭帖行，是亦前代斜封墨敕之类也。陛下所行，当远法帝王，近法祖宗，公是公非，与众共之，外付之府部，内咨之阁臣可也。如用揭帖，因循日久，视为常规，万一匪人冒居要职，亦以此行之，害可胜言？此甚非所以为后世法，臣不敢效顺。”上称善久之。

老成远虑，大率如此，由中无寸私，不贪权势故也。

辞例外赐

富郑公为枢密使，值英宗即位，颁赐大臣。已拜受，又例外特赐。郑公力辞，东朝遣小黄门谕公曰：“此出上例外之赐。”公曰：“大臣例外受赐，万一人主例外作事，何以止之？”辞不受。

范仲淹

劫盗张海将过高邮，知军晁仲约度不能御，谕军中富民，出金帛牛酒迎劳之。事闻，朝廷大怒，富弼议欲诛仲约。仲淹曰：“郡县兵械足以战守，遇贼不御，而反赂之，法在必诛。今高邮无兵与械，且小民之情，醵出财物，而免于杀掠，必喜，戮之非法意也。”仁宗乃释之。弼愠曰：“方欲举法，而多方阻挠，何以整众？”仲淹密告之曰：“祖宗以来，未尝轻杀臣下，此盛德事，奈何欲轻坏之？他日手滑，恐吾辈亦未可保。”弼不谓然。及二人出按边，弼自河北还，及国门不得入，未测朝廷意，比夜彷徨绕床，叹曰：“范六丈圣人也。”

赵忠简

刘豫揭榜山东，妄言御药冯益遣人收买飞鸽，因有不逊语。知四州刘纲奏之，张浚请斩益以释谤。赵鼎继奏曰：“益事诚暧昧，然疑似间有关国体，然朝廷略不加罚，外议必谓陛下实尝遣之，有累圣德，不若暂解其职，姑与外祠，以释众惑。”上欣然，出之浙东。浚怒鼎异己。鼎曰：“自古欲去小人者，急之，则党合而祸大；缓之，则彼自相挤。今益罪虽诛不足以快天下，然群阉恐人君手滑，必力争以薄其罪。不若谪而远之，既不伤上意，彼见谪轻，必不致力营求，又幸其位，必以次窥进，安肯容其人耶？若力折之，此辈侧目吾人，其党愈固而不破矣。”浚始叹服。

文彦博

富弼用朝士李仲昌策，自澶州商湖河穿六漯渠，入横陇故道。北京留守贾昌朝素恶弼，阴约内侍武继隆，令司天官二人，俟执政聚时，于殿廷抗言：“国家不当穿河北方，以致上体不安。”后数日，二人又听继隆上言，请皇后同听政。史志聪以状白彦博，彦博视而怀之，徐召二人，诘之曰：“天文变异，汝职所当言也，何得辄预国家大事耶？汝罪当族。”二人大惧，彦博曰：“观汝直狂愚，今未忍治汝罪。”二人退，乃出状以示同列。同列皆愤怒曰：“奴辈敢尔，何不斩之？”彦博曰：“斩之则事彰灼，中宫不安矣。”既而议遣司天官，定六漯方位，复使二人往，大作用。二人恐治前罪，更言六漯在东北，非正北也。

王　旦

王旦为兖州景灵宫朝修使，内臣周怀政偕行，或乘间请见，旦必俟从者尽至，冠带出见于堂皇，白事而退。后怀政以事败，方知旦远虑。内臣刘承规以忠谨得幸，病且死，求为节度使。帝语旦曰：“承规待此以瞑目。”旦执不可，曰：“他日将有求为枢密使者奈何？”遂止。自是内臣官不过留后。

王守仁

阳明公既擒逆濠，江彬等始至，遂流言诬公。公绝不为意。初谒见，彬辈皆设席于傍，令公坐。公佯为不知，竟坐上席，而转傍席于下。彬辈遽出恶语，公以常行交际事体平气谕之，复有为公解者，乃止。公非争一坐也，恐一受节制，则事机皆将听彼而不可为矣。高见。

主婚用玺

郑贵妃有宠于神庙，熹宗大婚礼，妃当主婚。廷臣谋于中贵王安曰:“主婚者,乃与政之渐,不可长也,奈何?”或献计曰:“以位则贵妃尊,以分则穆庙隆庆。恭妃长,盍以恭妃主之?”曰:“奈无玺何。”曰:“以恭妃出令,而以御玺封之,谁曰不然?”安从之。自是郑氏不复振。

陈仲微

仲微初为莆田尉,署县事,县有诵仲微于当路,而密授以荐牍者。仲微受而藏之。逾年,其家负县租,竟逮其奴。是人有怨言,仲微还其牍,缄封如故,是人惭谢。

陈　寔

寔字仲举,以名德为世所宗。桓帝时,党事起,逮捕者众,人多避逃。寔曰:“吾不就狱,众无所恃。”竟诣狱请囚,会赦得释。灵帝初,中常侍张让权倾天下,让父死,归葬颍川,虽一郡毕至,而名士无往者,寔独吊焉。后复诛党人,让以寔故,颇多全活。

即菩萨舍身利物,何以如此?狄梁公之事伪周,鸠摩罗什之事苻秦,皆是心也。

姚　崇

姚崇为灵武道大总管,张柬之等谋诛二张,崇适自屯所还,遂参密议,以功封梁县侯。武后迁上阳宫中,崇率百官问起居,五公相庆,崇独流涕。柬之等曰:“今岂流涕时耶?恐公祸由此始。”崇曰:“比与讨逆,不足为功,然事太后久,违旧主而泣,人臣终节也,由此获罪甘心焉。”后五王被害,而崇独免。

武后迁,五公相庆,崇独流涕。董卓诛,百姓歌舞,邕独惊叹。事同而祸福相反者,武君而卓臣,崇公而邕私也。然惊叹者,平日感恩之真心,流涕者,一时免祸之权术。崇逆知三思犹在,后将噬脐,而无如五王之不听何也?吁!崇真智矣哉!

孔　子

鲁国之法:鲁人为臣妾于诸侯,有能赎之者,取金于府。子贡赎鲁人于诸侯而让其金。孔子曰:“赐失之矣,夫圣人之举事,可以移风易俗,而教导可施于百姓,非独适己之行也。今鲁国富者寡而贫者多,取其金则无损于行,不取其金,则不复赎人矣。”子路拯溺者,其人拜之以牛,子路受之。孔子喜曰:“鲁人必多拯溺者矣。”

袁了凡曰:“自俗眼观之,子贡之不受金,似优于子路之受牛。孔子则取由而黜赐,乃知人之为善,不论现行论流弊,不论一时论永久,不论一身论天下。”

宓子

齐人攻鲁,由单父,单父之老请曰:“麦已熟矣,请任民出获,可以益粮,且不资寇。”三请而宓子不许。俄而齐寇逮于麦,季孙怒,使人让之。宓子蹙然曰:“今兹无麦,明年可树,若使不耕者获,是使民乐有寇。夫单父一岁之麦,其得失于鲁不加强弱,若使民有幸取之心,其创必数世不息。”季孙闻而愧曰:“地若可入,吾岂忍见宓子哉!”

于救世似迂,于经世甚远。

程琳

程琳字天球,为三司使日,议者患民税多名目,大麦、纩绢、绸鞋钱、食盐钱。恐吏为奸,欲除其名而合为一。琳曰:“合为一而没其名,一时之便,后有兴利之臣,必复增之,是重困民也。”议者虽唯唯,然当时犹未知其言之为利,至蔡京行方田之法,尽并之,乃始思其言而咨嗟焉。

高明

黄河南徙,民耕淤地,有收。议者欲履亩坐税,高御史明不可,曰:“河徙无常,税额不改,平陆忽复巨浸,常税犹按旧籍,民何以堪?”遂报罢。

每见沿江之邑,以摊江田赔粮致困。盖沙涨成田,有司喜以升科见功,而不知异日减科之难也。川中之盐井亦然。陈于陛《意见》云:“有井方有课,因旧井塌坏,而上司不肯除其课,百姓受累之极，即新井亦不敢开。宜立为法：凡废井课悉与除之，新井许其开凿。开成日免课三年，后方征收，则民困可苏，而利亦兴矣。若山课多，一时不能尽蠲，宜查出另为一籍，有恩典先及之，或缓征，或对支，徐查新涨田，即渐补扣，数年之后，其庶几乎。”〇查洪武二十八年，户部节奉太祖圣旨：“山东河南民人，除已入额田地照旧征外，新开荒的田地，不问多少，永远不要起科，有气力的尽他种。”按此可为各边屯田之法。

王 铎

王铎为京兆丞时，李蠙判度支，每年以江淮运至京，水陆脚钱斗计七百。京国米价斗四十，议欲令江淮不运米，但每斗纳钱七百。铎曰：“非计也，若于京国籴米，且耗京国之食。若运米自淮至京国，兼济无限贫民也。”籴米之制，业已行矣，竟无敢阻其议者。都下米果大贵。未经旬而度支请罢，以民无至者也。识者皆服铎之察事，以此大用。

国初中盐之法，输粟实边，支盐内地。商人运粟艰苦，于是募民就边垦荒，以便输纳，而边地俱成熟矣，此盐屯相须之最善法也。自叶侍郎淇徇乡人之请，改银输部，而边地日渐抛荒，粟遂腾贵，并盐法亦大敝坏矣。见小利则大事不成，圣言真可畏哉。

孙仲纯

孙仲纯史节知海州日，发运司议置洛要、极浦、惠泽三盐场，孙以为非便。发运使亲行郡，决欲为之。孙抗论排沮甚坚，百姓遮县，自言置盐场为便。孙晓之曰：“汝愚民不知远计，官卖盐虽有近利，官盐患在不售，不患在不足。盐多而不售，遗患在三十年后。”至孙罢郡，卒置三场。其后连海间刑狱盗贼差役，比旧浸繁，缘三盐场所置。积盐山积，运卖不行，亏失欠负，动辄破人产业，民始患之。又：朝廷调军器，有弩桩箭干之类，海州素无此物，民甚苦之，请以鳔胶充折。孙谓之曰：“弩桩箭干，共知非海州所产，盖一时所须耳，若以土产物代之,恐汝岁岁被科无已时也。”

张　咏

张忠定知崇阳县,民以茶为业。公曰:“茶利厚,官将榷之,不若早自异也。”命拔茶而植桑,民以为苦。其后榷茶,他县皆失业,而崇阳之桑皆已成,为绢岁百万匹。民思公之惠,立庙报之。

又:温州林官,永嘉时,其地产美梨,有持献中官者,中官令民纳以充贡。公曰:“梨利民几何,使岁为例,其害大矣。”俾悉伐其树。中官怒而谮之,会荐卓异得免。近年虎丘茶亦为僧所害,僧亦伐树以绝之。呜呼!中官不足道,为人牧而至使民伐树以避害,此情可不念欤!林,衡山先生之父。〇《泉南杂志》云:“泉地出甘蔗为糖,利厚,往往有改稻田种蔗者,故稻米益乏,皆仰给于浙直海贩。莅兹土者,当设法禁之。骤似不情,惠后甚溥。”

李允则

李允则再守长沙,湖湘之地,下田艺稻谷,高田水力不及,一委之蓁莽。允则一日出令曰:“将来并纳粟米秆草。”湖民购之襄州,每一斗一束,至湘中为钱一千。自尔竞以田艺粟,至今湖南无荒田,粟米妙天下焉。

论元祐事二条

神宗升遐,会程颢以檄至府,举哀既罢,留守韩康公之子宗师,问朝廷之事如何?曰:“司马君实、吕晦叔作相矣。”又问:“果作相,当如何?”曰:“当与元丰大臣同,若先分党与,他日可忧。”韩曰:“何忧?”曰:“元丰大臣皆嗜利者,使自变其已甚害民之法必使自变,乃不可复变。则善矣。不然,衣冠之祸未艾也。君实忠直,难与议,晦叔解事,恐力不足耳。”已而皆验。

建中初,徽宗年号。江公望为左司谏,上言神考与元祐哲宗初号。诸臣,非有斩祛射钩之隙也,先帝信仇人黜之,陛下若立元祐为名,必有元丰神宗改元。绍圣哲宗改元。为之对,有对则争兴，争兴则党复立矣。

司马光为政，反王安石所为。毕仲游予之书曰："昔安石以兴作之说动先帝，而患财之不足也。故凡政之可以得民财者无不用，盖散青苗、置市易、敛役钱、变盐法者，事也。而欲兴作，患不足者，情也。凡弊必穷其源，而后可救。未能杜其兴作之情，而徒欲禁其散敛变置之事，是以百说而百不行。今遂废青苗，罢市易，蠲役钱，去盐法，凡号为利而伤民者，一扫而更之，则向来用事于新法者，必不喜矣。不喜之人，必不但曰青苗不可废，市易不可罢，役钱不可蠲，盐法不可去，必操不足之情，言不足之事，以动上意，虽致石人而使听之，犹将动也。如是，则废者可复散，罢者可复置，蠲者可复敛，去者可复存矣。为今之策，当大举天下之计，深明出入之数，以诸路所积之钱粟，一归地官，使经费可支二十年之用。数年之间，又将十倍于今日。使天子晓然知天下之余于财也，则不足之论，不得陈于前，而后新法始可永罢而不行。昔安石之居位也，中外莫非其人，故其法能行。今欲求前日之弊，而左右侍职司使者，约十有七八，皆安石之徒。虽起二三旧臣，用六七君子，然累百之中，存其十数，乌在其势之可为也？势未可为而欲为之，则青苗虽废将复兴，况未废乎？市易、役钱、盐法，亦莫不然。以此救前日之弊，如人久病而少间，其父子兄弟喜见颜色，而未敢贺者，以其病之犹在也。"光得书耸然，竟如其虑。

陈　瓘四条

陈瓘方赴召命，至阙，闻有中旨，令三省缴进前后臣僚章疏之降出者。瓘谓宰属谢圣藻曰："此必有奸人图盖己衍而为此谋者，若尽进入，则异时是非变乱，省官何以自明。"因举蔡京上疏，请灭刘挚等家族；乃妄言携剑入内，欲斩王珪等数事。谢惊悚，即白时宰，录副本于省中。其后京党欺诬盖抹之说，不能尽行，由有此迹，不可泯也。

邹浩还朝，帝首及谏立后事，奖叹再三。询："谏草安在？"对曰："焚之矣。"退告陈瓘，瓘曰："祸其始此乎？异时奸人妄出一缄，则不可辨矣。"初，哲宗一子献愍太子茂，昭怀刘氏为妃时所生。帝未有子,而中宫虚位。后曰:“是得立。”然才三月而夭。浩凡三谏立刘后,随削其稿。蔡京用事,素忌浩,乃使其党为伪疏言:“刘后杀卓氏而夺其子,欺人可也,讵可以欺天乎?”徽宗诏暴其事,遂再谪衡州别驾,寻窜昭州,果如瓘言。

二事一局也,谢从之而免谗,邹违之而构诬。人无远虑,必有近忧,尤信。

徽宗初,欲革绍圣之弊以靖国,于是大开言路,众议以瑶华复位,司马光等叙官,为所当先。陈瓘时在谏省,独以为幽废母后,追贬故相,彼皆立名以行,非细故也。今欲正复,当先辨明诬罔,昭雪非辜,诛责造意之人,然后发诏,以礼行之,庶无后患,不宜欲速贻悔。朝议以公论久郁,速欲取快人情,遽施行之。无知者每生此弊。至崇宁间,蔡京用事,悉改建中之政,人皆服公远识。

陈公在通州,张无垢商英入相,欲引公自助。时置政典局,乃自局中奉旨取公所著《尊尧集》,盖将施行所论,而由局中用公也。公料其无成,书已缮写未发,州郡复奉政典局牒催促。公乃用奏状进表,以黄帕封缄,缴申政典局,乞于御前开拆。或谓公当径申局中,何必通书庙堂。公曰:“恨不得直达御览,岂可复与书耶?彼为宰相有所施为,不于三省公行,乃置局建官,若自私者,人将怀疑生忌,恐尊尧至而彼已动摇也。远其迹犹恐不免,况以书耶?”已而悉如公言。张既罢黜,公亦有台州之命。责词犹谓公私送与张商英,意要行用,于是众人服公远识。

林立山

《武庙实录》将成时,首辅杨廷和以忤旨罢归,中贵张永坐罪废。翰林林立山奏记副总裁董中峰曰:“史者万世是非之权衡,昨闻迎立一事,或曰由中,或云内阁。诛贼彬,或云由廷和,或云由永。各从其党。疑信之间,茫无定据。今上方总核名实,书进二事,必首登一览,恐将以永真有功,廷和真有罪,君子小人进退之机决矣。”董公以白总裁费鹅湖,乃据实书:“慈寿太后遣内侍取决内阁。”天子由是倾心宰辅,宦寺之权始轻。

周宗　韩雍

烈祖镇建业日，义祖薨于广陵，致意将有奔丧之计。康王以下诸公子谓周宗曰："幸闻兄长家国多事，宜抑情损礼，无劳西渡也。"宗度王似非本意，坚请报简，示信于烈祖，康王以匆遽而辞。宗袖中出笔，复为左右取纸，得故茗纸贴，乞手札。康王不获已而札曰："幸就东府举哀，多垒之秋，二兄无以奔丧为念也。"明年，烈祖朝觐广陵，康王及诸公子果执上手大恸，诬上不以临丧为意，诅让百端，冀动物听。上因出王所书以示之，王觍颜而已。

韩公雍旬宣江右时，忽报宁府之弟某王至。公托疾乞少需，已猜着几分。密遣人驰召三司，且索白木几。公匍匐拜迎之。入，具言兄叛状。公辞病聩莫听，请书。王索纸，左右舁几进，王详书其事而去。公上其事，朝廷遣使按无迹，时王兄弟相欢，讳无言。使还，朝廷坐韩离间亲王罪，械以往。韩上木几亲书，方释。

喻　樗

张浚与赵鼎同志辅治，务在塞幸门、抑近习，相得甚欢。人知其将并相，史馆校勘喻樗独曰："二人宜且同在枢府，他日赵退，则张继之。立事任人，未甚相远，则气脉长。若同处相位，万一不合而去，则必更张，是贤者自相悖戾矣。"

曹可以继萧，费、董可以继诸葛，此君子所以自衍其气脉也。若乃不贵李勣，以遗孝和；不贵张齐贤，以遗真庙，是人主自以私恩为市，非帝王之公矣。

杨　荣

王振谓杨士奇等曰："朝廷事亏三杨先生，然三公亦高年倦勤矣，其后当如何？"士奇曰："老臣当尽瘁报国，死而后已。"荣曰："先生休如此说，吾辈衰残，无以效力，行当择后生可任者，以报圣恩耳。"振喜。翌日，即荐曹鼐、苗衷、陈循、高穀等，遂次第擢用。士奇以荣当日发言之易。荣曰："彼厌吾辈矣，吾辈纵自立，彼岂自已乎？一旦内中出片纸，命某人入阁，则吾辈束手而已。今四人竟是吾辈人，当一心协力也。”士奇服其言。

李彦和《见闻杂纪》云：“言官论劾大臣，必须下工夫看，见眼前何人可代者。必贤于去者，必有益于国家，方是忠于进言。若只做得这篇文字，打着自己名头，丝毫于国无补，不如缄口不言，反于言责无损。”此亦可与杨公之论合看。

赵凤　杨王司帑

初，晋阳相者周玄豹，尝言唐主贵不可言。至是唐主欲召诣阙，赵凤曰：“玄豹言已验，若置之京师，则轻躁狂险之人，必辐辏其门。自古术士妄言，致人灭族者多矣。”乃就除光禄卿，致仕。

杨王沂中闲居郊行，遇一相押字者。杨以所执杖书地上，作一画。相者再拜曰：“阁下何为微行至此，宜自爱重。”王愕然，诘其所以。相者曰：“土上一画，乃王字也。”王笑，批缗钱五百万，仍用常所押字，命相者翌日诣司帑。司帑持券熟视曰：“汝何人，乃敢作我王伪押来赚物，吾当执汝诣有司问罪。”相者具言本末，至声屈冀动王听。王之司谒与司帑打合五千缗与之。相者大恸，痛骂司帑而去。异日乘间白杨，杨怪问其故，对曰：“他今日说是王者，来日又胡说增添，则王之谤厚矣，且恩王已开王社，何所复用相?”王起，抚其背曰：“尔说得是。”即以予相者几百万旌之。赏得是。

程伯淳

程颢为越州佥判，蔡卞为帅，待公甚厚。初，卞未尝为公语，张怀素道术通神，虽飞禽走兽，能呼遣之。至言孔子诛少正卯，彼尝谏以为太早；汉祖成皋相持，彼屡登楼观战。不知其岁数，殆非世间人也。公每窃笑之，及将往四明，而怀素且来会稽，示留少俟。公不为止，曰：“子不语怪力乱神，以不可训也，斯近怪矣，州牧既甚信重，士大夫又相谄合，下民从风而靡，使真有道者，固不愿此。不然，不识之未为不幸也。”后二十年怀素败，多引名士，欲以自脱。或欲因是染公，竟以寻求无迹而止。非公素论守正，则不免于罗织矣。

张让众所弃也，而太邱独不难一吊。张怀素众所奉也，而伯淳独不轻一见。明哲保身，岂有定局哉？具二公之识，并行不悖可矣。蔡邕亡命江海，积十二年矣，不能自晦以预免董卓之辟。逮既辟，称疾不就犹可也，乃因卓之一怒，惧祸而从。受其宠异，死犹叹息。初心谓何，介而不果，涅而遂淄，公论自违，犹望以续史幸免，岂不愚乎？视太邱愧死矣。《容斋笔记》云："会稽天宁观老何道士，居观之东廊，栽花酿酒，客至必延之。一日，有道人貌甚伟，款门求见，善谈论，能作大字。何欣然款留，数日方去。未几，有妖人张怀素谋乱，即前日道人也，何亦坐系狱，良久得释。自是畏客如虎，杜门谢客。忽有一道人，亦美风仪，多技术，西廊道士张若水介之来谒，何大怒骂，阖扉拒之。此道乃永嘉林灵噩，旋得上幸，贵震一时，赐名灵素。平日一饭之恩，无不厚报，若水乘驿赴阙，官至蕊珠殿校籍，父母俱荣封。而老何以尝骂故，朝夕忧惧。若水以书慰之，始少安。"此亦知其一，不知其二之鉴也。

薛季昶　徐谊

张柬之等既诛二张，迁武后，薛季昶曰："二凶虽诛，产、禄犹在，去草不除根，终当复生。"桓彦范曰："三思机上肉耳，留为天子藉手。"季昶叹曰："吾无死所矣。"及三思乱政，范甚悔之。

赵汝愚先借韩侂胄力，通宫掖，立宁宗。事成，徐谊曰："侂胄异时必为国患，宜饱其欲而远之。"叶适亦谓汝愚曰："侂胄所望，不过节钺，宜与之。"朱熹曰："汝愚宜以厚赏酬侂胄，勿令予政。"汝愚谓甚易制，皆不听，止加侂胄防御使，侂胄大怨望，遂构汝愚之祸。

武三思，韩侂胄，皆小人也。然三思有罪，故宜讨而除之；侂胄有功，故宜赏而远之。除三思，宜及迁武氏之时；远侂胄，宜及未得志之日，过此皆不可为矣。五王、汝愚，皆自恃其位望才力，可以凌驾而有余，而不知凶人手段，更胜于豪杰。何者？此疏而彼密，此宽而彼狠也。忠谋不从，自贻伊戚，悲夫！

李　贤

李贤尝因军官有增无减进言:谓天地间万物,有长必有消,如人只生不死,无处着矣。自古有军功者,虽以金书铁券,誓以永存,然其子孙不一再而犯法,即除其国,或能立功,又与其爵。岂有累犯罪恶而不革其爵者?今若因循久远,天下官多军少,民供其俸,必致困穷,而邦本亏矣,不可不深虑也。

议论关系甚大。

刘　晏

刘晏于扬州置场造船,艘给千缗。或言所用实不及半,请损之。晏曰:"不然,论大计者不可惜小费,凡事必为永久之虑。今始置船场,执事者至多,当先使之私用无窘,则官物坚完矣。若遽与之屑屑较计,安能久行乎?异日必有减之者,减半以下犹可也,过此则不能远矣。"后五十年,有司果减其半。及咸通中,有司计费而给之,无复羡余,船益脆薄易坏,漕运遂废。惜小妨大。

李　晟

李晟之屯渭桥也,荧惑守岁,久乃退。府中皆贺曰:"荧惑退,国家之利,速用兵者昌。"晟曰:"太子暴露,人臣当力死勤难,安知天道邪?"至是乃曰:"前士大夫劝晟出兵,非敢拒也,且人可用而不可使之知也。夫惟五纬盈缩不常,晟惧复守岁,则吾军不战自屈矣。"皆曰:"非所及也。"

田单欲以神道疑敌,见兵智部。李晟不欲以天道疑军。

吕文靖

仁宗时,大内灾,宫室略尽。比晓,朝者尽至,日晏,宫门不启,不得问上起居。两府请入对,不报。久之,上御拱宸门楼,有司赞谒,百官尽拜楼下。吕文靖端独立不动,上使人问其意,对曰:"宫廷有变,群臣愿一望天颜。"把细。上为举帘俯槛见之,乃拜。

掌玺内侍

赵汝愚与韩侂胄既定策，欲立宁宗，尊光宗为太上皇。汝愚谕殿帅郭杲，以军五百至祥禧殿前，祈请御宝。杲入索于职掌内侍，羊驷、刘庆祖二人私议曰："今外议汹汹如此，万一玺入其手，或以他授，也虑得是。岂不利害？"于是封识空函授杲，二珰取玺，从间道诣德寿宫，纳之宪圣。及汝愚开函，奉玺之际，宪圣自内出玺与之。

玺何等物，而欲以力取，以恩献？此与绛侯请开之意同，功名之士未闻道也。绝大一题目，而好破题反被二阉做去，惜夫！

裴宽　李祐

裴宽为润州参军，时刺史韦诜为女择婿，未得。会休日登楼，见有所瘗于后圃者，访其人，曰："此裴参军也，义不以苞苴污家，适有人饷鹿脯，致而去，不敢自欺，故瘗之耳。"诜嗟异，遂妻以女。婚日，诜帏其女使观之，宽瘠而长，时衣碧，族人皆笑，呼为"碧鹳"。诜曰："爱其女，必以为贤公侯妻，可貌求人乎？"宽后历礼部尚书，有声。

李祐爵位既高，公卿多请婚其女，祐皆拒之。一日，大会幕僚，言将纳婿。众谓必贵戚名族，及登宴寂然。酒半，祐引末坐一将谓曰："知君未婚，敢以小女为托。"即席成礼。他日或请其故，祐曰："每见衣冠之家，缔婚大族，其子弟习于淫奢，多不令终。我以韬钤致位，自求其偶，何必仰高以博虚望？"闻者以为卓识。

温公云："娶妇必不及吾家者，嫁女必胜吾家者。娶妇不及吾家，则知俭素；嫁女胜吾家，则知畏谨。"时谓名言。观韦、李二公择婿，温公义犹未尽。

王文正

文正公之婿韩公，例当远任。公私以语其女曰："此小事勿忧。"一日谓女曰："韩郎知洋州矣。"女大惊。公曰："尔归吾家，且不失所，吾若有所求，使人诣韩郎妇翁奏免远适，累其远大也。"韩闻之，曰：

"公待我厚如此。"后韩终践二府。

古人自爱爱人,不争目睫,类如此。

公孙仪

公孙仪相鲁而嗜鱼,一国争买鱼献之,公仪子不受,其弟谏曰:"夫子嗜鱼而不受者何也?"对曰:"夫惟嗜鱼,故不受也。夫既受鱼,必有下人之色,将枉于法。枉于法则免于相,免于相,虽嗜鱼其谁给之?无受鱼而不免于相,虽不受鱼,能长自给鱼。"此明夫恃人不如自恃也。

孙叔敖

孙叔敖疾,将死,戒其子曰:"王亟封我矣,吾不受也。为我死,王则封汝,汝必无受利地。楚越之间有寝邱者,地不利,而名甚恶,楚人鬼而越人禨,可长有者唯此也。"孙叔敖死。王果以美地封其子,子辞而不受,请寝邱,与之,至今不失。

范蜀公

范纯夫言:"曩子弟赴官,有乞书于蜀公者,蜀公不许,曰:'仕宦不可广求人知。受恩多,难立朝矣。'"味之不穷。

国朝刘忠宣公有云:"仕途勿广交受人知。只如朋友,若三数人得力者,自可了一生。"呜呼!真老成练达之语。

汪　公

王云凤出为陕西提学,台长汪公谓之曰:"君出振风纪,但尽分内事,勿毁淫祠、禁僧道。"云凤曰:"此正我辈事,公何以云然?"公曰:"君见得真确则可,见之不真,而一时慕名为之,他日妻妾子女有疾,不得不祷祠,一祷祠则传笑四方矣。"云凤叹服。此文衡山说,恨汪公失其名。

见得真确,出自学问,狄梁公是也。慕名者未有不变,仕人举动,当推类自省。

华　歆

华歆、王朗乘船避难，有一人欲附。歆难之，朗曰："幸尚宽，何为不可。"后贼追至，王欲舍所携人。歆曰："本所以疑，正为此耳，既以纳其自托，宁可以急相弃耶？"遂携拯如初。

下岩院主僧

巴东下岩院主僧得一青瓷碗携归，折花供佛前。明日，花满其中。更置少米，经宿米亦满，钱及金银皆然，自是院中富盛。院主年老，一日过江检田，怀中取碗掷于中流，弟子惊愕。师曰："吾死，汝辈宁能谨饬自守乎？弃之，不欲使汝增罪也。"出吴淑《秘阁闲谈》。淑，宋初人。

沈万三家有聚宝盆类此，高皇取试之无验，仍还沈。后筑京城，复取此盆镇南门下，因名"聚宝门"云。

东海钱翁

东海钱翁，以小家致富，欲卜居城中。或言某房者，众已偿价七百金，将售矣，亟欲图之。翁阅房，竟以千金成交。子弟曰："此房业有成议，今骤增三百，得无溢乎？"翁笑曰："非尔所知也，吾侪小人，彼违众而售我，不稍溢，何以塞众口。且夫欲未餍者，争端未息。此翁似闻道者。吾以千金而获七百之舍，彼之望既盈，而他人亦无利于吾屋。歌斯哭斯，从此为钱氏世业无患矣。"已而，他居多以价亏求贴，或转赎，乃往往成讼，惟钱氏帖然。

辞　馈

刘忠宣大夏戍肃州，贫甚。诸司惮逆瑾，毋敢馆谷者，三学生徒轮食之。有参将某，遣使致馈，敕其使不受勿返。公曰："吾老，惟一仆，日食不过数钱，若受之，仆窃之逃，不将只身陷此耶？"寻同戍钟尚书橐资，果为仆窃而逃。人服公先识云。

本不欲受，虑患乃第二义也。曹公在官渡，召华歆，宾客送者千余人,赠遗数千,皆无所拒,密各题识。临去,谓诸君曰:"本无相拒之心,而所受遂多,念单车远行,将以怀璧为罪。"乃还所赠。众服其德。忠宣盖本此。

屏姬侍

郭令公每见客,姬侍满前。乃闻卢杞至,悉屏去。诸子不解,公曰:"杞貌陋,妇女见之,未必不笑,他日杞得志,我属无类矣。"

齐顷以妇人笑客,几至亡国,令公防微之虑远矣。王勉夫云:《宁成传》末,载周阳由为郡守,汲黯、司马安俱在二千石列,未尝敢均茵,司马安不足言也,汲长孺与大将军亢礼,长揖丞相,面折九卿,矫矫风力,不肯为人下,至为周阳由所抑,何哉?周盖无赖小人,其在二千石列,肆力骄暴,凌轹同事,若无人焉。汲盖远之,非畏之也。异时河东太守申屠公不堪其侵权,遂与之角,卒并就戮,玉石俱碎,可胜叹恨。士大夫不幸而与此辈同官,逊而避之,不失为厚,何苦与之较,而自取辱哉?

唐肃

唐侍制肃与丁晋公为友,宅正相对。丁将有弼谐之命,唐迁居州北。或问之,唐曰:"谓之入则大拜,数与往还,事涉依附,经旬不见,情必猜疑,故避之也。"

是非心不可不明,亦不可太明,立身全交,两得之矣。

阿豺

吐谷浑阿豺疾,有子二十人,召母弟慕利延曰:"汝取一只箭折之。"慕利延折之。又曰:"汝取十九箭折之。"慕利延不能折。阿豺曰:"汝曹知乎,单者易折,众者难摧,戮力同心,然后社稷可固。"

周大封同姓,枝叶扶疏,相依至久。六朝猜忌,庇焉寻斧,覆亡相继。不谓北狄中乃有如此晓人。

卷三

上智部通简

世本无事，庸人自扰。惟通则简，冰消日皎。集“通简”。

唐文宗

文宗将有事南郊，祀前，本司进相扑人。上曰：“我方清斋，岂合观此事？”左右曰：“旧例皆有，已在门外祇候。”上曰：“此应是要赏物，可向外相扑了，即与赏物令去。”又尝观斗鸡，优人称叹大好鸡。上曰：“鸡既好，便赐汝。”

既不好名，以扬前人之过，又不好戏，以开幸人之端，觉革弊纷更，尚属多事。此一节可称圣主。

宋太宗

孔守正拜殿前都虞侯，一日，侍宴北园，守正大醉，与王荣论边功于驾前，忿争失仪。侍臣请以属吏，上弗许。明日，俱诣殿廷请罪。上曰：“朕亦大醉，漫不复省。”

以狂药饮人，而责其勿乱，难矣。托之同醉，而朝廷之体不失，且彼亦未尝不知警也。

宋真宗

宋真宗朝，尝有兵士作过，于法合死，特贷，命决脊杖二十，改配。其兵士高声叫唤乞剑，不服决杖，从人把捉不得，遂奏取进止。传宣云：“须决杖后，别取进止处所。”寻决讫取旨。真宗云：“此只是怕吃杖，既决了，便送配所莫问。”

曹参 李及

曹参被召将行，属其后相以齐狱市为寄。后相曰：“治无大此者乎？"参曰："狱市所以并容也，今扰之，奸人何所容乎？"参既入相，一遵何约束，唯日夜饮醇酒，无所事事。宾客来者，皆欲有言，至则参辄饮以醇酒。间有言，又饮之，醉而后已，终莫能开说。惠帝怪参不治事，嘱其子中大夫窋私以意叩之。窋以休致归，谏参。参怒，笞之二百。帝让参曰："与窋何治乎？乃者吾使谏君耳。"参免冠谢曰："陛下自察圣武孰与高帝？"上曰："朕安敢望先帝？"又曰："视臣能孰与萧何？"帝曰："君似不及也。"参曰："陛下言是也。高帝与何定天下，法令既明，今陛下垂拱，参等守职，遵而勿失，不亦可乎。"帝曰："君休矣！"

不是覆短，适以见长。

吏廨邻相国园，群吏日欢呼饮酒，声达于外。左右幸相国游园中闻而治之。参闻，乃布席取酒，亦欢呼相应，左右乃不复言。

极绘太平之景，阴消近习之谗。

曹玮久在秦中，累章求代。真宗问王旦："谁可代玮者？"旦荐李及，上从之。众疑及虽谨厚有行检，非守边才。韩亿以告旦，旦不答。及至秦州，将吏亦心轻之。会有屯戍禁军白昼掣妇人银钗于市，吏执以闻。及方坐观书，召之使前，略加诘问，其人服罪。及不复下吏，亟命斩之，复观书如故，将吏皆惊服。不日，声誉达于京师。亿闻之，复见旦，具道其事，且称旦知人之明。旦笑曰："戍卒为盗，主将斩之，此常事，何足为异！旦之用及，非为此也。夫以曹玮知秦州七年，羌人詟服，玮处边事已尽宜矣。使他人往，必矜其聪明，多所变置，败玮之成绩。所以用及者，但以其重厚，必能谨守玮之规模而已。"亿益叹服公之识度。

张乖崖自成都召还，朝议用任中正代之，或言不可。帝以问王旦。对曰："非中正不能守咏之规也。"任至蜀，咨咏以为政之法。咏曰："如己见解高于法，则舍法而用己，勿徇己见。"任守其言，卒以治称。后生负才，辄狭小前人制度，视此可以知戒。

戒更革

赵韩王普为相，置二大瓮于坐屏后，凡有人投利害文字，皆置其中，满即焚之于通衢。李文靖曰："沆居相位，实无补万分，惟中外所陈利害，一切报罢，聊以补国尔。今国家防制，纤悉具备，苟轻徇所陈，一一行之，所伤实多。佥人苟一时之进，岂念民耶？"陆象山云："往时冗员赦局，浮食是惭，惟是四方奏请，廷臣面对，有所建置更革，多下看详其贰。书生贵游，不谙民事，轻于献计。一旦施行，片纸之出，兆姓蒙害。每与同官悉意论驳，朝廷清明，尝得寝罢。编摩之事，稽考之勤，何足当大官之膳？庶几仅此可以赏万一耳。"

罗景纶曰："古云：'利不什不变法。'此言更革建置之不可轻也。或疑若是则将坐视天下之弊而不之救欤？不知革弊以存法可也，因弊而变法不可也。不守法而弊生，岂法之生弊哉？韩、范之建明于庆历者，革弊以存法也。荆公之施行于熙宁者，因弊而变法也。一得一失，概可观矣。"

御史台老隶

宋御史台有老隶，素以刚正名，每御史有过失，即直其梃。台中以梃为贤否之验。范讽一日召客亲谕庖人以造食，指挥数四。既去，又呼之，叮咛告戒。顾老隶梃直，怪而问之。答曰："大凡役人者，授以法者责其成。苟不如法，自有常刑，何事喋喋？使中丞宰天下，安得人人而诏之？"讽甚愧服。

此真宰相才，惜乎以老隶淹也。绛县老人，仅知甲子，犹动赵宣之惜，如此老隶，而不获荐剡，资格束人，国家安得真才之用乎？若立贤无方，则萧颖士之仆，颖士御仆甚虐，或讽仆使去。仆曰："非不欲去，爱其才耳。"可为吏部郎；甄琛之奴，琛好弈，通宵令奴持烛，睡则加挞，奴曰："郎君辞父母至京邸，若为读书，不辞杖罚，今以弈故横加，不亦太非理乎？"琛惭，为之改节。韩魏公之老兵，公宴客，观一营妓插杏花。戏曰："髻上杏花真有幸。"妓应声曰："枝头梅子岂无媒？"席散，公命老兵唤妓。已而悔之，呼老兵，尚在。公问曰："汝未去邪？"答曰："吾度相公必悔，是以未去。"可为师傅祭酒。其他一才一技，又不可枚举矣。

汉光武

光武诛王郎，收文书，得吏人与郎交关谤毁者数千章。光武不省，会诸将烧之，曰：“令反侧子自安。”

宋桂阳王休范，举兵浔阳，萧道成击斩之，而众贼不知，尚破台军而进。宫中传言休范已在新亭，士庶惶惑，诣垒投名者已千数。及至，乃道成也。道成随得辄烧之，登城谓曰：“刘休范王子已戮，死尸在南冈下，我是萧平南，汝等名字，皆已焚烧，勿惧也。”亦是祖光武之智。

薛简肃二条

薛简肃公帅蜀，一日，置酒大东门外，城中有反卒作乱，既而就擒。都监走白公，公命即于擒获处斩决。乱已平矣。民间以为神断。不然，妄相攀引，旬月间不能了得，非所以安其徒反侧之心也。

稍有意张大其功，便不能如此直捷痛快矣。

民有得伪蜀时中书印者，夜以归，囊挂之西门。门者以白，蜀人随者以万计，皆恟恟出异语，且观公所为。公顾主吏藏之，略不取视，民乃止。

梅少司马国桢，制闸三镇，虏酋或言于沙中得传国玺，以黄绢印其文，顶之于首，诣辕门献之，乞公题请。公曰：“玺未知真假，俟取来吾阅之，当犒汝。”酋谓：“累世受命之符，今为圣朝而出，此非常之瑞，若奏闻上献，宜有封赏，所望非犒也。”公笑曰：“宝源局自有国宝，此玺即真，无所用之，吾亦不敢轻渎上听，念汝美意，命以一金为犒，并黄绢还之。”酋大失望，号哭而去。或问公，何以不为奏请。公曰：“王孙满有言，在德不在鼎，况虏酋视为奇货，若轻于上闻，酋益挟以为重，万一圣旨征玺，而玺不时至，将真以封赏购之乎？”人服其卓识，此即薛简肃藏印之意。〇天顺初年，虏酋孛来近边求食，传闻宝玺在其处。石亨欲领兵巡边，乘机取之。上以问李贤。贤曰：“虏虽近边，不曾侵犯，今无故加兵，必不可，且宝玺秦皇所造，李斯所篆，亡国之物，不足为贵。"上是之。梅公之见,与此正合。

张 咏

张忠定知益州,民有诉主帅帐下卒恃势吓取民财者。先是贼李顺陷成都,诏王继恩为招安使讨之,破贼,复成都。官军屯府中,恃功骄恣。其人闻知,缒城夜遁。咏差衙役往捕之,戒曰:"尔生擒得,则浑衣扑入井中,作逃走投井中来。"是时群党汹汹,闻自投井,故无他说,又免与主帅有不协名。

按:忠定不以耳目专委于人,而探访民间事,悉得其实。李畋问其旨,公曰:"彼有好恶,乱我聪明,但各于其党,询之又询,询君子得君子,询小人得小人,虽有隐匿者,亦十得八九矣。"子犹曰:张公当是绝世聪明汉。

诸葛孔明

丞相既平南中,皆即其渠率而用之。或谏曰:"公天威所加,南人率服。然夷情叵测,今日服,明日复叛。宜乘其来降,立汉官分统其众,使归约束,渐染政教。十年之内,辫首可化为编氓,此为上计。"公曰:"若立汉官,则当留兵,兵留则无所食,一不易也;彼新伤破,父兄死丧,立汉官而无兵者,必成祸患,二不易也;又吏累反废杀之罪,自嫌衅重,若立汉官,终不相信,三不易也。今吾不留兵,不运粮,而纲纪粗定,使夷汉相安,足矣。"自是终亮之世,夷不复反。

《晋史》:桓温伐蜀,诸葛孔明小史犹存,时年一百七十岁。温问曰:"诸葛公有何过人?"史对曰:"亦未有过人处。"温便有自矜之色。史良久曰:"但自诸葛公以后,便未见有妥当如公者。"温乃惭服。凡事只难得妥当,此二字是孔明知己。

高 拱

隆庆中,贵州土官安国亨、安智各起兵仇杀,抚臣以叛逆闻,动兵征剿,弗获,将成乱。新抚阮文中将行,谒高相拱,拱曰:"安国亨本为群奸拨置,仇杀安信,致信母疏穷、兄安智怀恨报复,其交恶互讦,总出仇口,难凭。抚台偏信智,故国亨疑畏,不服拘提,而遂奏以叛逆。夫叛逆者,谓敢犯朝廷,今夷族自相仇杀,于朝廷何与?纵拘提不出,亦只违拗而已,乃遂奏轻兵掩杀,夷民肯束手就戮乎?虽各有残伤,然亦未闻国亨有领兵拒战之迹,而必以叛逆主之,甚矣!人臣务为欺蔽者,地方有事,匿不以闻。乃生事幸功者,又以小为大,以虚为实。始则甚言之,以邀功张本;终则激成之,以实己之前说,说尽时弊。是岂为国之忠乎?君廉得其实,宜虚心平气处之,去其叛逆之名,而止正其仇杀与夫违拗之罪,则彼必出身听理,而不判之情自明。乃止坐以本罪,当无不服。斯国法之正,天理之公也。今之仕者,每好于前官事务有增加,以见风采,此乃小丈夫事,非道所为。君其勉之。"阮至贵密访,果如拱言,乃开以五事:一、责令国亨献出拨置人犯;一、照夷俗,令赔偿安信等人命;一、令分地安插疏穷母子;一、削夺宣慰职衔,与伊男权替;一、从重罚以惩其恶。而国亨见安智居省中,益疑畏,恐军门诱而杀之,真情。拥兵如故,终不赴勘,而上疏辨冤。阮狃于浮议,复上疏请剿,拱念剿则非计,不剿则损威,乃授意于兵部题复,得请以吏科给事贾三近往勘。赖有此活法。国亨闻科官奉命来勘,喜曰:"吾系听勘人,军门必不敢杀我,我乃可以自明矣。"于是出群奸而赴省听审,五事皆如命,愿罚银三万五千两自赎。安智犹不从,阮治其用事拨置之人,始伏。智亦革管事,随母安插。科官未至,而事已定矣。

国家于土司,以戎索羁縻之耳,原与内地不同。彼世享富贵,无故思叛,理必不然。皆当事者或朘削,或慢残,或处置失当,激而成之。反尚可原,况未必反乎?如安国亨一事,若非高中玄力为主持,势必用兵。即使幸而获捷,而竭数省之兵粮,以胜一自相仇杀之夷人,甚无谓也。呜呼!前事不忘,后事之师。吾今日安得不思中玄乎!

倪文毅

孝宗朝,云南思叠梗化,守臣议剿。司马马公疏:"今中外疲困,灾异叠仍,何以用兵?宜遣京朝官往谕之。"倪文毅公言:"用兵之法,不足示之有余，如公之言，得无示弱于天下，且使思叠闻而轻我乎？遣朝官谕之固善，若谕之不从，则策窘矣。不如始遣藩臣有威望者以往，彼当自服。俟不服，议剿未晚也。”乃简参议郭公绪及按察曹副使玉以往，旬余抵金齿，参将卢和统军距所据地二程许，而次遣人持檄往谕，皆被拘。卢还军至千崖，遇公语其故，且戒勿迫。公曰：“吾受国恩，报称在此，如公言，若臣节何？昔苏武入匈奴十九年，尚得生还，况此夷非匈奴比。万一不还，亦分内事也。”或谓公曰：“苏君以黑发去，白发还，君今白矣，将以黑还乎？”公正色不答。是日，曹引疾，公单骑从数人行。旬日，至南甸，路险不可骑，乃批荆徒步，绳挽以行。又旬日，至一大泽，戛都土人以象舆来，公乘之，上雾下沙，晦淖迷蹶，而君行愈力。又旬日，至孟濑，去金沙江仅一舍，公遣官持檄过江，谕以朝廷招来之意。夷人相顾惊曰：“中国官亦至此乎？”即发夷兵率象马数万，夜过江抵君所，长槊劲弩，环之数重。有译者泣报曰：“贼刻日且焚杀矣。”公叱曰：“尔敢为间耶？”乃拔剑指曰：“来日渡江，敢复言者斩。”思叠既见檄谕，祸福明甚，又闻公志决，即遣酋长数辈来受令及馈土物。公悉却去，邀思叠面语，先叙其劳，次伸其冤，然后责其叛。闻者皆俯伏泣下，请归侵地，公许之，皆稽首称万寿，欢声动地。公因诘卢参将先所遣人，出以归公。卢得公报驰至，则已撤兵归地矣。

才如郭绪，不负倪公任使，然是役记录，止晋一阶，而缅功、罗防功横杀无辜，辄得封荫。呜呼！事至季世，不惟立功者难，虽善论功者亦难矣。

吴惠

吴惠为桂林府知府，适义宁洞蛮结湘苗为乱，监司方议征进，请于朝。惠亟白曰：“义宁吾属地，请自招抚，不从而征之未晚。”乃从十余人，肩舆入洞。洞绝险，山石攒起如剑戟，华人不能置足，傜人则腾跃上下若飞。闻桂林太守至，启于魁，得入。惠告曰：“吾若属父母，欲来相活，无他。”众唯唯，因反复陈顺逆，其魁感泣。留惠数日，历观屯堡形势，数千人卫出境，歼羊豕境上。惠曰：“善为之，无遗后悔。”

数千人皆投刀拜,誓不反。归报监司,遂罢兵。明年,武冈州盗起,宣言推义宁洞主为帅,监司咸罪惠,惠曰:"郡主抚,监司主征,蛮苗反复,吾任其咎。"复遣人至义宁,义宁傜从山顶觇得惠使,具明武冈之冤,监司大惭,武冈盗因不振。义宁人德惠如父母,迄惠在桂林,无敢有骚窃境上者。

龚 遂

宣帝时,渤海左右郡岁饥盗起,二千石不能制。上选能治者,丞相御史举龚遂可用,上以为渤海太守。时遂年七十岁,年貌俱不可以定人。召见,形貌短小,不副所闻,上心轻之。问息盗何策。遂对曰:"海濒辽远,不沾圣化,其民困于饥寒,而吏不恤,故使陛下赤子盗弄陛下之兵于潢池中耳。今欲使臣胜之耶,将安之也?"上改容曰:"选用贤良,固将安之。"遂曰:"臣闻治乱民如治乱绳,不可急也。臣愿丞相御史,且无拘臣以文法,得一切便宜从事。"上许焉。遣乘传至渤海界。郡闻新太守至,发兵以迎,遂皆遣还。移书敕属县,悉罢逐捕盗贼吏,谓持钽钩田器者,皆为良民,吏毋得问;持兵者乃为盗贼。遂单车独行至府,盗贼闻遂教令,即时解散,弃其兵弩,而持钩钽。

汉制,太守皆专制一郡,生杀在手,而龚遂犹云:"愿丞相御史无拘臣以文法。"况后世十羊九牧,欲冀卓异之政,能乎?〇古之良吏,化有事为无事,化大事为小事,祈于为朝廷安民而已。今则不然,无事弄做有事,小事弄做大事,事生不以为罪,事定反以为功,人心蠢蠢思乱,谁之过欤?

徐敬业

高宗时,蛮群聚为寇,讨之辄不利,乃以徐敬业为刺史。彼州发兵郊迎,敬业尽令还,单骑至府。贼闻新刺史至,皆缮理以待。敬业一无所问,处分他事毕,目中已无贼矣。方曰:"贼皆安在?"曰:"在南岸。"乃从一二佐吏而往,观者莫不骇愕。贼初持兵觇望,及见船中无所有,乃更闭营藏隐。敬业直入其营内,告云:"国家知汝等为贪吏所苦,非有他恶,可悉归田,后去者为贼。"惟召其魁首,责以不早降,各杖数十而遣之，薄其责，使可受。境内肃然。其祖英公闻之，壮其胆略曰："吾不办此，然破我家者必此儿也。"

朱　博二条

博本武吏，不更文法。及为冀州刺史行部，吏民数百人遮道自言，官寺尽满，从事白请且留此县，录见诸自言者，事毕乃发，欲以观试博。博心知之，告外趣驾。既白驾办，博出就车，见自言者，使从事明敕告吏民："欲言县丞尉者，刺史不察黄绶，各自诣郡；欲言二千石墨绶长吏者，使者行部，还诣治所。其民为吏所冤，及言盗贼辞讼事，各使属其部从事。"博驻车决遣，四五百人皆罢去，如神。吏民大惊，不意博应事变乃至于此。后博徐问，果老从事教民聚会，博杀此吏。

博为左冯翊，有长陵大姓尚方禁，少时尝盗人妻，见所创著其颊。府功曹受赂，白除禁调守尉。博闻知以他事召见，视其面果有瘢。博辟左右问禁："是何等创也？"禁自知情得，叩头伏状。博笑曰："大丈夫因时有是，冯翊欲洒卿耻，能自效不？"禁且喜且惧，对曰："必死。"博因敕禁，毋得泄语，有便宜辄记言，因亲信之，以为耳目。禁晨夜发起部中盗贼及他伏奸，有功效，博擢禁连守县令。久之，召见功曹，闭阖数责以禁等事，与笔札使自记："积受取一钱以上，无得有匿，欺谩半言，断头矣。"功曹惶怖，且自疏奸赃，大小不敢隐。博知其实，乃令就席受敕自改而已，拔刀使削所记，遣出就职。功曹后尝战栗，不敢蹉跌，博遂成就之。

韩　裒

周文帝宇文泰。时，韩裒为北雍州刺史，州多盗。裒至，密访之，并州中豪右也。裒阳不知，并加礼遇，谓曰："刺史书生，安知督盗？所赖卿等共分其忧耳。"乃悉召桀黠少年，尽署主帅，分与地界，盗发不获，即以故纵论。于是诸被署者皆惶惧首伏曰："前盗实某某。"具列姓名，裒因取名簿藏之，榜州门曰："凡盗，可急来首，尽今月不首者，显戮之，籍其妻子，以赏前首者。"于是，旬月间盗悉出首。裒取簿质对不爽，并原其罪，许自新，由是群盗屏息。

蒲宗孟

贼依梁山泺，县官有用长梯窥蒲苇间者。蒲恭敏知郓州，下令禁毋得乘小舟出入泺中。贼既绝食，遂散去。

吴正肃公

吴正肃公知蔡州，蔡故多盗，公按令为民立伍保，两简其法，民便安之，盗贼为息。京师有告妖贼聚确山者，上遣中贵人驰至蔡，以名捕者十人。使者欲得兵往取，公曰："使者欲借兵立威耶，抑取妖人以还报也？"使者曰："欲得妖人耳。"公曰："吾在此虽不敏，然聚千人于境内，安得不知？今以兵往，是趋其为乱也。此不过乡人相聚为佛事以利钱财耳，手召之即可致。"乃馆使者，日与之饮酒，而密遣人召十人皆至，送京师鞫实，告者以诬得罪。

万　观

万观知严州，七里泷渔舟数百艘，昼渔夜窃，行旅患之。观令十艘为一甲，各限以地，使自守，由是无复有警。

能实行编甲之法，何处不可。

王敬则

敬则为吴兴太守，郡旧多剽掠。敬则录得一偷，召其亲属于前，鞭之数十，使之长扫街路。久之，乃令举旧偷自代，诸偷恐为所识，皆逃走，境内以清。

辱及亲属，亲属亦不能容偷矣。惟偷知偷，举偷自代，胜用缉捕人多多矣。

程明道

广济、蔡河出县境，濒河不逞之民，不复治生业，专以胁取舟人钱物为事，岁必焚舟十数以立威。明道始至，捕得一人，使引其类，得数十人，不复根治旧恶，分地而处之，使以挽舟为业，且察为恶者。自是境无焚舟之患。

胁舟者业挽舟，使之悟絜矩之道，此大程先生所以为真道学也。

王子纯

王子纯枢密帅熙河日，西戎欲入寇，先使人觇我虚实。逻者得之，索其衣缘中，获一书，乃是尽记熙河人马刍粮之数。官属皆欲支解以徇，子纯忽令杖背二十，大刺“番贼决讫放归”六字纵之。是时，适有戎兵马骑甚众，刍粮亦富，难得此便人送信。戎人得谍书知有备，其谋遂寝。

窃锁　殴人

元丰间，刘舜卿知雄州，有夜窃其关锁去。吏密以闻，舜卿不问，但使易其门键大之。后数日，虏谍送盗者，并以锁至。舜卿曰：“吾未尝亡锁。”命加于门，则大数寸，并盗还之。虏大惭沮，盗反得罪。

民有诉为契丹民殴伤而遁者，李允则不治，但与伤者钱二千。逾月，幽州以其事来诘，答曰：“无有也。”盖他谍愿以殴人为质，验既无有，乃杀谍。

甲仗库火

李允则尝宴军，而甲仗库火，允则作乐饮酒不辍。少顷，火息，密遣吏持檄瀛州，以茗笼运器甲。不浃旬，军器完足，人无知者。枢密院请劾不救火状。真宗曰：“允则必有谓，姑诘之。”对曰：“兵械所藏，儆火甚严，方宴而焚，必奸人所为，若舍宴救火，事当不测。”

祥符末，内帑灾，缣帛几罄。三司使林特请和市于河外。章三上，王旦在中书悉抑之。徐曰：“琐微之帛，固应自至，奈何彰困弱于四方。”居数日，外贡骈集，受帛四百万。盖旦先以密符督之也。允则茗笼运甲亦此意。

草场火　驿舍火

杜紘知郓州，尝有揭帜城隅，着妖言其上，期为变，州民皆震。俄而草场白昼火，盖所揭一事也，民益恐。或谓大索城中，紘笑曰："奸计正在是，冀因吾胶扰而发，奈何堕其术中？彼无能为也。"居无何，获盗，乃奸民为妖，遂诛之。

苏颂迁度支判官，送契丹使宿恩州。驿舍火，左右请出避火，颂不许，州兵欲入救火，亦不许，但令防卒扑灭之。初火时，郡中汹汹，谓使者有变，救兵亦欲因而生事，赖颂不动而止。

文彦博

文潞公知成都，尝于大雪会客，夜久不罢。从卒有谇语，共折井亭，烧以御寒，军校为之，座客股栗。公徐曰："天实寒，可折与之。"落得做人情。神色自若，饮宴如故，卒气沮，无以为变。明日，乃究问先折者，杖而遣之。

气犹火也，挑之则发，去其薪则自熄，可以弭乱，可以息争。

苏轼通判密郡，有盗发而未获。安抚使遣三班使臣领悍卒数十人，入境捕之。卒凶暴恣行，以禁物诬民，强入其家，争斗至杀人，畏罪惊散。民诉于轼，轼投其书不视曰："必不至此。"悍卒闻之颇好自安。轼徐使人招出戮之。

遇事须有此镇定力量，然识不到则力不足。

张　辽

张辽受曹公命，屯长社。临发，军中有谋反者，夜惊乱火起，一军尽扰。辽谓左右曰："勿动，是不一营尽反，必有造变者，欲以动乱人耳。"乃令军中曰："不反者安坐。"辽将亲兵数十人中阵而立。有顷，即得首谋者，杀之。

周亚夫将兵讨七国，军中尝夜惊，亚夫坚卧不起，顷之自定。吴汉为大司马，尝有寇夜攻汉营，军中惊扰，汉坚卧不动。军中闻汉不动，皆还按部，汉仍选精兵夜击大破之。此皆以静制动之术。然非纪律素严，虽欲不动，不可得也。

薛长孺 王罴

薛长孺为汉州通判，戍卒闭营门，放火杀人，谋杀知州、兵马监押。有来告者，知州、监押皆不敢出。长孺挺身出营，谕之曰："汝辈皆有父母妻子，何故作此事然？不与谋者，各在一边。"于是不敢动，惟本谋者八人，突门而出，散于诸县，村野捕获。时谓非长孺则一城之人涂炭矣。钤辖司不敢以闻，遂不及赏。长孺，简肃公之侄也。

王忠穆公罴知益州，会戍卒有夜焚营，督军校为乱者。罴潜遣兵环其营下，令曰："不乱者敛手出门，无所问。"于是众皆出，令军校指乱卒，得十余人戮之。及旦，人皆不知也。其为政，大体不为苛察，蜀人爱之。

霍王元轨

霍王元轨为定州刺史时，突厥入寇，州人李嘉运与虏通谋。事泄，高宗令元轨穷其党与。元轨曰："强寇在境，人心不安，若多所逮系，是驱之使叛也。"乃独杀嘉运，惩一已足警百。余无所问。因自劾违制，上览表大悦，谓使者曰："朕亦悔之，向无王，则失定州矣。"

吕公孺

吕公孺知永兴军，徙河阳，洛口兵千人以久役见归，奋斧钟排关不得入，西走河桥，观听汹汹。诸将请出兵掩击，公孺曰："此皆亡命，急之变且生。"即乘马东去，遣牙兵数人迎，谕之最妙。曰："汝辈诚劳苦，然岂得擅还？一渡桥则罪不赦矣。不渡便易制。太守在此，愿自首者止道左。"皆伫立以俟。公孺索倡首者，黥一人，尤妙。余复送役所。语其校曰："若复偃蹇者，斩而后报。"众帖息。

廉希宪

廉希宪为京兆四川宣抚使，时浑都海反，西川将纽邻奥鲁官将举兵应之。蒙古八春获之，系其党五十余人于乾州狱，送二人至京兆，请并杀之。希宪谓僚佐曰："浑都海不能乘势东来，保无他虑，今众志未一，犹怀反侧，彼若见其将校执囚，或别生心，为害不细。可因其惧死，并皆宽释，就发此军余丁往隶八春，大作用。上策也。"初，八春既执诸校，其军疑惧，骇乱四出。及知诸校获全，纽邻奥鲁官得释，大喜过望，人人感悦。八春果得精骑数千，将与俱西。

所以隶八春者，逆知八春力能制之，非漫然纵虎遗患也。八春能死之，希宪能生之，畏感交集，不患不为我用矣。

林兴祖

林兴祖初知黄岩州事，三迁而知铅山州。铅山素多造伪钞者，豪民吴友文为之魁，远至江、淮、燕、蓟，莫不行使。友文奸黠悍骜，因伪造致富，乃分遣恶少四五十人，为吏于有司，伺有欲告之者，辄先事戕之。前后杀人甚众，夺人妻女十一人为妾，民罹其害，衔冤不敢诉者十余年。兴祖至官，曰："此害不除，何以救民？"即张榜禁伪造者，且立赏募民首告。俄有告者至，佯以不实斥去。须得实乃服。又以告，获伪造二人并赃者，乃鞫之。款成，友文自至官，为之营救，若捕之便费力。兴祖命并执之。须臾，来诉友文者百余人，择其重罪一二事鞫之，若事事推究，辨端既多，反足纾死，得一二专已足。狱立具，逮捕其党，悉置之法，民赖以安。

始以缓而致之，终以速而毙之，除凶恶，须得此深心辣手。

李　封

唐李封为延陵令，吏人有罪，不加杖罚，但令裹碧头巾以辱之。随所犯轻重，以日数为等级，日满乃释。着此服出入者，以为大耻，皆相劝励，无敢犯。赋税尝先诸县，竟去官，不捶一人。

耿楚侗

耿楚侗定向官南都，有士人为恶僧侮辱以告。公白所司治之。其僧逋，公意第进逐，不令复系籍本寺僧，士人心不释然，必欲捕而枷之。士多尚气，我决不可以气佐之。公晓之曰："良知何广大，奈何着一破赖和尚往来其中哉?”士人退语人曰:“惩治恶僧非良知耶?”或以告公,公曰:“此言固是。乃余其难其慎若此,胸中盖三转矣。其一谓志学者,即应犯不较,逆不难,不然落乡人臼矣,此名谊心也。又谓法司用刑,自有条格,如此类法不应枷,此则格式心也。又闻此僧凶恶,虑有意外之虞,故不肯为已甚,此又利害心也。余之良知,乃转折如此。”嗣姜宗伯庇所厚善者,处之少平,大腾物议。又,承恩寺有僧,为礼部枷之致毙,竟构大讼。公闻之,谓李士龙曰:“余前三转折,良心不更妙耶?”惟转折乃成通简。

凡治小人,不可为已甚。天地间有阳必有阴,有君子必有小人,此亦自然之理。能容小人,方成君子。

向敏中　王旦

真宗幸澶渊,赐向敏中密诏,尽付西鄙,许便宜行事。敏中得诏,藏之,视政如常。会大傩,有告禁卒欲依傩为乱者。敏中密麾兵被甲伏庑下幕中。明日,尽召宾僚兵官,置酒纵阅。命傩入,先驰骋于中门外,后召至阶。敏中振袂一挥,伏出尽擒之,果怀短刀,即席斩焉。既屏其尸,以灰沙扫庭,照旧张宴饮。

旦从幸澶渊,帝闻雍王遇暴疾,命旦驰还东京,权留守事。旦驰至禁城,直入禁中,省了许多议论。令人不得传播。及大驾还,旦家子弟皆出郊迎,忽闻后面有驺诃声,回视乃旦也,皆大惊。

西鄙东京两人如券。时寇准在澶渊,掷骰饮酒鼾睡,真宗恃之以安,内外得人,故不为害。当有事之日,须得如此镇静。

乔白岩

冢宰乔公宇,正德己卯参理留都兵务。时逆濠声言南下,兵已至安庆,而公且领一老儒与一医士,所至游燕,实以观形势之险要,而外若不为意者。人以为矫情镇物,有费祎、谢安之风。

即矫情镇物,亦自难得。胸中若无经纬,如何矫得来?方宸濠反,报至,乔公令尽拘城内江西人讯之,果得濠所遣谍卒数十人。上驻军南都,公首俘献之,即此已见公一斑矣。

韩 愈

韩愈为吏部侍郎，有令史权势最重，旧常关锁，选人不能见。愈纵之，听其出入，曰："人所以畏鬼者，以其不能见也。如可见，则人不畏之矣。"

主人明，不必关锁；主人暗，关锁何益。

裴晋公

公在中书，左右忽白以失印。公怡然，戒勿言，方张筵举乐，人不晓其故。夜半宴酣，左右复白印存，公亦不答，极欢而罢。或问其故，公曰："胥吏辈盗印书券，缓之则复还故处，急之则投水火，不可复得矣。"

不是矫情镇物，真是透顶光明，故曰智量。智不足，量不大，不能如此。

郭子仪

汾阳王宅在亲仁里，大启其第，任人出入不问。麾下将吏出镇来辞，王夫人及爱女方临妆，令持帨汲水，役之不异仆隶。他日子弟列谏不听，继之以泣，曰："大人功业隆赫，而不自崇重，贵贱皆游卧内，某等以为虽伊、霍不当如此。"公笑谓曰："尔曹固非所料，且吾马食官粟者五百匹，官饩者一千人。进无所往，退无所据。向使崇垣扃户，不通内外，一怨将起，构以不臣，其有贪功害能之徒成就其事，则九族齑粉，噬脐莫追。今荡荡无间，四门洞开，虽谗毁欲兴，无所加也。"诸子拜服。

德宗以山陵近，禁屠宰。郭子仪之隶人犯禁，金吾将军裴谞奏之，或谓曰："君独不为郭公地乎？"谞曰："此乃所以为之地也。郭公望重，上新即位，必谓党附者众，故我发其小过，以明郭公之不足畏，不亦可乎？"若谞者，可谓郭公之益友矣。〇看郭汾阳，觉王翦、萧何家数便小。王、萧事见委蛇部。

鱼朝恩阴使人发郭氏墓，盗未得。子仪自泾阳来朝，帝唁之，即号泣曰:“臣久主兵,不能禁止残人之墓,今人亦发先臣墓,此天谴,非人患也。”朝恩又尝修具邀公,或言将不利公,其下愿裹甲以从,子仪不许,但以家僮数人往。朝恩曰:“何车骑之寡?”子仪告以所闻,朝恩惶恐曰:“非公长者,得无致疑。”

精于黄老之术,虽朝恩亦不得不为盛德所化矣。君子不幸而遇小人,切不可与一般见识。

王阳明

宁藩既获,圣驾忽复巡游。群奸意叵测,阳明甚忧之。适二中贵至浙省,阳明张宴于镇海楼。酒半,屏人去梯,出书简二箧示之,皆此辈交通逆藩之迹也,尽数与之,二中贵感谢不已。阳明之终免于祸,多得二中贵从中维护之力。脱此时阳明挟以相制,则仇隙深而祸未已矣。

王璋　罗通

璋,河南人,永乐中为右都御史。时有告周府将为不轨者,上欲及其未发讨之,以问璋,璋曰:“事未有迹,讨之无名。”上曰:“兵贵神速,彼出城则不可为矣。”璋曰:“以臣之愚,不可烦兵,臣请往任。”上曰:“若用众几何?”曰:“但得御史三四人随行足矣,然须奉敕,以臣巡抚其地,乃可。”遂命学士草敕,即日起行。黎明,直造至王府。周王惊愕,莫知所为,延之别室,问所以来者。曰:“人有告王谋叛,臣是以来。”王惊跪,璋曰:“朝廷已命大帅将兵十万将至,臣以王事未有迹,故来先谕,事将若何?”王举家环哭不已。璋曰:“哭亦何益,愿求所以释上疑者。”曰:“愚不知所出,唯公教之。”璋曰:“能以三护卫为献,无事矣。”王从之,乃驰驿以闻,上喜,璋乃出示曰:“护卫军三日不徙者处斩。”不数日而散。

罗通以御史按蜀,蜀王富甲诸国,出入僭用乘舆仪从,通心欲检制之。一日,王过御史台,公突使人收王所僭卤簿。蜀王气沮,藩臬俱来见问状,且曰:“闻报王罪且不测,今且奈何?”通曰:“诚然,公等试思之。”诘旦复来,通曰:“易耳,宜密语王,但谓黄屋、左纛,故玄元皇帝庙中器，今复还之耳。”自结还须自解。玄元皇帝，玄宗幸蜀建祀老子者也。从之，事乃得解，王亦自敛。

吴履　叶南岩

国初，吴履字德基，兰溪人。为南康丞。民王琼辉，仇里豪罗玉成，执其家人笞辱之。玉成兄子玉汝不胜恚，集少年千余人，围琼辉家，夺之归。缚琼辉，道棰之，濒死，乃释去。琼辉兄弟五人庭诉，断指出血，誓与罗俱死。履念狱成当连千余人，势不便。乃召琼辉语之曰："独罗氏围尔家耶？"对曰："千余人。"曰："千余人皆辱尔耶？"曰："数人耳。"曰："汝憾数人，而累千余人可乎？且众怒难犯，倘不顾死，尽杀尔家，虽尽捕伏法，亦何益于尔。"琼辉悟，顿首唯命。履乃捕棰者四人于琼辉前，杖数十，流血至踵，命罗氏对琼辉引罪拜之，事遂解。

此等和事老该做，以所全者大也。

叶公南岩刺蒲时，有群哄者诉于州。一人流血被面，经重创，脑几裂，命且尽。公见之恻然，时家有刀疮药，公即起入内，自捣令舁至幕廨，委一谨厚廨子及幕官曰："宜善视之，勿令伤风，此人死，汝辈责也，其家人不令前。"乃略加审核，收仇家于狱，而释其余。一友人问其故，公曰："凡人斗，无好气，此人不即救，死矣。此人死，即偿命一人，寡人之妻，孤人之子，又干证连系，不止一人破家。此人愈，特一斗殴罪案耳，人情欲讼胜，虽于骨肉亦甘心焉。吾所以不令其家人相近也。"未几伤者平，而讼遂息。

略加调停，遂保全数千人、数千家，岂非大智！

鞠真卿

鞠真卿守润州，民有斗殴者，本罪之外，别令先殴者出钱，以与后应者。小人靳财，兼以不愤输钱于敌人。其后终日纷争，相视无敢先下手者。

金坛王石屏都初任建宁令，谒府，府谓曰："县多骡夫难治，好为之。"王唯唯，然不知骡夫何物。讯之，即吴下打行天罡之类，大家必畜数人，讼无曲直，挺斗为胜，若小民直气凌之矣。王出示严禁，凡讼有相斗，必恕被打者，而加责打人者。民间以打人为戒，骡夫无所用之。期月，此风遂息，此亦鞠公之智也。

赵 豫

赵豫为松江府太守，每见讼者非急事，则谕之曰："明日来。"始皆笑之，故有"松江太守明日来"之谣，不知讼者来，一时之忿，经宿气平，或众为譬戒，因而息者多矣。比之钩距致人而自为名者，其所存何啻霄壤！

李若谷教一门人云："清勤和缓。"门人曰："清、勤、和，则既闻命矣，缓安可为也？"李公云："天下甚事不自忙里错的？""明日来"一语，不但自不错，并欲救人之错。按是时周侍郎忱为巡抚，凡有经画，必与赵豫议之，意亦取其详审乎。

〇陆子静九渊知荆门军，尝夜与僚属坐，吏白老者诉甚急，呼问之，体战言不可解，俾吏状之，谓其子为群卒所杀。陆判"翌日至"，僚属怪之。陆曰："子安知不在？"凌晨追究其子，盖无恙也。此亦能缓之效。然惟能勤而后能缓，不然则废事耳。

褚国祥

武进进士褚国祥为湖州添设贰守，宽平简易，清守不缁。北栅姚姓者妻，以久病亡，其父告婿殴死。公准其词，不发行。下午，命驾北栅，众役不知所之。突入姚姓家，妻尚未殓也，验无殴死状，呼告者，薄责而释之。不费一钱而讼已了矣。

赵豫以缓，褚国祥以捷，其以安民为一心也。

程 卓

休宁程从元卓守嘉兴时，或伪为倅厅印纸，与奸民为市，以充契券之用。流布既广，吏因事觉，视为奇货，谓无真伪，当历加追验，其言易入。则所得可裨郡计不少。公曰："此不过伪造者罪耳，若一一验之，编民并扰，吾以安民为先，利非所急也。"透顶光明，要着。乃喻民有误买者，许自陈，立与换印。陈者毕至，一郡晏然。

张文懿公

宋初，令诸路州军创天庆观，别号圣祖殿。张文懿公时为广东路都曹，请曰："臣所部皆穷困，乞以最上律院改充。"诏许之。仍照诸路委监司守臣，亲择堪为天庆寺院，改额为之，不得因而生事。

一转移间，所造福于民多，所造福于国更多。

张　永

张永授芜湖令，芜当孔道，使客厨传，日不暇给，民坐困惫。章圣梓宫南祔，所过都邑，设绮纨帐殿供器冶金为之，又阉宦厚索赂遗，一不当意，辄辱官司，官司莫敢谁何。永于濒江佛寺，垩其栋宇代帐殿，饰供器，箔金以代冶，省节不资，而调度有方，卒无喧呶于境上者。

范希阳

范希阳湛为南昌太守，先是府官自王都院作势以来，跪拜俱在阶下蓬外，风雨不问。希阳欲复旧制，乃于陈都院初上任时，各官俱聚门，将见，希阳且进且顾曰："诸君今日随我行礼"，进至堂下，竟入篷内行礼。各官俱随而前，旧制遂复。希阳退至门外，与众官作礼为别，更不言及前事而散。

忍辱居士曰：使希阳于聚门将见时，与众参谋，诸人固有和之者，亦必有中阻而称不可者，又必有色沮而不敢前者，如何肯俱随而前？俱随而前者，见希阳之前，而己不觉也。又使希阳于出门后，庆此礼之得复，诸人必有议其自夸者，更有媒蘖于各上司者。即抚院闻之，有不快者，何如竟复而上人不知？不知者，希阳行之于卒然，而后人又循之为旧例也。嗟乎！事虽小也，吾固知其人为强毅有识者哉！

牛　弘

奇章公牛弘，有弟弼，好酒而酗，尝醉射杀弘驾车牛。弘还宅，妻迎谓曰："叔射杀牛。"弘直答曰："可作脯。"

冷然一语，扫却妇人将来多少唇舌，睦伦者当以为法。

明　镐

明镐为龙图阁直学士，知并州时，边任多纨袴子弟，镐乃取尤不识者杖之，疲软者皆自解去。遂奏择习事者，守堡砦。军行，娼妇多从之，镐欲驱逐，恶伤士卒心。会有忿争杀娼妇者，吏执以白，镐曰："彼来军中何邪？"纵去不治，娼闻皆走散。

不伤士卒心，而令彼自散，以此驭众，何施不可，宁独一事乎？

卷四

上智部迎刃

危峦前厄，洪波后沸。人皆棘手，我独掉臂。动于万全，出于不意。游刃有余，庖丁之技。集“迎刃”。

子　产

郑良霄既诛，国人相惊。或梦伯有良霄字。介而行曰：“壬子，余将杀带，明年壬寅，余又将杀段。”驷带及公孙段，果如期卒，国人益大惧。子产立公孙泄泄，子孔子，子孔前见诛。及良止良霄子。以抚之，乃止。子太叔问其故，子产曰：“鬼有所归，乃不为厉，吾为之归也。”太叔曰：“公孙泄何为？”子产曰：“说也。”以厉，故立后。非正，故并立泄，托于继绝之义，以解说于民。

不但通于人鬼之故，尤妙在立泄一着。鬼道而人行之，真能务民义，而不惑于鬼神者矣。

田　叔二条

梁孝王使人刺杀故相袁盎，景帝召田叔案梁，具得其事，乃悉烧狱词，空手还报。上曰：“梁有之乎？”对曰：“有之。”“事安在？”叔曰：“焚之矣。”上怒。叔从容进曰：“上无以梁事为也。”上曰：“何也？”曰：“今梁王不伏诛，是汉法不行也；如其伏法，而太后食不甘味，卧不安席，此忧在陛下也。”于是上大贤之，以为鲁相。

叔为鲁相，民讼王取其财物者百余人。叔取其渠率二十人，各笞二十余，各搏二十，怒之曰：“王非汝主耶，何敢言？”鲁王闻之大惭，发中府钱，使相偿之。相复曰：“王使人自偿之，不尔，是王为恶而相为善也。”又，王好猎，相常从。王辄休，相出就馆舍，相出常暴坐待王苑外，王数使人请相休，终不休，曰：“我王暴露，我独何为就舍。”王以故不大出游。

洛阳人有相仇者，邑中贤豪居间以十数，终不听。往见郭解，解夜见仇家，仇家曲听解，解谓曰："吾闻洛阳诸公居间都不听，今子幸听解，解奈何从他邑夺贤士大夫权乎？"径夜去，属曰："俟我去令洛阳豪居间。"事与田叔发中府钱类。王祥事继母至孝，母私其子览而酷待祥，览谏不听，每有所虐使，览辄与祥俱，饮食必共，母感动，均爱焉。事与田叔暴坐待王类。

主父偃

汉患诸侯强，主父偃谋令诸侯以私恩自裂地，分其子弟，而汉为定其封号。汉有厚恩，而诸侯渐自分析弱小云。

裴光庭

张说以大驾东巡，恐突厥乘间入寇，议加兵备边，召兵部郎中裴光庭谋之。光庭曰："封禅告成功也，今将升中于天，而戎狄是惧，非所以昭盛德也。"说曰："如之何？"光庭曰："四夷之中，突厥为大，比屡求和亲，而朝廷羁縻未决许也。今遣一使，征其大臣，从封泰山，彼必欣然承命矣。突厥来则戎狄君长无不皆来，可以偃旗卧鼓，高枕有余矣。"说曰："善，吾所不及。"即奏行之，遣使谕突厥，突厥乃遣大臣阿史德颉利发入贡，因扈从东巡。

崔祐甫

德宗即位，淄青节度李正己表献钱三十万缗，上欲受，恐见欺，却之，则无词。宰相崔祐甫请遣使慰劳淄青将士，因以正己所献钱赐之，使将士人人戴上恩，诸道知朝廷不重财货。上从之，正己大惭服。

神策军使王驾鹤，久典禁兵，权震中外。德宗将代之，惧其变，以问崔祐甫。曰："是无足虑。"即召驾鹤留语移时，而代者白："志贞已入军中矣。"

王　旦三条

马军副都指挥使张旻，被旨选兵，下令太峻，兵惧，谋为变。上召二府议之。王旦曰："若罪旻，则自今帅臣何以御众？急捕谋者，则震惊都邑。陛下数欲任旻以枢密，今若擢用，使解兵柄，反侧者当自安矣。"上谓左右曰："王旦善处大事，真宰相也。"

借一转以存帅臣之礼，而徐议其去留，原非私一旻也。

契丹奏请岁给外别假钱币，真宗以示王旦。公曰："东封甚迫，车驾将出，以此探朝廷之意耳。可于岁给三十万物内各借三万，仍谕次年额内除之。"契丹得之大惭。次年，复下有司，契丹所借金帛六万，事属微末，仰依常数与之，今后永不为例。

不借则违其意，徒借又无其名。借而不除，则无以塞侥幸之望，借而必除，又无以明中国之大，如是处分方妥。

西夏赵德明求粮万斛，王旦请敕有司具粟百万于京师，而诏德明来取。自然不敢。德明大惭曰："朝廷有人。"乃止。

严　求

烈祖辅吴，四方多垒。虽一骑一卒，必加姑息。然群校多从禽，聚饮近野，或搔扰民庶。上欲纠之以法，而方藉其材力，思得酌中之计，问于严求。求曰："无烦绳之，易绝耳，请敕泰兴、海盐诸县，罢采鹰鹯，可不令而止。"烈祖从其计，期月之间，禁校无复游墟落者。南唐近事。

陈　平

燕王卢绾反，高帝使樊哙以相国将兵击之。既行，人有短恶哙者。高帝怒曰："哙见吾病，乃几吾死也。"用陈平计，召绛侯周勃，受诏床下，曰："平乘驰传载勃代哙将，平至军中即斩哙头。"二人既受诏行，私计曰："樊哙，帝之故人，功多，又吕后女弟吕媭夫，有亲且贵，帝以忿怒故欲斩之，即恐后悔。精细。宁囚而致上，令上自诛之。"未至军，为坛以节召樊哙，哙受诏节，即反接载槛车，诣长安。而令周勃代将兵定燕。平行，闻高帝崩，平恐吕后及吕媭怒，乃驰传先去。逢使者，诏平与灌婴屯于荥阳，平受诏，立复驰至宫，哭殊悲。因奏事丧前，吕太后哀之曰："君出休矣。"平因固请，得宿卫中，太后乃以为郎中令日傅教帝。是后吕婴谗乃不得行。

谗祸一也，度近之足以杜其谋，则为陈平，度远之足以消其忌，则又为刘琦。宜近而远，宜远而近，皆速祸之道也。〇刘表爱少子琮，琦惧祸，谋于诸葛亮，亮不应。一日，相与登楼，去梯，琦曰：“今日出君之口，入吾之耳，尚未可以教琦耶？”亮曰：“子不闻申生在内为危，重耳在外而安乎？”琦悟，自请出守江夏。

宋祖　曹彬

唐主畏太祖威名，用间于周主。遣使遗太祖书，馈以白金三千。太祖悉输之内府，间乃不行。

周遣阁门使曹彬以兵器赐吴越，事毕，亟返不受馈遗。吴越人以轻舟追与之，至于数四，彬曰：“吾终不受，是窃名也。”尽藉其数，归而献之。复奉世宗命，始拜受，尽以散于亲识，家无留者。

不受，不见中朝之大；直受，非臣子之公。受而献之，最为得体。

拒高丽僧　焚西夏书

高丽僧寿介，状称：临发日，国母令赍金塔祝寿。东坡见状，密奏云：“高丽苟简无礼，若朝廷受而不报，或报之轻，则高丽犹得以为词。若受而厚报之，是以重礼答其无礼之馈也。臣已一面令管勾职员，退还其状云：朝廷清严，守臣不敢专擅奏闻。臣料此僧，势不肯已，必云本国遣来献寿，令兹不奏，归国得罪不轻。臣欲于此僧状后判云：州司不奉朝旨，本国又无来文，难议投进。执状归国照会。如此处分，只是臣一面指挥，非朝廷拒绝其献，颇似稳便。”

范仲淹知延州，移书谕元昊以利害。元昊复书悖慢，仲淹具奏其状，焚其书不以上闻。夷简谓宋庠等曰：“人臣无外交，希文何敢如此。”宋庠意夷简诚深罪范公，无耻小人。遂言仲淹可斩。仲淹奏曰：“臣始闻虏悔过，故以书诱谕之，会任福败，虏势益振，故复书悖慢。臣以为使朝廷见之而不能讨，则辱在朝廷，故对官属焚之；使若朝廷初不闻者，则辱专在臣矣。”杜衍时为枢密副使，争甚力，于是置庠知扬州，羞杀。而仲淹不问。

张方平

元昊既臣，与契丹有隙，来请绝其封。知谏院张方平曰："得新附之小羌，失久和之强敌，非计也。梁受河南失着如此。宜赐元昊诏，使之审处。但嫌隙朝除，则封册暮下，于西北为两得矣。"时用其谋。

秦　桧

建炎初，遣使讲和，云使来必须百官郊迎其书。在廷失色，秦桧恬不为意，尽遣部省吏人迎之。朝见使人必要褥位，此非臣子之礼。是日，桧令朝见殿廷之内，皆以紫幕销满，北人无辞而退。

吴时来

嘉靖时，倭寇发难，郎、土诸路兵援至。吴总臣计犒逾时，众大噪。及至松江，抚臣属推官吴时来除备，时来度水道所由，就福田禅林外立营，令土官以兵至者，各署部伍，舟人导之入，以次受犒。惠均而费不冗，诸营帖然。客兵素犷悍剽掠，即不异寇，时来用赞画者为好语，结其酋长缚治之，迄终事无敢犯者。

按：时来在松御倭，历有奇迹。寇势逼甚，士女趋保于城者万计，或议闭关拒之，时来悉纵人择闲旷地舍之。又城隘民众，壅污蒸而为疫，时来乃四启水关，便输薪谷者，因其归舟载秽滞以出。明年四月，寇猝至攻城，雨甚，城崩西南隅十余丈，人情汹汹，时来尽撤屯戍，第以强弩数十扼其冲。总臣以为危，时来曰："淖泞，彼安能登？"果无恙。时内徙之民，薄城而居，类以苫盖，时来虑为火箭所及，亟撤之，而阴识其姓名于屋材。夜选卒运之城外，以为木栅，扞修城者。卒皆股栗不前，时来首驰一骑出南门，众皆从之，平明栅毕，三日而城完。复以为栅材还为民屋，则固向所识也。贼知有备北走，时来建议决震泽水，绝松陵道，贼至平望，阻水不得进。我兵尾而击之，斩首三千余，溺死无算。此公文武全才，故备载之。

陈希亮等四条

于阗使者入朝，过秦州，经略使以客礼享之。使者骄甚，留月余，坏传舍什器，纵其徒入市掠饮食，民户皆昼闭。希亮闻之曰："吾常主契丹使，得其情，使者初不敢暴横，皆译者教之，吾痛绳以法，译者惧，其使不敢动矣。况此小国乎？"乃使教练使持符告译者曰："入吾境有秋毫不如法，吾且斩，若取军令状以还。"使者至，罗拜庭下，希亮命坐两廊，饮食之，护出其境，无一人哗者。

高丽入贡，使者凌蔑州郡。押伴使臣皆本路管库，乘势骄横，至与钤辖亢礼。时苏轼通判杭州，使人谓之曰："远方慕化而来，理必恭顺，今乃尔暴恣，非汝导之不至是，不悛，当奏之。"押伴者惧，为之小戢。使者发币于官吏，书称甲子。公却之曰："高丽于本朝称臣，而不禀正朔，吾安敢受？"使者亟易书称熙宁，然后受之。

国朝北虏也先杀其主脱脱不花，自称大元田盛大可汗，遣使入贡，上命群臣议所以称之者。礼部郎中章纶言："可汗乃戎狄极尊之号，今以号也先则非宜。若止称太师，恐虏酋惭忿，犯我边邮。宜因其部落旧号，称为瓦剌王，庶几得体。"从之。

大同猫儿庄，本北虏入贡正路。成化初，虏使有从他路入者。例不可开。上因守臣之奏，许之。礼书姚文敏公夔，奏请宴赏，一切杀礼，虏使不悦。姚谕之云："故事迤北使臣进贡，俱从正路，朝廷有大礼相待，今尔从小路来，疑非迤北头目，故只同他处使臣。"使不复有言。

四公皆得驭夷之体。

苏子容

苏公子容，充北朝生辰国信使，在虏中遇冬至。本朝历先北朝一日，北朝问公孰是，公曰："历家算术小异，迟速不同，如亥时犹是今夕，逾数刻即属子时，为明日矣。或先或后，各从本朝之历可也。"诸人深以为然，遂各以其日为节庆贺。使还奏，上喜曰："此对极中事理。"

马 默

宋制:沙门岛罪人有定额,官给粮者才三百人,溢额则粮不赡,且地狭难容。每溢额,则取其人投之海中。寨主李庆一任至杀七百余人。马默知登州,痛其弊,更定配海岛法,建言朝廷既贷其生矣,即投之海中,非朝廷本意。今后溢额,乞选年深,自至配所,不作过人移登州。神宗深然之,即诏可着为定制。自是多全活者。默无子,梦东岳使者致上帝命,以移沙门岛罪人事,特赐男女各一。后果生男女二人。

既活人命,又劝人免作过恶,菩萨心肠,圣贤作用。

于 谦

永乐间,降虏多安置河间、东昌等处,生养蕃息,骄悍不驯。方也先入寇时,皆将乘机骚动,几至变乱。至是发兵征湖贵及广东西诸处寇盗,于肃愍奏,遣其有名号者,厚与赏犒,随军征进,事平,遂奏留于彼。于是数十年积患,一旦潜消。

用郭钦徙戎之策,而使戎不知,真大作用。

李 贤

法司奏:石亨等既诛,其党冒夺门功升官者数千人,俱合查究。上召李贤曰:“此事恐惊动人心。”贤曰:“朝廷许令,自首免罪,事方妥。”于是冒功者四千余人,尽首改正。

王 琼

武宗南巡还,当弥留之际,杨石斋廷和已定计擒江彬。然彬所领边兵数千人,为彬爪牙者,皆劲卒也。恐其仓卒为变,计无所出,因谋之王晋溪,晋溪曰:“当录其扈从南巡之功,令至通州听赏。”于是边兵尽出,彬遂成擒。

刘大夏 张居正

庄浪土帅鲁麟为甘肃副将,求大将不得,恃其部落强,径归庄浪,以子幼请告。有欲予之大将印者,有欲召还京,予之散地者。刘尚书大夏独曰:“彼虐,不善用其众,无能为也。然未有罪,今予之印,非法;召之不至,损威。”乃为疏,奖其先世之忠,而听其就闲,麟卒怏怏病死。

黔国公沐朝弼,犯法当逮,朝议皆难之。谓朝弼纲纪之卒且万人,不易逮,逮恐激诸夷变。居正擢用其子,而驰单使缚之,卒不敢动。既至,请贷其死而锢之南京,人以为快。

奖其先则内愧,而怨望之词塞;擢其子则心安,而巢穴之虑重。所以罢之锢之,唯吾所制。

刘 坦

坦为长沙太守,行湘州事。适王僧粲谋反,湘部诸郡,蜂起应之,而前镇军钟玄绍者,潜谋内应,将克日起。坦侦知之,佯为不省,如常理讼。至夜,故开城门以疑之,玄绍不敢发。明旦,诣坦问故,坦久留与语,而密遣亲兵收其家书。已知确有其书,故收亦以塞其口,非密遣也。玄绍尚在坐,收兵还,且得其文书本末,因出以质绍。绍首伏,即斩之,而焚其书,以安余党,州部遂安。

张忠献

叛将范琼,拥兵据上流。召之不来,来又不肯释兵,中外汹汹。张忠献与刘子羽密谋诛之。一日,遣张俊以千人渡江,若捕他盗者,因召琼、俊及刘光世,诣都堂计事,为设饮食。食已,相顾未发。子羽坐庑下,恐琼觉事中变,遽取黄纸执之,趋前举以麾琼曰:“下!有敕。将军可诣大理置对。”琼愕不知所为。子羽顾左右,拥置舆中,以俊兵卫送狱。使光世出抚其众,且曰:“所诛止琼,汝等固天子自将之兵也。”众皆投刀曰:“诺。”悉麾隶他军,顷刻而定,琼伏诛。

留志淑

中官毕真,逆濠党也,至自江西,声势翕赫,拥从牙士五百余人,肆行残贼,人人自危。留志淑知杭州,密得其不可测之状,白台察监司阴制之。未几，真果构市人一夕火其居，延烧二千余家。淑恐其因众为乱，闭门不出。止传报诸衙门人毋救火，余数日，果与濠通。及真将发应濠，台察监司召淑定计，先提民兵，伏真门外。监司以常礼见出，淑入，真怒曰："知府以我反乎?"应曰："府中役从太多，是以公心迹不白。"因令左右出报监司。既入，即至堂上，执真手与语在我掌握中。当自白之状。众共语，遣所不藉之人，以释众疑。真仓卒不得已，呼其众出，出则民兵尽执而置之狱。伪与真入视府中，见所藏诸兵器，诘曰："此将何为也?"真不能答，乃羁留之，奏闻伏诛。

王　益

王益知韶州，州有屯兵五百人，代者久不至，欲谋为变。事觉，一郡皆骇。益不为动，取其首五人，即日断流之。妙处在速，稍缓则变生矣。或请以付狱，不听。既而闻其徒曰："若五人者系狱，当夜劫之。"众乃服。

贾　耽

贾耽为山南东道节度使，使行军司马樊泽奏事行在。泽既反命，方大宴，有急牒至，以泽代耽。耽内牒怀中，颜色不改。宴罢，即命堂吏谒泽。牙将张献甫怒曰："行军自图节钺，事人不忠，请杀之。"耽曰："天子所命，即为节度使矣。"即日离镇，以献甫自随，军府遂安。

处工孛罗等

万历年间，女真夷人阿卜害等一百七员进贡到京。内工孛罗、小厮哈额、真太三名为首，在通州驿递，横肆需索，州司以闻。时沈演在礼部客司，议谓本夷酋长，恭顺有年，若一概议革，恐孤远人向化之心。宜仍将各向年例正额赏赐，行移内府各衙门关出给散，以彰天朝旷荡之恩，止将工孛罗等三名，革其额赏。行文辽东巡抚，执付在边酋长，谕以骚扰之故，治以国法。俟本酋认罪输服，方准补给。

沈何山演云："客司，古典属国。邮人骚于夷，不能不望钤束，然无以制其命。"初，工孛罗等见告谕以罚服，嶅弗受也，与赏以安众，革三人赏以行法。三人头目，能使其众者，且积猾也，然离众亦不能哗，遂甘罚服。此亦处骚扰之一法。

王钦若

王钦若为亳州判官，监会亭仓。天久雨，仓司以米湿，不为受纳。民自远方来输租者，深以为苦。钦若悉命输之仓，奏请不拘年次，先支湿米。民利于透支，必然乐从。太宗大喜，因识其名，由是大用。

绍兴间，中丞蒋继周出守宣城，周通判周世询议，欲以去岁旧粟，支军食之半。群卒恶其陈腐，横梃于庭，出不逊语。佥判王明清后至闻变，亟令车前二卒传谕云："佥判适自府中来，已得中丞台旨，令尽支新米。"群嚣始息。然令之不行，大非法纪。必如钦若，方是出脱恶米之法。

令狐绹　李德裕

宣宗衔甘露之事，尝授旨于宰相令狐公。公欲尽诛之，而虑其冤，乃密奏榜子云："但有罪莫舍，有阙莫填，自然无类矣。"

今京卫军虚籍糜饩，无一可用，聚裁之又恐激变，若依此法，不数十年，可以清伍。省其费，以别募，又可化无用为有用。

先是诸镇宦者监军，各以意见指挥军事，将帅不能专进退。又监使悉选军中骁勇数百为牙队，其在阵战斗者，皆怯弱之士，所以比年将帅出征屡败。李赞皇乃与枢密使杨钧义、刘行深议，约敕监军不得预军政，每兵千人，听取十人自卫，有功随例沾赏。自此将帅得展谋略，所向有功。

吕夷简

西鄙用兵，大将刘平战死。议者以朝廷委宦者监军，主帅节制有不得专者，故平失利。诏诛监军黄德和，或请罢诸帅监军，仁宗以问吕夷简。夷简对曰："不必罢，但择谨厚者为之。"仁宗委夷简择之，对曰："臣待罪宰相，不当与中贵私交，何由知其贤否？愿诏都知押班，但举有不称者与同罪。"仁宗从之。翌日，都知叩头乞罢诸监军宦官。

何如。士大夫嘉夷简之有谋。

杀一监军，他监军故在也，自我罢之，异日有失事，彼藉为口实，不若使自请罢之为便。文穆称其有宰相才，良然。惜其有才而无度，如忌富弼、忌李迪，皆中之以小人之智，方之古大臣邈矣。〇李迪与夷简同相，迪尝有所规画，吕觉其胜，或告曰："李子柬之虑事过于其父。"夷简因语迪曰："公子柬之才可大用。"奸。即奏除两浙提刑，迪父子皆喜。迪既失柬，事多遗忘，因免去，方知为吕夷简所卖也。

王守仁二条

阳明既擒逆濠，囚于浙省。时武庙南幸，驻跸留都。中官诱令阳明释濠还江西，俟圣驾亲征擒获。此何事，乃可戏乎？差二中贵，至浙省谕旨。阳明责中官具领状，中官惧，事遂寝。

杨继宗知嘉兴日，内臣往来，百方索赂。宗曰："诺。"出牒取库金，送与太监买布绢入馈。因索印券，附卷归案，以便他日磨勘。内臣咋舌，不敢受，事亦类此。

江彬等忌守仁功，流言谓守仁始与濠同谋，已闻天兵下征，乃擒濠自脱，欲并擒守仁自为功。天理人心何在？守仁与张永计，谓将顺天意，犹可挽回万一，苟逆而抗之，徒激群小之怒。乃以濠付永，再上捷音，归功总督军门，以止上江西之行，而称病净慈寺。永归，极称守仁之忠，及让功避祸之意，上悟乃免。

阳明于宁藩一事，至今犹有疑者。因宸濠密书至京，欲用其私人为巡抚，书中有"王守仁亦可"之语。不知此语有故，因阳明平日不露圭角，未尝显与濠忤。濠但慕阳明之才，而未知其心，故犹冀招而用之，与阳明何与焉？当阳明差汀赣巡抚时，汀赣尚未用兵，阳明即上疏言："臣据江西上流，江西连岁盗起，乞假臣提督军务之权，以便行事。"而大司马王晋溪复奏："给与旗牌，大小贼情，悉听王某随机抚剿。"阳明又取道于丰城，盖此时逆濠反情已具，二公潜为之计。庙堂方略，已预定矣。濠既反，地方上变告，尤不敢斥言，止称宁府。观望可耻。独阳明疏闻称宸濠，即此便见阳明心事。

朱胜非

苗、刘之乱，勤王兵向阙。朱忠靖胜非从中调护。六龙反正，有诏以二凶为淮南两路制置使，令将部曲之任。时朝廷幸其速去，其党张逵为画计，使请铁券即朝辞。遂告堂袖扎以恳。忠靖顾吏取笔，判奏行给赐，令所属检详故事，如法制造。二凶大喜，明日将朝。郎官傅宿扣漏院白事急，速令延入。宿曰："昨得堂帖，给赐二将铁券，此非常之典，今可行乎？"忠靖取所持帖，顾执政秉烛同阅，忽顾问曰："检详故事曾检得否？"曰："无可检。"又问："如法制造，其法如何？"曰："不知。"又曰："如此可给乎？"执政皆笑。宿亦笑曰："已得之矣。"遂退。

妙在不拒而自止，若腐儒必出一段道理相格，激成小人之怒。败天下事往往以此。怒而惧，即破例奉之不辞矣。

停胡客供

唐因河陇没于吐蕃，自天宝以来，安西、北庭奏事，及西域使人在长安者，归路既绝，人马皆仰给鸿胪，礼宾委府县供之，度支不时付直。长安市肆，不胜其弊。李泌知胡客留长安久者或四十余年，皆有妻子，买田宅，举质，取利甚厚。乃命检括胡客有田宅者，得四千余人，皆停其给。胡客皆诣府告诉，泌曰："此皆从来宰相之过，岂有外国朝贡使者，留京师数十年不听归乎？妙甚。今当假道于回纥，或自海道，各遣归国。有不愿者，当今鸿胪自陈，授以职位，给俸禄为唐臣。人生当及时展用，岂可终身客死耶？"又好言以慰之。于是胡客无一人愿归者，泌皆分领神策两军。王子使者为散兵马使，或押衙，余皆为卒，禁旅益壮。一举两得。鸿胪所给胡客才十余人，岁省度支钱五十万。

补儒士　袭土官

铸印局额设大使、副使各一员，食粮儒士二名，及阙将补，投考者不下数千人，请托者半之，当事者每难处分。费宏为吏部尚书，于食粮二名外，预取听缺者四人、习字者四人，从次第补，度可逾十数年。由是投考及请托者皆绝迹。

土官世及，辄转展诘勘，索赂土官。土官以故怨叛，轻中朝士人。胡公世宁令土官生子即闻府，子弟应世及者，年且十岁，朔望或有时调集，皆携之见太守。太守为识年数状貌，父兄有故，按籍为请官于朝。土官大悦服。

不惟省临时诘勘之烦，且令土官从幼习太守之约束，而渐消其桀骜之气，真良策也。

蒋恭靖

蒋恭靖瑶，正德时守维扬。大驾南巡，六师俱发，所须夫役，计宝应、高邮站程凡六，每站万人，议者欲悉集于扬，人情汹汹，公惟站设二千，更番迭遣以迎，计初议减五分之四，其他类皆递减。卒之上供不缺，民亦不扰。时江彬与太监丘得挟势要索，公不为动。会上出观鱼，得巨鱼一，戏言直五百金。彬从旁言请以畀守，促值甚急。公即脱夫人簪珥及绨绢服以进曰："臣府库绝无缗钱，不能多具。"上目为酸儒，弗较也。一日中贵出揭帖，索胡椒、苏木、奇香、异品若干，因以所无，冀获厚赂。时抚臣邀公他求以应，公曰："古任土作贡，出于殊方，而故取于扬，守臣不知也。"抚臣厉声令公自覆，好货。公即具揭帖，详注其下曰："某物产某处，扬州系中土偏方，无以应命。"上亦不责。又中贵说上选宫女数百，以备行在，抚臣欲选之民间。公曰："必欲称旨，止臣一女以进。"上知其不可夺，即诏罢之。

汪应轸

汪应轸当武宗南巡，率同馆舒芬等，抗疏以谏，廷杖几毙，出守泗州。泗州民情，弗知农桑。轸至，首劝之耕，出帑金买桑于湖南，教之艺，募桑妇若干人，教之蚕事。邮卒驰报，武宗驾且至，他邑彷徨，勾摄为具，民至塞户逃匿。轸独凝然弗动，或询其故，轸曰："吾与士民素相信，即驾果至，费旦夕可贷而集。今驾来未有期，而仓卒措办，科派四出,吏胥易为奸。倘费集而驾不果至,则奈何?”他邑用执炬夫役以千计,伺候弥月,有冻饿死者。轸命维炬榆柳间,以一夫掌十炬。比驾夜历境,炬伍整饬。及过他所时,中使络绎道路,恣索无厌,轸计中人阴懦,可慑以威。乃率壮士百人列舟次,呼诺之声震远近,中外错愕,不知所为。孔子具左右司马,从会夹谷之意。轸麾从人速牵舟行,顷刻百里,遂出泗境。后有至者,方敛戢不敢肆,而公复礼遇之。于是皆咎前使,而深德公。武宗至南都,谕令泗州进美女善歌吹者数十人,盖中使衔轸而以是难之也。轸奏:“泗州妇女荒陋,且近多流亡,无以应敕旨。”进向所募桑妇若干人:“倘蒙纳之宫中,俾受蚕事,实于王化有裨。”诏且停止。

沈　啓

世宗皇帝当幸楚,所从水道,则南京具诸楼船以从。具而上或改道,耗县官金钱;不具而上猝至,获罪。尚书周用疑,以问工部主事沈啓。字子由,吴江人。啓曰:“召商需材于龙江关,急驿侦上所从道,以日计,舟可立办。夫舟而归直于舟,不舟而归材于商,不难也。”上果从陆,得不费水衡钱矣。中贵人请修皇陵,锦衣朱指挥者往视。啓乘间谓朱曰:“高皇帝制,皇陵不得动寸土,违者死。今修不能无动土,而死可畏也。”朱色慑,言于中贵人而止。

范　槚

景藩役兴,王舟涉淮,从彭城达于宝应。供顿千里,舳舻万余艘。兵卫夹途,锦缆而牵者五万人。两淮各除道五丈,直民庐辄撤之,槚傍庐置敉舡覆土板上,望如平地,奇想。居者以安。时诸郡括丁夫俟役,呼召甚棘,槚略不为储待。漕抚大忧之,召为语槚,槚谩曰:“明公在,何虑耶?”漕抚怫然曰:“乃欲委罪于我,我一老夫何济?”曰:“非敢然也,独仰明公斯易集耳。”曰:“奈何?” 槚曰:“今王舡方出,粮舡必不敢入闸,比次坐候,日费为难。今以旗甲守舡,而用其十人为夫。彼利得就直,趋役必喜,第须一纸牌耳。”曰:“如不足何?”曰:“今凤阳以夫数万协济于徐,役毕必道淮而反。若乘归途之便,资而役之,无不乐应者，则数具矣。”都御史大喜，称服。槚进曰：“然而无用也。”复愕然起曰：“何故？”曰：“方今上流蓄水，以济王舟，比入黄，则各闸皆泄，势若建瓴，安用众为？”曰：“是固然矣，彼肯恬然自去乎？”曰：“更计之，公勿忧。”都御史叹曰：“君有心计，吾不能及也。”先是光禄寺札沿途郡县具王膳，食品珍异，每顿直数千两，槚袖《大明会典》，所持者正。争于抚院曰：“王舟所过，州县止供鸡鹅柴炭，此明证也。且光禄备万方玉食以办，此穷州僻县，何缘应奉乎？”抚按然之，为咨礼部。部更奏令第具膳直，王顿二十两，妃十两，具直则宵小无所容其诈矣。省供费巨万计。比至，槚遣人持锭金逆于涂，遗王左右曰：用得当虽贿何嫌。“水悍难泊，惟留意。”于是王舟皆穷日行，水漂疾如激箭，三泊供止千三百。比至仪真，而一夕五万矣。

多少难题目，到此公手，便是一篇绝好文字。

张　瀚

张瀚知庐州府，再补大名。庚戌虏酋薄都门，诏遣司马郎一人持节征四郡兵入卫。使者驰至真定，诸守相错愕，且难庭谒礼，踌躇久之。瀚闻报，以募召游食饥附饱扬不可用，披所属编籍，选丁壮三十之一，兵贵精，不贵多。即令三十人治一人饷，尤妙。得精锐八百人。驰谓诸守：“此何时也，而与使者争苛礼乎？司马郎诚不尊于二千石，顾《春秋》之义，以王人先诸侯，要使令行威振耳。藉令傲然格使者令，谓勤王何？”诸守色动，遂俱入谒。瀚首请使者阅师，使者骇然曰：“何速也！”比阅师，则人人精锐，绝出望外，使者乃叹服守文武才。

韩　琦

英宗初即位，慈寿一日送密札与韩魏公。谕及上与高后不奉事，有为孀妇作主之语，仍敕中贵俟报。公但曰：“领圣旨。”一日入札子，以山陵有事取覆，乞晚临后上殿独对。君臣何殊朋友。谓：“官家不得惊，有一文字，须进呈说破，只莫泄。上今日皆慈寿力，恩不可忘。然即非天属之亲，但加承奉，便自无事。”上曰：“谨奉教。”又云：“此文字臣不敢留，幸宫中密烧之，若泄，则谗间乘之矣。”上唯之。自后两宫相欢，人莫窥其迹。

宋盛时，贤相得以尽力者，皆以动得面对故。夫面对便，则畏忌消，而情谊洽，此肺腑所以得罄，而虽宫闼微密之嫌，亦可以潜用其调度也，此岂章奏之可收功者耶？虽然，面对全在因事纳忠，若徒唯唯诺诺一番，不免辜负盛典。此果圣王不能霁威而虚受耶，抑亦实未有奇谋硕画，足以耸九重之听乎？请思之。

赵令郯

崇宁初，分置敦宗院于三京以居疏冗。选宗子之贤者莅治院中，或有尊行，治之者颇以为难。令郯初除南京敦宗院登对，上问所以治宗子之略。对曰："长于臣者，以国法治之；幼于臣者，以家法治之。"上称善，进职而遣之。郯既至，宗子率教，未尝扰人，京邑颇有赖焉。

明智部总序

冯子曰：自有宇宙以来，只争明暗二字而已。混沌暗而开辟明，乱世暗而治朝明，小人暗而君子明。水不明则腐，镜不明则锢，人不明则堕于云雾。今夫烛腹极照，不过半砖，朱曦霄驾，洞彻八海，又况夫以夜为昼，盲人瞎马，侥幸深溪之不贾也，得乎？故夫暗者之未然，皆明者之已事；暗者之梦景，皆明者之醒心；暗者之歧途，皆明者之定局。由是可以知人之所不能知，而断人之所不能断。害以之避，利以之集，名以之成，事以之立，明之不可已也如是。而其目为"知微"，为"亿中"，为"剖疑"，为"经务"。吁！明至于能经务也，斯无恶于智矣。

明智部知微

圣无死地，贤无败局。缝祸于渺，迎祥于独。彼昏是违，伏机自触。集“知微”。

箕子

纣初立，始为象箸。箕子叹曰：“彼为象箸，必不盛以土簋，将作犀玉之杯。玉杯象箸，必不羹藜藿，衣短褐而舍于茅茨之下，则锦衣九重，高台广室。称此以求，天下不足矣。远方珍怪之物，舆马宫室之渐，自此而始。故吾畏其卒也。”未几，造鹿台，为琼室玉门，狗马奇物，充牣其中，酒池肉林，宫中九市，而百姓皆叛。

殷长者

武王入殷，闻殷有长者，武王往见之，而问殷之所以亡。殷长者对曰：“王欲知之，则请以日中为期。”及期弗至，武王怪之。周公曰：“吾已知之矣。此君子也，义不非其主。若夫期而不当，言而不信，此殷之所以亡也，已以此告王矣。”

周公　太公

太公封于齐，五月而报政。周公曰：“何疾同速。也？”曰：“吾简其君臣，礼从其俗。”伯禽至鲁，三年而报政。周公曰：“何迟也？”曰：“变其俗，革其礼，丧三年而后除之。”周公曰：“鲁后世其北面事齐乎。夫政不简不易，民不能近。平易近民，民必归之。”周公问太公：“何以治齐？”曰：“尊贤而尚功。”周公曰：“后世必有篡弑之臣。”太公问周公：“何以治鲁？”曰：“尊贤而尚亲。”太公曰：“后浸弱矣。”

二公能断齐鲁之敝于数百年之后，而不能预为之维，非不欲维也，治道可为者止此耳。虽帝王之法，固未有久而不敝者也。敝则更之，亦俟乎后之人而已。故孔子有“变齐变鲁”之说。陆葵日曰：“使夫子之志行，则姬吕之言不验。”夫使孔子果行其志，亦不过变今之齐鲁为昔之齐鲁，未必有加于二公也。二公之孙子，苟能日儆惧于二公之言，又岂俟孔子出而始议变乎？

辛　有

平王之东迁也，辛有适伊川，见披发而祭于野者，曰：“不及百年，此其戎乎，其礼先亡矣。”及鲁僖公二十二年，秦晋迁陆浑之戎于伊川。

犹秉周礼，仲孙卜东鲁之兴基；其礼先亡，辛有料伊川之戎祸。

何　曾

何曾字颖考，常侍武帝宴。退语诸子曰：“主上创业垂统，而吾每宴，乃未闻经国远图，惟说平生常事，后嗣其殆乎！及身而已，此子孙之忧也。汝等犹可获没。”指诸孙曰：“此辈必及于乱。”及绥被诛于东海王越，嵩哭曰：“吾祖其大圣乎。”嵩、绥皆邵子，曾之孙也。

管　仲

管仲有疾，桓公往问之曰：“仲父病矣，将何以教寡人？”管仲对曰：“愿君之远易牙、竖刁、常之巫、卫公子启方。”公曰：“易牙烹其子以慊寡人，犹尚可疑耶？”对曰：“人之情非不爱其子也，其子之忍，又何有于君？”公又曰：“竖刁自宫，以近寡人，犹尚可疑耶？”对曰：“人之情非不爱其身也，其身之忍，又何有于君？”公又曰：“常之巫审于死生，能去苛病，犹尚可疑耶？”对曰：“死生命也，苛病失也，君不任其命、守其本而恃常之巫，彼将以此无不为也。”造言惑众。公又曰：“卫公子启方，事寡人十五年矣，其父死而不敢归哭，犹尚可疑耶？”对曰：“人之情非不爱其父也，其父之忍，又何有于君？”公曰：“诺。”管仲死，尽逐之。食不甘，宫不治，苛病起，朝不肃。居三年，公曰：“仲父不亦过乎。”于是皆复召而反。明年，公有病，常之巫从中出。曰：“公将以某日薨。”所谓无不为也。易牙、竖刁、常之巫相与作乱，塞宫门，筑高墙，不通人，公求饮不得。卫公子启方，以书社四十下卫。公闻乱，慨然叹，涕出曰：“嗟乎！圣人所见，岂不远哉！”

昔吴起杀妻求将，鲁人谮之。乐羊伐中山，对使者食其子，文侯赏其功，而疑其心。夫能为不近人情之事者，其中正不可测也。天顺中，都指挥马良有宠，良妻亡，上每慰问。适数日不出，上问及，左右以新娶对。上咈然曰：“此厮夫妇之道尚薄，而能事我耶？”杖而疏之。宣德中，金吾卫指挥傅广自宫，请效用内庭。上曰：“此人已三品，更欲何为。自贱希进，下法司问罪。”噫！此亦圣人之远见也。

伐卫　伐莒

齐桓公朝而与管仲谋伐卫，退朝而入。卫姬望见君，下堂再拜，请卫君之罪。公问故，对曰：“妾望君之入也，足高气强，有伐国之志也。见妾而色动，伐卫也。”明日君朝，揖管仲而进之。管仲曰：“君舍卫乎？”公曰：“仲父安识之？”管仲曰：“君之揖朝也恭，而言也徐，见臣而有惭色，臣是以知之。”

齐桓公与管仲谋伐莒，谋未发而闻于国。公怪之，以问管仲。仲曰：“国必有圣人也。”桓公叹曰：“噫！日之役者，有执柘杵而上视者，意其是耶！”乃令复役，无得相代。少焉，东郭垂至，管仲曰：“此必是也。”乃令傧者延而进之，分级而立。管仲曰：“子言伐莒耶？”曰：“然。”管仲曰：“我不言伐莒，子何故曰伐莒？”对曰：“君子善谋，小人善意，臣窃意之也。”管仲曰：“我不言伐莒，子何意之。”对曰：“臣闻君子有三色，优然喜乐者，钟鼓之色；愀然清静者，缞绖之色；勃然充满者，兵革之色。日者臣望君之在台上也，勃然充满，此兵革之色。君吁而不吟，所言者莒也。君举臂而指，所当者莒也。臣窃意小诸侯之未服者唯莒，故言之。”

桓公一举一动，小臣妇女，皆能窥之，殆天下之浅人欤，是管子亦以浅辅。

臧孙子

齐攻宋，宋使臧孙子南求救于荆。荆王大悦，许救之，甚欢。臧孙子忧而反，其御曰："索救而得，子有忧色，何也？"臧孙子曰："宋小而齐大，夫救小宋而患于大齐，此人之所以忧也。而荆王悦，必以坚我也。我坚而齐敝，荆之所利也。"臧孙子归，齐拔五城于宋，而荆救不至。

南文子

智伯欲伐卫，遗卫君野马四百、璧一，卫君大悦，群臣皆贺。南文子有忧色，卫君曰："大国交欢，而子有忧色何？"文子曰："无功之赏，无力之礼，不可不察也。野马四百、璧一，此小国之礼，而大国致之，君其图之。"卫君以其言告边境。智伯果起兵而袭卫，至境而反。曰："卫有贤人，先知吾谋也。"

韩、魏不受万家之邑，以骄智伯，此亦璧马之遗也。智伯以此蛊卫而还以自蛊，何哉？

智过　𫄨疵

张孟谈因朝智伯而出，遇智过辕门之外。智过入见智伯曰："二主殆将有变。"君曰："何如？"对曰："臣遇孟谈于辕门之外，其志矜，其行高。"智伯曰："不然，吾与二主约谨矣。破赵三分其地，必不欺也。子勿出于口。"智过出，见二主，入说智伯曰："二主色动而意变，必皆不利于君，不如今杀之。"智伯曰："兵著晋阳三年矣，旦暮当拔，而飨其利，乃有他心，不可。子慎勿复言。"智过曰："不杀则遂亲之。"智伯曰："亲之奈何？"智过曰："魏桓子之谋臣曰赵葭，韩康子之谋臣曰段规，是皆能移其君之计。君其与二君约，破赵则封二子者各万家之县一，如是则二主之心可不变，而君得其所欲矣。"智伯曰："破赵而三分其地，又封二子者各万家之县一，则吾所得者少，不可。"智过见谋之不用也，言之不听。出更其姓为辅氏，遂去不见。张孟谈闻之，正是智过对手。入见襄子曰："臣遇智过于辕门之外，其视有疑臣之心，入见智伯，出更其姓，今暮不击必后之矣。”襄子曰：“诺。”使张孟谈见韩、魏之君，夜期杀守堤之吏，而决水灌智伯军。智伯军救水而乱，韩、魏翼而击之。襄子将卒犯其前，大败智伯军而擒智伯。智伯身死，国亡地分，智氏尽灭，唯辅氏存焉。

按：《纲目》：智过更姓，在智宣子立瑶为后之时，谓瑶多才而不仁，必灭智宗，其知更早。

智伯行水，魏桓子、韩康子骖乘。智伯曰：“吾乃今知水可以亡人国也。”以汾水可以灌安邑，绛水可以灌平阳也。桓子肘康子，康子履桓子之跗，絺疵谓智伯曰：“韩、魏必反矣。”智伯曰：“子何以知之？”对曰：“以人事知之，夫从韩、魏而攻赵，赵亡，难必及韩、魏矣。今约胜赵而三分其地，城降有日，而二子无喜志，有忧色，是非反而何？”明日，智伯蠡人。以其言告二子，二子曰：“此谗臣欲为赵氏游说，使疑二家而懈于攻赵也。不然，二家岂不利朝夕分赵氏之田，而欲为此危难不可成之事乎？”二子出，絺疵入曰：“主何以臣之言告二子也？”智伯曰：“子何以知之？”对曰：“臣见其视臣端而疾趋，知臣得其情故也。”

诸葛亮

有客至昭烈所，谈论甚惬。诸葛忽入，客遂起如厕。备对亮夸客，亮曰：“观客色动而神惧，视低而盼数，奸形外漏，邪心内藏，必曹氏刺客也。”急追之，已越墙遁矣。

梅衡湘

少司马梅公衡湘名国桢，麻城人。总督三镇，虏酋忽以铁数镒来献，曰：“此沙漠新产也。”公意必无此事，彼幸我弛铁禁耳。乃慰而遣之。即以其铁铸一剑，镌云：“某年月某王赠铁。”因檄告诸边，郡中已产铁矣，不必市釜。其地后缺釜，来言旧例。公曰：“汝国既有铁，可自治也。”虏使哗言无有，公乃出剑示之，来使叩头服罪，自是不敢欺公一言。

按：公抚云中，值虏王款塞，以静镇之，遇华人盗夷物者置之法，夷人于赏额外求增一丝一粒，亦不得也。公一日大出猎，盛张旗帜，令诸将尽甲而从，校射大漠。县令以非时妨稼，心怪之而不敢言。后数日，获虏谍云："本欲入犯，闻有备中止。"令乃叹服。公之心计，非人所及。

魏先生

隋末兵兴，魏先生隐梁、宋间。杨玄感战败，谋主李密亡命雁门，变姓名教授，与先生往来。先生因戏之："观吾子气沮而目乱，心摇而语偷，今方捕薄山党，得非长者乎？"李公惊起，捉先生手曰："既能知我，岂不能救我欤？"先生曰："吾子无帝王规模，非将帅才略，乃乱世之雄杰耳。"数句道破李密一生、不减许子将之评孟德也。因极陈帝王将帅与乱世雄杰所以兴废成败。曰："吾尝望气，汾晋有圣人生，能往事之，富贵可取。"李公拂衣而言曰："竖儒不足与计事。"后脱身西走，所在收兵，终见败覆，降唐复叛，竟以诛夷。

魏先生高人，更胜严子陵一倍。

夏翁　尤翁

夏翁，江阴巨族，尝舟行过市桥，一人担粪，倾入其舟，溅及翁衣。其人旧识也，僮辈怒欲殴之。翁曰："此出不知耳，知我宁肯相犯？"因好语遣之。及归，阅债籍，此人乃负三千金无偿，欲因以求死，翁为之折券。

长洲尤翁开钱典，岁底，闻外哄声，出视则邻人也。司典者前诉曰："某翁衣质钱，今空手来取，反出詈语，有是理乎？"其人悍然不逊，翁徐谕之曰："我知汝意，不过为过新年计耳，此小事，何以争为？"命检原质，得衣帷四五事，翁指絮衣曰："此御寒不可少。"又指道袍曰："与汝为拜年用，他物非所急，自可留也。"其人得二件，默然而去，是夜竟死于他家，涉讼经年。盖此人因负债多，已服毒，知尤富可诈，既不获，则移于他家耳。或问尤翁何以预知而忍之，翁曰："凡非理相加，其中必有所恃，名言可以喻大。小不忍，则祸立至矣。"人服其识。

吕文懿公初辞相位，归故里，海内仰之如山斗。有乡人醉而詈之，公戒仆者勿与较。逾年，其人犯死刑入狱，吕始悔之曰："使当时稍与计较，送公家责治，可以小惩而大戒。吾但欲存厚，不谓养成其恶，陷人于有过之地也。"议者以为仁人之言。或疑此事与夏、尤二翁相反。子犹曰：不然，醉詈者恶习，理之所有，故可创之使改。若理外之事，亦当以理外容之。智如活水，岂可拘一辙乎？

隰斯弥

隰斯弥见田成子，田成子与登台四望，三面皆畅，南望，隰子家之树蔽之，田成子亦不言。隰子归，使人伐之，斧离数创，隰子止之。其相室曰："何变之数也？"隰子曰："谚云：'知渊中之鱼者不祥。'夫田子将有事，事大而我示之知微，我必危矣。不伐树未有罪也，知人之所不言，其罪大矣，乃不伐也。"

又是隰斯弥一重知微处。

郈成子

郈成子为鲁聘于晋，过卫，右宰谷臣止而觞之，陈乐而不乐，酒酣而送之以璧。顾反，过而弗辞。其仆曰："向者右宰谷臣之觞吾子也甚欢，今侯渫过而弗辞。"郈成子曰："夫止而觞我，与我欢也，陈乐而不乐，告我忧也；酒酣而送我以璧，寄之我也。若是观之，卫其有乱乎？"倍卫三十里，闻宁喜之难作，右宰谷臣死之。还车而临，三举而归。至，使人迎其妻子，隔宅而异之，分禄而食之，其子长而反其璧。孔子闻之曰："夫知可以微谋，仁可以托财者，其郈成子之谓乎？"

庞仲达

庞仲达为汉阳太守，郡人任棠有奇节，隐居教授。仲达先到候之，棠不交言，但以薤一大本，水一盂，置户屏前，自抱儿孙，伏于户下。主簿白以为倨，仲达曰："彼欲晓太守耳，水者欲吾清，拔大本薤者，欲吾击强宗，抱儿当户，欲吾开门恤孤也。"叹息而还，自是抑强扶弱，果以惠政得民。

张安道

富郑公自亳移汝，过南京张安道留守。公来见，坐久之，公徐曰："人固难知也。"安道曰："得非王安石乎？亦有难知者：往年方平知贡举，或荐安石有文学，宜辟以考校，姑从之。安石既来，一院之事皆欲纷更，方平恶其人，即檄以出，自此未尝与语也。"富公有愧色。

曲逆之宰天下，始于一肉；荆公之纷天下，兆于一院。善观人者，必于其微。〇寇准之识丁谓，而王旦识之，富弼、曾公亮不识安石，而张方平、苏洵、鲜于侁、李师中识之，人各有所明暗也。〇洵作《辨奸论》，谓安石不近人情，侁则以沽激，师中则以眼多白，三人决法不同而皆验。

或荐宋莒公兄弟郊祁。可大用，昭陵曰："大者可，小者每上一殿，则廷臣无一人是者。"已而莒公果相，景文竟终于翰长，若非昭陵之早识，景文得志，何减荆公？

陈　瓘

陈忠肃公因朝会，见蔡京视日久而不瞬，每语人曰："京之精神如此，他日必贵，然矜其禀赋，敢敌太阳，吾恐此人得志，必擅私逞欲，无君自肆矣。"及居谏省，遂攻其恶。时京典辞令，奸恶未影，众咸谓公言已甚，京亦因所亲以自解。公诵杜诗云："射人先射马，擒贼须擒王。"攻之愈力。后京得志，人始追思公言。

王禹偁

丁谓诗有："天门九重开，终当掉臂入。"王禹偁读之曰："入公门，鞠躬如也，天门岂可掉臂入乎？此人必不忠。"后如其言。

何心隐

何心隐，隆嘉间大侠也，而以讲学为名。善御史耿定向，游京师与处。适翰林张居正来访，何望见走匿。张闻何在耿所，请见之，何辞以疾。张少坐，不及深语而去。耿问不见江陵之故。何曰："此人吾畏之。"耿曰："何为也？"何曰："此人能操天下大柄。"耿不谓然。何又曰："分宜欲灭道学而不能，华亭欲与道学而不能，能兴灭者此子也，子识之，此人当杀我。"后江陵当国，以其聚徒乱政，卒捕杀之。

心隐一见江陵，便知其必能操柄，又知其当杀我，可谓智矣。卒以放浪不检，自陷罟获，何哉？王弇州《朝野异闻》载：心隐尝游吴兴，几诱其豪为不轨。又其友吕光午，多游蛮中，以兵法教其酋长。然则心隐之死非枉也，而李卓吾犹以不能容心隐为江陵罪，岂正论乎？

李临川先生《见闻杂记》云：陆公树声，在家日久，方出为大宗伯，不数月引疾归。沈大吏一贯当晚携榼报国寺访之，讶公略无病意，问其亟归之故。公曰："我初入都，承江陵留我阁中具饭，甚盛意也。第饭间，江陵从者持鬃抿刷双鬓者再，更换所穿衣服数四。此等举动，必非端人正士，且一言不及政事，吾是以不久留也。"噫！陆公可谓见几而作矣。

潘　濬

武陵郡樊伷尝诱诸夷作乱，州督请以万人讨之。权召问潘濬，濬曰："易与耳，五千人足矣。"权曰："卿何轻之甚也？"濬曰："伷唯弄唇吻而无实才，昔尝为州人设馔，比至日中，食不可得，而十余自起，此亦侏儒观一节之验也。"权大笑，即遣濬，果以五千人斩伷。

卓　敬

建文初，燕王来朝。户部尚书卓敬密奏曰："燕王智虑绝人，酷类先帝。夫北平者，强干之地，金、元所由兴也，宜徙燕南昌，以绝祸本。夫萌而未动者几也，量时而为者势也，势非至劲莫能断，几非至明莫能察。"建文览奏大惊。翌日，语敬曰："燕邸骨肉至亲，卿何得及此？"对曰："杨广隋文非父子耶？"

齐、黄诸公无此高议，使此议果行，靖难之师亦何名而起？

朱仙镇书生

朱仙镇之败,兀术欲弃汴而去。有书生叩马曰:"太子毋走,岳少保且退。"兀术曰:"岳少保以五百骑破吾十万,京城日夜望其来,何谓可守?"生曰:"自古未有权臣在内,而大将能立功于外者,岳少保且不免,况成功乎?"兀术悟,遂留。

以此书生而为兀术用,亦贼桧驱之也。

沈诸梁

楚太子建废,杀于郑,其子曰胜,在吴。子西欲召之,沈诸梁闻之,见子西曰:"闻子召王孙胜,信乎?"曰:"然"。子高曰:"将焉用之?"曰:"吾闻之,胜直而刚,欲置之境。"子高曰:"不可,吾闻之,胜也诈而乱,彼其父为戮于楚,其心又狷而不洁。若其狷也,不忘旧怨,而不以洁悛德,思报怨而已。夫造胜之怨者,皆不在矣,若来而无宠,速其怒也。若其宠之,贪而无厌,思旧怨以修其心。苟国有衅,必不居矣。吾闻国家将败,必有奸人,而嗜其疾味,其子之谓乎?夫谁无疾眚?能者早除之。旧怨灭宗,国之疾眚也,为之关龠,犹恐其至也,是之谓日惕。若召而近之,死无日矣。"弗从,召之,使处吴境,为白公。后败吴师,请以战备献,遂作乱,杀子西、子期于朝。

孙坚 皇甫郦

孙坚尝参张温军事,温以诏书召董卓,卓良久乃至,而词对颇傲。坚前耳语温曰:"卓负大罪而敢鸱张大言,其中不测,宜以召不时至,按军法斩之。"温不从,卓后果横不能制。

中平二年,董卓拜并州牧,诏使以兵委皇甫嵩,卓不从。时嵩从子郦在军中,此子可用。说嵩曰:"本朝失政,天下倒悬,能安危定倾,惟大人耳。今卓被诏委兵,而上书自请,是逆命也。又以京师昏乱,踌躇不进,此怀奸也。且其凶戾无亲,将士不附,大人今为元帅,仗国威以讨之,上显忠义,下除凶恶,此桓文之事也。"嵩曰:"专命虽有罪,专诛亦有责。此时用道学语不着。不如显奏其事,使朝廷自裁。"于是上书以闻，帝让卓，卓愈增怨嵩。及卓秉政，嵩几不免。

观此两条，方知哥舒翰诛张擢、李光弼斩崔众是大手段、大见识。事见威克部。

曹 玮

河西首领赵元昊反，上问边备，辅臣皆不能对。明日，枢密四人皆罢。王鬷谪虢州，翰林学士苏公仪与鬷善，出城见之。鬷谓公仪曰："鬷之此行，前十年已有人言之。"公仪曰："此术士也。"鬷曰："非也。昔时为三司盐铁副使，疏决狱囚至河北。是时曹南院自陕西谪官，初起为定帅。鬷至治事毕，玮谓鬷曰：'公事已毕，自此当还，明日愿少留一日，欲有所言。'鬷既爱其雄材，又闻欲有所言，遂为之留。明日，具饭甚简俭，食罢，屏左右曰：'公满面权骨，不为枢辅即边帅，或谓公当作相，则不能也。然不十年，必总枢于此。时西方当有警，公宜预讲边备，搜阅人材，不然无以应卒。'鬷曰：'四境之事，唯公知之，何以见教？'曹曰：'玮在陕西日，河西赵德明尝使使以马易于中国，怒其息微，欲杀之，莫可谏止。德明有一子，年方十余岁，极谏不已，云："以战马资邻国，已是失计，今更以资杀边人，则谁肯为我用者？"玮闻其言，私念之曰："此子欲用其人矣，是必有异志。"闻其常往来于市中，玮欲一识之。屡使人诱致之不可得，乃使善画者图其貌。既至观之，真英物也。此子必为边患，计其时节，正在公秉政之日，公其勉之。'鬷是时殊未以为然，今知其所画，乃元昊也。"

李温陵曰：对王鬷谈兵，如对假道学谈学也。对耳不相闻，况能用之于掌本兵之后乎？既失官矣，乃更思前语，滔滔者天下皆是也。

齐神武

齐神武自洛阳还，倾产结客，亲友怪问之，答曰："吾至洛阳，宿卫羽林，相率焚领军张彝宅，朝廷惧乱而不问。为政若此，事可知也，财物岂可守耶？"自是有澄清天下之志。

莽杀子灭后家，而三纲绝，宋不治宿卫羽林之乱，而五刑黩。

退则为梅福之挂冠浮海，进则为神武之散财结客。

任文公

王莽居摄，巴郡任文公善占，知大乱将作，乃课家人负物百斤，环舍疾走，日数十回，人莫知其故。后四方兵起，逃亡鲜脱者，唯文公大小负粮捷走，悉得免。

张鬌教蔡家儿学走，本此。

东院主者

唐末，岐、梁争长，东院主者知其将乱，日以菽粟作粉为土墼，附而墁之，增其屋木，一院笑以为狂。乱既作，食尽樵绝，民所窖藏，为李氏所夺，皆饿死。主沃粟为糜，毁木为薪，以免。陇右有富人，预为夹壁，视食之可藏者，干之，贮壁间，亦免。

第五伦　魏相

诸马既得罪，窦氏益贵盛。皇后兄宪、弟笃，喜交通宾客。第五伦上疏曰："宪椒房之亲，典司禁兵，出入省闼，骄佚所自生也。议者以贵戚废锢，当复以贵戚浣濯之，犹解酲当以酒也，愿陛下防其未萌，令宪永保福禄。"宪果以骄纵败。

永元初，和帝年号。何敞上封事，亦言及此，但在夺沁水公主田园，及杀都阳侯畅之后，跋扈已著，未若伦疏之先见也。

魏相因平恩侯许伯奏封事，言："《春秋》讥世卿，恶宋三世为大夫，及鲁季孙之专权，皆危乱国家。自后元以来，禄去王室，政由冢宰。今霍光死，子复为大将军，兄子秉枢机，昆弟诸婿据权势，任兵官，光夫人显及诸女皆通籍长信宫，或夜诏出入，骄奢放纵，恐浸不制。宜有以损夺其权，破散阴谋，固万世之基，并全功臣之世。"又，故事：诸上书者，皆为二封，署其一曰："副封"。领尚书者，先发副封，所言不善，屏去不奏。魏相复因许伯白："去副封，以防壅蔽。"宣帝善之，诏相给事中，皆从其议。霍氏杀许后之谋，始得上闻，乃罢其三侯，令就第，亲属皆出补吏。

茂陵徐福曲突徙薪之谋，魏相已用之早矣。○《隽不疑传》云：大将军光欲以女妻之，不疑固辞不肯当，久之病免。《刘德传》亦云：大将军欲以女妻之，德不敢取，畏盛满也。后免为庶人，屏居田间。霍光皆以女归二公，而二公不受。当炙手炎炎之际，乃能避远权势，甘心摈弃，非有高识，孰能及此？观范明友之祸，益信二公之见，为不可及。

马　援二条

建武中，诸王皆在京师，竞修名誉，招游士。马援谓吕种曰："国家诸子并壮，而旧防未立，若多通宾客，则大狱起矣，卿曹慎戒之。"后果有告诸王宾生乱，帝诏捕宾客，更相牵引，死者以数千，种亦与祸，叹曰："马将军神人也。"

援又尝谓梁松、窦固曰："凡人为贵，当可使贱，如卿等当不可复贱，居高坚自持，勉思鄙言。"松后果以贵满致灾，固亦几不免。

申屠蟠

申屠蟠生于汉末，时游士汝南范滂等非讦朝政，自公卿以下，皆折节下之。太学生争慕其风，以为文学将兴，处士复用。蟠独叹曰："昔战国之世，处士横议，列国之主，互为拥彗先驱，卒有坑儒烧书之祸，今之谓矣。"乃绝迹于梁砀山之间，因树为屋，自同佣人。居二年，滂等果罹党锢，或死或刑，唯蟠超然免于疑论。

物贵极征贱，贱极征贵，凡事皆然。至于极重而不可复加，则其势必反趋于轻。居局内者，常留不尽可加之地，则伸缩在我，此持世之善术也。

张翰等

齐王冏专政，顾荣、张翰皆虑及祸。翰因秋风起，思菰菜、莼羹、鲈鱼脍，叹曰："人生贵适志耳，富贵何为？"即日引去。有托而逃，不显其名，高甚。荣故酣饮，不省府事，以废职徙为中书侍郎。颍川处士庾衮闻冏期年不朝，叹曰："晋室卑矣，祸乱将兴。"帅妻子往林虑山中。

穆　生

楚元王初敬礼申公等，穆生不嗜酒，元王每置酒，常为穆生设醴。及王戊即位，常设，后忘设焉。穆生退曰："可以逝矣，醴酒不设，王之意怠，不去，楚人将钳我于市。"称疾卧，申公、白生强起之曰："独不念先王之德欤！今王一旦失小礼，何足至此？"穆生曰："《易》称知几其神，几者，动之微，吉凶之先见者也。君子见几而作，不俟终日。先王所以礼吾三人者，为道存也。今而忽之，是忘道也。忘道之人，胡可与久处？择交要诀。吾岂为区区之礼哉！"遂谢病去。申公、白生独留。王戊稍淫暴，二十年，为薄太后服私奸，削东海、薛郡，乃与吴通谋，二人谏不听，胥靡之，衣之赭衣，舂于市。

列御寇

子列子穷，貌有饥色。客有言之于郑子阳者曰："列御寇，有道之士也，居君之国而穷，君毋乃不好士乎？"郑子阳令官遗之粟数十乘，子列子出见使者，再拜而辞。使者去，子列子入，其妻望而拊心曰："闻为有道者，妻子皆得逸乐，今妻子有饥色矣，君过而遗先生食，先生而弗受也，岂非命哉？"子列子笑而谓之曰："君非自知我也，以人之言而遗我粟也。夫以人言而粟我，至其罪我也，亦且以人言，此吾所以不受也。"其后民果作难，杀子阳。受人之养而不死其难，不义。死其难，则死无道也。死无道，逆也。子列子除不义去逆也，岂不远哉？

魏相公叔痤病且死，谓惠王曰："公孙鞅年少有奇才，愿王举国而听之。即不听，必杀之，勿令出境。"言杀之者，所以果其用也。王许诺而去。公叔召鞅谢曰："吾先君而后臣，故先为君谋，后以告子，子必速行矣。"鞅曰："君不能用子之言任臣，又安能用子之言杀臣乎？"卒不去。鞅语正堪与列子语对照。

韩平原馆客

韩平原侂胄尝为南海尉，延一士人作馆客，甚贤。既别，杳不通问。平原当国，尝思其人。一日忽来，上谒，则已改名登第数年矣。一见欢甚，馆遇极厚。尝夜阑酒罢，平原屏左右，促膝问曰："某谬当国秉，外间议论如何？"其人太息曰："平章家族，危如累卵，尚复何言！"平原愕然问故，对曰："是不难知也，椒殿之立，非出平章，则椒殿怨矣。皇子之立，非出平章，则皇子怨矣。贤人君子，自朱熹、彭龟年、赵汝愚而下，斥逐贬死，不可胜数，则士大夫怨矣。边衅既开，三军暴骨，孤儿寡妇，哭声相闻，则三军怨矣。边民死于杀掠，内地死于科需，则四海万姓皆怨矣。从此众怨，平章何以当之？"平原默然久之曰："何以教我？"其人辞谢再三，固问，乃曰："仅有一策，第恐平章不能用耳，主上非心黄屋，若急建青宫，开陈三圣家法，为揖逊之举，则皇子之怨可变而为恩。而椒殿退居德寿，虽怨无能为矣。于是辅佐新君，涣然与海内更始，曩时诸贤，死者赠恤，生者召擢，遣使聘贤，释怨请和，以安边境，优犒诸军，厚恤死士，除苛解慝，尽去军兴无名之赋，使百姓有更生之乐。然后选择名儒，逊以相位，乞身告老，为绿野之游，则易危为安，转祸为福，或者其庶乎。"平原犹豫不决，欲留其人，处以掌故。其人力辞竟去。未几，祸作。

唐六如

宸濠甚爱唐六如，尝遣人持百金，至苏聘之。既至，处以别馆，待之甚厚。六如住半年，见其所为不法，知其后必反，遂佯狂以处。宸濠遣人馈物，则倮形箕踞，以手弄其人道，讥呵使者。使者反命，宸濠曰："孰谓唐生贤，一狂士耳。"遂放归，不久而告变矣。

万　二

洪武初，嘉定安亭万二，元之遗民也，富甲一郡。尝有人自京回，问其何所见闻，其人曰："皇帝近日有诗曰：'百僚未起朕先起，百僚已睡朕未睡。不如江南富足翁，日高五丈犹披被。'"二叹曰："兆已萌矣。"即以家资付托诸仆干掌之，买巨航载妻子，泛游湖湘而去。不二年，江南大族以次籍没，独此人获令终。

严　辛

分宜严相以正月二十八日诞，亭州刘巨塘令宜春，入觐时，随众往祝。祝后，严相倦，其子世蕃令门者且阖门。刘不得出，饥甚。有严辛者，严氏纪纲仆也，导刘往间道过其私居，留刘公饭。饭已，辛曰："他日望台下垂目。"刘公曰："汝主正当隆赫，我何能为？"辛曰："日不常午，愿台下无忘今日之托。"不数年，严相败，刘公适守袁州，辛方以赃二万滞狱。刘公忆昔语，为减其赃若干，始得戍。

严氏父子，智不如仆，赵文华、鄢懋卿辈，智亦不如此仆。虽满朝缙绅，智皆不如此仆也。

陈良谟

陈进士良谟，湖之安吉州人，居某村。正德二年，州大旱，各乡颗粒无收，独是村赖堰水大稔，州官概申灾得蠲租。明年又大水，各乡田禾，淹没殆尽，是村颇高阜又独稔，州官又概申灾租又得免。且得买各乡所鬻产及器皿诸物，价廉获利三倍，于是大小户冒越宴乐，无日不尔。公语族人曰："吾村当有奇祸。"问："何也？"答曰："无福消受耳，吾家与郁与张，根基稍厚，犹或小可。彼俞费芮李四小姓，恐不免也。"其叔兄殊不以为然。未几，村大疫，四家男妇死无孑遗，惟费氏仅存五六丁耳。叔兄忆公前言，动念问公："三家毕竟何如？"公曰："虽无彼四家之甚，损耗终恐有之。"越一年，果陆续俱罹回禄。大抵冒越之利，鬼神所忌，而祸福倚伏，亦乘除之数，况又暴殄天物，宜其及也。

东海张公

东海张公，世居草荡，既任官，其家以城中为便，买宅于陶行桥。公闻而甚悔之，曰："吾子孙必败于此。"公六十，其后果废产。

陈眉公曰：吾乡两张尚书，庄简公悦、庄懿公蓥，宅在东门外龟蛇庙左。孙之简公承恩，宅在东门外太清庙右。顾文僖公清，宅在西门外超果寺前。当时与四公同榜同朝者，其居在城市中，皆已转售他姓矣，惟四公久存至今。信乎城市不如郊郭，郊郭不如乡村，前辈之先见真不可及。

郗　超

郗司空愔，字方回。在北府，桓宣武温。忌其握兵。郗遣笺诣桓，子嘉宾超出行于道上，闻之，急取笺视，方欲共奖王室，修复园陵。乃寸寸毁裂，归更作笺，自陈老病不堪人间，欲乞闲地自养。桓得笺大喜，即转郗公为会稽太守。

超党于桓，非肖子也，然为父画免祸之策，不可谓非智。后超病将死，缄一箧文书，属其家人，父若哀痛，以此呈之。父后哭超过哀，乃发箧睹稿，皆与桓谋逆语。怒曰："死晚矣。"遂止。夫身死而犹能以术止父之哀，是亦智也。然人臣之义，则宁为愔之愚，勿为超之智。

张忠定

张忠定公视事退后，有一厅子熟睡，公诘之："汝家有甚事？"对曰："母久病，兄为客未归。"访之果然。公翌日差场务一名给之，且曰："吾厅岂有敢睡者耶？此必心极幽懑使之然耳，故悯之。"

体悉人情至此，人谁不愿为之死乎。

卷六

明智部亿中

镜物之情，揆事之本。福始祸先，验不回瞬。藏钩射覆，莫予能引。集“亿中”。

子　贡

鲁定公十五年正月，邾隐公来朝，子贡观焉。邾子执玉高，其容仰，公受玉卑，其容俯。子贡曰：“以礼观之，二君皆有死亡焉。夫礼，死生存亡之体也，将左右周旋进退俯仰，于是乎取之。朝祀丧戎，于是乎观之。今正月相朝而皆不度，心已亡矣。嘉事不体，何以能久？高仰，骄也；卑俯，替也。骄近乱，替近疾。君为主，其先亡乎。”五月，公薨。孔子曰：“赐不幸言而中，是使赐多言也。”

希　卑

秦攻赵，鼓铎之音闻于北堂。希卑曰：“夫秦之攻赵，不宜急如此，此召兵也，必有大臣欲衡者耳。王欲知其人，旦日赞群臣而访之，先言横者，则其人也。”建信君果先言横。

范　蠡

朱公居陶，生少子，少子壮，而朱公中男杀人，囚楚。朱公曰：“杀人而死，职也。然吾闻千金之子，不死于市。”乃治千金装，将遣其少子往视之。长男固请行，不听。以父不遣长子而遣少弟，是吾不肖，欲自杀。其母强为言，公不得已遣长子，为书遗故所善庄生，因语长子曰：“至则进千金于庄生所，听其所为，慎无与争事。”长男行，如父言。庄生曰：“疾去毋留，即弟出，勿问所以然。”长男阳去，不过庄生而私留楚贵人所。庄生故贫，然以廉直重。楚王以下，皆师事之。朱公进金，未有意受也，欲事成后复归之以为信耳。而朱公长男不解其意，以为殊无短长。庄生以间入见楚王，言某星某宿不利，楚独为德，可除之。王素信生，即使使封三钱之府，贵人惊告朱公长男曰："王且赦，每赦必封三钱之府。"长男以为赦，弟固当出，千金虚弃，乃复见庄生。生惊曰："若不去耶？"长男曰："固也，弟今且自赦，故辞去。"生知其意，令自入室取金去。庄生羞为儿子所卖，乃入见楚王曰："王欲以修德禳星，乃道路喧传陶之富人朱公子杀人囚楚，其家多持金钱赂王左右，故王赦，非能恤楚国之众也，特以朱公子故。"王大怒，令论杀朱公子，明日下赦令。于是朱公长男竟持弟丧归，其母及邑人尽哀之。朱公独笑曰："吾固知必杀其弟也，彼非不爱弟，顾有所不能忍也。彼少与我俱见苦，为生难，故重弃财。至如少弟者，生而见我富，乘坚策肥，岂知财所从来哉？吾遣少子独为其能弃财也，而长者不能，卒以杀其弟，事之理也，无足怪者，吾日夜固以望其丧之来也。"

朱公既有灼见，不宜移于妇言，所以改遣者，惧杀长子故也。听其所为，勿与争事，已明明道破，长子自不奉教耳。庄生纵横之才，不下朱公，生人杀人，在其股掌，然宁负好友，而必欲伸气于孺子，何德宇之不宽也？噫！其斯以为纵横之才也与。

范　睢

王稽辞魏去，私载范睢至湖关，望见车骑西来，曰："秦相穰侯东行县邑。"睢曰："吾闻穰侯专秦权，恶纳诸侯客，恐辱我，我且匿车中。"有顷，穰侯至，劳王稽，因立车语曰："关东有何变？"曰："无有。"又曰："谒君得无与诸侯客子俱来乎，无益，徒乱人国耳。"王稽曰："不敢。"即别去。范睢出曰："穰侯，智士也，其见事迟，向者疑车中有人，忘索，必悔之。"于是睢下车走，行数里，果使骑还索，无客乃已，睢遂与稽入咸阳。

穰侯举动不出睢意中，所以操纵不出睢掌中。

姚　崇二条

魏知古起诸吏，为姚崇所引用，及同升也，崇颇轻之。无何，知古拜吏部尚书，知东道选事。崇二子并分曹洛邑，会知古至，恃其蒙恩，颇顾请托。知古归,悉以闻。上召崇从容谓曰:“卿子才乎?皆何官也?又安在?”崇揣知上意,因奏曰:“臣有三子,两人分司东都矣,其为人多欲而寡交,以是必干知古,然臣未及闻之耳。”上始以丞相子重言之,欲微动崇意,若崇私其子,或为之隐,及闻所奏,大喜,且曰:“卿安从知之?”崇曰:“知古微时,是臣荐以至荣达,臣子愚,谓知古见德必容其非,故必干之。”上于是明崇不私其子之过,而薄知古之负崇也,欲斥之。崇为之请曰:“臣有子无状,挠陛下法,陛下欲特原之,臣为幸大矣。而由臣逐知古,海内臣庶,必以陛下为私于臣矣,非所以裨玄化也。”上从之乃许。翌日,以知古为工部尚书,罢知政事。小人在自做小人。

姚崇与张说同为相,而相衔颇深。崇病,戒诸子曰:“张丞相与吾不协,然其人素侈,尤好服玩,吾身没后,当来吊,汝具陈吾生平服玩,宝带重器,罗列帐前。张若不顾,汝曹无类矣。若顾此,便录致之。仍以神道碑为请,既获其文,即时录进,先砻石以待,至便镌刻进御。张丞相见事常迟于我,数日后必悔,若征碑文,当告以上闻,且引视镌石。”崇没,说果至。目其服玩者三四。崇家悉如崇戒,乃文成,叙致该详,时谓极笔。数日,果遣使取本,以为辞未周密,欲加删改。姚氏诸子引使者视碑,仍告以奏御。使者复,说亦悔恨,抚膺曰:“死姚崇能算生张说,吾今日方知才之不及。”

王应

王敦既死,王舍欲投王舒。其子应在侧,劝舍投彬。舍曰:“大将军平素与彬云何,汝欲归之?”应曰:“此乃所以宜投也。江州彬当人强盛,能立异同,此非常识所及,睹衰危必兴慈愍。荆州舒守文,岂能意外行事耶?”舍不从,蠢材。径投舒,舒果沉舍父子于江。彬初闻应来,为密具船以待,待不至,深以为恨。

好凌弱者必附强,能抑强者必扶弱。应嗣逆敦,本非佳儿,但此论深彻世情,差强老婢耳。敦每呼兄舍为老婢。

晋中行文子出亡,过县邑,从者曰:“此啬夫,公之故人,奚不休舍,且待后车。”文子曰:“吾尝好音,此人遗我鸣琴;吾好佩,此人遗我玉环。是振我过以求容于我者,吾恐其以我求容于人也。”乃去之,果收文子后车二乘,而献之其君矣。蔺相如为宦者缪贤舍人,贤尝有罪,窃计欲亡走燕。相如问曰:“君何以知燕王?”贤曰:“尝从王与燕王会境上,燕王私握吾手曰:‘愿结交。’以故欲往。”相如止之曰:“夫赵强燕弱,而君幸于赵王,故燕王欲结君。今君乃亡赵走燕,燕畏赵,其势必不敢留君,而束君归赵矣。君不如肉袒负斧锧请罪,则幸脱矣。”贤从其计。参观二事,足尽人情之隐。

陈同甫

辛幼安流寓江南,而豪侠之气未除。一日,陈同甫来访,近有小桥,同甫引马三跃,而马三却。同甫怒,拔剑斩马首,豪甚。徒步而行。幼安适倚楼而见之,大惊异,即遣人询访,而陈已及门,遂与定交。后数十年,幼安帅淮,同甫尚落落贫甚,乃访幼安于治所,相与谈天下事。幼安酒酣,因言南北利害,云:“南之可以并北者如此,北之可以并南者如此。钱塘非帝王居,断牛头山,天下无援兵,决西湖水,满城皆鱼鳖。”饮罢,宿同甫斋中。同甫夜思幼安郑重寡言,因酒误发,若醒而悟,必杀我灭口,遂中夜盗其骏马而逃,能杀马必能盗马。幼安大惊。后同甫致书微露其意,为假十万缗以济之,幼安如数与焉。

李　泌

议者言韩滉闻乘舆在外,聚兵修石头城,阴蓄异志。上疑以问李泌,对曰:“滉公忠清俭,自车驾在外,滉贡献不绝,且镇抚江东十五州,盗贼不起,皆滉之力也。所以修石头城者,滉见中原板荡,谓陛下将有永嘉之行,为迎扈之备耳。此乃人臣忠笃之虑,奈何更以为罪乎!滉性刚严,不附权贵,故多谤毁,愿陛下察之,臣故保其无他。”上曰:“他议汹汹,章奏如麻,卿不闻乎?”对曰:“臣固闻之,其子皋为考功员外郎,今不敢归省其亲,正以谤语沸腾故也。”上曰:“其子犹惧如此,卿奈何保之?”对曰:“滉之用心,臣知之至熟,愿上章明其无他,乞宣示中书,使朝众皆知之。”上曰:“朕方欲用卿,人亦何易可保,慎勿违众,恐并为卿累。”泌退,遂上章请以百口保滉。他日,上请泌曰:“卿竟上章,已为卿留中,虽知卿与滉亲旧,岂得不自爱其身乎?”对曰:“臣岂肯私于亲旧,以负陛下? 顾滉实无异心,臣之上章,以为朝廷,非为身也。”上曰:“如何为朝廷?”对曰:“今天下旱蝗,关中斗米千钱,仓廪耗竭,而江东丰稔,愿陛下早下臣章,以解朝众之惑,而谕韩皋,使之归觐,令滉感激无自疑之心,速运粮储,岂非为朝廷耶?”上曰:“朕深喻之矣。”即下泌章,令韩皋谒告归觐,面赐绯衣,谕以“卿父比有谤言,朕今知其所以,释然不复信矣”。因言“关中乏粮,与卿父宜速置之”。皋至润州,滉感悦流涕,即日自临水滨发米百万斛,听皋留五日即还朝。皋别其母,啼声闻于外,滉怒召出挞之,自送至江上,冒风涛而遣之。至诚感人,可悲可泣。既而陈少游闻滉贡米,亦贡二十万斛。上谓李泌曰:“韩滉乃能使陈少游亦贡米乎?”对曰:“岂惟少游,诸道将争入贡米矣!”有他夸。

荀　息

晋献公谋于荀息曰:“我欲攻虞而虢救之,攻虢则虞救之,如之何?”荀息曰:“虞公贪而好宝,请以屈产之乘与垂棘之璧,假道于虞以伐虢。”公曰:“宫之奇存焉,必谏。”息曰:“宫之奇之为人也,达心而懦,又少长于君,达心则其言略,懦则不能强谏,少长于君,则君轻之。且夫玩好在耳目之前,而患在一国之后,惟中知以上,乃能虑之。臣料虞公,中知以下也。”晋使至虞,宫之奇果谏曰:“语云:‘唇亡则齿寒。’虞、虢之相蔽,非相为赐。晋今日取虢,则明日虞从而亡矣。”虞公不听,卒假晋道。晋既灭虢,返戈向虞,虞公抱璧牵马而至。

虞　卿

秦王龁攻赵,赵军数败,楼昌请发重使为媾,虞卿曰:“今制媾者在秦,秦必欲破王之军矣,虽往请,将不听,不如以重宝附楚、魏。则秦疑天下之合从,媾乃可成也。”王不听,使郑朱媾于秦。虞卿曰:“郑朱贵人也,秦必显重之以示天下,天下见王之媾于秦,必不救王。秦知天下之不救王,则媾不可成矣。”既而果然。

战国策士,当以虞卿为第一。

傅　岐

侯景叛魏,归梁,封河南王,魏相高澄忽遣使议和,时举朝皆请从之。傅岐为如新令,适在朝,独曰:“高澄方新得志,何事须和?必是设间以疑侯景,使景意不自安,则必图祸乱。若许之,正堕其计耳。”帝惑朱异言,竟许和。景闻未信,乃伪作邺人书,亦巧。求以贞阳侯换景帝答书。有“贞阳旦至,侯景夕返”语。景遂反。

策陕城　策魏博

德宗时,陕虢都知兵马使达奚抱晖鸩杀节度使张劝,代总军务,邀求旌节,且阴召李怀光将达奚小俊为援。上以泌为陕虢都防御水陆运使,欲以神策军送之。对曰:“陕城之人,不敢逆命。此特抱晖为恶耳。浩以大兵临之,彼闭壁定矣。三面悬绝,未可以岁月下也,臣请以单骑入。”大言。上曰:“朕方用卿,当更使他人往。”对曰:“他人必不能入,大言。今事变之初,众心未定,故可出其不意,夺其奸谋。他人犹豫迁延,彼成谋,则不得前矣。”上许之。泌见陕州进奏官,得先着。及将吏在长安者,语之曰:“主上以陕虢饥,故不授泌节,而领运使,欲令督江淮米以赈之耳。陕州行营在夏县,若抱晖可用,当使将,将有功,则赐旌节矣。”觇者驰以告抱晖,稍用自安。泌具以上白,曰:“使其士卒思米,抱晖思节,必不害臣矣。”泌出潼关,宿曲沃,将佐皆来迎。去城十五里,抱晖亦出谒,泌称其摄事保城之功,曰:“军中烦言不足介意,公等职事,皆安堵如故。”既入城视事,宾佐有请屏人白事者。泌曰:“易帅之际,军中烦言,乃其常理,泌到自妥,不愿闻也。”泌但索簿书治粮储。明日,抱晖至宅,语之曰:“吾非爱汝而不诛,恐自今危疑之地,朝廷所命将帅不能入,故丐汝余生,汝为我赍版币祭节使,慎毋入关,自择安处,潜来取家,保无他也。”情法两尽,化有事为无事。泌之行也,上籍陕将预乱者七十五人,授泌使诛之。泌既遣抱晖,日中,宣慰使至,泌奏已遣抱晖,余不足问。上复遣中使诣陕必使诛之,泌不得已,械兵马使林滔等五人送京师,恳请赦宥。诏谪戍天德军,而抱晖遂亡命。

传称邺侯好大言,然才如邺侯,方许大言。古来大言者二人,东方朔、李邺侯是也。汉武好大之主,非大言不投。唐肃倚望邺侯颇大,不大言不塞其望,望之不塞,又将迁迹他人,而其志不行矣,是皆巧于投主者也。荆公巧于投神宗而拙于酬相位,所谓言有大而夸者耶?诸葛隆中数语,不敢出一大言,亦正与先主商量相配。若卫鞅之与秦王,先说以帝道王道,而后及富强,此借所必不入以坚其信,则又非大言之比矣。

李绛在唐宪宗朝,值魏博田季安死,子怀谏弱。李吉甫请兴兵讨之。绛以为魏博不必用兵,当自归朝廷。吉甫盛陈不可不用兵之状。绛曰:“臣窃观两河藩镇之跋扈者,皆分兵以隶诸将,不使专在一人,恐其权任太重乘间而谋己故也。诸将势均力敌,莫能相制,欲广相连结,则众心不同,其谋必泄。欲独起为变,则兵少力微,势必不成。跋扈者恃此以为长策。然臣窃思之,若常得严明主帅能制诸将之死命者以临之,则粗能自图矣。今怀谏乳臭子,不能自听断,军府大权,必有所归。诸军厚薄不均,怨怒必起,然则向日分兵之策,适足为今日祸乱之阶也。田氏不为屠肆,则悉为俘囚矣,何烦天兵哉?但愿陛下按兵养威,严敕诸道之士马,以须后效。使贼众知之,不过数月,必有自效于军中者。至时,惟在朝廷应之敏速,中其机会,不爱爵禄,以赏其人,使两河藩镇,恐其麾下闻而效之以取朝廷之赏,亦恐惧为恭慎矣。此所谓不战而屈人兵者也。”既而田怀谏幼弱,军政皆决于家童蒋士则,以爱憎移易诸将,众皆愤怒。田兴晨入府,士卒数千人大噪,环兴而拜,请为留后。兴惊仆地,久之度不免,乃谓众曰:“汝肯听吾言乎?勿犯副太使,守朝廷法令,申版籍,请官吏,然后可。”皆曰:“诺。”兴乃杀蒋士则等十余人,迁怀谏于外。冬十月,魏博监军以状闻,上亟诏宰相谓李绛曰:“卿揣魏博若符契。”李吉甫请遣中使宣慰,以观其变。李绛曰:“不可,令田兴奉其土地兵众,坐待诏命,不乘此际,推心抚纳,结以大恩,必待敕使至,彼持将士表来,为请节钺,然后与之,则是恩出于下,非出于上,将士为重,朝廷为轻矣。”上乃以兴为魏博节度使,制命至魏州,兴感泣流涕,士众无不鼓舞。李绛又言:

“魏博五十余年不沾皇化，一旦举六州之地来归，刳河朔之腹心，倾叛乱之巢穴，不有重赏，过其所望，则无以慰士卒之心，使四邻劝慕。请发内库钱百五十万缗以赐之。”左右宦官以为太多，绛曰：“田兴不贪专地之利，不顾四邻之患，归命圣朝，陛下奈何爱小费而遗大计，不以收一道人心哉？借使国家发十五万兵以取六州，期年而克之，其费岂止百五十万缗已乎？”上悦曰：“朕所以恶衣菲食，蓄聚货财，正为平定四方，不然，徒贮之府库何为？”即遣知诰裴度至魏博宣慰，以钱百五十万赏军士，六州百姓，给复一年，军士受赐，欢声如雷。成德、兖郓使者数辈见之，相颜失色，叹曰：“倔强果何益乎？”

李泌尝言：“善料敌者，料将不料兵。”泌之策陕城，绛之揣魏博，皆料将法也。

料吐蕃

唐德宗时，吐蕃尚结赞请和，欲得浑瑊为会盟使。谬曰：“浑侍中信厚，闻于异域，必使主盟。”瑊发长安，李晟深戒之，以盟所为备，不可不严。张延赏言于上曰：“晟不欲盟好之成，故戒瑊以严备，我有疑彼之形，则彼亦疑我矣，盟何由成？”上乃召瑊戒以“推诚待虏，勿为猜疑。”已而瑊奏吐蕃决以辛未盟，延赏集百官以瑊表示之。晟私泣曰：“吾生长西陲，备谙虏情，所以论奏，但耻朝廷为犬戎所侮耳。”将盟，吐蕃伏精骑数万于坛西，瑊等皆不知。入幕，易礼服，虏伐鼓三声，大噪而至。瑊自幕后出，偶得他马乘之。唐将卒皆东走，虏纵兵追击，或杀或擒之。是日，上谓诸相曰：“今日和戎息兵，社稷之福。”马燧曰：“然。”柳浑曰：“戎狄豺狼，非盟誓可结。今日之事，臣窃忧之。”李晟曰：“诚如浑言。”上变色曰：“柳浑书生，不知边计，大臣亦为此言耶？”皆伏地顿首谢，因罢朝。是日，虏劫盟信至，上大惊。明日，谓浑曰：“卿书生，乃能料敌如此之审耶！”

初，吐蕃尚结赞恶李晟、马燧、浑瑊，曰：“去三人，则唐可图也。”于是离间李晟，因马燧以求和，欲执浑瑊以卖燧，使并获罪，因纵兵直犯长安，会失瑊而止。尚结赞又归燧之兄子弇曰：“河曲之役，春草未生，吾马饥，公若渡，则我无种矣，赖公许和，谨释弇以报。”帝闻之，夺燧兵权。尚结赞之谲智，亦虏中之仅见者。

王晋溪

嘉靖初年，北虏尝寇陕西，犯花马池。镇巡惶遽，请兵策应。事下九卿会议，本兵王宪以为必当发，否恐失事，众不敢异。王琼时为冢宰，独不肯，曰：“我自有疏。”即奏云：“花马池，是臣在边时所区画，防守颇严，虏必不能入，纵入，亦不过掳掠，彼处自足防御，不久自退。若遣京军远涉边境，道路疲劳，未必有用，而沿途骚扰，害亦不细，倘至彼而虏已退，则徒劳往返耳，臣以为不发兵便。”然兵议实本兵主之，竟发六千人，只是不深知晋溪故。命二游击将之以往，至彰德，未渡河，已报虏出境矣。

按：晋溪在西北，修筑花马池一带边墙，命二指挥董其役。二指挥甚效力，边墙极坚，且功役亦不甚费，有羡银二千余，持以白晋溪。晋溪曰：“此一带城墙，实西北要害去处，汝能尽心了此一事，此琐琐之物，何足问，即以赏汝。”后北虏犯边，即遣二指挥提兵御之，二人争先陷阵，其一竟死于敌。晋溪筹边，智略类如此。〇又：晋溪总制三边时，每一巡边，虽中火亦费百金，未尝折乾，到处皆要供具，烧羊亦数头，凡物称是。晋溪不数脔，尽撤去，散于从官，虽下吏亦皆沾及。故西北一有警，则人人效命。当时法网疏阔，故豪杰得行其意，使在今日，则台谏即时论罢矣。梅衡湘播州监军，行时请帑金三千，备犒赏之需。及事定，所费仅四百金，登籍报部，无分毫妄用。虽性生手段，大小不同，要亦时为之也。

韦孝宽

韦孝宽镇玉壁，念汾州之北，离石以南，悉是生胡，抄掠居人，阻断河路，而地入于齐。孝宽欲当其要处，置一大城。乃于河西，征役徒十万、甲七百人，遣开府姚岳监筑之。岳以兵少为难。孝宽曰：“计成此城，十日即毕，彼去晋州四百余里，一日创手，二日魏境始知。设令晋州征兵，二日方集，议论之间，自稽三日，计其军行二日不到，我之城隍足为办矣。”乃令筑之。又令汾水以南，傍介山、稷山诸村，所在纵火，齐人谓是军营，遂收兵自回。版筑克就，卒如孝宽言。

刘 惔

汉主李势骄淫，不恤国事，桓温帅师伐之，拜表即行。朝廷以蜀道险远，温众少而深入，皆以为忧，惟刘惔以为必克。或问其故，惔曰："以博知之。温善博者也，不必得则不为，但恐克蜀之后，专制朝廷耳。"

按：惔每奇温才，而知其有不臣之志。谓会稽王昱曰："温不可使居形势之地。"昱不从。及温既克蜀，昱惮其威名，乃引殷浩以抗之。大差。由是浸成疑贰，至浩北伐无功，而温遂不可制矣。

杨廷和

彭泽将西讨流贼鄢本恕等，入问计廷和。廷和曰："以君讨贼，何忧不平？所戒者班师早耳。"泽后破诛本恕等，奏班师，而余党复蝟起，不可制。泽既发而复留，乃叹曰："杨公之先见，吾不及也。"

张英国三定交州，而竟不能有，则以英国之去也。假使如黔国故事，俾英国世为交守，虽至今郡县可矣。故平贼者，胜之易，格之难，所戒于早班师者，必有一番安戢镇抚作用，非仅仅仗兵威以胁之已也。

卜 偃

虢公败戎于桑田，晋卜偃曰："虢必亡矣，亡下阳不惧，而又有功，是天夺之鉴而益其疾也！必易晋而不抚其民矣，不可以五稔。"后五年，晋灭虢。

士 鞅

晋士鞅奔秦，秦伯问于士鞅曰："晋大夫其谁先亡？"对曰："其栾氏乎。"秦伯曰："以其汰乎？"对曰："然。栾黡汰侈已甚，犹可以免，其在盈乎。”秦伯问：“何故？”对曰：“武子栾书，黡之父，盈之祖。之德在民，如周人之思召公焉。爱其甘棠，况其子乎？栾黡死，盈之善未能及人，武子所施没矣，而黡之怨实彰，将于是乎在。”秦伯以为知言。

楚芀贾

楚子将围宋，使子文治兵于睽，终朝而毕，不戮一人。子玉复治兵于芀，终日而毕，鞭七人，贯三人耳。国老皆贺子文，芀贾尚幼，后至，不贺。子文问之，对曰：“不知所贺。子之传政于子玉曰：‘以靖国也’，靖诸内而败诸外，所获几何？子玉之败，子之举也。举以败国，将何贺焉？子玉刚而无礼，不可以治民，过三百乘，其不能以入矣。苟入而贺，何后之有？”及城濮之战，晋文公避楚三舍，子玉从之，兵败自杀。

班　超

班超久于西域，上疏愿生入玉门关。乃召超还，以戊己校尉任尚代之。尚谓超曰：“君侯在外域三十余年，而小人猥承君后，任重虑浅，宜有以诲之。”超曰：“塞外吏士，本非孝子顺孙，皆以罪过，徙补边屯，而蛮人怀鸟兽之心，难养易败。今君性严急，水清无鱼，察政不得下和。宜荡佚简易，宽小过，总大纲而已。”超去后，尚私谓所亲曰：“我以班君尚有奇策，今所言平平耳。”尚留数年，而西域反叛，如超所戒。

蔡　谟

蔡谟字道明，康帝时，石季龙死，中原大乱，朝野咸谓太平指日可俟，谟独不然，谓所亲曰：“胡灭诚大庆，然将贻王室之忧。”或问何故，谟曰：“夫能顺天而奉时，济六合于草昧者，非上哲必由英豪。度德量力，决非时贤所及，必将经营分表，疲人以逞志，才不副任，略不称心，财殚力竭，智勇俱屈，此韩卢、东郭所以双毙也。”未几，果有殷浩之役。

曹　操计四条

何进与袁绍谋诛宦官，何太后不听，进乃召董卓，欲以兵胁太后。曹操闻而笑之曰："阉竖之官，古今宜有，但世主不当假之权宠，使至于此。既治其罪，当诛元恶，一狱吏足矣，何必纷纷召外将乎？欲尽诛之，事必宣露，吾见其败也。"卓未至而进见杀。

袁尚、袁熙奔辽东，尚有数千骑。初，辽东太守公孙康恃远不服。及操破乌丸，或说操："遂征之，尚兄弟可擒也。"操曰："吾方使康斩送尚、熙首来，不烦兵矣。"九月，操引兵自柳城还，康即斩尚、熙传其首。诸将问其故，操曰："彼素畏尚等，吾急之则并力，缓之则相图，其势然也。"

曹公之东征也，议者惧军出袁绍袭其后，进不得战，而退失所据。公曰："绍性迟而多疑，来必不速。刘备新起，众心未附，急击之必败。此存亡之机，不可失也。"卒东击备。田丰果说绍曰："虎方捕鹿，熊据其穴而啖其子。虎进不得鹿，而退不得其子。今操自征备，空国而去，将军长戟百万，胡骑千群，直指许都，捣其巢穴，百万之师，自天而下，若举炎火以焦飞蓬，覆沧海而沃熛炭，有不消灭者哉！兵机变在斯须，军情捷于桴鼓，操闻必舍备还许。我据其内，备攻其外，逆操之头，必悬麾下矣。失此不图，操得归国，休兵息民，积谷养士，方今汉道凌迟，纲纪弛绝，而操以枭雄之资，乘跋扈之势，恣虎狼之欲，成篡逆之谋，虽百道攻击，不可图也。"绍辞以子疾不许，奴才，不出操所料。丰举杖击地曰："夫遭此难遇之机，而以婴儿之故失其会，惜哉！"

操明于翦备，而汉中之役，志在得陇，纵备得蜀，不用司马懿、刘晔之计，何也？或者有天意焉。操既克张鲁，司马懿曰："刘备以诈力虏刘璋，蜀人未附，今破汉中，益州震动，因而压之，势必瓦解。"刘晔亦以为言，操不从。居七日，蜀降者言蜀中一日数十惊，守将虽斩之而不能安也。操问晔曰："可击否？"晔曰："今已小定，未可犯矣。"操退，备遂并有汉中。

安定与羌人密迩，太守毋丘兴将之官，公戒之曰："羌人欲与中国通，自当遣人来，慎勿遣人往，善人难得，必且教羌人妄有所请因以自利,不从便为失异俗意,从之则无益。”兴佯诺去,及抵郡,转遣校尉范陵至羌,陵果教羌使自请为属国都尉。公笑曰:“吾预知当尔,非圣也,但更事多耳。”

郭嘉 虞翻

孙策既尽有江东,转斗千里,闻曹公与袁绍相持官渡,将议袭许。众闻之皆惧,郭嘉独曰:“策新并江东,所诛皆英杰,能得人死力者也。然策轻而无备,虽有百万众,无异于独行中原,若刺客伏起,一人之敌耳。以吾观之,必死于匹夫之手。”

虞翻字仲翔亦以策好驰骋游猎,谏曰:“明府用乌集之众,驱散附之士,皆能得其死力,此汉高之略也。至于轻出微行,吏卒尝忧之。夫白龙鱼服,困于豫且,白蛇自放,刘季害之,愿少留意。”策曰:“君言是也。”然终不能悛,至是临江未济,果为许贡家客所杀。

孙伯符不死,曹瞒不安枕矣。天意三分,何预人事?

黄权等

初,刘璋遣人迎先主。主簿黄权怒而言曰:“厝火积薪,其势必焚;及溺呼船,悔将无及。左将军有骁名,今迎到,欲以部曲遇之,则不满其心;欲以宾客待之,则一国不容二君。若客有泰山之安,则主有累卵之危。可且闭关,以待河清。”从事王累自倒悬于州门而谏曰:“两高不可重,两大不可容,两贵不可双,两势不可同。重容双同,奇语。必取其功。”皆弗听。从事郑度好奇计,从容说曰:“左将军县军袭我,兵不满万,士众未附,野谷是资,军无辎重,其计莫若尽驱巴西梓童民,由涪水以西,其仓廪野谷,一皆烧除,高垒深沟,静以待之。彼至,请战勿许,久无所资,不过百日,必将自走,走而击之,此成擒耳。”先主闻而恶之,谓法正曰:“度计若行,吾事去矣。”正曰:“终不能用,无可忧也。”卒如正料。璋谓其群下曰:“我闻驱敌以安民,未闻驱民以避敌也。”头巾话。于是黜度不用其计。先主入成都,召度谓曰:“向用卿计,孤之首悬于蜀门矣。”引为宾客,曰:“此吾广武君也。”

罗　隐

浙帅钱镠时，宣州叛卒五千余人送款，钱氏纳之，以为腹心。时罗隐在幕下，屡谏，以为敌国之人，不可轻信，浙帅不听。杭州新治城堞，楼橹甚盛，浙帅携寮客观之，隐指却敌，阳不晓曰："设此何用？"浙帅曰："君岂不知备敌耶？"隐谬曰："若是何不向里设之？"盖指宣卒也。后指挥使徐绾等，挟宣卒为乱，几于复国。

迩年辽阳、登州之变，皆降卒为祟，守土者不可不慎此一着。

夏侯霸

夏侯霸降蜀，姜维问曰："司马公既得彼政，当复有征伐之志否？"霸曰："司马公自当作家门，彼方有内志，未遑及外事也。公提轻卒，径抵中原，因食于敌，彼可窥而扰也。然有钟士季者，其人虽少，有胆略，精练策数，终为吴、蜀之忧。但非常之人，必不为人用，而人亦必不能用之，士季其不免乎。"后十五年，而会果灭蜀，蜀灭而会反，皆如霸言。

傅　嘏

何晏、邓飏、夏侯玄并求傅嘏交，而嘏终不许。诸人乃因荀粲说合之，谓嘏曰："夏侯太初，一时之杰士，虚心于子，而卿意怀不可，交合则好成，不合则致隙，二贤莫若睦，则国之休，此蔺相如所以下廉颇也。"傅嘏曰："夏侯太初，志大心劳，能合虚誉，诚所谓利口复国之人；何晏，邓飏，有为而躁，博而寡要，外好利而内无关龠，贵同恶异，多言而妒前，多言多衅，妒前无亲。以吾观之，此三贤者，皆败德之人尔，远之犹恐罹祸，况可亲之耶？"皆如其言。

蔡邕就董卓之辟，而不免其身；韦忠辞张华之荐，而竟违其祸。士君子不可不慎所因也。

陆逊　孙登

陆逊故沉虑，筹无不中，尝谓诸葛恪曰："在吾前者，吾必奉之同升;在吾下者,吾必扶持之。长者之言。君今气陵其上,意蔑于下,恐非安德之基也。”恪不听,卒见杀。

嵇康从孙登游三年,问终不答,康将别曰:“先生竟无言耶?”登乃曰:“子识火乎?生而有光,而不用其光,果然枉于用光。人生有才,而不用其才,果然枉于用才。故用光在乎得薪,所以保其曜;用才在乎识物,所以全其年。今子才多识寡,难乎免于今之世矣。”康不能用,卒死吕安之难。

盛文肃

盛文肃度为尚书右丞,知扬州,简重,少所许可。时夏有章自建州司户参军,授郑州推官,过扬州。盛公骤称其才雅,置酒召之。夏荷其意,为一诗谢别,公先得诗,不发,使人还之,谢不见。夏殊不意,往见通判刁绎,具言所以。绎疑将命者有忤,诣公问故。公曰:“无他也,吾始见其气韵清秀,谓必远器。今封诗乃自称‘新圃田从事’,得一幕官,遂尔轻脱。君但观之,必止于此官,志已满矣。”明年,除馆阁校勘,坐旧事寝夺,改差国子监主簿,仍带原官,未几,卒于京。

邵康节二条

王安石罢相,吕惠卿参知政事,富郑公见康节有忧色,康节曰:“岂以惠卿凶暴过安石耶?”曰:“然。”康节曰:“勿忧,安石、惠卿本以势利相合,今势利相敌,将自为仇矣,不暇害他人也。”未几,惠卿果叛安石。

按:荆公行新法,任用新进,温公贻以书曰:“忠信之士,于公当路时,虽龃龉可憎,后必得其力。谄谀之人,于今诚有顺适之快,一旦失势,必有卖公以自售者。”盖指吕惠卿也。

熙宁初,王宣徽之子名正甫,字茂直,监西京粮科院。一日,约邵康节同吴处厚、王平甫食饭,康节辞以疾。明日,茂直来,问康节辞会之故。康节曰:“处厚好议论,每讥刺执政新法。平甫者,介甫之弟,虽不甚主其兄,若人面骂之,则亦不堪矣,此某所以辞也。”茂直叹曰:“先生料事之审如此!昨处厚席间毁介甫,平甫作色,欲列其事于府,某解之甚苦，乃已。”呜呼！康节以道德尊一代，平居出处，一饭食之间，其慎如此。

邵伯温

初，蔡确之相也，神宗崩，哲宗立，邢恕自襄州移河阳，诣确谋造定策事。及司马光子康诣阙，恕召康诣河阳，邵伯温谓康曰：“公休除丧，未见君，不宜枉道先见朋友。”康曰：“已诺之。”伯温曰：“恕倾巧，或以事要公休，若从之，必为异日之悔。”康竟往，恕果劝康作书称确，以为他日全身保家计，康、恕同年登科，恕又出光门下，康遂作书如恕言，恕盖以康为光子，言确有定策功，世必见信。既而梁焘与刘安世共请诛确，且论恕罪，亦命康分析，康始悔之。

范忠宣

元祐嫉恶大甚，吕汲公、梁况之、刘器之定王介甫亲党吕汲甫、章子厚而下三十人，蔡持正亲党安厚卿、曾子宣而下十人，榜之朝堂。范淳父上疏，以为歼厥渠魁，胁从罔治。范忠宣太息，语同列曰：“吾辈将不免矣。”后来时事既变，章子厚建元祐党，果如忠宣之言。大抵皆出于士大夫报复，而卒使国家受其咎，悲夫！

王楙《野客丛谈》云：君子之治小人，不可为已甚。击之不已，其报必酷。余观《北史》，神龟之间，张仲瑀铨削选格。排抑武人，不使预清品。一时武人攘袂扼腕，至无所泄其愤。于是羽林武贲几千人，至尚书省诟骂，直造仲瑀之第，屠灭其家。群小悉投火中，及得尸体，不复辨识，惟以髻中小钗为验，其受祸如此之毒。事势相激，乃至于此，为可伤也。庄子谓刻核太过，则不肖之心应之。今人徒知锐于攻击，逞一时之快，而识者固深惧之。

常安民

吕惠卿出知大名府，监察御史常安民虑其复留，遂言北都重镇而除惠卿，曰：“惠卿赋性深险，背王安石者，其事君可知。今将过阙，必言先帝而泣，感动陛下，希望留京矣。”帝纳之。及惠卿至京师，请对，见帝果言先帝事而泣，帝正色不答，计卒不施而去。

乔寿朋

嘉定间，山东忠义李全跋扈日甚，朝廷择人帅山阳，一时文臣无可使，遽用许国。国，武夫也，特换文资，除太府卿，以重其行。乔寿朋以书抵史丞相曰：“祖宗朝制置使，多用名将。绍兴间，不独张、韩、刘、岳尝为之，杨沂中、吴玠、吴璘、王琦、王燮、成闵诸人亦为之，岂必尽文臣哉？至于文臣任边事，固有反以观察使授之者，如韩忠献、范文正、陈尧咨是也。今若就加本分之官，以重制帅之选，初无不可，乃使之外非其据，遽易以清班，彼修饰边幅，强自标置，求以称此，人心固未易服，恐反使人有轻视不平之心。此不可不虑也。”史不能从。国至山阳，偃然自大，受全庭参，全军忿怒，因而杀之，自此遂叛。

曹武惠王

曹武惠王既下金陵，降后主，复遣还内治行。潘美忧其死，不能生致也，止之。王言：“吾适受降，见其临渠犹顾左右，扶而后过，必不然也。且彼有烈心，自当君臣同尽，必不生降，既降，又肯死乎？”

或劝艺祖诛降王，入则变生。艺祖笑曰：“守千里之国，战十万之师，而为我擒，孤身远客，能为变乎？”可谓君臣同智矣。

卷七

明智部剖疑

讹口如波，俗肠如锢。触目迷津，弥天毒雾。不有明眼，孰为先路。太阳当空，妖魑匿步。集“剖疑”。

汉昭帝

昭帝初立，燕王旦怨望谋反。而上官桀忌霍光，因与旦通谋。诈令人为旦上书，言：“光出都肄，郎羽林，建习军官。道上称跸，擅调益幕府校尉，专权自恣，疑有非常。”俟光出沐日奏之，帝不肯下。光闻之，止画室中不入。上问：“大将军安在？”桀曰：“以燕王发其罪，不敢入。”诏召光入。光免冠顿首谢。上曰：“将军冠，朕知是书诈也，将军无罪。”光曰：“陛下何以知之？”上曰：“将军调校尉以来，未十日，燕王何以知之？”时帝年十四。尚书左右皆惊，而上书者果亡。

张　说

说有材辩，能断大义。景云初，帝谓侍臣曰：“术家言五日内有急兵入宫，奈何！”左右莫对。说进曰：“此谗人谋动东宫耳，破的。陛下若以太子监国，则名分定、奸胆破、蜚语塞矣。”帝如其言，议遂息。

李　泌二条

德宗贞元中，张延赏在西川，与东川节度使李叔明有隙。上入骆谷，值霖雨，道路险滑，卫士多亡归。朱泚、叔明、子升等六人，恐有奸人危乘舆，相与啮臂为盟。更控上马，以至梁州。及还长安，上皆以为禁卫将军，宠遇甚厚，张延赏知升出入郜国大长公主第。郜国大长公主，肃宗女，适驸马都尉萧升，女为德宗太子妃。密以白上。上谓李泌曰：“郜国已老，升年少，何为如是？”泌曰：“此必有欲动摇东宫者，破的。谁为陛下言此？”上曰：“卿勿问。第为朕察之。”泌曰：“必延赏也。”上曰："何以知之？"泌具言二人之隙。且曰："升承恩顾典禁兵，延赏无心中伤，而郜国乃太子萧妃之母。故欲以此陷之耳。"上笑曰："是也。"

或告主淫乱，且厌祷。上大怒，幽主于禁中，切责太子。太子请与萧妃离婚。上召李泌告之，且曰："舒王近已长，孝友温仁。"泌曰："陛下惟一子，急投。奈何欲废之而立侄？"上怒曰："卿何得间人父子，谁语卿舒王为侄者？"对曰："陛下自言之。大历初，陛下语臣：今日得数子。臣请其故，陛下言昭靖诸子，主上令吾子之。今陛下所生之子犹疑之，何有于侄？舒王虽孝，自今陛下宜努力，勿复望其存矣！"上曰："卿违朕意，何不爱家族耶？"对曰："臣为爱家族，故不敢不尽言，若畏陛下盛怒，而为曲从，陛下明日悔之，必尤臣云：吾任汝为相，不力谏，使至此！必复杀臣子。臣老矣，余年不足惜，若冤杀臣子，以侄为嗣，痛切。臣未得歆其祀也。"因呜咽流涕。上亦泣曰："事已如此，使朕如何而可？"对曰："此大事，愿陛下审图之。臣始谓陛下圣德，当使海外蛮夷，皆戴之如父，岂谓自有子而自疑之？自古父子相疑，未有不亡国覆家者。陛下记昔在彭原，建宁何故而诛？"似缓而愈切。上曰："建宁叔实冤，肃宗性急，谮之者深耳。"泌曰："臣昔以建宁之故，辞官爵，誓不近天子左右，不幸今日又为陛下相，又睹诸事。臣在彭原，承恩无比，竟不敢言建宁之冤。及临辞，乃言之。肃宗亦悔而泣，先帝代宗。自建宁死，常怀危惧，引之入港。臣亦为先帝诵黄台瓜辞，以防谗构之端。"上曰："朕固知之。"意色稍解。乃曰："贞观、开元，皆易太子，何故不亡？"对曰："昔永乾太宗太子。屡监国，托附者众，藏甲又多，与宰相侯君集谋反事觉，太宗使其舅长孙无忌与朝臣数十鞫之，事状显白，然后集百官议之。当时言者犹云：'愿陛下不失为慈父，使太子得终天年。'太宗从之，并废魏王泰。陛下既知肃宗性急，以建宁为冤，臣不胜庆幸。愿陛下戒覆车之失，从容三日，究其端绪而思之。陛下必释然知太子之无他也。若果有其迹，当召大臣知义理者二三人，与臣鞫实，陛下如贞观之法行之，废舒王而立皇孙，则百代之后，有天下者，犹陛下之子孙也。痛切之至。至于开元之时，武惠妃谮太子瑛兄弟杀之，海内冤愤，此乃百代所当戒，又可法乎？且陛下昔尝令太子见臣于蓬莱池，观其容表，非有蜂目豺声商臣之相也，正恐失于柔仁耳。又太子自贞元以来，尝居少阳院，在寝殿之侧，未尝接外人、预外事，何自有异谋乎？彼谮者巧诈百端，虽有手书如晋愍怀，裹甲如太子瑛，犹未可信，况但以妻母有罪为累乎？幸赖陛下语臣，臣敢以宗族保太子必不知谋。向使杨素、许敬宗、李林甫之徒承此旨，已就舒王图定策之功矣。”危词以动之。上曰：“为卿迁延，至明日思之。”泌抽笏叩头泣曰：“如此，臣知陛下父子慈孝如初也。然陛下还宫，当自审，勿露此意于左右，露之则彼皆欲树功于舒王，太子危矣。”上曰：“具晓卿意。”间日，上开延英殿，独召泌，流涕阑干，抚其背曰：“非卿切言，朕今悔无及矣。太子仁孝，实无他也。”泌拜贺，因乞骸骨。

邺侯保全广平，及劝德宗和亲回纥，皆显回天之力。独郜国一事，杜患于微，宛转激切，使猜主不得不信，悍主不得不柔，真万世纳忠之法。

寇　准

楚王元佐，太宗长子也。因伸救廷美不获，遂感心疾，习为残忍，左右微过，辄弯弓射之，帝屡诲不悛。重阳，帝宴诸王，元佐以病新起，不得预。中夜发愤，遂闭媵妾，纵火焚宫。帝怒欲废之。会寇准通判郓州，得召见。太宗谓曰：“卿试与朕决一事，东宫所为不法，他日必为桀、纣之行。欲废之，则东宫亦有甲兵，恐因而招乱。”准曰：“请某月日，令东宫于某处摄行礼，其左右侍从，皆令从之。陛下搜其宫中，果有不法之事，俟还而示之，废太子一黄门力耳。”太宗从其策，及东宫出，得淫刑之器，有剜目、挑筋、摘舌等物。还而示之，东宫服罪，遂废之。

搜其宫中，如无不法之事，东宫之位如故矣。不然，亦使心服无冤耳。江充、李林甫岂可共商此事？

隽不疑

汉昭帝五年，有男子诣阙，自谓卫太子。诏公卿以下视之，皆莫敢发言。京兆尹隽不疑后至,叱从吏收缚曰:“卫蒯聩出奔,卫辄拒而不纳,《春秋》是之。太子得罪先帝,亡不即死,今来自诣,此罪人也。”遂送诏狱。上与霍光闻而嘉之曰:“公卿大臣,当用有经术明于大谊者。”由是不疑名重朝廷。后廷尉验治,坐诬罔腰斩。

国无二君,此际欲一人心,绝浮议,只合如此断决。其说《春秋》虽不是,然时方推重经术,不断章取义亦不足取信。《公羊》以卫辄拒父为尊祖,想当时儒者亦主此论。

孔季彦

梁人有季母杀其父者,而其子杀之,有司欲当以大逆。孔季彦曰:“昔文姜与弑鲁桓,《春秋》去其姜氏,《传》谓‘绝不为亲礼也’。夫绝不为亲,即凡人耳。方之古义,宜以非司寇而擅杀当之,不当以逆论。”人以为允。

张　晋

大司农张晋为刑部时,民有与父异居而富者。父夜穿垣,将入取资,子以为盗也,瞰其入扑杀之。取烛视尸,则父也。吏议子杀父不宜纵,而实拒盗,不知其为父,又不宜诛,久不能决。晋奋笔曰:“杀贼可恕,不孝当诛。子有余财,而使父贫为盗,不孝明矣。”铁案何词。竟杀之。

杜　杲

六安县人,有嬖其妾者,治命与二子均分。二子谓妾无分法。杜杲书其牍曰:“传云,子从父令。律曰:违父教令,是父之言为令也。父令子违,不可以训。然妾守志则可,或去或终,当归二子。”部使者季衍览之,击节曰:“汉儒引经折狱,见称前史。此则引传引律,词严义正,已足令二子气慑。而又言‘妾守志则可,或去或终,当归二子’。盖去则于义当绝,终则于礼当承。论断平允,尤足使二子心服。”

蔡　京

蔡京在洛,有某氏嫁两家,各有子。后二子皆显达,争迎养其母,成讼。执政不能决，持以白京。京曰："何难？第问母所欲归。"遂一言而定。

曹克明

克明有智略。真宗朝，累功官融、桂等十州都巡检。既至，蛮酋来献药一器，曰："此药凡中箭者傅之，创立愈。"克明曰："何以验之？"曰："请试鸡犬。"克明曰："当试以人。"取箭刺酋股而傅以药，酋立死，群酋惭惧而去。

大　水

汉成帝建始中，关内大雨四十余日，京师民无故相惊，言大水至。百姓奔走相蹂躏，老弱号呼，长安中大乱。大将军王凤以为太后与上及后宫可御船，令吏民上城以避水，群臣皆从凤议。右将军王商独曰："自古无道之国，水犹不冒城廓。今何因当有大水一日暴至？此必讹言，不宜令上城，重惊百姓。"上乃止。有顷，稍定。问之果讹言，于是美商之固守。

天圣中尝大雨，传言汴口决，水且大至。都人恐，欲东奔。帝以问王曾。曾曰："河决，奏未至，必讹言耳，不足虑。"已而果然。

嘉靖间，东南倭乱，苏城戒严。忽传寇从西来，已过浒墅。太守率众登城，急令闭门。乡民避寇者万数，腾踊门外，号呼震天。任同知环愤然曰："未见寇而先弃良民，谓牧守何？有事环请当之。"乃分遣县僚，洞开六门，纳百姓，而自仗剑帅兵，坐接官亭，以遏西路，乡民毕入。良久而倭始至，所全活甚众，吴民至今尸祝之。又：万历戊午间，无锡某乡构台作戏娱神，有哄于台者，优人不脱衣，仓皇趋避，观剧者亦雨散。口中戏云："倭子至矣！"此语须臾传遍，且云亲见锦衣倭贼。由是城门昼闭，城外人填踊践踏，死者近百人，迄夜始定。此虽近妖，亦由不练事之过也。大抵兵火之际，但当远具侦探，虽寇果临城，犹当静以镇之，使人心不乱，而后可以议战守。若讹言，又当直以理却之矣。

开元初，民间讹言"上采女子以充掖庭"。上闻之，令选后宫无用者，载还其家，讹言乃息。语曰："止谤莫如自修。"此又善于止讹者。天启初，吴中讹言"中官来采绣女"。民间若狂，一时婚嫁殆尽，此皆恶少无妻者之所为，有司不加禁缉，男女之失所者多矣。

西门豹

魏文侯时，西门豹为邺令，会长老，问民疾苦。长老曰："苦为河伯娶妇。"豹问其故，对曰："邺三老、廷掾，常岁赋民钱数百万，用二三十万为河伯娶妇，与祝巫共分其余。当其时，巫行视人家女好者云：'是当为河伯妇。'即令洗沐易新衣，治斋宫于河上，设绛帐床席，居女其中。卜日，浮之河，行数十里乃灭。俗语曰：'即不为河伯娶妇，水来漂溺。'邪教惑人类然。人家多持女远窜，故城中益空。"豹曰："及此时，幸来告，吾亦欲往送。"至期，豹往会之河上。三老、官属、豪长者、里长父老皆会，聚观者数千人。其大巫，老女子也，女弟子十人，从其后。豹曰："呼河伯妇来。"既见，顾谓三老、巫祝、父老曰："是女不佳，烦大巫妪为入报河伯，更求好女，后日送之。"即使吏卒共抱大巫妪投之河。有顷，曰："妪何久也？弟子趣之。"复投弟子一人河中。有顷，曰："弟子何久也？"复使一人趣之，凡投三弟子。豹曰："是皆女子，不能白事，烦三老为入白之。"复投三老。豹簪笔磬折，向河立待，绝好一出杂剧。良久，傍观者皆惊恐，豹顾曰："巫妪三老不还复，奈何？"复欲使廷掾与豪长者一人入趣之，皆叩头流血，色如死灰。豹曰："且俟须臾。"须臾，豹曰："廷掾起矣，河伯不娶妇也。"邺吏民大惊恐，自是不敢复言河伯娶妇。

娶婚以免溺，题目甚大，愚民相安于惑也久矣。直斥其妄，人必不信。惟身自往会，复簪笔磬折，使众著于河伯之无灵，而向之行诈者，计穷于畏死。虽驱之娶妇，犹不为也，然后弊可永绝。

宋　均

光武时，宋均为九江太守。所属浚遒县有唐、后二山，山民共祠之。诸巫初取民家男女以为公姬,后沿为例。民家遂至相戒不敢娶嫁。均至,乃下教:自后凡为祠山娶者,皆娶巫家女,勿扰良民。未几祠绝。

圣　水

宝历中,亳州云出圣水,服之愈宿疾。自洛及江西数十郡人,争施金往汲,获利千万,人转相惑。李德裕在浙西,命于大市集人置釜取其水,用猪肉五斤煮。云:“若圣水也,肉当如故。”须臾,肉烂。自此人心稍定,妖亦寻败。

佛　牙

后唐明宗时,有僧游西域,得佛牙以献。明宗以示大臣,学士赵凤进曰:“世传佛牙水火不能伤,请验其真伪。”即举斧碎之,应手而碎。时宫中施物已及数千,赖碎而止。

正德时,张锐、钱宁等以佛事蛊惑圣聪。嘉靖十五年,从夏言议毁大善殿,佛骨佛牙,不下千百斤。夫牙骨之多至此,使尽出佛身,佛亦不足贵矣。诬妄亵渎,莫甚于此,真佛教之罪人也。

活　佛

滇俗崇释信鬼,鹤庆玄化寺称有活佛。岁时士女会集,动数万人,争以金泥其面。林司寇俊宪副云南,因按鹤庆,命焚之。父老争言:“犯之者,能致雹损稼。”俊命积薪举火,果雹即止,火发无他,遂焚之。得金数百两,悉输之官,代民偿逋。

五斗米白莲教之祸,皆以烧香聚众为端。有地方之责者,不得不防其渐,非徒醒愚救俗而已。夫佛以清净为宗,寂灭为教,万无活理。且言犯者致雹,此山鬼伎俩。佛若有灵,肯受人诬乎?即果能致雹,亦必异物凭之,非佛所致也。况邪不胜正,异物必不能致雹乎?火举而雹不至,大众亦何说之辞哉?至金悉输官,佛亦谅其无私矣。近世有佛面刮金,致恶疮溃面以死。夫此墨吏,亦佛法所不容也。不然,苟有益生民,佛虽舍身犹可也。

蔡仙姑

宋元丰中，陈州蔡仙姑，能化现丈六金身。常设净水，至者必先洗目而入。有廖县尉，一日率其部曲，约洗一目。及入，以洗目视之，宝莲台上，金佛巍然；以不洗目视之，大竹篮中一老妪箕踞而坐。乃叱其下擒之。

程　珦

程珦尝知龚州，有传区希范家神降，迎其神，将为祠南海。道出龚。珦诘之。答曰："此过浔。浔守不信，投祠具江中，乃逆流上。守惧，更致礼。"珦曰："吾请更投之。"则顺流去，妄遂息。珦，明道、伊川之父。

石佛首

南山僧舍有石佛，岁传其首放光，远近男女聚观，昼夜杂处。为政者畏其神，莫敢禁止。程颢始至，诘其僧曰："吾闻石佛岁现光，有诸？"曰："然。"戒曰："俟复见必先白，吾职事不能往，当取其首就观之。"自是不复有光矣。

妒女祠

狄梁公为度支员外郎，车驾将幸汾阳，公奉使修供顿。并州长史李玄冲以道出妒女祠，俗称有盛衣服车马过者，必至雷风，欲别开路。公曰："天子行幸，千乘万骑，风伯清尘，雨师洒道，何妒女敢害而欲避之？"玄冲遂止，果无他变。

张　昺三条

成化中，铅山有娶妇及门，而揭幕止空舆者。姻家谓娅欺己，诉于县，娅家又以戕其女互讼。媒从诸人皆云："女实升舆，不知何以失去。"官不能决。慈溪张进士昺，新任。偶以勘田均税出郊，行至邑界，有树大数十抱，荫占二十余亩，其下不堪禾黍。公欲伐之以广田，从者咸谏,以为此树乃神所栖,百姓稍失瞻敬,便至死病,不可忽视也。公不听,移文邻邑,约共伐之。邻令惧祸,不从。父老吏卒复交口谏阻,而公执愈坚。期日,率数十夫,戎服鼓吹而往。未至数百步,公独见衣冠者三人,拜谒道左曰:“我等树神也,栖息此有年矣。幸公垂仁相舍。”公叱之,忽不见。命夫运斤,树有血出,众惧欲止。公乃手自斧之,众不敢逆,创三百,方断其树。树颠有巨巢,巢中有三妇人,堕地,冥然欲绝,命扶而灌之以汤,良久始苏。问何以在此,答曰:“昔年为暴风吹至,身在高楼,与三少年欢宴,所食皆美馔,时时俯瞰楼下,城市历历在目,而无阶可下。少年往来,率自空中飞腾,不知乃居树巢也。”公悉访其家还之,中一人正舆中摄去者,讼始解。公以其木修公廨数处,而所荫地复为良田。

《田居一记》载:桂阳太守张辽,家居买田。田中有大树十余围,扶疏盖数亩地,播不生谷。遣客伐之,血出。客惊怖,归白辽。辽大怒:“老树汗出,此何等血?”因自行斫之,血大流洒。辽使砍其枝,上有一空处,白头公可长四五尺,忽出往赴辽。辽乃逆格之,凡杀四头。左右皆怖伏地,而辽恬如也。徐熟视,非人非兽,遂伐其木。其年应司空辟,侍御史兖州刺史事,与此相类。

县有羊角巫者,能咒人死。前令畏祸,每优礼之。其法:书人年甲于木橛,取生羊向粪道一击,羊仆人死。昺知之,不发。一日,有老妇泣诉巫杀其子。昺遣人捕巫,巫在山已觉。谓其徒曰:“张公正人,吾不能避,吾命尽矣。”乃束手就缚,至杖百数无损,反伤杖者手。昺释其缚,谓之曰:“汝能咒杖者死,复咒之生,吾即宥汝。”试之不验,遂收之狱。夜半,烈风飞石,屋瓦索索若崩。昺知巫所为,起正衣冠,焚香肃坐。及旦,取巫至庭。众皆以巫神人,咸请释之。昺不许,厉声叱巫,巫悚惧,忽堕珠一颗,光焰烛庭。又堕法书一帙,如掌大。昺会僚属焚其书,碎其珠。问曰:“今欲何如?”巫不答,即仆而死。众请舁出之,昺曰:“未也。”躬往瘗于狱中,压以巨石。时暑月,越二三日发视,腐矣。巫患遂息。

巫之术亦乘人祸福利害之念而灵,昺绝无疑畏,故邪术自不能入。

有道士善隐形术，多淫人妇女。公擒至，痛鞭之，了无所苦，已而并其形不见。公托以他出，径驰诣其居缚归，用印于背，然后鞭之，乃随声呼嗥，竟死杖下。

孔道辅

孔道辅字原鲁知宁州，道士缮真武像，有蛇穿其前，数出近人，人以为神。州将欲视验上闻，公率其属往拜之，而蛇果出。公即举笏击杀之，州将已下皆大惊，已而又皆大服，由是知名天下。

戚　贤

戚贤初授归安县，县有萧总管，此淫祠也。豪右欲诅有司，辄先赛庙，庙壮丽特甚。一日，过之，值赛期，入庙中列赛者阶下，谕之曰："天久不雨，若能祷神得雨则善，不尔，庙且毁，罪不赦也。"舁木偶道桥上，竟不雨，遂沈木偶如言。又数日，舟行，忽木偶自水跃入舟中，侍人失色走曰："萧总管来！萧总管来！"贤笑曰："是未之焚也。"命系之。顾岸傍有社祠，别遣黠隶，易服入祠。戒之曰："伺水中人出，械以来。"已而果然。盖策诸赛者心，且贿没人为之也。

黄　震

震通判广德，广德俗有自婴桎梏、自拷掠，而以徼福于神者。震见一人，召问之，乃兵也，即令自状其罪。卒曰："无有也。"震曰："尔罪必多，但不敢对人言，故告神求免耳。"杖而逐之，此风遂绝。

吾郡杨山太尉庙在东城，极灵，专主人间疮疖事，香火不绝，而六月二十四日，太尉生辰尤盛。万历辛丑、壬寅间，阊门思灵寺有老僧梦一神人，自称周宣灵王，今寓齐门徽商某处，乞募建一殿相安，当佑汝。既觉，意为妄，置之。三日后，梦神大怒，杖其一足。明日足痛不能步，乃遣其徒往齐门访之，神像在焉。此像在徽郡某寺，最著灵验。有女子夜与人私而孕，度必败，诈言半夜有神人来偶，其神衣冠甚伟。父信然，因嘱曰："神再至，必绳系其足为信。"女以告所欢，而以草绳系周宣灵王木偶足下。

父物色之，大怒，乃投像于秽渎之中。商见之，沐以净水，挟之吴中，未卜所厝。是夜梦神来别，既征僧梦，乃集同侣舍材构宇于思灵寺，寺僧足寻愈。于是杨山太尉香火尽迁于周殿，远近奔走如骛。太守周公欲止巫风，于太尉生辰日封锢其门，不许礼拜，而并封周宣灵王殿，逾月始开，则周庙绝无肸蠁，而太尉之香火如故矣。夫宣灵之灵也，能加毒于老僧，而不能行报于女子之父。能见梦于徽商，而不能违令于郡守之封。且也能骤夺一时之香火，而终不能中分久后之人心，岂神之盛衰亦有数邪？抑灵鬼凭之，不胜阳官而去乎？因附此为随俗媚神者之戒。

席帽妖　白头老翁

真宗时，西京讹言有物如席帽，夜飞入人家，又变为犬狼状，能伤人，民间恐惧，每夕重闭深处，操兵自卫。至是京师民讹言帽妖至，达旦叫噪。诏立赏格，募告为妖者。知应天府王曾，令夜开里门，有倡言者即捕之，妖亦不兴。

张咏知成都，民间讹言有白头翁过，食男女。咏召其属，使访市肆中有大言其事者，但立证解来。明日，得一人，命戮于市，即日帖然。咏曰："讹言之兴，沴气乘之，妖则有形，讹则有声，止讹之术，在乎明决，不在厌胜也。"

隆、嘉中，吴中以狐精相骇，怪幻不一，亦多病疠。居民鸣锣守夜，偶见一猫一鸟，无不狂叫。有道人自称能收狐精，鬻符。悬之有验。太守命擒此道人鞫之，即以妖法剪纸为狐精者，毙诸杖下，而妖顿止。此即祖王曾、张咏之智。

钱元懿

钱元懿牧新定，一日里闾间辄数起火，居民颇忧恐。有巫杨媪因之，遂兴妖言曰："某所复当火。"皆如其言，民由是竞祷之。元懿谓左右曰："火如巫言，巫为火也，宜杀之。"乃斩媪于市，自此火遂息。

梦 虎

苏东坡知扬州，一夕梦在山林间，见一虎来噬，公方惊怖。一紫袍贵冠以袖障公，叱虎使去。及旦，有道士投谒曰："昨夜不惊畏否？"公叱曰："鼠子乃敢尔，本欲杖汝背，吾岂不知汝夜来术邪？"坡公聪明过人。道士骇惶而走。

张 田

张田知广州，广旧无外郭，田始筑东城。赋功五十万，役人相惊，以白虎夜出。田迹知其伪，召逻者戒曰："今日有白衣出入林间者，谨捕之。"如言而获。

嘉靖中，京师有物夜出，毛身利爪，人独行遇之，往往弃所携物，骇而走。督捕者疑其伪，密遣健卒诈为行人，提衣囊夜行，果复出。掩之，乃盗者蒙黑羊皮，着铁爪于手，乘夜恐吓人以取财也。近日苏郡城外，夜有群火出林间或水面，聚散不常。哄传鬼兵至，愚民鸣金往逐之，亦有中刺者。旦视之，槁人也。所过米麦一空，咸谓是鬼摄去。村中先有乞食道人，传说其事，劝人避之，或疑此道人乃为贼游说者，度鬼火来处，伏人伺而擒之，果粮船水手所为也。搜得油纸筒，即水面物，众嚣顿息。

隋郎将

随妖贼宋子贤，潜谋作乱。将为无遮佛会，因举火袭击乘舆。事泄，鹰扬郎将以兵捕之。夜至其所，绕其所居，但见火坑，兵不敢进。郎将曰："此地素无坑，止妖妄耳。"乃进，无复火矣，遂擒斩之。

贺 齐

贺齐为将军，讨山贼，贼中有善禁者，每交战，官军刀剑不得击，射矢皆还自向。贺曰："吾闻金有刃者可禁，蛊有毒者可禁，彼能禁吾兵，必不能禁无刃之器。"乃多作劲木白棓，选健卒五千人为先登。贼恃善禁，不设备，官军奋棓击之，禁者果不复行，所击杀万计。

萧　瑀

唐萧瑀不信佛法，有胡僧善咒，能死生人，上试之，有验。萧瑀曰："僧若有灵，宜令咒臣。"僧奉敕咒瑀，瑀无恙，而僧忽仆。

陆贞山

陆贞山粲所居前有小庙。吴俗以礼五通神谓之五圣，亦曰五王。陆病甚，卜者谓五圣为祟，家人请祀之。陆怒曰："天下有名为正神、爵称侯王而挈母妻就人家饮食乎？且胁诈取人财，人道所禁，何况于神？此必山魈之类耳。今与神约，如能祸人，宜加某身，某三日不死，必毁其庙。"家人咸惧。至三日，病稍间，陆乃命仆撤庙焚其像，陆竟无恙，其家至今不祀五圣。

子云："智者不惑，其答问智。"又曰："敬鬼神而远之。"然则易惑人者，无如鬼神，此巫家所以欺人而获其志。今夫人鬼共此世间，鬼不见人，犹人不见鬼。阴阳异道，各不相涉，方其旺也，两不能伤；及其气衰，亦为互制。惟夫惑而近之，自居于衰而授之以旺，故人不灵而鬼灵耳。西门豹以下，可谓伟丈夫矣。近世巫风盛行，瘟神仪从侈于钦差，白莲名牒繁于学籍，将来未知所终也，识者何以挽之？

魏元忠

唐魏元忠未达时，一婢出汲方还，见老猿于厨下看火。婢惊白之，元忠徐曰："猿愍我无人，为我执炊甚善。"又尝呼苍头未应，狗代呼之。又曰："此孝顺狗也，乃能代我劳。"尝独坐，有群鼠拱手立其前。又曰："鼠饥就我求食。"乃令食之。夜中鸺鹠鸣其屋端，家人将弹之，又止之曰："鸺鹠昼不见物，故夜飞，此天地所育，不可使南走越，北走胡，将何所之？"其后遂绝无怪。

鼓　妖

范仲淹一日携子纯仁访民家，民舍有鼓为妖。坐未几，鼓自滚至庭,盘旋不已,见者皆股栗。仲淹徐谓纯仁曰:“此鼓久不击,见好客至,故自来庭以寻槌耳。”令纯仁削槌以击之,其鼓立碎。

李忠公

李忠公之为相也,政事堂有会食之案。吏人相传:移之则宰臣当罢,不迁者五十年。公曰:“朝夕论道之所,岂可使朽蠹之物秽而不除? 俗言拘忌,何足听也!”遂撤而焚之。其下锥去积壤十四畚,议者伟焉。

卷八

明智部经务

中流一壶，千金争挈。宁为铅刀，毋为楮叶。错节盘根，利器斯别。识时务者，呼为俊杰。集"经务"。

刘　晏四条

唐刘晏为转运使时，兵火之余，百费皆倚办于晏。晏有精神，多机智，变通有无，曲尽其妙。尝以厚直募善走者，置递相望，觇报四方物价，虽远方不数日皆达，使食货轻重之权，悉制在掌握。入贱出贵，国家获利，而四方无甚贵甚贱之病。

晏以王者爱人不在赐与，名言。当使之耕耘织纴，常岁平敛之，荒则蠲救之。诸道各置知院官，每旬月，具州县雨雪丰歉之状。荒歉有端，则计官取赢，先令蠲某物贷某户，民未及困，而奏报已行矣。议者或讥晏不值赈救，而多贱出以济民者，则又不然。善治病者不使至危惫，善救灾者不使至赈给。故赈给少则不足活人，活人多则缺国用，国用缺则复重敛矣。又赈给多侥幸，吏群为奸，强得之多，弱得之少，虽刀锯在前不可禁，以为二害。灾沴之乡，所乏粮耳，他产尚在，贱以出之，易以杂货，因人之力，转于丰处。或官自用，则国计不乏。多出菽粟，资之粜运，散入村闾，下户力农，不能诣市，转相沿逮，自免阻饥，以为二胜。

先是运关东谷入长安者，以河流湍悍，率一斛得八斗，至者则为成劳，受优赏。晏以为江、汴、河、渭，水力不同，各随便宜造运船，江船达扬州，汴船达河阴，河船达渭口，渭船达太仓。其间缘水置仓，转相受给。自是每岁运谷至百余万斛，无升斗沉覆者。又州县初取富人督漕挽，谓之"船头"，主邮递，谓之"捉驿"。税外横取，谓之"白著"，人不堪命，皆去为盗。晏始以官主船漕而吏主驿事，罢无名之敛，民困以苏，户口繁息。

晏常言户口滋多，则赋税自广，故其理财常以养民为先，可谓知本之论，其去桑、孔远矣。王荆公但知理财，而实无术以理之，亦自附养民，而反多方以害之，故上不能为刘晏，而下且不逮桑、孔。

晏专用榷盐法，充军国之用。以为官多则民扰，名言。故但于出盐之乡置盐官，取盐户所煮之盐，但鬻于商人，任其所之，至今用其法。自余州县不复置官。其江岭间去乡远者，转官盐于彼贮之。或商绝盐贵，则减价鬻之，谓之"常平盐"。官获其利而民不困弊。

常平盐之法所以善者，代商之匮，主于便民故也。若今日行之，必且与商争鬻矣。

平　籴

李悝谓文侯曰："善平籴者，必谨观岁。有上中下熟：上熟，其收自四，余四百石；中熟自三，余三百石；下熟自一，余百石。小饥则收百石，中饥七十石，大饥三十石。故上熟则上籴三而舍一，中熟则籴二，下熟则籴一，使民适足，价平则止。小饥则发小熟之所敛；中饥则发中熟之所敛；大饥则发大熟之所敛而籴。故虽遭饥馑水旱，籴不贵而民不散，取有余而补不足也。"行之魏国，国以富强。

此为常平义仓之祖，后世腐儒，乃以尽地力罪悝，夫不尽地力而尽民力乎？无怪乎讳富强，而实亦不能富强也。

社　仓

乾道四年，民艰食，熹请于府，得常平米六百石赈贷。夏受粟于仓，冬则加息以偿。歉蠲其息之半，大饥尽蠲之。凡十四年，以米六百石还府，见储米三千一百石，以为社仓，不复收息。故虽遇歉，民不缺食。诏下熹社仓法于诸路。

陆象山曰："社仓固为农之利，然年常丰、田常熟，则其制可久，苟非常熟之田，一遇岁歉，则有散而无敛，来岁秧时缺本，乃无以赈之。莫如兼制平籴一仓，丰时籴之，使无价贱伤农之患；缺时粜之，以摧富民封廪腾价之计。析所籴为二，每存其一，以备歉岁，代社仓之匮，实为长便也。”

听民之便，则为社仓法；强民之从，即为青苗法矣。此主利民，彼主利国故也。〇今有司积谷之法，亦社仓遗训。然所积只纸上空言，半为有司干没，半充上官无碍钱粮之用。一遇荒歉，辄仰屋窃叹，不如留谷于民间之为愈矣。噫！

何良俊《四友斋丛说》云：“今之抚按有第一美政所急当举行者，要将各项下赃罚银，督令各府县尽数籴谷。其有罪犯自徒流以下，许其以谷赎罪。大率上县每年要谷一万，下县五千，南直隶巡抚下，有县凡一百，则是每年有谷七十余万。积至三年，即有二百余万矣。若遇一县有水旱之灾，则听于无灾县分通融借贷，来年丰熟补还。则东南百姓，可免流亡，而朝廷于财赋之地，永无南顾之忧矣。善政之大，无过于此。”

预　备

河东路财赋不充，官有科买，则物价腾踊，岁为民患。明道先生度所需，使富家预备，定其价而出之。富室不失息，而乡民所费，比旧不过十之二三。民税常移近边，载往则道远，就籴则价高。先生择富民之可任者，预使购粟边郡，所费大省。

用富民而不扰，是大经济，亦由廉惠实心，素孚于民故。不然，令未行而谤已腾矣。

周　忱

周文襄公巡抚江南时，苏州逋税七百九十万石。公阅牒大异，询父老，皆言吴中豪富有力者不出耗，并赋之贫民。贫民不能支，尽流徙。公创为平米，官田民田并加耗。苏税额二百九十余万石，公与知府况钟好帮手。曲算，疏减八十余万。旧例不得团局收粮，公令县立便民仓。水次，每乡图里推富有力一人，名“粮长”，收本乡图里夏秋两税，加耗不过十一。又于粮长中差力产厚薄为押运，视远近劳逸为上下，酌量支拨，京通正米一石支三，临清、淮安、南京等仓，以次定支，为舟樯剥转诸费。填出销入，支拨羡余，各存积县仓，号“余米”。

米有余减耗，次年十六征，又次年十五，更有羡。正统初，淮扬灾，盐课亏。公巡视，奏令苏州等府拨剩余米，县拨一二万石，运贮扬州盐场，准为县明年田租，听灶户上私盐给米。时米贵盐贱，官得积盐，民得食米，公私大济。公在江南二十二年，每遇凶荒，辄便宜从事，补以余米，赋外更无科率。凡百上供，及廨舍、学校、贤祠、古墓、桥梁、河道修葺浚治，一切取给余米。

其后户部言济农余米，失于稽考。奏遣曹属，尽括余米归之于官。于是征需杂然，而逋负日多。夫余米备用，本以宽济，一归于官，官不益多，而民遂无所恃矣。试思今日两税耗，果止十一乎？征收只十五、十六乎？昔何以薄征而有余，今何以加派而不足？江南百姓，安得不尸祝公而用思不置也。

何良俊曰："周文襄巡抚江南一十八年，常操一小舟，沿村逐巷，随处询访。遇一村朴老农，则携之与俱，卧于榻下，咨以地方之事，民情土俗，无不周知。故定为论粮加耗之制，而后金花银、粗细布轻赍等项，裨补重额之田，斟酌损益，尽善尽美。顾文僖谓'循之则治，紊之则乱'，非虚语也。自欧石纲一变为论田加耗之法，遂亏损国课，遗祸无穷。有地方之责者，可无加意哉！"

樊 莹

樊莹知松江府，松赋重役繁。自周文襄公后，法在人亡，弊蠹百出，大者运夫耗折，称贷积累，权豪索偿无虚岁，而仓场书手，移新蔽陈，百计侵盗，众皆知之，而未有以处。莹至，昼夜讲画，尽得其要领。曰："运之耗，以解者皆齐民，无所统一，利归狡猾，害及良善。而夏税军需，粮运纲费，与供应织造走递之用，皆出自秋粮。余米既收复粜，辗转迂回，此弊所由生也。"乃请革民夫，俾粮长专运，而宽其纲用以优之。税粮除常运本色外，其余应变易者，尽征收白银，见数支遣。部运者，既关系切身，无敢浪费。掌计之人，又出入有限，无可蔽藏。而白银入官，视输米又率有宽剩，民欢趋之。于是积年之弊十去八九，复革收粮囤户，以消粮长之侵渔。取布行人代粮长输布，而听其赍持私货，以赡不足，皆有惠利及民，而公事沛然以集。巡抚使下其法于他州，俾悉遵之。

可以补周文襄与钟伯律所未备。〇今日粮长之弊，又一变矣，当事何以策之。

陈霁岩二条

陈霁岩知开州事。万历己巳大水，无蠲而有赈。府下有司议，公倡议：极贫谷一石、次贫五斗，务沾实惠。放赈时编号执旗，鱼贯而进，虽万人无敢哗者。公自坐仓门小棚，执笔点名，视其衣服容貌，于极贫者暗记之。庚午春，上司行牒再赈极贫者，书吏禀出示另报，公曰："不必也。"第出前点名册中暗记极贫者径开唤领，乡民咸以为神。盖前领赈时，不暇妆点，尽见真态故也。

陈霁岩在开州。己巳之冬，仓谷几尽，抚台命各州县动支在库银二千两籴谷。此时谷价腾踊，每石银六钱，各县遵行，派大户领粜，给价五钱一石，每石陪已一钱，耗费复一钱。灾伤之余，大户何堪？而入仓谷止四千石。是上下两病也。公坚意不行，竟以此被参，以灾年仅免。至庚午秋，州之高乡大熟，邻境则尽熟，谷价减至三钱余。方申抚台动支银二千两，派大户分籴，报价三钱，即如数给之。自后时价益减之二钱五分，大户请扣除余银，公笑应之曰："宁增谷勿减银也。"比上年所买，多谷三千余石，而大户无累赔。报上司外，余谷七百余石，则尽以给流民之复业者。先是本州土城十五，连年大雨灌注，凡崩塌数十处。庚午秋，当议填修。吏请役乡夫，公不许。会有两年被灾，流民闻已蠲荒粮，思还乡井。因遍出示招抚，云："亟归种麦，官当赈尔。"乃出前大户所籴余谷，刻期给散。另出四五小牌于各门一里外，令各将盛谷袋，装土到城上填崩塌处，总甲于面上用印，仓中验印发谷。再赈而城已修完。

北方州县，唯审均徭为治之大端。三年一审，合一州八十八里之民，集庭而校勘之。自极富至极贫，定为九则，赋役皆准此而派。区中首领有里长、老人、书手，官唯据此三等人，三等人因得招权要贿。公莅任，轮审均徭尚在一年后，乃取旧册，查自上上至下上七则户，照各里开填，分作二簿。每日上堂，辄以自随。或放告，或听断，或理杂务，看有晓事且朴实者，出其不意，唤至案前，问是何里人，就摘里中大户，问其家道何如？比年间何户骤富？何户渐消？随其所答，手注簿内。如此数次参验之，所答略同。又一日，点查农民，本州概有二百余人，即闭之后堂，各给一纸，令开本里自万金至百金等家，严戒勿欺。又因圣节，先扬言齐点各役，至期拜毕，即唤里老、书手到察院，分作三处，各与纸笔。令开大户近年之消乏者，或殷厚如故，不必开也。以上因事采访，编成底册。审时，一甲人齐跪下堂，公自临视，择其中二三笃实人，作为公正，与里长同举大户应升应降者诸人。因知底册甚明，咸以实举，遂从而酌验之，顷刻编定。一日审四五里，往往州官待百姓，不令百姓待州官也。只此便是最善政。

平米价二条

赵清献公，熙宁中知越州。两浙旱蝗，米价踊贵，饥死者相望。诸州皆榜衢路立告赏，禁人增米价。俗吏往往有此。公独榜通衢，令有米者增价粜之。于是米商辐辏，米价更贱。

凡物多则贱，少则贵。不求贱而求多，真晓人也。

抚州饥，黄震奉命往救荒，但期会富民耆老以某日至，至则大书："闭粜者籍，强籴者斩"八字，揭于市，米价遂平。

抚流民三条

富郑公知青州，河朔大水，民流就食，弼劝所部民出粟，益以官廪，得公私庐室十余区，散处其人，以便薪水。官吏自前资、待缺、寄居者，皆赋以禄，使即民所聚，选老弱病瘠者廪之，仍书其劳，约他日为奏请受赏。率五日，遣人持酒肉饭糗慰藉，出于至诚，人人为尽力。山林陂泽之利，可资以生者，听流民擅取。死者为大冢埋之，目曰"丛冢"。明年，麦大熟，民各以远近受粮归，募兵者万计。帝闻之，遣使褒劳。前此救灾，皆聚民城郭中，为粥食之，蒸为疾疫，或待哺数日，不得粥而仆，名救之而实杀之。弼立法简尽，天下传以为式。

能于极贫弱中，做出富强来，真经国大手。

滕元发知郓州，岁方饥，乞淮南米二十万石为备。有此米便可措手。时淮南、京东皆大饥，元发召城中富民与约曰："流民且至，无以处之，则疾疫起，并及汝矣。吾得城外废营地，欲为席屋，以待之。"民曰："诺。"为屋二千五百间，一夕而成。流民至，以次受地，井灶器用皆具。以兵法部勒，少者炊，壮者樵，妇汲，老者休，民至如归。上遣工部郎中王右按视。庐舍道巷，引绳棋布，肃然如营阵。右大惊，图上其事。有诏褒美，盖活万人云。

祁尔光曰："滕达道之处流民，大类富郑公。富散而不扰，滕众而能整，皆可为法。"

成化初，陕西至荆襄、唐、邓一路，皆长山大谷，绵亘千里。所至流逋，藏聚为梗，刘千斤因之作乱，至李胡子复乱，流民无虑数万。都御史项忠，下令有司逐之，道死者不可胜计。祭酒周洪谟悯之，乃著《流民说》，略曰："东晋时，庐、松、滋之民，流至荆州，乃侨置滋县于荆江之南。陕西、雍州之民，流聚襄阳，乃侨置南雍州于襄水之侧。其后松、滋遂隶于荆州，南雍遂并于襄阳，迄今千载，宁谧如故，此前代处置得宜之效。今若听其近诸县者附籍，远诸县者设州县以抚之，置官吏，编里甲，宽徭役，使民安生理，则流民皆齐民矣，何以逐为？"李贤深然其说。成化十一年，流民复集如前，贤乃援洪谟说上之。贤相自能用言。上命副都原杰往莅其事。杰乃遍历诸郡县，深山穷谷，宣上得意，延问流民。父老皆欣然愿附籍为良民，于是大会湖、陕、河南三省抚按，合谋佥议，籍流民得十二万三千余户，皆给与闲旷田亩，令开垦以供赋役，建设州县以统治之。遂割竹山之地，置竹溪县；割郧津之地，置郧西县；割汉中洵阳之地，置白河县，又升西安之商县为商州，而析其地为商南、山阳二县。又析唐县、南阳、汝州之地，为桐柏、南台、伊阳三县，使流寓土著，参错而居。又即郧阳城置郧阳府，以统郧及竹山、竹溪、郧西、房、上津六县之地。又置湖广行都司及郧阳卫于郧阳，以为保障之际。因妙选贤能，要着。荐为守令，流民遂安。

今日招抚流移，皆虚文也。即有地，无室庐，即有田，无牛种，民何以归？无怪乎其化为流贼矣。倘以讨贼之费之半，择一实心任事者，专管招抚，经理生计，民且庆更生矣，何乐于为贼耶！

耕 牛

治平间河北凶荒，继以地震，民无粒粮，往往贱卖耕牛，以苟延岁月。是时刘涣知澶州，尽发公帑之钱以买牛。明年震摇息，逋民归，无牛可耕，价腾踊十倍，涣以所买牛，依原直卖与。故河北一带，唯澶州民不失所。

义 船

先是制置使司岁调明、温、台三郡民船，防定海，戍淮东、京口。船在籍者，率多损失。每按籍科调，吏并缘为奸，民甚苦之。吴潜至，立"义船法"。令三郡部县，各选乡之有材力者，以主团结。如一都岁调三舟，而有舟者五六家，则众办六舟，半以应命，半以自食其利，而余资俾蓄以备来岁用。凡丈尺有则，印烙有文，调用有时，著为成式。其船专留江浒，不时轮番下海巡绰，船户各欲保护乡井，竞出大舟以听调发。且日于三江合兵民船阅之，环海肃然。设永平寨于夜飞山，统以偏校，饷以主券，给以军舰，使渔户有籍，而行旅无虞。设向头寨，外防倭、丽，内蔽京师。又立烽燧，分为三路，皆发轫于招宝山，一达大洋壁下山，一达向头寨，一达本府看教亭。从亭密传一牌，竟达辕帐，而沿江沿海，号火疾驰，观者悚惕。

海上如此联络布置，使鲸波蛟穴之地，如在几席，呼吸相通，何寇之敢乘！

李邺侯

唐制：府兵平日皆安居田亩，每府有折冲领之。折冲以农隙教习战阵，国家有事征发，则以符契下其州及府，参验发之，至所期处，将帅按阅。有教习不精者，则罪其折冲，甚者罪及刺史。军还，则赐勋加赏，便道罢之。行者近不逾时，远不经岁。高宗以刘仁轨为洮河镇守，以图吐蕃，始有久戍之役。武后以来，承平日久，武备渐弛。开元之末，张说始募长征兵，谓之"彍骑"，其后益为六军。及李林甫为相，诸军皆募人为之。兵不土著，又无宗族，近日募兵，皆坐此病。不自重惜，祸乱遂生。德宗与李泌议，欲复旧制。泌对曰："今岁征关东卒戍京西者十七万人，计粟二百四万斛。国家比遭饥乱，经费不充。未暇复府兵也。"上曰："亟减戍卒归之何如？"对曰："陛下诚能用臣之言，可以不减戍卒，奇。不扰百姓，粮食皆足，粟麦日贱，府兵亦成。"上曰："果能如是乎？"对曰："此须急为之，更奇。过旬月不及矣。今吐蕃久居原、兰之间，以牛运粮，粮尽，牛无所用。请发左藏恶缯，染为彩缬，因党项以市之，每头二三匹，计十八万匹，可致六万余头。又命诸冶铸农器，籴麦种，分赐缘边军镇，募戍卒耕荒田而种之，约明年麦熟，倍偿其种，其余据时价五分增一，官为籴贮，来春种禾亦如之。关中土沃而久荒，所收必厚。戍卒获利，耕者浸多，边居人至少，军士月食官粮，粟麦无以售，其价必贱，名为增价，实比今岁所减多矣。"上曰："卿言府兵亦集，如何？"对曰："戍卒因屯田致富，则安于其土，不复思归。旧制戍卒三年而代，及其将归，下令有愿留者，即以所开田为永业。家人愿来者，本贯给长牒，续食而遣之，据募应之数，移报本道，虽河朔诸帅，得免代戍之烦，亦喜闻矣。不过数番，卒皆土著，乃悉以府兵之法理之，是边关中之疲弊为富强也。"

屯田之议，始于赵充国。然羌平遂罢屯田，又置金城属国，以处降羌，则善后之策未尽也。邺侯因戍卒屯田，因屯田复府兵，其言凿凿可任，不知何以不行。

虞　集

元虞集，仁宗时拜祭酒，讲罢，因言京师恃东南海运，而实竭民力以航不测。乃进曰："京东濒海数千里，皆萑苇之场，北极辽海，南滨青齐，海潮日至，淤为沃壤久矣。苟用浙人之法，筑堤捍水为田，听富民欲得官者，分授其地，而官为之限。能以万夫耕者，授以万夫之田，为万夫长。千夫、百夫亦如之。三年视其成，则以地之高下，定额于朝，而以次征之。五年有积蓄，乃命以官，就所储给以禄。十年则佩之符印，俾得以传子孙。则东南民兵数万，可以近卫京师，外御岛夷，远宽东南海运之力，内获富民得官之用。游食之民，得有所归，自然不至为盗矣。"说者不一，事遂寝。

其后脱脱言：京畿近水地利，召募江南人耕种，岁可收粟麦百余万石，不烦海运，京师足食。元主从之。于是立分司农司，以右丞悟良哈台、左丞乌古孙良祯，兼大司农卿，给分司农司印。西自西山，南至保定、河间，北抵檀顺，东及迁民镇，凡官地及元管各处屯田，悉从分司农司立法佃种。合用工价、牛具、农器、谷种，给钞五百万锭。又略仿前集贤学士虞集议，于江淮召募能种水田及修筑圃堰之人各千人为农师。降空名添设职事，敕牒十二道，募农民百人者，授正九品；二百人者正八，三百人者从七，就令管领所募之人。所募农夫，每人给钞十锭，期年散归，遂大稔。

何孟春《余冬序录》云："国朝叶文庄公盛巡抚宣府时，修复官牛、官田之法，垦地日广，积粮日多，以其余岁易战马千八百余匹。其屯堡废缺者，咸修复之。不数月，完七百余所。今边兵受役权门，终岁劳苦，曾不得占寸地以自衣食，军储一切，仰给内帑，战马之费于太仆者不资，屯堡尚谁修筑？悠悠岁月，恐将来之夷祸难支也。"

樊升之曰："贾生之治安，晁错之兵事，江统之徙戎，是万世之至画也。李邺侯之屯田，虞伯生之垦墅，平江伯之漕运，平江伯陈瑄，合肥人。永乐初，董北京海漕，筑淮阳海堤八百里。寻罢海运，浚会通河通南北饷道。疏清江浦以避淮险。设仪真、瓜州坝港；凿徐州吕梁浜；筑刁阳南旺湖堤；开白塔河，河通江；筑高邮湖堤，自淮至临清，建闸四十七。建淮徐临通仓，以便转输，置舍卒导舟，设井树以便行者。是一代之至画也。"

李允则之筑圃起浮屠，事见术智部。范文正、富郑公之救荒，是一时之至画也。画极其至，则人情允协，法成若天造，令出如流水矣。

刘大夏

弘治十年，命户部刘大夏出理边饷。或曰："北边粮草，半属中贵人子弟经营，公素不与先辈合，恐不免刚以取祸。"大夏曰："处事以理不以势，俟至彼图之。"既而召边上父老，日夕讲究，要着。遂得其要领。一日，揭榜通衢云："某仓缺粮若干石，每石给官价若干，凡境内外官民客商之家，但愿输者，米自十石以上，草自百束以上，俱准告。虽中贵子弟亦不禁。"不两月，仓场充牣。盖往时粮百石、草千束方准告。以故中贵子弟，争相为市，转买边人粮草，陆续运至，牟利十五。自此法立，有粮草之家，自得告输，中贵子弟，即欲收籴，无处可得。公有余积，家有余财。

忠宣法诚善，然使不召边上父老，日夕讲究，如何得知？能如此虚心访问，实心从善，何官不治，何事不济？昔唐人目台中坐席为"痴床"，谓一坐此床，骄倨如痴。今上官公坐皆痴床矣，民间利病，何由上闻！

董博霄

董博霄，磁州人，至正十六年，建议于朝曰："海宁一境，不通舟楫，军粮唯可陆运。濒海之人，屡经寇乱，且宜曲加存抚，权令军人运送。其陆运之方：每人行十步，三十六人可行一里；三百六十人，可行十里；三千六百人，可行一百里。每人负米四斗，以夹布囊盛之，里郡封识。人不息肩，米不着地。排列成行，日五百回，计路二十八里，轻行一十四里，重行一十四里，日可运米二百石，每运可供二万人。此百里一日运粮之数也。"

按：长陵北征时，命侍郎帅逵督饷。逵以道险，车载民疲粮乏。乃择平坦之地，均其里路，置站堡，每夫一人，运米一石，此送彼接，朝往暮来，民不困而食足。亦法此意。

刘本道

先是漕运京粮，唯通州仓临河近便。自通州抵京仓，陆运四十余里，费殷而增耗不给。各处赴京操军，久役用乏。本道虑二者之病，奏将通州仓粮，于各月无事之时，令歇操军旋运至京，每二十石给赏官银一两。而漕运之粮，止于通州交纳。就彼增置仓廒三百间，以便收贮，岁积羡米五十余万石，以广京储。上赐二品服以旌之。

按:本道常州江阴人,由掾吏受知于靖远伯王骥,引置幕下,奏授刑部照磨。从征云南,多用其策。正统中,从金尚书濂征闽贼,活胁从者万余,升户部员外郎。景泰初,西北多事,民不聊生。本道请给价买牛二千头,并易谷种与之。贵州边仓粮侵盗事觉,转辗连坐,推本道往治,不逾月而积弊洞然。上嘉其廉能,赐五云彩缎。天顺初,进户部右侍郎,总督京畿及通州、淮安粮储。本道固以才进,而先辈引贤不拘资格。〇祖宗用人才不偏科目,皆今日所当法也。

苏 轼

苏轼知杭州,时岁适大旱,饥疫并作。轼请于朝,免本路上供米三之一,故米不翔贵。复得赐度僧牒百,易米以救饥者。明年方春,即减价粜常平米,民遂免大旱之苦。杭本江海之地,水泉咸苦,居民稀少。唐刺史李泌始引西湖水作六井,民足于水,故井邑日富。及白居易复浚西湖,放水入运河,自河入田,取溉至千顷。然湖水多葑,自唐及钱氏,岁辄开治,故湖水足用。宋废而不理,至是湖中葑积,为田一十五万余丈,而水无几矣。运河失河水之利,则取给于江潮。湖浑浊多淤,河行阛阓中,三年一淘,为市井大患,而六井亦几废。轼始至,浚茅山、盐桥二河。以茅山一河,专受江潮;以盐桥一河,专受湖水。复造堰闸,以为湖水蓄泄之限,然后潮不入市。且以余力复完六井,民稍获其利矣。轼间至湖上,周视良久曰:"今欲去葑田,将安所置之?湖南北三十里,环湖往来,终日不达。若取葑田积于湖中,为长堤以通南北,则葑田去而行者便矣。吴人种麦,春辄芟除,不遗寸草。葑田若去,募人种麦,收其利以备修湖,则湖当不复湮塞。"乃取救荒之余,得钱粮以万石数者,乃复请于朝,得百僧度牒,以募役者。堤成,植芙蓉、杨柳其上,望之如图画,杭人名之苏公堤。

华亭宋彦云:"西湖蓄水,专以资运河。湖滨多水田,春夏间苦旱,秋间又苦涝,莫若专设一司,精究水利。湖宜闸广浚深,诸山水溢则能受,诸田苦旱则能泄。闸司又俟浅深以启闭,则运无沮滞,而三辅内膏腴可相望矣。"按此宋人为都城漕计,其实今日亦宜行之。迩来西湖渐淤，有力者喜于占业，地方任事者，不可不虑其终也。

张 需

张需长于治民，先佐郧州，渠有淤者，废水田数十年，守相继者，莫能疏。需甫至，守言及此，惮于动众，需往看之曰："若得人若干，三日可毕。"守怪以为妄，需乃聚人得其数，各带器物，分量尺数，争效其力，三日遂毕。守大惊，以为神助。迁霸州守，见其民游食者多，每里置一簿，列其户，每户各报男女大小口数，派其各种粟麦桑枣，纺绩之具，鸡豚之数，偏晓示之。暇则下乡，至其户簿验之，缺者罚之。于是民皆勤力，无敢偷惰。不二年，俱有恒产，生理日滋。

李若谷 赵昌言

安丰芍陂县，叔敖所创，为南北渠，溉田万顷。民因旱，多侵耕其间，雨水溢则盗决之，遂失灌溉之利。李若谷知寿春，下令陂决不得起兵夫，独调濒陂之民，使之完筑。自是无盗决者。

天雄军豪家，刍麦亘野时，访奸人穴官堤为弊。咸平中赵昌言为守，廉知其事未问。一旦堤溃，吏告急，昌言命急取豪家所积给用塞堤，自是奸止。

近日东南漕务孔亟，每冬作坝开河，劳费无算，而丹阳一路尤甚。访其由，则居人岁收夫脚盘剥之值，利于阻塞。当起坝时，先用贿存基，俟粮过后，辄于深夜填土，至冬水涸，不得不议疏通。若依李、赵二公之策，竭一年之劳费，深加开浚，晓示居民，后有壅淤，即责成彼处自行捞掘，庶常、镇之间，或可息肩乎。或言每岁开塞，不独夫脚利之，即官吏亦利之，此又非愚所敢知也。

屯 牧

西番故饶马，而仰给中国茶饮疗病。祖制以蜀茶易番马，久而寝弛，茶多阑出，为奸人利，而番马不时至。杨文襄乃请重行太仆宛马之官，而严私通禁，尽笼茶利于官，以报致诸番。番马大集，而屯牧之政修。

其抚陕西，则创城平虏、红古二地，以为固原援。筑垣濒河，以捍靖虏。其讨安化，则授张永策，以诛逆瑾。出将入相，谋无不酬。当时目公为智囊，又比之姚崇，不虚也。

张全义二条

东都荐经寇乱，其民不满百户。张全义为河南尹，选麾下十八人材器可任者，人给一旗一榜，谓之屯将。使诣十八县故墟落中，植旗张榜，招怀流散，劝之树艺，蠲其租税，唯杀人者死，余俱笞杖而已。由是民归如市，数年之后，渐复旧规。

全义每见田畴美者，辄下马与僚佐共观之，召田主劳以酒食。有蚕、麦善收者，或亲至其家，悉呼出老幼，赐以茶彩衣物。民间言："张公不喜声妓，独见佳麦良蚕乃笑耳。"由是民竞耕蚕，遂成富庶。

全义起于群盗，乃其为政，虽良吏不及。彼吏而盗者，不愧死耶？〇全义一笑而民劝，今则百怒而民不威，何也？

植桑除罪

范忠宣公知襄城，襄俗不事蚕织，鲜有植桑者，公患之。因民之有罪而情轻者，使植桑于家，多寡随其罪之轻重，后按其所植荣茂与除罪。自此人得其利。公去，民怀之不忘。

愚于今日军徒之罪亦有说焉。夫军藉以战，徒藉以役，非立法之初意乎？今不然矣，或佯死，或借差，或借代，里甲有佥解之扰，卫所有口粮之费，而罪人之翱翔自如，见者不得而问焉。即所谓徒者，视军校苦，故谚有"活军死徒"之说。然而富者买肉，贫者行丐，即驿中旁挽之事，所资几何，又安用此徒为哉？然则宜如何？曰：莫若以屯法行之。方今日议开垦，未有成效，诚酌军卫之远近、徒限之多寡，押赴某处开荒若干亩，俟成熟升科，即与准罪释放。其或愿留，即为世业。行之数年，将旷土渐变为熟土，且奸民俱化为良民，其利顾不大与？若夫安插有法，羁縻有法，稽核有法，劝相有法，是又非可以一言尽也。

铅铁钱

楚王马殷既得湖南，不征商旅，由是四方商旅辐辏。湖南地多铅铁，军都判官高郁，请铸为钱，商旅出境无所用之，皆易他货而去，只济一境之用，周流不滞，亦足矣。国用富饶。湖南民不事蚕桑，郁令输税者皆以帛代钱，未几，民间机杼大盛。

官府无私，即铅铁尚可行，况铜乎？夫钱法所以壅而不行者，官出而不官入。即入也，以恶钱出而以良钱入。出价厚而入价廉，民谁甘之？故曰：君子平其政。上下平，则政自行矣。

钱　引

赵开既疏通钱引，民以为便。一日，有司获伪引三十万，盗五十人，议法当死。张浚欲从之。开曰："相君误矣，使引伪，加宣府使印其上，即为真矣。黥其徒使治币，是相君一日获三十万之钱，而起五十人之死也。"浚称善。

不但起五十人之死，又获五十人之用，真大经济手段，三十万钱又其小矣。

益　众

备依刘表，尝忧兵寡，不足以待曹公。诸葛亮进曰："荆州非少人也，而著籍者寡。平居发调，则民心不悦。可语刘荆州，令凡有游户，皆使自实，因录以益众可也。"备从其计，其众遂强。

陶　侃

陶侃性俭厉，勤于事。作荆州时，敕船官悉录锯木屑，不限多少，咸不解其意。后正会，植积雪始晴，厅事前除雪后犹湿。于是悉用木屑覆之，都无所妨。官用竹，皆令录厚头，积之如山。后桓宣武伐蜀，装船悉以作钉。又尝发所在竹篙，有一官长，连根取之，仍当足，根坚可代钉足。公即超两阶用之。

苏州堤

苏州至昆山县凡七十里，皆浅水无陆途。民颇病涉，久欲为长堤，而泽国艰于取土。嘉祐中人有献计，就水中以蘧蒢刍藁为墙，栽两行，相去三尺。去墙六丈，又为一墙，亦如此。漉水中淤泥实蘧蒢中，候干则以水车汰去两墙间之旧水。墙间六尺皆土，留其半以为堤脚，掘其半为渠，取土以为堤，每三四里则为一桥，以通南北之水。不日堤成，遂为水利。今娄门塘是。

丁晋公

祥符中，禁中火。时丁谓主营复宫室，患取土远。公乃命凿通衢取土，不日皆成巨堑，乃决汴水入堑中，引诸道竹木簰筏，及船运杂材，尽自堑中入，至公门事毕，却以拆毁瓦砾灰壤，实于堑中，复为街衢。一举而三役济，计省费以亿万计。

此公确有心计，但非相才耳。故曰：小人不可大受而可小知。

郑端简公三条

嘉靖丁巳四月，三殿三楼十五门俱灾。文武大臣会议修建，海盐郑公晓时，协理戎政，率军营三万人，打扫火焦。郑公白黄司礼："砖瓦木石，不必尽数发出。如石全者、半者、一尺以上者，各另团围，就便堆积。白玉石烧成石灰者，亦另堆积，砖瓦皆然。"不数日，工部欲改修端门外廊房为六科，并各朝房，午门以里，欲修补烧柱墙缺。又有谨身殿后，乾清宫前，隆宗、景运二门中。砌高墙一道，拦断内外。内监工部议从外运砖、运灰，运黄土调灰。一时起小车五千辆，民间骚动。公告黄司礼曰："午门外堆积旧砖石，并石灰无数，可尽与工部修端门外廊房。其在午门以内者，可与内监修理柱空，并砌乾清宫前墙。"黄甚喜。公曰："又修砌必用黄土，今工部起车五千辆，一时不得集，况长安两门，承天、端门、午门，止可用车夫出入，再加车辆，阻塞难行。见今大工动作，两阙门外多空地，可挖黄土用，却命军搬焦土填上，用黄土盖三尺，岂不两便。”黄曰：“善。”公曰：“午门以里，台基坏石，移出长安两门甚远。今厚载门修砌剥岸，若命军搬出右顺门，出启明门前下北甚近，就以此石作剥岸填堵，不须减工部估料，若减估必有梗来。但省军士劳力亦可。”黄又曰：“善。”公曰：“旧例火焦木，军搬送琉璃黑窑二厂，往回四十里，今焦木皆长大，不惟皇城诸门难出，外面房稠路狭，难行难转。况今灾变，各门内臣小房，非毁即拆坏，必须修盖，方可容身。莫若将焦木移出左、右顺门外，东西宝善、思善二门前后，并启明、长庚两长街，听各内臣掰取焦皮作炭。木心可用者，任便取去，各修私房。以皇城内物，修皇城内房，不出皇城四门，亦省财力。”黄又曰：“善。”

锦衣赵子户，持陆锦衣帖来言：“军士搬出火焦，俱置长安两门外大街两旁，四夷朝贡人往来看见不雅。体面话。庆寿寺西夹道有深坑，可将火焦填满。”公曰：“三殿灾，朝廷已诏天下，如何说不雅？谁敢将朝廷龙文砖石，填罪废太平侯故宅？况寿宫灾，九庙灾，火焦皆出在长安两门外。军士从长安大街，重去空来，人可并行，官可照管。若从西夹道入，必从寺东夹道出，路多一半，三万人只做得一万五千人生活，岂有营军为人填坑？且火焦工部还有用处，待木石料完，要取火焦铺路，直从长安坊牌下，填至奉天殿前。每加五寸，皆碎平实，又加五寸。至三尺许，方可在上行大车、旱船、滚石。不然，街道、廊道皆坏矣。见今午门外东西胁下，数万担火焦积堆，若搬出，正虑不久又要搬入耳。”赵复语，公径出。

会议午门台基，及奉天门殿楼等台基、阶级石、柱磉、花板、石面，纷纷不决。公欲言，恐众不肯信，特造大匠徐杲请教。杲虽匠艺，亦心服公，即屏左右。公曰：“今有三事：一午门台基。众议将前三面拆去一丈，从新筑土砌石，如此恐今工作不及国初坚固，万一楼成后旧基不动，新基倾侧，费巨万矣。莫若止将台下龟脚束腰墩板等石，除不被火焚坏者留之，其坏者凿出烬余，约深一尺五寸，节做新石，补入内土令坚，仍用木杉板障之。决不圮坏而分三工，不过一月可完。惟左右掖门两旁须弥座石，最大且厚，难换，必须旁石换齐后，如前凿出约深二尺五寸，做成新石垫上，与旧石空齐，用铁创肩进，亦易为力。”

徐曰："善。"公又曰："奉天门阶沿石，一块三级，殿一柱磉，大者方二丈，如此重大，不比往时皇城无门限隔，可拽进。近年九庙灾，木石诸料不能进，拆去承天门冬墙方进得。今料比九庙，又进三重门，尤难为力。莫若起开焦土，将旧阶沿、磉石、地面花板石逐一番转，尚有坚厚可用，番取下面，加工用之。至于殿上三级台基，并楼门台基，俱如户门挖补皆可。公能力主此议，省夫力万万，银粮何至数百万，驴骡车辆又不知几，莫大功德也。"徐甚喜，后三日再议，悉如前说。

徐　杲

嘉靖间，上勤于醮事，移幸西苑，建万寿宫为斋居所。未几万寿宫灾，阁臣请上还乾清殿。上以修玄不宜近宫闱，谕工部尚书雷礼兴工重建。礼以匠师徐杲有智，专委经营，皆取用于工部营缮司。原收赎工等银，及台基、山西二厂，原存木料，与夫西苑旧砖旧石，稍新改用，并不于各省派办。其夫力则以歇操军夫充之，时加犒赏。乃催募在京贫寒乞丐之民，因济其饥。是以中外不扰，军民踊跃，而功易成。后历升通政侍郎及工部尚书职衔。

贺盛瑞九条

嘉靖中，修三殿中道阶石，长三丈，阔一丈，厚五尺。派顺天等八府民夫二万，造旱船拽运，派府县佐二官督之。每里掘一井以浇旱船，资渴饮，计二十八日到京。官民之费，总计银十一万两有奇。万历中鼎建两宫大石，御史亦有佥用五城人夫之议。工部郎中贺盛瑞用主事郭知易议，造十六轮大车，用骡一千八百头拽运，计二十二日到京，费不足七千两。又造四轮官车百辆，召募殷实户领之，拽运木石。每日计骡给直，其车价每辆百金，每年扣其运价二十两，以五年为率。官银固在，一民不扰。

慈宁宫石础二十余，公令运入公所。内监哗然言旧，公曰："石安得言旧？一凿就新。有事我自当之，不尔累也。"

献陵山沟两岸，旧有砖砌，山水暴发，砖不能御也，年修年圮，徒耗金钱。督工主事贺盛瑞欲用石，而中贵岁利冒被，主于仍旧。贺乃呼工上作官谓之曰:“此沟岸何以能久?”对曰:“宜用黑城砖而灌以灰浆。”公曰:“黑城砖多甚,内官何不拆二三万用。”作官对以“畏而不敢”。公曰:“第言之,我不查也。”作官如言以告内监,中官怀疑,未解公意,然利动其心,遂拆二万。久之不言,一日同至沟岸尽处,谓中官曰:“此处旧用黑城砖乎?”中官曰:“然。”公曰:“山水暴发,砖不可御,砌之何益,不如用石。”中官曰:“陵山之石,谁人敢动!”公笑曰:“沟内溪石,非欲去之以疏流水者乎?”中官既中其饵,不敢复言。于是每日五鼓点卯,夫匠各带三十斤一石,不数日而成山矣。原估砖二十万,既用石,费不过五万。

坟顶石重万余斤,石工言,非五百人不能秤起。公念取夫于京,远且五十余里,用止片时,而令人往返百里。给价难为公,不给价难为私。乃于近村壮丁借片时,人给钱三文。费不千余钱,而石已合笋矣。

神宫监修造,例用板瓦。然官瓦黑而恶,乃每片价一分四厘,民瓦白而坚,每片价止三厘。诸阉阴耗食于官窑久矣,民瓦莫利也。盛公督事,乃躬至监谓诸阉曰:“监修几年矣?”老成者应曰:“三十余年。”公曰:“三十余年,而漏若此,非以瓦薄恶故耶?”曰:“然。”公乃阴运官民瓦各一千,记以字而参聚之。于是邀监工本陵掌印,与合陵中官至瓦所。公谓曰:“瓦惟众择可者。”佥曰:“白者佳。”灭不得公道。取验之,民瓦也。公曰:“民瓦既佳且贱,何苦而用官窑?”监者曰:“此祖宗旧制,谁敢违之?”公曰:“祖制用官窑,为官胜于民也。岂为冒被钱粮,不堪至此?余正欲具疏,借监官为证耳。”遂去。监者随至寓,下气谓公曰:“此端一开,官窑无用,且得罪,请如旧。”公不可。请用官民各半,复不可。监者知不可夺,乃曰:“惟公命,第幸勿泄于他监工者。”于是用民瓦二十万,省帑金二千余。

金刚墙实土,而在工夫止二十余名,二人一筐,非三五日不可。公下令曰:“多抬土一筐,加钱二文。”以朱木屑为记,各夫飞走,不终日而毕。

锦衣卫题修卤簿,计费万金,公嫌其滥。监工内臣,待毁坏者俱送司。公阅之,谓曰:“此诸弁畏公精明,谀使悦而后进言。作此伎俩,以实题中疏语耳。不然，贺阁库未闻火，而铜带胡由而焦，旧宜腐，胡直断如切?”内臣如言以诘诸弁，且言欲参。诸弁跪泣求免，工完无敢哗。用未及千，而卤簿已涣然矣。

永宁长公主举殡，例搭席殿群房等约三百余间，内使临行时，俱拆去。公令择隙地搭盖，以揪棍横穿于杉木缆眼下埋之，席用麻绳连合。在工之人，无不笑公作无益也。殡讫，内宫果来取木，木根牢固，席复连合，即以力断绳取之不易，遂舍之去。公呼夫匠谓曰:“山中风雨暴至，无屋可避，除大殿拆外，余小房留与汝辈作宿食何如?”众佥曰:“便。”公曰:“每一席官价一分五厘，今止作七厘，抵工价，拆棚日，席听尔等将去。断麻作麻觔用，木作回料何如?”众又曰:“便。”

都城重城根脚下，为雨水冲激，岁久成坑，啮将及城，名曰“浪窝”。监督员外受部堂旨，议运吴家村黄土填筑，去京城二十里而遥，估银万一千余两。公建议:“但取城濠之土以填塞，则浪窝得土而筑之固，城壕去土而浚之深。银省功倍，计无便此。”比完工，止费九百有奇。

按:两宫之役，贺公为政，事例既开，凡通状到日，即给帖，银完次日，即给咨。事无留宿，吏难勒掯，赴者云集，得银百万两。公每事核实，裁去浮费，竟以七十万竣役，所省九十万有奇。工甫完，反以不识论去，冤哉!然余览公之子仲轼所辑《冬官纪事》，如抑木商清窑税，往往必行其意，不辞主怨，宜乎权贵之侧目也。夫有用世之才，而必欲使绌其才，以求容于世，国家亦何利焉?吁，可叹已!

徽州木商王天俊等十人，广挟金钱，依托势要，钻求札付，买木十六万根。贺念此差一出，勿论夹带私木，即此十六万根木，逃脱三万二千余根，亏国课五六万两，方极力杜绝，而特旨下矣。一时奸商扬扬得意，贺乃呼至，谓曰:“尔欲札，我但知奉旨以给札耳。札中事尔能禁我不行开载耶?”于是列其指称皇木之弊:一不许希免关税，盖买木官给平价，即是交易，自应照常抽分;二不许磕撞官民船只，如违照常赔补;三不许骚扰州县，派夫拽筏;四不许搀越过关;五不给预支，俟木到张家湾，部官同科道逐根丈量，具题给价。于是各商失色曰："如此则札付直一空纸，领之何用？"遂皆不愿领札，向东厂到赃矣。又工部屯田司主事，差管通济局、广积局，局各设抽分大使一员、攒典一名、巡军十五名，官俸军粮岁支一百三十余石。每年抽分解部银七八十两，少五六十两，尚不及费。贺公盛瑞欲具题裁革，左堂沈敬宇止之。公查初年税入，岁不下千金。该局所辖窑座，自京师及通州、昌平、良涿等处，税岁砖瓦近百万万。后工部招商买办，而局无片瓦矣。公既任其事，稍一稽查，即如木商王资一项，漏银一百零九两，他可知已。嗣查窑税，而中贵王明为梗。公谓中贵不可制，而贩户可制。即出示通衢，严谕巡军军民人等，敢有买贩王明砖瓦者，以漏税论。官吏军余卖放者，许诸人详告，即以漏出砖瓦充赏。王明窑三十余座，月余片瓦不售，哀求报税矣。诸势要闻风输税，即一季所取，逾二十余万。一岁所积，除勋戚祭葬取用外，该局积无隙地，各衙门小修，五月取给焉。

陈懋仁

陈懋仁云：泉州库败收铁甚夥，皆先后所收，不堪军器也。余尝监收目击可用，乃兵子饰虚，利在掊饷，不论堪否，故毁解还。余议堪者，官给工料，分发各营，修理兼用；不堪者作铁与之。于军器银内，银七器三，照额搭给，解验查盘，一如新造之法。并散雨湿火药，而加硝提之。计省二千余金，即于饷银内扣库，以抵下年征额。节军费以纾民力，计无便此。乃当事者泛视不仁，终作朽物。惜哉！

叶石林

叶石林梦得。在武昌，岁值水灾，京西尤甚。浮殍自唐、邓入境，不可胜计。令尽发常平所储以赈，惟遗弃小儿无由得之。一日询左右曰："民间无子者何不收畜？"曰："患既长或来识认。"叶阅法例：凡伤灾遗弃小儿，父母不得复取。作法者其虑远矣。遂作空券数千，具载本法，即给内外厢界保伍。凡得儿者，皆使自明所从来。书券给之，官为籍记。凡全活三千八百人。

虞允文

先是浙民岁输丁钱绢细，民生子即弃之，稍长即杀之。虞公允文闻之恻然，访知江渚有荻场利甚溥，而为世家及浮屠所私。公令有司籍其数以闻，请以代输民之身丁钱。符下日，民欢呼鼓舞，始知有父子生聚之乐。

置槐　置鼓

章存宽为雍州刺史，先是路侧，一里置一土堠，经雨辄毁。孝宽临州，勒部内当堠处，但植槐树。既免修复，又便行旅。宇文泰后见之，叹曰："岂得一州独尔！"于是诸州皆计里种树。

魏李崇为兖州刺史，兖旧多劫盗，命村置一楼，楼皆悬鼓。盗发之处，乱击之；旁村始闻者，以一击为节；次二、次三。俄顷之间，声布百里，皆发人守险，于是盗无不获。

袁了凡曰：宋薛季宣令武昌，乡置一楼，盗发，伐鼓举烽，瞬息遍百里。事与李崇合。乱世弭盗之法，莫良于此。独宋向子韶知吴江县，太守孙公杰令每保置一鼓楼，保丁五人，以备巡警，盗发则鸣鼓相闻。子韶执不可。曰："争斗自此始矣。"是亦一见也。大抵相机设法，顾其人方略何如，惟明刑、薄赋、裕民，为弭盗之本。

分　将

仲淹知延州，先是总官领边兵万人，提辖领五千人，都监领三千人，寇出，则官卑者先出御。仲淹曰："将不择人，以官为次第，败道也。"乃大阅州兵，得万八千人，分六将领之，将各三千，分部训练，使量贼多寡，更番出御。

梅少司马客生疏云："古之诏爵也以功，今之叙功也以爵。"二语极切时弊。夫临阵则卑者居先，叙功又卑者居后，是直以性命媚人耳，宜志士之裹足而不出也。分将叠出之议固当，吾谓论功尤当专叙汗马，而毋轻冒帷幄，则豪杰之气平，而功名之士知奋矣。

徐　阶二条

世庙时，倭蹂东南，抚按亟告急请兵。职方郎谓："兵发而倭已去，谁任其咎？"尚书惑之，相阶持不可，则以羸卒三千往。阶争之曰："江南腹心地，捐以共贼久矣。部臣于千里外，何以遥度贼之必去，又度其去而必不来，而阻援兵不发也。夫发兵者，但计当与不当耳。不当发，则毋论精弱皆不发，以省费。当发则必发精者，以取胜。而奈何虚文涂耳目，置此三千羸卒与数万金之费，以喂贼耶！"尚书惧，乃发精兵六千，俾偏将军许国、李逢时将焉。国已老，逢时敢深入而疏。骤击倭胜之，前遇伏溃。当事者以发兵为阶咎，阶复疏云："法当责将士战而守令守，今将士一不利，辄坐死，而守令偃然自如。及城溃矣，将校复坐死，而守令仅左降，此何以劝惩也？夫能使民者，守令也，今为兵者一，而为民者百，奈何以战守并责将校也？夫守令勤，则粮饷必不乏；守令果，则探哨必不误；守令警，则奸细必不容；守令仁，则乡兵必为用。臣以为重责守令可也。"

汉法之善，民即兵，守令即将，故郡国自能制寇。唐之府兵，犹有井田之遗法。自张说变为彍骑，而兵农始分。流为藩镇，有将校而无守令矣。迄宋以来，无事则专责守令，而将校不讲韬钤之术；有事则专责将校，而守令不参帷幄之筹。是战与守，两俱虚也。徐文贞此议，深究季世塌冗之弊。

阶又念虏移庭牧宣大，与民杂居，士卒不得耕种，米麦每石直至中金三两，而所给月粮仅七镮，半菽且不继。时畿内二麦熟，石止值四镮，可及时收买数十万石。石费五镮，可出居庸抵宣府；费八镮，可出紫荆抵大同。大约合计之，费止金一两，而士卒可饱一月食。其地米麦，当亦渐平。上疏行之。

习射　习骑

种世衡所置青涧城，逼近虏境。守备单弱，刍粮俱乏。世衡以官钱贷商旅，使致之，不问所出入，未几仓廪皆实。又教吏民习射，虽僧道、妇人亦习之，以银为的，中的者辄与之。既而中者益多，其银重轻如故,而的渐厚且小矣。或争徭役轻重,亦令射,射中者得优处。或有过失,亦令射,射中则免之。由是人人皆射,富乃甲于延州。

杨掞本书生,初从戎习骑射,每夜用青布藉地,乘生马跃。初不过三尺,次五尺,次至一丈,数闪跌不顾。孟珙尝用其法,称为“小子房”。

按《宋史》:掞尝贷人万缗,游襄、汉间,入倡楼,箧垂尽,夜忽自呼曰:“来此何为?”辄弃去。已在军中,费官钱数万,贾似道核其数,孟珙以白金六百与偿,掞又费之,终日而饮。似道欲杀之,掞曰:“汉祖以黄金四万斤付陈平,不问出入,如公琐琐,何以用豪杰?”似道姑置之,盖奇士也。其参杜杲军幕,能出奇计,解安丰之围,惜乎不尽其用耳。

曹　玮

曹玮在秦州时,环、庆属羌田,多为边人所市,单弱不能自存,因没彼中。玮尽令还其故,以后有犯者,迁其家内地。所募弓箭手,使驰射较强弱,胜者与田二顷,诱之习射。再更秋获。课市一马,马必胜甲,然后官籍之,官未尝不收其利。则加五十亩,至三百人以上,团为一指挥。要害处为筑堡,使自堑其地为方田,环之立马社。一马死,众皆出钱市马。马不缺矣。后开边濠,悉令深广丈五尺。山险不可堑者,因其峭绝治之,使足以限敌,后皆以为法。

虞　诩

永初四年,羌人反乱,残破并、凉,大将军邓骘以军役方费,事不相赡,欲弃凉州,并力北边。“譬如衣败,坏一以相补,犹有所完,不然,将两无所保。”议者咸以为然。诩说太尉李修曰:“窃闻公卿定策,当弃凉州。夫凉州既弃;即以三辅为塞,三辅为塞,则园林单外,此不可之甚者也。谚曰:‘关西出将,关东出相。’观其习兵壮勇,实过余州。今羌人所以不敢入据三辅为心腹之害者,以凉州在后故也。其士人所以摧锋执锐,无反顾之心者,为臣属于汉故也。若弃其境域,徙其人庶,安土重迁,必生异念。如使豪杰相聚,席卷而东,虽贲育为卒，太公为将，犹恐不足当御。议者喻以补衣犹有所完，诩恐其疽食浸淫，而无限极，弃之非计。”修曰：“然则计将安出？”诩曰：“今凉土扰动，人情不安，窃忧卒然有非常之变，诚宜令四府九卿各辟彼州数人，其牧守令长子弟，皆除为冗官。外以劝励，答其功勤，内以拘制，防其邪计。”修善其言，更集四府，皆从诩议。于是辟西州豪杰为掾属，拜牧守长吏为郎，以安慰之。

虞诩凉州之议，成于李修之公访；德裕维州之议，格于僧孺之私憾。夫不为国家图万全，而自快其私，以贻后世噬脐之悔，斯不忠之大者矣。河套弃而陕右警，西河弃而甘州危，太宁弃而蓟州逼，三岔河弃而辽东悚，国朝往事，可为寒心。昔单于冒顿，不惜所爱名马与女子，而必争千里之弃地，遂因以灭东胡并诸王。堂堂中国，而谋出于丑虏下，恬不知耻。何哉！〇凉州之议，尤妙在辟其豪杰而用之，此玄德之所以安两川也。嘉靖东南倭警，漕台郑晓奏：“倭寇类多中国人，亦间尽有勇智可用者，每苦资身无策，遂心从贼，为之向导。乞命各巡抚官于军民白衣中，每岁查举勇力智谋者数十人，与以义勇名色，月给米一石。令其无事则率人捕盗，有事则领兵杀贼，有功则官之。如此，不惟中国人不为贼用，且有将材出于其间。其从贼者，谕令归降，如才力可用，一体立功叙迁。不然数年后，或有如卢循、孙恩、黄巢、王仙芝者，益至滋蔓，难拨灭矣。”愚谓端简公此策，今日正宜采用。

款虏二条

俺答孙巴汉那吉，与其奶公阿力哥，率十余骑来降。督抚尚未以闻，张江陵已先知之。宰相不留心边事，那得先知？贻书王总督，崇古。查其的否，往复筹之。曰：“此事关系甚重，制虏之机，实在于此。顷据报俺酋临边索要，正恐彼弃而不取，则我抱空质而结怨于虏。今其来索，我之利也。第戒励将士，坚壁清野以待之。使人以好语款之，彼卑词效款，或斩我叛逆赵全等之首，誓以数年不犯吾塞，乃可奉闻天朝，以礼遣归。但闻老酋临边不抢，又不明言索取其孙。此必赵全等教之，看得透。诱吾边将而挑之以为质，伺吾间隙而掩其所不备。

唯当并堡坚守，勿轻与战。即彼示弱见短，亦勿乘之。我兵被劫，往往坐此。多行间谍，以疑其心。或遣精骑出他道，捣其巢穴，使之野无所掠。不出十日，势将自遁，固不必以斩获为功也。续据巡抚方金湖差人鲍崇德亲见老人云云，其言未必皆实。夫老酋舐犊之情，似亦近真，其不以诸逆易其孙，盖耻以轻博重，看得透。非不忍于诸逆也。乳犬驽驹，畜之何用？但欲挟之为重，以规利于虏耳。今宜遣宣布朝廷厚待其孙之意，以安老酋之心。却令那吉衣其赐服绯袍金带以夸示虏使，彼见吾之宠异之也，则欲得之心愈急，而左券在我，然后重与为市，而求吾所欲，必可得也。俺酋言虽哀怨，身犹拥兵驻赶，事同强挟，未见诚款，必责令将有名逆犯，尽数先送入境，掣回游骑，然后我差官以礼送归其孙。若拥兵要质，两相交易，则戎狄无亲，事或中变。即不然，而聊以胁从数人塞责，于国家威重，岂不大损？至于封爵、贡市二事，皆在可否之间。若鄙意则以为边防利害，不在那吉之与不与，而在彼求和之诚与不诚。若彼果出于至诚，假以封爵，许其贡市，我得以间，修其战守之具，兴屯田之利。边鄙不耸，穑人成功。彼若寻盟，则我示羁縻之义。彼若背盟，则兴问罪之师。胜算在我，数世之利也。诸逆既入境，即可执送阙下，献俘正法，传首于边，使叛人知畏。先将那吉移驻边境，叛人先入，那吉后行。彼若劫质，即斩那吉首示之。闭城与战，彼曲我直，战无不克矣。阿力哥本导那吉来降，与之必至糜烂，牛僧儒还悉怛，谋与吐番，千古遗恨。今彼既留周元二人，则此人亦可执之以相当，断不可与。留得此人，将来大有用处，唯公审图之。”后崇古驰谕虏营，俺答欲我先出那吉，我必欲俺答先献所虏获。俺答乃献被虏男妇八十余人。夷情最躁急，遂寇抄我云石堡。崇古亟令守备范宗儒，以嫡子范国囿，及其弟宗伟、宗伊质虏营，易全等，俺答喜收捕赵全等，皆面缚械系送大同左卫。是时周元闻变，饮鸩死，于是始出那吉，遣康纶送之归，那吉等哭泣而别。巡抚方逢时诫夷，使火力赤猛克谕以毋害阿力哥。既行次河上，祖孙呜呜相劳，南向拜者五。使中军打儿汉等入谢，疏言帝赦我逋迁裔，而建立之德无量，愿为外臣，贡方物，请表笺楷式，及长书表文者。江陵复移书总督，曰：“封贡事乃制虏安边大机大略。时人以狷嫉之心，持庸众之议，计目前之害，忘久远之利，遂欲摇乱而阻坏之，不唯不忠，盖亦不智甚矣。议者以讲和示弱，马市起衅，不知所谓和者，如汉之和亲，宋之献纳。制和者在夷狄，不在中国。故贾谊以为倒悬，寇公不肯主议。今则彼称臣乞封，制和者在中国，不在夷狄。比之汉宋，万万不侔。至于昔年奏开马市，彼拥兵压境，持强求市，以款段驽罢，索我数倍之利。市易未终，遂行抢掠。故先帝禁不复行。今则因其入贡，官为开集市场，使与边民贸易。其期或三日二日，如辽开原事例耳，又岂马市可同语乎？至于桑土之防，戒备之虑，自吾常事，不以虏之贡不贡而有加损也。今吾中国亲父子兄弟相约也，而犹不能保其不背，况夷狄乎？但在我制驭之策，自合如是耳。数十年无岁不掠，无地不入，岂皆以背盟之故乎？即将来背盟之祸，又岂有加于此者乎？议者独以边将不得捣巢，家丁不得赶马，计私害而忘公利，遂失此机会。故仆以为不惟不忠，盖亦不智甚矣。"已乃于文华殿面请诏行之，又以文皇帝封和宁、太平、贤义三王故事，拣付本兵，因区画八策属崇古。崇古既得劄，遂许虏条上封贡便宜，诏从之。俺答贡名马三十，乃封俺答为顺义王。余各封赏有差，今贡市不绝。

板升诸道既除，举朝皆喜。张江陵语督抚曰："此时只宜付之不知，不必通意老酋，恐献以为功，又费一番滥赏，且使反侧者，益坚事虏之心矣。此辈宜置之虏中，他日有用他处，不必招之来归，归亦无用，第时传谕，以销兵务农，为中国藩蔽，勿生反心。若有反心，即传语顺义，缚汝献功矣。然对虏使，却又云此辈背叛中华，我已置之度外，只看他耕田种谷。有犯法生歹心，任汝役之，不必来告，以示无足重轻之意。"

安黎峒

顾玠《海槎余录》云：儋耳七坊黎峒，山水险恶，其俗闲习弓矢好战。峒中多可耕之地，额粮八百余石。弘治末，困于征求，土官符蚺蛇者，恃勇为寇，屡败官军。后蚺蛇中箭死，余党招抚。讫嘉靖初，从侄符崇仁、符文龙争立，起兵仇杀，因而扇动诸黎，阴助作逆。余适拜官莅其境，士民蹙额道其故。余曰："可徐抚也。"未几，崇仁、文龙弟男相继率所部来见，劳遣之。余知二人已获系狱，故发问曰：“崇仁、文龙何不亲至？”众戚然曰：“上司收狱正严。”余答曰：“小事，行将保回安生。”众欣然感谢。郡士民闻之，骇然曰：“此辈宽假，即鱼肉我民矣。”余不答。既而阅狱，纵系囚二百人，州人咸赏我宽大之度。黎庶见之，尽阖首祝天曰：“我辈冤业当散矣。”余随查该峒粮，俱无追纳。因黎众告乞保主。余谕之曰：“事当徐徐，此番先保各从完粮，次保其主何如？”众曰：“诺。”前此上官，每石粮征银八九钱。余欲收其心，先申达上司，将该峒黎粮品搭见征无征，均照京价二钱五分征收，示各黎俱亲身赴纳，因其来归，人人抚谕。籍其名氏，编置十甲。办粮除排年外，每排另立知数、协办、小甲各二名。又总置、总甲、黎老各二名。共有百余人。则掌兵头目，各有所事，乐于自专，不顾其主矣。日久寖向有司，余密察识其情，却将诸首恶五十余名，解至省狱，二千里外，相继牢死，大患潜消。后落窑峒黎，闻风向化，亦告编版籍，粮差讫，州仓积存，听征粮斛，准作本州官军俸粮敷散，地方平安。

平军民变

浙故有幕府亲兵四千五百人，分为九营。岁以七营防海汛，汛毕乃归，其饷颇厚。万历十年间，吴中丞善言，奉新例减饷三之一，又半给新钱。钱法壅不行，诉之不听，遂为乱。其魁马文英、杨廷用实倡之。拥吴公至营所，窘辱备至，迫书朘削状，以库金二千为酒食资，姑纵之。明日，二魁阳自缚诣吴及两台，言：“我实首事，请受法，他无与也。”众皆匣刃以俟，诸公惧稔祸，姑好言慰遣，而具其事上闻。少司马张肖甫奉便宜，命抚浙代吴，未至而民变复作。初，杭城诸棚各设役夫，司干掫，多事。应役者自募游手充之。前二岁始严其法，必亲受役。更多事。惮役者相率倚豪有力以免，而游手遂失募利，亦怨望。上虞人丁仕卿侨居，素舞文，与市大猾相结，假利便言之。监司守令俱不听，意忿忿且谓：“官无如乱兵何，而如我何！”以此挑诸大猾。会仕卿坐他法荷校，诸大猾遂鼓众劫之，响应至千人。于是焚劫诸豪有力家以快憾，遂破台使者门，监司而下悉窜匿。张公抵嘉禾闻变，问候人曰：“兵哨海者发耶？”曰：“发矣。”“所留二营无恙耶？”曰：“然。”

公曰："速驱之，尚可离而二也。"民兵合则不可为矣。从者皆恐，公谈笑自如。既抵台治事，而群不逞啸聚益众。揭竿立帜，执白刃而向台者可二千余，且欲毁垣以入。公乃从数卒乘肩舆出迎，谓之曰："汝曹毋反，反则天子移六师至族汝矣。且汝必有所苦与甚不平，何不告我？"众以司夜役不公为言。公曰："易耳。奈何以一愤易一族。"即下令除之，众始散。然其气益张，夜复掠他巨室，火光烛天。公秉烛草檄，谕以祸福。质明，张之通衢，众取裂之。公怒曰："吾奉命戢悍兵，宜自悍民始。"已而计曰："过可使也，乌合可刈也。"命游击徐景星以二营兵入，召伍长抚之曰："前幕府诚误用汝死力，而不汝饱，汝宁无怏怏？"先平其气安其心，而后用之。众唯唯。则又曰："市无赖子乱成矣，彼无他劳，非汝曹例，能为我尽力计捕之，我且令汝曹以功饱也，然无多杀，多杀不汝功。"众踊跃听命。复召马文英、杨廷用密谓曰："向自缚而请者汝耶？"二魁谢死罪。公曰："壮士故不畏死，虽然，死法无名，汝为我帅众捕乱，讵论赎且赏矣，即不幸死，宁死义乎！"二魁亦踊跃听命。公乃召徐星卿，出所从骁勇为中军，俾营兵次之，郡邑土团又次之。严部伍，明约束，乃遂前薄乱民，连败之，缚百五十余人，而仕卿与焉。公讯得其倡谋、挟刃而腰金帛者，凡五十余人皆斩，枭之辕门，余悉释去，于是群不逞皆散。公念此悍卒犹未伏法，急之或生变，假他事罪之或密掩之则非法。因阳奖二魁功，予之冠带，榜于营，复其饷如初，咸帖然。当二魁自缚时，要众曰："吾以一死蔽若等，姑予我棺殓，给妻子费。"众为敛金数百，既免而不复反橐，众颇恨。又各营倡乱者数十，公俱廉得之。届明年春汛，七营当复发。公于誓师时，密令徐景星以名捕营各一人，数其首乱罪斩之。已后捕马、杨二魁至曰："汝故自请死，今晚矣。且汝既倡乱，又欺众而攘其资，我即欲贷汝，如众怒何？"又斩之。凡九首，陈辕门外，而使使驰赦诸营。曰："天子不忍尽僇汝，汝自揣合死否？今而后当尽力为国御圉也。"众尽感泣。

兵之变未有不因朘削激成者，民之变未有不因势豪激成者。至于兵民一时并变，危哉乎浙也。幸群不逞仓卒乌合，本无大志。而二魁恃好言之慰遣，自幸不死，故不至合而为一，于此便有个题目可做。张公此举,大有机权,大有次第,尤妙在于不多杀。若贪功之臣,我不知当如何矣。

三受降城　钓鱼山

朔方军与突厥以河为境。时默啜悉众西击突骑施,总管张仁愿乘虚夺取漠南地,于河北筑三受降城,首尾相应,以绝其南寇之路,六旬而成。以佛云祠为中城,距东西城各四百余里,皆据津要,于牛头朝那山北,置烽堠千八百所,自是突厥不敢度山畋牧。至今皆弃为荒壤矣,惜哉。

余玠帅蜀,筑招贤馆于府左,供帐一如帅所。时播州冉琎、冉璞兄弟隐居蛮中,前后阃帅辟召皆不至,至是身自诣府。玠素闻其名,与之分庭均礼。居数月,无所言。玠乃为设宴,亲主之,酒酣,生客纷纷竞言所长,琎兄弟卒默然。玠曰:“是观我待士之礼何如耳?”明日更开馆以处之,因使人窥之,但见兄弟终日对踞,以垩画地为山川城池,起则漫去。如是又旬日,乃请玠屏人言曰:“某蒙明公礼遇,今日想有以少报,其在徙合州城乎?”玠不觉跃起,执其手曰:“此玠志也,但未得其所耳。”曰:“蜀中形胜之地,莫如钓鱼山,请徙诸寨。若任得其人,积粟以守之,贤于十万师远矣。”玠大喜,密闻于朝,请不次官之。卒筑青居、大获、钓鱼、云顶、天生凡十余城,皆因山为垒,棋布星分。于是臂指联络,蜀始可守。

张仁愿筑三受降城,而河北之斥堠始远。余玠筑钓鱼山十余城,而蜀之形胜始壮。皆所谓一劳而永逸,一费而百省者也。嘉靖中,大同巡抚张文锦议于镇城北九十里筑五堡,徙镇卒二千五百家往戍之,堡五百家。为大同藩篱,此亦百世之利也。然五堡孤悬几百里,戍卒惮劳不愿往,必也兴屯田、葺庐舍,使民见可趋之利。而又置训练之将,严互援之条,使武备饬而有恃无恐,民谁不欣然而趋之?乃不察机宜,而徒用峻法以驱民于死地。所任贾鉴者,又不能体国奉公,以犯众怒,遂致杀身辱国,赖蔡天祐相机抚定,仅而无恙。欲建功任事者,先在体悉人情哉。

孟 珙

纯祐中，孟珙镇江陵，初至，登城周览，叹曰："江陵所恃三海，不知沮洳有变为桑田者。今自城以东，古岭先锋，直至三汊，无所限隔，敌一鸣鞭，不即至城外乎？"乃修复内隘十有一，而别作十隘于外。沮漳之水，旧自城西入江，则障而东之，俾绕城北入于汉，而三海遂通为一。随其高下，为匮蓄泄，三百里间，渺然巨浸。土木之工百七十万，而民不知役。

中兴十策

建炎中，大驾驻维扬，康伯可上《中兴十策》：一请皇帝设坛，与群臣六军缟素戎服，以必两宫之归。二请移跸关中，治兵积粟，号召两河，为雪耻计，东南不足立事。三请略去常制，为马上治，用汉故事，选天下英俊，日侍左右，讲究天下利病，通达外情。四请河北未陷州郡，朝廷不复置吏，招土人自相推择，各保乡社，以两军屯要害为声援，滑州置留府，通接号令。五请删内侍、百司、州县冗员，文书务简实，以省财便事。六请大赦，与民更始，前事一切不问，不限文武，不次登用，以收人心。七请北人避胡挈郡邑南来以从吾君者，其首领皆豪杰，当待之以将帅，不可指为盗贼。八请增损保甲之法，团结山东、京东、两淮之民，以备不虞。九请讲求汉唐漕运江淮道途，置使以馈关中。十请许天下直言便宜，州郡即日缴奏，置籍亲览，以广豪杰进用之路。宰相汪、黄辈不能用。惜哉！

按：康伯可后来附会贼桧，擢为台郎，两宫宴乐，专应制为歌词，名节扫地矣。然此十策，正大的确，虽李伯纪、赵元镇未或过也。可以人废言乎？

李 纲二条

纲疏经略两河大要云："河北、河东，国之藩蔽也。料理稍就，然后中原可保，而东南可安。今河东所失者，恒、代、太原、泽、潞、汾、晋，余郡尚存也。河北所失者，不过真定、怀、卫、浚四州而已。其余三十余郡，皆为朝廷守。两路士民兵将，戴宋甚坚，皆推豪杰以为守领，多者数万，少亦不下万人。朝廷不因此时置司遣使，以大抚慰而援其危，臣恐粮尽力疲，危迫无告，愤怨必生。金人因得抚而用之，皆精兵也。莫若于河北置招抚司、河东置经制司，择有材略如张浚、傅亮者为之，使宣谕天子不忍弃两河于敌国之意。有能全一州、复一郡者，即如唐藩镇之制，使自为守。如此则不惟绝其从敌之心，又可资其御敌之力，最为今日先务。”

李纲当金人围城死守时，有京师不逞之徒，乘机杀伤内侍，取其金帛，而以所藏器甲弓剑纳官请功。纲命集守御使司以次纳讫，凡二十余人，各言名姓，皆斩之。并斩杀伤部队将者二十余人，及盗纳袄一领者，强取妇人绢一匹者，妄斫伤平民者，皆即以徇。故外有强敌月余日，而城中窃盗无有也。

沈　晦

沈晦除知信州，高宗如扬州，将召为中书舍人。侍御史张守论晦为布衣时事。帝曰：“顷在金营，见其慷慨，士人细行，岂足为终身累耶？”绍兴四年，用知镇江府、两浙西路安抚使。过行在面对，言：“藩帅之兵可用，今沿江千余里，若今镇江、建康、太平、池、鄂五郡，各有兵一二万，以本郡财赋，易官田给之。敌至五郡，以舟师守江，步兵守隘，彼难自渡。假使能渡，五郡合击，敌虽善战，不能一日破诸城也。若围五郡，则兵分势弱，或以偏师缀我大军南侵，则五郡尾而邀之，敌安能远去？”时不能用。

汪立信　文天祥

襄阳围急将破，立信遗似道书云：“沿江之守，不过七千里，而内郡见兵尚可七十余万，宜尽出之江干，以实外御，汰其老弱，可得精锐五十万。于七千里中，距百里为屯，屯有守将，十屯为府，府有总督。其尤要害处，则三倍其兵。无事则泛舟江淮，往来游徼；有事则东西互援，联络不断，以成率然之势，此上策也。久拘聘使，无益于我，徒使敌得以为辞，莫若礼而归之。请输岁币，以缓目前之急。俟边遽稍休，徐图战守，此中策也。”后伯颜入建康闻其策，叹曰：“使宋果用之，吾安得至此？”

北人南侵，文天祥上疏，言：朝廷姑息牵制之意多，奋发刚断之意少，乞斩师孟衅鼓，以作将士之气。且言宋惩五季之乱，削藩镇，建邑郡，一时虽足以矫尾大之弊，然国以变弱。故敌至一州则一州破，至一县则一县残。中原陆沉，痛悔何及？今宜分天下为四镇，建都督统御于其中，以广西益湖广，而建阃于长沙；以广东益江西，而建阃于隆兴；以福建益江东，而建阃于番阳；以淮西益淮东，而建阃于扬州。责长沙取鄂，隆兴取蕲黄，番阳取江东，扬州取两淮。使其地大力众，足以抗敌，约日齐奋，有进无退，日夜以图之。彼备多力分，疲于奔命。而吾民之豪杰者，又伺间出于其中，如此则敌不难却也。

靖康有李纲不用，而用黄潜善、汪伯彦；咸淳有汪立信不用，而用贾似道；德祐有文天祥不用，而用陈宜中。然则宋不衰于金，自衰也；不亡于元，自亡也。

察智部总序

冯子曰：智非察不神，察非智不精。子思云："文理密察，必属于至圣。"而孔子亦云："察其所安。"是以知察之为用，神矣广矣。善于相人者，犹能以鉴貌辨色，察人之富贵福寿贫贱孤夭，况乎因其事而察其心，则人之忠佞贤奸，有不灼然乎？分其目曰"得情"，曰"诘奸"，即以此为照人之镜而已。

冯子曰：语云，察见渊鱼者不祥。是以圣人贵夜行，游乎人之所不知也。虽然，人知实难，己知何害？目中无照乘摩尼，又何以夜行而不蹶乎？子舆赞舜，明察并举，盖非明不能察，非察不显明，譬之大照当空，容光自领，岂无覆盆？人不憾焉。如察察予好，渊鱼者避之矣。吏治其最显者，"得情"而天下无冤民，"诘奸"而天下无戮民，夫是之谓精察。

卷九

察智部得情

口变缁素，权移马鹿。山鬼昼舞，愁魂夜哭。如得其情，片言折狱。惟张与子，吾是私淑。集“得情”。

唐御史

李靖为岐州刺史，或告其谋反。高祖命一御史案之，此御史恨失其名。御史知其诬罔，请与告事者偕。行数驿，诈称失去原状，惊惧异常，鞭挞行典，乃祈求告事者别疏一状。比验，与状不同，即日还以闻。高祖大惊，告事者伏诛。

张楚金

湖州佐使江琛，取刺史裴光书，割取其字，合成文理，诈为与徐敬业反书以告，差御史往推之。款云：书是光书，语非光语。前后三使，并不能决。则天令张楚金劾之，仍如前款。楚金忧懑，仰卧西窗，日光穿透，因取反书向日视之，其书乃是补葺而成。因唤州官俱集，索一瓮水，令琛取书投水中，字字解散，琛叩头伏罪。

崔思竞

崔思竞，则天朝或告其再从兄宣谋反，付御史张行岌按之。告者先诱藏宣妾，而云妾将发其谋，宣乃杀之，投尸洛水。行岌按略无状。则天怒，令重按，奏如初。则天怒曰：“崔宣若实曾杀妾，反状自明矣。不获妾，如何自雪？”行岌惧，逼思竞访妾。思竞乃于中桥南北多置钱帛，募匿妾者，数日略无所闻，而其家每窃议事，则告者辄知之。思竞揣家中有同谋者，乃佯谓宣妻曰：“须绢二百匹，雇刺客杀告者。”而侵晨伏于台前。宣家有馆客姓舒，婺州人，为宣家服役，宣委之同于子弟。须臾，见其人至台赂阍人以通于告者，告者遂称崔家欲刺我。思竟要馆客于天津桥骂曰:"无赖险獠,崔家破家必引汝同谋,何路自雪?汝幸能出崔家妾,我遗汝五百缣,归乡足成百年之业,不然亦杀汝必矣。"其人悔谢,乃引至告者之家,搜获其妾,宣乃得免。

一个馆客尚然,彼食客三千者何如哉?虽然,鸡鸣狗盗,因时效用则有之,皆非甘为服役者也,故相士以廉耻为重。

边郎中

开封屠子胡妇,素行不洁。夫及舅姑,日加笞骂。一日,出汲不归,胡诉之官。适安业坊中有妇尸在智井中者,官司召胡认之,曰:"吾妇一足无小指,此尸指全,非也。"妇父素恨胡,乃抚尸哭曰:"此吾女也,久失爱于舅姑,是必挞死投井中,以逃罪耳。"时天暑,经二三日尸已溃,有司权瘗城下。下胡狱,不胜掠治,遂诬服。宋法:岁遣使审复诸路刑狱。是岁,刑部郎中边某,一视成案,即知冤滥。曰:"是妇必不死。"宣抚使安文玉执不肯改,乃令人遍阅城门所揭诸人逋亡文字。中有贾胡逃婢一人,其物色与尸同,所寓正智井处也,贾胡已他适矣。于是使人监故瘗尸者,令起原尸。瘗者出曹门,涉河东岸,指一新冢曰:"此是也。"发之,乃一男子尸。边曰:"埋时盛夏,河水方涨,此辈病涉,弃尸水中也,男子以青帣总发,必江淮新子无疑。"讯之果然。安心知其冤,犹以未获逃妇,不肯释。会开封故吏除洛州,一仆于逆妓中得胡氏妇,问之,乃出汲时淫奔于人,转娼家,其事乃白。

解思安狱

定州流人解庆宾,兄弟坐事,俱徙扬州。弟思安背役亡归,庆宾惧后役追责,规绝名贯,乃认城外死尸,诈称其弟为人所杀,迎归殡葬。颇类思安,见者莫辨。又有女巫杨氏,自云见鬼,说思安被害之苦,饥渴之意。庆宾又诬疑同军兵苏显甫、李盖等所杀,经州讼之,二人不胜楚毒,各诬服。狱将决,李崇疑而停之,密遣二人,非州内所识者,伪从外来,诣庆宾告曰:"仆往北州,比有一人,见过寄宿,夜中共语,疑其有异,便即诘问,乃云是流兵背役,姓解字思安。时欲送官,苦求不及，称有兄庆宾，说得活似。今住扬州相国城内，嫂姓徐，君脱矜愍，为往告报，见申委曲。家兄闻此，必相重报。今但见质，若往不获，送官何晚，是故相造。君欲见顾几何，当放令弟。若其不信，可见随看之。"庆宾怅然失色，求其少停。此人具以报崇，摄庆宾问之，引伏。因问盖等，乃云自诬。数日之间，思安亦为人缚送。崇召女巫视之，鞭笞一百。

欧阳晔

欧阳晔治鄂州，民有争舟而相殴至死者，狱久不决。晔自临其狱，出囚坐庭中，去其桎梏而饮食讫，悉劳而还之狱。独留一人于庭，留者色动惶顾。公曰："杀人者汝也。"因不知所以。曰："吾观食者皆以右手持匕，而汝独以左，今死者伤在右肋，此汝杀之明验也。"囚泣涕服罪。

尹见心

民有利侄之富者，醉而拉杀之于家。其长男与妻相恶，欲借奸名并除之。乃操刃入室，斩妇首，并取拉杀者之首以报官。时知县尹见心，方于二十里外迎上官，闻报时夜已三鼓。见心从灯下视其首，一首皮肉上缩，一首不然。即诘之曰："两人是一时杀否？"答曰："然。"曰："妇有子女乎？"曰："有一女，方数岁。"见心曰："汝且寄狱，俟旦鞫之。"别发一票，速取某女来。女至则携入衙，以果食之，好言细问，得其情，父子服罪。

王　佐

王佐守平江，政声第一，尤长听讼。小民告捕进士郑安国酒。佐问之，郑曰："非不知冒刑宪，老母饮药，必酒之无灰者。"佐怜其孝，放去。复问："酒藏床脚笼中，告者何以知之，岂有出入而家者乎？抑而奴婢有出入者乎？"以幼婢对，追至前得与民奸状，皆杖脊遣，闻者称快。

殷云霁

正德中,殷云霁字近夫,知清江。县民朱铠死于文庙西庑中,莫知杀之者。忽得匿名书曰:"杀铠者某也。"某系素仇,众谓不诬。云霁曰:"此嫁贼以缓治也。"问左右:"与铠狎者谁?"对曰:"胥姚。"云霁乃集群胥于堂曰:"吾欲以写书,各呈若字。"有姚明者,字类匿名书。诘之:"尔何杀铠?"明大惊曰:"铠将贩于苏,独吾候之,利其资,故杀之耳。"

周　纡

周纡为召陵侯相,廷掾惮纡严明,欲损其威。侵晨,取死人,断手足立寺门。纡闻辄往,至死人边,若与共语状,阴察视口眼有稻芒。乃密问守门人曰:"夕谁载藁入城者?"门者对:"惟有廷掾耳。"乃收廷掾,拷问具服,后人莫敢欺者。

高子业

高子业初任代州守,有诸生江槔与邻人争宅址,将哄,阴刃族人江孜等,匿二尸图诬邻人。邻人知,不敢哄,全畀以宅,槔埋尸室中。数年,槔兄千户楫枉杀其妻,槔唆妻家讼楫,并诬楫杀孜事。楫拷死,无后,与弟槃重袭楫职。讼上监司台,付子业再鞫。业问槔以孜等尸所在,槔对曰:"楫杀孜埋尸其室,不知所在。"曰:"楫何事杀孜?"槔愕然对曰:"为槔争宅址。"曰:"尔与同宅居乎?"对曰:"异居。"曰:"为尔争宅址,杀人埋尸己室,有斯理乎?"问吏曰:"搜尸槔室否?"对曰:"未也。"乃命搜槔室,掘地得二尸于槔居所,刃迹宛然,槔服罪。州人曰:"十年冤狱,一旦得雪。"州豪吴世杰,诬族人吴世江、世泽奸盗,拷掠死二十余命,世江更数冬不死。子业覆狱牍问曰:"盗赃布裙一,谷数斛,世江有田若庐,富而行劫,何也?"世杰曰:"贼饵色。"即呼奸妇问之曰:"盗奸若何?"对曰:"奸也。""何时?"曰:"夜。"曰:"夜奸何得识贼名?"对曰:"世杰教我贼名。"世杰遂服诬杀人罪。

程戡

程戡知处州，民有积仇者，一日诸子谓其母曰："母老且病，恐不得更议，请以母死报仇。"乃杀其母，置仇人之门，而诉于官，仇者不能自明。戡疑之，僚属皆言无足疑。戡曰："杀人而自置于门，非可疑耶？"乃亲自劾治，俱得本谋。

张举

张举为句章令，有妻杀其夫，因放火烧舍，诈称夫死于火，其弟讼之。举乃取猪二口，一杀一活，积薪焚之。察死者口中无灰，活者口中有灰。因验夫口果无灰，以此鞫之，妻乃服罪。

陈骐

陈骐为江西佥宪，初至，梦一虎带三矢，登其舟，觉而异之。会按问吉安女子谋杀亲夫事，有疑。初，女子许嫁庠生，女富而夫贫，女家恒周给之。其夫感激，每告其友周彪。彪家亦富，闻其女美，欲求婚而无策。后贫士亲迎时，彪与偕行，谚谓之"伴郎"。途中，贫士遇盗杀死。贫士父疑女家嫌其贫，使人故要于路，谋杀其子，意欲他适，不知乃彪所谋，欲得其女也。讼于官，问者按女有奸谋杀夫。骐呼其父问之，但云"女与人有奸"，而不得其主名。使稳婆验其女，又处子。乃谓其父曰："汝子交与谁最密？"曰："周彪。"骐因思曰："虎带三矢而登舟，非周彪乎？况彪又伴其亲迎，梦为是矣。"越数日，伪移檄吉安，取有学之士修郡志，而彪名在焉。既至，骐设馔以饮之。酒半，独召彪于后堂，屏左右，引手叹息，阳谓之曰："人言汝杀贫士而娶其妻，吾怜汝有学，且此狱一成，不可复反，汝当吐实，吾救汝。"彪错愕战栗，跪而悉陈。骐录其词，潜令人捕同谋者，一讯而狱成，一郡惊以为神。

范槚

范槚为淮安守，时民家子徐柏及婚而失之。父诉府，槚曰："临婚当不远游，是为人杀耶？"父曰："儿有力，人不能杀也。"久之莫决。一夕，秉烛坐，有濡衣者臂系瓮，偻而趋。默诧曰："噫！是柏魂也，而系瓮，水死耳。"明日，问左右曰："何池沼最深者，吾欲暂游。"对曰某寺，遂舆以往。指池曰："徐柏尸在是。"网之不得，将还，忽泡起如沸，复于下获焉。召其父视之，柏也，然莫知谁杀。槚念柏有力人，杀柏当勍。一日忽下令曰："今乱初已，吾欲简健者为快手。"选竟，视一人反袄，脱而观之，血渍焉。呵曰："汝何杀人？"曰："前阵上涴耳。"解其里，血渍沾纩。槚曰："倭在夏秋，岂须袄？杀徐柏者汝也。"遂具服，云以某童子故。执童子至，曰："初意汝戏言也，果杀之乎。"一时称为神识。

杨评事

湖州赵三，与周生友善，约同往南都贸易。赵妻孙不欲夫行，闹数日矣。及期黎明，赵先登舟，因太早，假寐舟中。舟子张潮利其金，潜移舟僻所，沉赵，而复诈为熟睡。周生至，谓赵未来，候之良久，呼潮往促。潮叩赵门，呼三娘子，因问三官何久不来。孙氏惊曰："彼出门久矣，岂尚未登舟耶？"潮复周，周甚惊异，与孙分路遍寻，三日无踪。周惧累，因具牍呈县，县尹疑孙有他故害其夫。久之，有杨评事者，阅其牍曰："叩门便叫三娘子，定知房内无夫也。"以此坐潮罪，潮乃服。

杨茂清

杨茂清升直隶贵池知县，池滨大江，使传往来如织，民好嚣讼。茂清因俗为治，且遇事明决。时泾县有王赞者，逋青阳富室周鉴金，而欲陷之。预购一丐妇蓄之，鉴至索金，辄杀妇诬鉴。讯者以鉴富为嫌，莫敢为白，御史以事下郡。郡檄清往按。阅其狱词曰："见知何不指里邻，而以五十里外麻客乎？赞既被殴晕地，又何能辨麻客姓名，引为之证乎？"又云："其妻伏赞背护赞，又何能殴及胸胁死乎？"已乃讯证人，稍稍吐实。诘旦至尸所，益审居民，则赞门有沟，沟布椽为桥，阳出妇与鉴争，堕桥而死。赞乃语塞，而鉴得免。石埭杨翁生二子，长子之子标，次子死，而妇与仆奸，翁逐之。仆复潜至家，翁不直斥为奸，而比盗扑杀之。时标往青阳为亲故寿，仆家谓标实杀之，而翁则诉己当复辜。当道不听，竟以坐标。翁屡以诉，清密侦其事得之。而当道亦以标富，惮于平反，何说。清承檄则逮青阳与标饮酒者十余人，隔而讯之，如出一口。乃坐翁收赎，而贷标。后三年，道经其家，尽室男女，罗拜于道，且携一小儿告曰："此标出禁所生也，非公则杨氏斩矣。"

又铜陵胡宏绪，韩太守试冠诸生，有一家奴挈其妻子而逃。宏绪诉媒氏匿之，踪迹所在，相与执缚之。其奴先是病甚，比送狱，当夕身死，其家亟陈于官。而客户江西人，其同籍也，纷至为证。御史按部诉之，辄以下清。清复讯之曰："所谓锁缚者，实以送县，非私家也，况奴先有病乎。"遂原胡生。会试且迫，夙夜以狱牒上，胡生遂得不坐，是年登贤书。公之辨冤释滞多类此。

郑洛书

郑洛书知上海县，尝于履端谒郡，归泊海口，有沉尸压以石磨，忽见之，叹曰："此必客死，故莫余告也。"遣人侦之，近村民家有石磨失其牡。执来相吻合，一讯即伏。果江西卖卜人，岁晏将归，房主利其财而杀之。

许襄毅公三条

单县有田作者，其妇饷之，食毕死。翁故曰："妇意也。"陈于官，不胜棰楚，遂诬服，自是天久不雨。许襄毅公时官山东，曰："狱其有冤乎？"乃亲历其地，出狱囚遍审之。至饷妇，乃曰："夫妇相守，人之至愿，鸩杀人，计之至密者也，焉自饷于田而鸩之哉？"遂询其所馈饮食，所经道路，妇曰："鱼汤米饭，度自荆林，无他异也。"公乃买鱼作饭，投荆花于中，试之狗彘无不死者，妇冤遂白，即日大雨如注。

苏人出商于外，其妻蓄鸡数只，以待其归。数年方返，杀鸡食之，夫即死。邻人疑有外奸，首之太守。姚公鞫之无他故，意其鸡有毒。令人觅老鸡，与当死囚遍食之，果杀二人，狱遂白。盖鸡食蜈蚣百虫，久则蓄毒，故养生家鸡老不食，又夏不食鸡。

张御史昺，字仲明，慈溪人，成化中以进士知铅山县。有卖薪者，性嗜鳝。一日自市归，饥甚，妻烹鳝以进，恣啖之，腹痛而死。邻保谓妻毒夫，执送官，拷讯无他据，狱不能具，械系逾年。公始至，阅其牍，疑中鳝毒。召渔者捕鳝得数百斤，悉置水瓮中，有昂头出水二三寸者，数之得七，公异之，召此妇面烹焉，而出死囚与食，才下咽，便称腹痛，俄仆地死，妇冤遂白。

陆子远《神政记》载此事，谓公受神教而然，说颇诞。要之凡物之异常者皆有毒，察狱者自宜留心，何待取决于冥冥哉？

藏　金

李汧公勉，镇凤翔。有属邑耕夫，得褭蹄金一瓮，送于县宰。宰虑公藏之守不严，置于私室。信宿视之，皆土块也。瓮金出土之际，乡社悉来观验，遽有变更，莫不骇异。以闻于府，宰不能自明，遂以易金诬服。虽词款具存，莫穷隐用之所，以案上闻。汧公览之盛怒。俄有筵宴，语及斯事，咸共惊异。时袁相国滋在幕中，俯首无所答。汧公诘之，袁曰："某疑此事有枉耳。"汧公曰："当有所见，非判官莫探情伪。"袁曰："诺。"俾移狱府中，阅瓮间得二百五十余块，遂于列肆，索金溶泻，与块相等，始称其半，已及三百斤。询其负担人力，乃二农夫以竹担舁至县，计其金数，非二人所担可举，明其在路时，金已化为土矣。于是群情大豁，宰获清雪。

甘露寺常住金

李德裕镇浙右，甘露寺僧诉交代常住什物，被前主事僧耗用常住金若干两。引证前数辈，皆有递相交领，文籍分明，众词指以新得替人，隐而用之。且云："初上之时，交领分两既明，及交割之日，不见其金。"鞫成具狱，伏罪昭然。未穷破用之所，公疑其未尽，微以意揣之。僧乃诉冤曰："积年以来，空交分两文书，其实无金矣。众乃以孤立，欲乘此挤之。"公曰："此不难知也。"乃召兜子数乘，命关连僧人对事，遣入兜子中。门皆向壁，不令相见。命取黄泥，各模交付下次金样，以凭证据。僧既不知形状，竟模不成，前数辈皆伏罪。

藏　钱

程颢为鄠县主簿，民有借其兄宅以居者，发地中藏钱。兄之子诉曰："父所藏也。"令曰："此无证佐，何以决之。"颢曰："此易辨尔。"问兄之子曰："汝父藏钱几何时矣？"曰："四十年矣。""彼借宅居几何时矣？"曰："二十年矣。"即遣吏取钱十千视之，谓借宅者曰："今官所铸钱，不五六年即遍天下，此钱皆尔未藏前数年所铸，何也？"其人遂服。

李若谷

李若谷守并州，民有讼叔不认其为侄者，欲擅其财，累鞫不实。李令民还家殴其叔，叔果讼侄殴逆，因而正其罪，分其财。

吕　陶

吕陶为铜梁令，邑民庞氏者，姊妹三人，共隐幼弟田。弟壮，讼之官，不得直，贫甚，至为人佣奴。陶至，一讯而三人皆服罪吐田，弟泣拜，愿以田之半作佛事为报。陶晓之曰："三姊皆汝同气，方汝幼时，若非为汝主，不几为他人鱼肉乎？与其捐半供佛，孰若分遗三姊。"弟泣拜听命。

分遗而姊弟之好不伤，可谓善于敦睦。若出自官断，便不妙矣。

裴子云　赵和

新乡县人王敬戍边，留牸牛六头于舅李进处。养五年，产犊三十头。敬自戍所还索牛，进云两头已死，只还四头老牛，余不肯还。敬忿之，投县陈牒。县令裴子云令送敬付狱，叫追盗牛贼李进，进惶怖至县。斥之曰："贼引汝同盗牛三十头，藏于汝家。"唤贼共对，乃以布衫笼敬头，立南墙之下。进急乃吐款云："三十头牛总是外甥牸牛所生，实非盗得。"云遣去布衫，进见曰："此外甥也。"云曰："若是即还他牛。"但念五年养牛辛苦，令以数头谢之。一县称快。一作武阳令张允济事。

咸通初，楚州淮阴县东邻之民，以庄券质于西邻，贷得千缗，约来年加子钱赎契。及期，先纳八百缗，约明日偿足方取券。两姓素通家，且止隔信宿，谓必无他，因不征纳缗之籍。明日，赍余镪至，西邻讳不认。诉于县，县以无证不直之，复诉于州亦然。东邻不胜其愤，闻天水赵和令江阴，片言折狱，乃越江而南诉焉。赵宰以县官卑，且非境内，固却之。东邻称冤不已。赵曰："且止吾舍。"思之经宿，曰："得之矣。"召捕贼之干者数辈，赍牒至淮壖口，言获得截江大盗，供称有同恶某，请械送来。唐法：惟持刀截江，邻州不得庇护。果擒西邻人至，然自恃农家，实无他迹，应对颇不惧。赵胁以严刑，因始泣叩不已。赵乃曰："所盗幸多金宝锦彩，非农家物，汝宜籍舍中所有辨之。"囚意稍解，且不虞东邻之越讼，遂详开钱谷金帛之数，并疏所金来，而东邻赎契八百缗在焉。赵阅之，笑曰："若果非江寇，何谓讳东邻八百缗？"遂出诉邻面质，于是惭惧服罪，押回本土，令吐契而后罚之。

何武　张咏

汉沛郡有富翁，家资二十余万，子才年三岁，失其母。有女适人，甚不贤。翁病，因为遗书，悉以财属女。但遗一剑，云："儿年十五，以付还之。"其后，又不与剑。儿诣郡陈诉，太守何武，录女及婿，省其手书。顾谓掾吏曰："此人因女性强梁，婿复贪鄙，畏残害其儿，又计小儿得此财不能全护，故且与女，实守之耳。夫剑者所以决断，限年十五者，度其子智力足以自居，又度此女必复不还其剑，当关州县得见申转辗。其思虑深远如是哉。"悉夺取财与儿曰："敝女恶婿，温饱十年，亦已幸矣。"论者大服。

张咏知杭州，杭有富民，病将死，其子三岁。富民命其婿主家资，而遗以书曰："他日分财，以十之三与子，而七与婿。"其后子讼之官，婿持父书诣府。咏阅之，以酒酹地曰："汝之妇翁智人也，时子幼，故以子属汝，不然，子死汝手矣。"乃命三分其财与婿，而子与七。

奉使者

有富民张老者妻，生一女，无子，赘某甲于家。久之，妾生子名一飞,有四岁,而张老卒。张病时谓婿曰:“妾子不足任吾财,当畀汝夫妇,尔但养彼母子,不死沟壑,即汝阴德矣。”于是出券书云:“张一非吾子也,家财尽与吾婿,外人不得争夺。”婿乃据有张业不疑。后妾子壮,告官求分,婿以券呈,官遂置不问。他日奉使者至,妾子复诉,婿仍前赴证。奉使者因更其句读曰:“张一非,句吾子也。句家财尽与,句吾婿外人句不得争夺。”曰:“尔妇翁明谓吾婿外人,尔尚敢有其业耶?诡书飞作非者,虑彼幼为尔害耳。”于是断给妾子,人称快焉。

张齐贤

戚里有分财不均者,更相讼。齐贤曰:“是非台府所能决,臣请自治之。”齐贤坐相府,召讼者问曰:“汝非以彼分财多,汝所分少乎?”曰:“然。”具款,乃召两吏,令甲家入乙舍,乙家入甲舍,货财无得动,分书则交易。明日奏闻。上曰:“朕固知非君不能定也。”

王　罕

罕知澶州,州有妇病狂,数诣守诉事,出语无章,却之则悖骂,前守屡叱逐。罕至独引令前,委曲问之,良久,语渐有次第。盖本为人妻,无子,夫死,妾有子,遂逐而据其资,以屡诉不得直,愤恚发狂也。罕为治妾而反其资,妇寻愈。罕,王珪季父。

韩　亿

韩亿知洋州,大校李甲以财豪于乡里。兄死,诬其兄子为他姓,赂里妪之貌类者,使认为己子,又醉其嫂而嫁之,尽夺其资。嫂侄诉于州,积十余年,竟未有白其冤者。公至,又出诉,公取前后案牍视之,皆未尝引乳医为验。一日,尽召其党至庭下,出乳医视之,众皆服罪,子母复归如初。

于文传

于文传迁乌程县尹,有富民张某之妻王无子。张纳一妾于外,生子未晬。王诱妾以儿来,寻逐妾,杀儿焚之。文传闻而发其事,得死儿余骨。王厚赂妾之父母，买邻家儿为妾所生，儿初不死。文传令妾抱儿乳之，儿啼不受，妾之父母吐实。乃呼邻妇至，儿见之，跃入其怀，乳之即饮。王遂伏辜。

张三翁

有富民张氏子，其父死。有老父曰："我，汝父也，来就汝居。"张惊疑，请辩于县，祖颢诘之，老父探怀取策以进，记曰："某年某月日，某人抱子于三翁家。"颢问张及其父年几何，谓老父曰："是子之生，其父年才四十，已谓之三翁乎？"老父惊服。

黄霸　李崇

颍川有富室，兄弟同居，妇皆怀娠，长妇胎伤，弟妇生男，长妇遂盗取之。争讼三年，州郡不能决。丞相黄霸，令走卒抱儿去两妇各十步，叱令自取。长妇抱持甚急，儿大啼叫，弟妇恐致伤因而放与，而心甚怀怆。霸曰："此弟子。"责问乃伏。

陈祥断惠州争子事类此。〇祥知惠州，郡民有二女，嫁为比邻者。姊数不孕，一日妹生子，而姊之妾适同时产女。诡言产子，夜烧妹房舍，乘乱窃其儿以归。妹觉之，往索勿与，讼于府无证。祥佯自语，必杀此儿，事即了毕。乃置瓮水堂下，引二妇出曰："吾为汝溺此儿，以解此纷。"密谕一卒谨视儿，而叱左右诈为投儿状，亟逐二妇使出。其妹失声争救，不可得，颠仆堂下，其姊竟去不顾。祥即断儿归妹，而杖姊妾，一郡称服。

寿春县人苟泰，有子三岁，遇贼亡失，数年不知所在。后见在同县赵奉伯家。泰已状告，各言己子，并有邻证，郡县不能断。李崇令二父与儿分禁三处，故久不问。忽一日密遣人分告二父曰："君儿昨不幸遇疾暴死。"苟泰闻即号咷，悲不自胜，奉伯咨嗟而已。崇察知之，乃以儿还泰，诘奉伯诈状，奉伯款引云："先亡一子，姑妄认之。"

宣彦昭　范邰

宣彦昭仕元为平阳州判官，天大雨，民与军争簦，各认己物。彦昭裂而为二，并驱出，使卒踵其后。军忿噪不已，民曰："汝自失镫，于我何与？"卒以闻彦昭，杖民令买镫偿军。

范邰为浚仪令，二人挟绢于市互争，令断之，各分一半去，后遣人密察之，有一喜一愠之色，于是擒喜者。

李惠断燕巢事，即此一理所推也。魏雍州厅事，有燕争巢，斗已累日。刺史李惠令人掩护，试命纪纲断之并辞。惠乃使卒以弱竹弹两燕，既而一去一留。惠笑谓属吏曰："此留者自计为巢功重，彼去者既经楚痛，理无固心。"群下服其深察。

安重荣　韩彦古

安重荣虽武人，而习吏事。初为成德节度，有夫妇讼其子不孝者，重荣拔剑授其父，使自杀之。其父泣不忍，其母从旁诟夫，而夺剑而逐其子。问之，乃继母也。重荣为叱其母出，而从后射杀之。

韩彦古字子师，延安人，蕲王世忠之子。知平江府，有士族之母，讼其夫前妻之子者，以衣冠扶掖而来，乃其嫡子也。彦古曰："事体颇重，当略惩戒之。"母曰："业已论诉，愿明公据法加罪。"彦古曰："若然必送狱而后明。汝年老必不能理对，姑留扶掖之子就狱与证，徐议所决。"母良久云："乞文状归家，俟其不悛，即可告里。"由是不敢复至。

孙　宝

孙宝为京兆尹，有卖馓馓者，今之馓饼也，于都市与一村民相逢，击落皆碎。村民认赔五十枚，卖者坚称三百枚，无以证明。公令别买一枚称之，乃都秤碎者，细折分两，卖者乃服。

杖羊皮　杖蒲团

魏李惠为雍州刺史，有负薪、负盐者，同弛担憩树阴。将行，争一羊皮，各言藉背之物。惠曰："此甚易辨。"乃令置羊皮于席上，以杖击之，盐屑出焉，负薪者乃服罪。

江淮省游平章显沿，为政清明。有城中银店失一蒲团，后于邻家认得，邻不服，争詈不置。游行马至，问其故，叹曰："一蒲团直几何？

失两家之好，杖蒲团七十，弃之可也。”乃杖得银星，遂罪其邻。

傅琰

傅琰仕齐为山阴令，有卖铁、卖糖二老姥，共争团丝，诣琰。琰取其丝鞭之，密视有铁屑，乃罚卖糖者。又，二野父争鸡，琰各问何以食鸡。一云粟，一云豆。乃破鸡得粟，罪言豆者。

《南史》云：世传诸傅有《理县谱》，子孙相传，不以示人。琰子刿尝代刘玄明为山阴令，玄明亦夙称能吏，政为天下第一。刿请教，玄明曰：“吾有奇术，卿家谱所不载。”问何术，答曰：“日食一升饭而莫饮酒，此第一义也。”刿子岐为如新令，世为循吏。

孙主亮

亮出西苑，方食生梅，使黄门至中藏，取蜜渍梅。蜜中有鼠矢，亮问主藏吏曰：“黄门从汝求蜜耶？”曰：“向求之，实不敢与。”黄门不服，左右请付狱推。亮曰：“此易知耳。”令破鼠矢，里燥。亮曰：“若久在蜜中当湿透，今里燥，必黄门所为。”于是黄门首服。

乐蔼

梁时长沙宣武王将葬，东府忽于库失油络，欲推主者。御史中丞乐蔼曰：“昔晋武库火，张华以为积油幕万匹必燃。今库若有灰，非吏罪也。”既而检之，果有积灰，时称其博物弘恕。

李南公

李南公为河北提刑，有班行犯罪下狱，案之不服。闭口不食者百余日，狱吏不敢拷讯。南公曰：“吾能立使之食。”引出问曰：“吾以一物塞汝鼻，汝能终不食乎。”其人惧，即食，因具服罪。盖彼善服气，以物塞鼻，则气结，故惧。此亦博物之效也。

韩绍宗

樊举人者，寿宁侯门下客也。侯贵震天下，樊负势结勋戚贵臣。

一切奏状，皆出其手，然驾空无事实，为怨家所发。事下刑部，部郎中韩绍宗具知其实，乃摄樊举人。时樊匿寿宁侯所甚深，乃百计出之。下狱数日，韩一旦出门，见地上一卷书，取视则备书樊举人罪状，宜必置之死，不死不可。韩笑曰："此樊举人所自为书也。"诘之果服。同僚问樊何以自为此。对曰："韩公者，非可摇动以势，冀生则必死，首当死者，左计也。"韩曰："不然，若罪原不至死。"于是发戍辽。

卷十

察智部诘奸

王轨不端，司寇溺职。吏偷俗弊，竞作淫慝。我思老农，剪彼蟊贼。摘伏发奸，即威即德。集"诘奸"。

赵广汉二条

赵广汉为颍川太守。先是，颍川豪杰大姓相与为婚姻，吏俗朋党。广汉患之，察其中可用者受记。出有案问，既得罪名，行法罚之。广汉故漏泄其语，令相怨咎，又教吏为缿筩，及得投书，削其主名，而托以为豪杰大姓子弟所言。其后强宗大族，家家仇怨，奸党散落，风俗大改。

广汉尤善为钩钜，以得事情。钩钜者，设欲知马价，则先问狗，已问羊，又问牛，然后及马。参伍其价，以类相准，则知马之贵贱不失实矣。惟广汉至精能行之，他人效者莫能及。

周文襄

周文襄公忱巡抚江南，有一册历，自记日行事，纤悉不遗。每日阴晴风雨，亦必详记。人初不解，一日某县民告粮船江行失风。公诘其失船为某日，午前午后，东风西风，其人所对参错，公案籍以质，其人惊服。始知公之自记，非漫书也。

蒋颖叔为江淮发运，尝于所居公署前立占风旗，使日候之置籍焉，令诸漕纲吏程亦各记风之便逆。每运至，取而合之，责其稽缓者，纲吏畏服。文襄亦有所本。

陈霁岩

陈霁岩为楚中督学，初到任，江夏县送进文书千余角。书办先将照详、照验，分作两处。公夙闻先辈云："前道有驳提文书难以报完者，必乘后道初到时，贿属吏书，从照验中混缴。"公乃费半日功，将照验文书逐一亲查，中有一件驳提，该吏者混入其中。先暗记之，命书办细查，戒勿草草。书办受贿，径以无弊对，公摘此一件而质之，重责问罪革役。后照验文书，更不敢欺。

张敞　虞诩

长安市多偷盗，百贾苦之。张敞既视事，求问长安父老。偷盗酋长数人，居皆温厚，出从重骑，闾里以为长者。敞皆召见责问，因贳其罪，把其宿负，命致诸偷以自赎。偷长曰："今一旦召诣府，恐诸偷惊骇，愿一切署。"敞皆以为吏，遣归休置酒，小偷悉来贺，且饮醉。偷长以赭污其衣裾，吏坐闾阅出，见污赭，辄收缚，十日捕得数百人，穷治所犯，市盗遂绝。

朝歌贼宁季等数千人，攻杀长吏，屯聚连年，州郡不能禁，乃以诩为朝歌长。始到，谒河内太守马棱，愿假辔策，勿令有所拘阂。要紧。及到官，设三科以募壮士，自掾吏而下，各举所知。其攻劫者为上，伤人偷盗者次之，不事家业者为下，收得百余人。诩为飨会，悉贳其罪，使入贼中，诱令劫掠，乃伏兵以待之，遂杀贼数百人，又潜遣贫人能缝者，佣作贼衣，以彩线缝其裙为识，有出市里者，吏辄擒之。贼由是骇散。

王世贞二条

王世贞备兵青州，部民雷龄以捕盗横莱、潍间，海道宋购之急而遁，以属世贞。世贞得其处，方欲掩取，而微露其语于王捕尉者，还报又遁矣。世贞阳曰："置之。"又旬日，而王尉擒得他盗，世贞知其为龄力也。忽屏左右，召王尉诘之："若奈何匿雷龄？往立阶下，闻捕龄者非汝耶？"王惊谢，愿以飞骑取龄自赎，俄龄至，世贞曰："汝当死，然汝能执所善某某盗来，汝生矣。"而令王尉与俱，果得盗，世贞遂言于宋而宽之。留之有用。

官校捕七盗，逸其一，盗首妄言逸者姓名，俄缚一人至，称冤，乃令置盗首庭下差远，而呼缚者跪阶上，其足蹑丝履，盗数后窥之。世贞密呼一隶蒙缚者首，使隶肖之而易其履以入，盗不知其易也，即指丝履者。世贞大笑曰："尔乃以吾隶为盗。"即释缚者。

王璥　王阳明

贞观中，左丞李行德，弟行诠，前妻子忠烝其后母，遂私匿之。诡敕追入内行。廉不知，乃进状问，奉敕推诘至急。其后母诈以领巾勒项，卧街中，长安县诘之，云："有人诈宣敕唤去，一紫袍人见留宿，不知姓名，勒项送至街中。"忠惶恐，私就卜问，被不良人疑之，执送县尉王璥，引就房内推问不允。璥先令一人于褥下伏听，令一人走报长使唤璥，锁房门而去，子母相谓曰："必不得承。"并私密之语。璥至开门，案下人亦起，母子大惊，并具承伏法云。

贼首王和尚，攀出同伙有多应亨、多邦宰者，骁悍倍于他盗，招服已久。忽一日，应亨母从兵道告办一纸，准批下州，中引王和尚为证。公思之，此必王和尚受财，许以辨脱耳。乃于后堂设案桌，桌围内藏一门子，唤三盗俱至案前复审。预戒皂隶，报以寅宾馆有客，公即舍之而出。少顷还入，则门子从桌下出云："听得王和尚对二贼云，且忍两夹棍，俟为汝脱也。"三盗惶遽，叩头请死。

苏　涣

苏涣知衡州时，耒阳民为盗所杀，而盗不获，尉执一人指其盗。涣察而疑之，问所从得，曰："弓手见血衣草中，呼其侪视之，得其人以献。"涣曰："弓手见血衣，当自取之以为功，尚肯呼他人？此必为奸。"讯之而服，他日果得真盗。

范　槚

范槚，会稽人，守淮安。景王出藩，大盗谋劫王，布党起天津至鄱阳，分徒五百人，往来游奕。一日，晚衙罢，门卒报有贵客入，僦潘氏园寓孥者。问："有传牌乎？"曰："否。"命诇之，报曰："从者众矣，而更出入。"心疑为盗，阴选健卒数十，易衣帽如庄农。曰："若往视其徒入肆者，阳与饮，饮中挑与斗，相执絷以来。"而戒曰："慎勿言捕贼也。"

卒既散去，公命舆谒客西门，过街肆持者前诉，即收之。比反，得十七人。阳怒骂曰："王舟方至，官司不暇食，暇问汝斗乎！"叱令就系。入夜传令儆备。而吏令饱食以需。漏下二十刻，出诸囚于庭，厉声叱之，吐实如所料。即往捕贼，贼首已遁，所留孥，妓也。于是飞骑驰报徐杨诸将吏，而毙十七人于狱，全贼溃散。

总辖察盗

临安有人家土库中被盗者，踪迹不类人出入。总辖谓其徒曰："恐是市上弄猢狲者。试往胁之，不伏则执之，又不伏，则令唾掌中。"如其言，其人良久觉无唾可吐，色变具伏。乃令猢狲从天窗中，入内取物。或谓总辖何以知之，曰："吾亦不敢取必，但人之惊惧者必无唾可吐，姑以卜之，幸而中耳。"又一总辖坐在坝头茶坊内，有卖熟水人，持两银杯。一客衣服济然若巨商者，行过就饮，总辖遥见呼谓曰："吾在此，不得弄手段，将执汝。"客惭悚谢罪而去。人问其故，曰："此盗魁也，适饮汤以两手捧盂，盖阴度其广狭，将作伪者以易之耳。"比韩王府中，忽失银器数件，掌器婢叫呼，为贼伤手。赵从善尹京，命总辖往府中，测试良久，执一亲仆讯之，立服。归白赵云："适视婢疮口在左手，拒刃者必以右手。盖与仆有私，窃器与之，以刃自伤，谬称有贼，而此仆意思有异于众，是以得之。"

董行成

唐怀州河内县董行成能策贼，有一人从河阳长店盗行人驴一头并皮袋，天欲晓至怀州。行成至街中，一见呵之曰："个贼在！"即下驴承伏。人问何以知之，行成曰："此驴行急而汗，非长行也。见人则引驴远过，怯也，以此知之。"捉送县，有顷，驴主已踪至矣。

维亭张小舍

相传维亭张小舍善察盗。偶行市中，见一人衣冠甚整，遇荷草者捋取数茎，因如厕。张俟其出，从后叱之。其人惶惧，鞫之盗也。又尝于暑月，游一古庙之中，有三四辈席地鼾睡，傍有西瓜，劈开未食，张亦指为盗而擒之，果然。或叩其术，张曰："入厕用草，此无赖小人，其衣冠必盗来者。古庙群睡，夜劳而昼倦，劈西瓜以辟蝇也。"时为之语云："天不怕，地不怕，只怕维亭张小舍。"舍，吴音沙，去声。后遇瞽丐于途，疑而迹之，见其跨沟而过，擒焉，果盗魁，其瞽则伪也，请以重赂免，期某日，过期不至。久之，张复遇诸途，责以渝约，盗曰："已输于卧床之左足，但夜至不敢惊寝耳。"张犹未信，曰："以何为征。"盗即述是夜其夫妇私语。张始大骇，归视床足，有物系焉，如所许数，兼得一利刃。悚然曰："危哉乎！"自是察盗颇疏。

小舍智，此盗亦智。小舍先察盗智，后疏于察盗，更智。

苏无名

天后时，尝赐太平公主细器宝物两食盒，所值黄金百镒。公主纳之藏中，岁余，尽为盗所得。公主言之，天后大怒，召洛州长史谓曰："三日不得盗，罪死。"长史惧，谓二县主盗官曰："两日不得贼，死。"尉谓吏卒游徼曰："一日必擒之，擒不得，先死。"吏卒游徼惧，计无所出，衢中遇湖州别驾苏无名，素知其能，相与请之至县。尉降阶问计，无名曰："请与君求对玉阶乃言之。"于是天后问曰："卿何计得贼？"无名曰："若委臣取贼，无拘日月，且宽府县令不追求，仍以两县擒盗吏卒，尽以付臣，为陛下取之，亦不出数日耳。"天后许之。无名戒吏卒缓至月余，值寒食，无名尽召吏卒约曰："十人、五人为侣，于东门、北门伺之，见有胡人与党十余，皆衣缞绖相随，出赴北邙者，可踵之而报。"吏卒伺之果得，驰白无名曰："胡至一新冢设奠，哭而不哀，既撤奠，即巡行冢傍，相视而笑。"无名喜曰："得之矣。"因使吏卒，尽执诸胡而发其冢。剖棺视之，棺中尽宝物也。奏之，天后问无名，卿何才智过人，而得此盗。对曰："臣非有他计，但识盗耳。当臣到都之日，即此胡出葬之时。臣见即知是偷，但不知其葬物处。今寒食节拜扫，计必出城寻其所之，足知其墓。设奠而哭不哀，则所葬非人也，巡冢相视而笑，喜墓无损也。向若陛下迫促府县擒贼，贼计急，必取之而逃，今者更不追求，自然意缓，故未将出。"天后曰："善。"赠金帛，加秩二等。

千里急

陈懋仁《泉南杂志》云：城中一夕被盗，捕兵实为之招。直巡两兵，一以左腕，一以胸次，俱带黑伤而不肿裂，谓贼棍殴，意在抵饰，当事督责司捕，辞甚厉。余意棍殴处，未有不致命且折，亦未有不肿且裂者。无之，是必赝作。问诸左右曰："吾乡有草，可作伤色者，尔泉地云何？"答曰："此名千里急。"余令取捣碎，别涂两人如其处，少焉成黑，以示两兵，两兵愕然，遂得奸状。自是响道绝，而外客无所容矣。

按《本草》：千里急，一名千里及，藤生道傍篱落间，叶细而厚，味苦平，小有毒。治疫气结黄疟蛊毒，煮汁服取吐下。亦敷蛇犬咬，不入众药。此草可染肤黑，如凤仙花可染指红也。

京师指挥

京师有盗劫一家，遗一册。旦视之，尽富室子弟名，书曰："某日某甲会饮某地议事。"或聚博挟娼云云，凡二十条。以白于官，按册捕至，皆跅弛少年也，良以为是。各父母谓诸儿素不逞，亦颇自疑。及群少饮博诸事悉实，盖盗每侦而籍之也。少年不胜榜毒诬服，讯贿所在，浪言埋郊外某处，发之悉获。诸少相顾骇愕云："天亡我。"遂结案伺决。一指挥疑之而不得其故，沉思良久曰："我左右中一髯，职豢马耳，何得每讯斯狱辄侍侧？"因复引囚鞫数四，察髯必至，他则否。猝呼而问之，髯辞无他，即呼取炮烙具，髯叩头。请屏左右，乃曰："初不知事本末，唯盗赂奴，令每治斯狱，必记公与囚言驰报，许酬我百金。"乃知所发赃，皆得报宵瘗之也。髯请擒贼自赎，指挥令数兵易杂衣与往至僻境，悉擒之，诸少乃得释。

成化中，南郊事竣撤器，失金瓶一。有庖人执事瓶所，捕之系狱，不胜拷掠，竟诬服。诘其赃，谬云：在坛前某地，如言觅之不获，又系之将毙焉。俄真盗以瓶系金丝鬻于市，市人疑之，闻于官，逮至则卫士也。招云："既窃瓶，急无可匿，遂瘗于坛前，只捩取系索耳。"发地果得之，比庖人谬言之处，相去才数寸。使前发者稍广咫尺，则庖人死不白矣。岂必豢马髯在侧乃可疑哉？

讯盗之难如此。

耿叔台

某御史巡按蜀中，交代亡其资，新直指至，又穴而胠箧焉。成都守耿恭简定力。察胥隶俱更番，独仍一饔人，亟捕之。直指恚曰："太守外不能诘盗，乃向吾卧榻梗治耶？"固以请，比至，诘之曰："吾视火痕内出，非尔而谁？"即咋舌伏辜。

张　鷟

张鷟为河县尉日，有一客，驴缰断，并鞍失之，三日访不获，告县。鷟推勘急，夜放驴出而藏其鞍，可值五千钱。鷟曰："此可知也。"令将却笼头放之，驴向旧喂处，搜其家，得鞍于草积下。

李复亨

李复亨年八十登进士第，调临晋主簿护送官马入府，宿逆旅，有盗杀马。复亨曰："不利而杀之，必有仇者。"尽索逆旅商人过客，同邑人橐中盛佩刀，谓之曰："刀衅马血，火煅之则刃青。"其人款伏，果有仇。以提刑荐迁南和令，盗割民家牛耳。复亨尽召里中人至，使牛家牵牛遍过之，至一人前，牛忽惊跃，诘之乃引伏。

煅刀而得盗，所以贵格物也，然庐州之狱官不能决，而老吏能决之，故格物又全在问察。〇太常博士李处厚知庐州，县有一人死者。处厚往验，悉糟胾灰汤之法，不得伤迹。老书吏献计以新赤油伞日中覆之，以水沃尸，其迹必见。如其言，伤迹宛然。

向敏中

向敏中在西京时，有僧暮过村求寄宿，主人不许，于是权寄宿主人外车厢。夜有盗，自墙上扶一妇人囊衣而出。僧自念不为主人所纳，今主人家亡其妇人及财，明日必执我，因亡去。误堕眢井，则妇人已为盗所杀，先在井中矣。明日，主人踪迹得之，执诣县，僧自诬服：诱与俱亡，惧追者因杀之投井中，暮夜不觉失足亦坠，赃在井傍，不知何人取去。狱成言府，府皆平允，独敏中以赃不获致疑。乃引僧固问，得其实对。敏中密使吏出访，吏食村店。店妪闻自府中来，问曰："僧之狱如何？"吏绐之曰："昨已笞死矣。"妪曰："今获贼如何？"曰："已误决此狱，虽获贼亦不问也。"妪曰："言之伤矣，妇人者乃村中少年某甲所杀也。"指示其舍，吏就舍中掩获之。案问具服，并得其赃，僧乃得出。

前代明察之官，其成事往往得吏力，吏出自公举，故多可用之才。今出钱纳吏，以吏为市耳，今访狱便鬻狱矣，况官之心犹吏也，民安得不冤。

钱　藻

钱藻备兵密云，有二京军劫人于通州，获之不服，州以白藻。二贼恃为京军，出语无状，藻乃移甲于大门之外，独留乙鞫问数四，声色甚厉，已而握笔作百许字，若录乙口语状，遣去。随以甲入，绐之曰："乙已吐实，事由于汝，乙当生，汝当死矣。"甲不意其绐也，忿然曰："乙本首事，何委于我。"乃尽白乙首事状，藻出乙证之，遂论如法。

吉安老吏

吉安州富豪娶妇，有盗乘人冗杂，入妇室潜伏床下，伺夜行窃。不意明烛达旦者三夕，饥甚奔出，执以闻官。盗曰："吾非盗也，医也，妇人癖疾，令我相随，常为用药耳。"宰诘问再三，盗言妇家事甚详，盖潜伏时所闻枕席语也。宰信之，逮妇供证。富家恳免不从，谋之老吏，吏白宰曰："彼妇初归，不论胜负，辱莫大焉。盗潜入突出，必不识妇。若以他妇出对，盗若执之，可见其诬矣。"宰曰："善。"选一妓盛服舆至，盗呼曰："汝邀我治病，乃执我为盗耶。"宰大笑，盗遂伏罪。

周新异政

周新按察浙江，将到时，道上蝇蚋迎马首而聚，使人尾之，得一暴尸，惟小木布记在，取之。及至任，令人市布，屡嫌不佳。别市之，得印志者，鞫布主，即劫布商贼也。

一日视事，忽旋风吹异叶至前，左右言城中无此木，独一古寺有之，去城差远。新悟曰："此必寺僧杀人埋其下也，冤魂告我矣。"发之，得妇尸，僧即款服。

按：新，南海人，由乡科选御史，刚直敢言，人称为"冷面寒铁"。公在浙多异政，时锦衣纪纲擅宠，使千户往浙缉事，作威受赂。新捕治之，千户走脱，诉纲，纲构其罪杀之。呜呼！公能暴人冤，而身不免冤死，天道可疑矣！

吴　复

溧水人陈德，娶妻林，岁余，家贫佣于临清。林绩麻自活，久之为左邻张奴所诱，意甚相惬。历三载，陈德积数十金，囊以归。离家尚十五里，天暮且微雨。德虑怀宝为累，乃藏金于水心桥第三柱之穴中，徒步抵家。而林适与张狎，闻夫叩门声，匿床下。既夫妇相见劳苦，因叙及藏金之故。比晨往，而张已窃听，启后扉出，先掩有之矣。林心不在夫，既闻亡金，疑其诳，怨詈交作。时署县事者晋江吴复，有能声。德为诉之，吴笑曰："汝以腹心向妻，不知妻别有腹心。"拘林至，严讯之。林呼枉，德心怜妻，愿弃金。吴叱曰："汝诈失金戏官长乎？"置德狱中，而释林以归。随命吏人之黠者为丐容，造林察之，得张与林私问慰状。吴并擒治，事遂白。一云，此亦广东周新按察浙江时事。

彭城王浟

北齐高浟为定州刺史，有人被盗黑牛，背上有毛。浟乃诈为上符若甚急，市牛皮倍酬价值，使牛主认之，因获其盗。定州有老母姓王，孤独，种菜二亩，数被偷。浟乃令人密往书菜叶为字，明日市中看叶有字，获贼，尔后境内无盗。

高湝　杨津

北齐任城王湝，领并州刺史。有妇人临汾水浣衣，有乘马行人换其新靴，驰而去，妇人持故靴诣州言之。湝召居城诸妪，以靴示之，如妪多,安得尽召,悬靴为招,可也。给曰:“有乘马人于路,被贼劫害,遗此靴焉,得无亲族乎?”一妪抚膺哭曰:“儿昨着此靴向妻家也。”捕而获之,时称明察。

杨津为岐州刺史,有武功人赍绢三匹,去城十里,为贼所劫。时有使者驰驿而至,被劫人因以告之。使者到州以状白津,津乃下教云:“有人着某色衣,乘某色马,在城东十里被杀,不知姓名,若有家人,可速取视。”有一老母行哭而出,云是己子。于是遣骑追收,并绢俱获,自是合境畏服。

柳　庆

柳庆领雍州别驾。有贾人持金二十斤,寄居京师。每出常自执钥,无何,缄闭不异,而失其金。郡县谓主人所窃,自诬服。庆疑之,问贾人置钥何处,曰自带。庆曰:“颇与人同宿乎?”曰:“无。”“与同饮乎?”曰:“日者曾与一沙门再度酣宴,醉而昼寝。”庆曰:“沙门乃真盗耳。”即遣捕,沙门乃怀金逃匿,后捕得,尽获所失金。又有胡家被劫,郡县按察,莫知贼所,邻近被囚者甚多。庆乃诈作匿名书,多榜官门曰:“我等共劫胡家。徒侣混杂,终恐泄露,今欲首伏,惧不免罪,便欲来告。”庆乃复施免罪之牒。居一日,广陵王欣家奴,面缚自告牒下,因此尽获余党。

刘　宰

宰为泰兴令,民有亡金钗者,唯二仆妇在,讯之莫肯承。宰命各持一芦去,曰:“不盗者明旦芦自若,果盗,明旦则必长二寸。”明视之,则一自若,一去芦二寸矣,盖虑其长也。盗遂服。

陈　襄

襄摄浦城令,民有失物者,贼曹捕偷儿数辈,至相撑拄。襄曰:“某庙钟能辨盗,犯者扪之,辄有声,否则寂。”乃遣吏先引盗行,自率同列诣钟所祭祷,而阴涂以墨,蔽以帷,命群盗往扪。少焉呼出,独一人手不污,扣之乃盗也,盖畏钟有声,故不敢扪云。

按：襄倡道海滨，与陈烈、周希孟、郑穆为友，号“四先生”云。

胡汲仲

胡汲仲在宁海日，有群妪聚佛庵诵经。一妪失其衣，适汲仲出行，讼于前。汲仲以牟麦置群妪掌中，令合掌绕佛诵经如故。汲仲闭目端坐，且曰：“吾令神督之，盗衣者行数周，麦当芽。”中一妪屡开视其掌，遂命缚之，果窃衣者。

杨　武

佥都御史杨北山公名武，关中康德涵之姊丈也，为淄川令，善用奇。邑有盗市人稷米者，求之不得。公摄其邻居者数十人，跪之于庭，而漫理他事不问。已，忽厉声曰：“吾得盗米者矣。”其一人色动良久，复厉声言之，其人愈色动。公指之曰：“第几行第几人是盗米者。”其人遂服。又有盗田园瓜瓠者，是夜大风雨，根蔓俱尽，公疑其仇家也。乃令印取夜盗者足迹，布灰于庭，摄村中之丁壮者，令履其上，而曰：“合其迹者，即盗也。”其最后一人，辗转有难色，且气促甚。公执而讯之，果仇家而盗者也，瓜瓠宛然在焉。又一行路者，于路傍枕石睡熟，囊中千钱，人盗去。公令舁其石于庭，鞭之数十，而许人纵观不禁。乃潜使人于门外候之，有窥觇不入者即擒之，果得一人，盗钱者也。闻鞭石事甚奇，不能不来，入则又不敢。求其钱，费十文尔，余以还枕石者。

劫　麦

王恺为平原令，有麦商，夜经村寺被劫，陈牒于县。恺故匿其事，阴令贩豆者，和少熟豆其中，夜过寺门，复劫去。令捕兵易服就寺僧货，豆中有熟者，遂收捕，不待讯而服。自是群盗屏迹。

窃　茄

李亨为鄞令，民有业圃者，茄初熟，邻人窃而鬻于市民，民追夺之，两诉于县。亨命倾其茄于庭，笑谓邻人曰：“汝真盗矣，果为汝茄，肯于初熟时并摘其小者耶。”遂伏罪。

盗牛舌

包孝肃知天长县,有诉盗割牛舌者,公使归屠其牛鬻之。既有告此人盗杀牛者,公曰:“何为割其家牛舌,而又告之。”盗者惊伏。

盗石榴 盗樱

秦桧为相,都堂左揆前有石榴一株,每着实,桧默数焉,少其二,桧佯不问。一日将排马,忽顾左右取斧伐树,有亲吏在旁,仓卒对曰:“实佳甚,去之可惜。”桧反顾曰:“汝盗食吾榴。”吏叩头服。

有献新樱于慕容彦超,俄而为给役人盗食。主者白之彦超,呼给役人伪慰之曰:“汝等岂敢盗新物耶?盖主者误执尔,勿怀忧惧。”各赠以酒,潜令左右入“藜芦散”。既饮,立皆呕吐,新樱在焉,于是伏罪。

子产 严遵

郑子产晨出,过東匠之间,闻妇人之哭也。抚其御之手而听之,有间,遣吏执而问之,则手绞其夫者也。异日,其御问曰:“夫子何以知之?”子产曰:“其声惧。凡人于其亲爱也,始病而忧,临死而惧,已死而哀。今哭已死,不哀而惧,是以知其有奸也。”

严遵为扬州行部,闻道傍女子哭而声不哀,问之,云夫遭火死,遵使舆尸到,令人守之,曰:“当有物往。”更日,有蝇聚头所,遵令披视,铁椎贯顶。拷问,乃以淫杀人者。韩滉在润州事同。

元 绛

江宁推官元绛摄上元令,甲与乙被酒相殴,甲归卧,夜为盗断足。妻称乙,执乙诣县,而甲已死。绛敕其妻曰:“归治夫丧,乙已服矣。”阴遣谨信吏迹其后,望一僧迎笑,切切私语。绛命取系庑下,诘妻奸状,即吐实。人问其故,绛曰:“吾见妻哭不哀,且与伤者共席,而襦无血污,是以知之。”

张　昇

张昇知润州日，有妇人，夫出，数日不归。忽有人报菜园井中有死人，妇人惊往视之，号哭曰："吾夫也。"遂以闻官，公令属官集邻里就井验是其夫与否，皆以井深不可辨，请出尸验之。公曰："众皆不能辨，妇人独何以知其是夫。"收付所司，鞫问，果奸人杀其夫，而妇人与谋者。

陆　云

陆云为浚仪令，有见杀者，主名不立，云录其妻而无所问。十许日，遣出，密令人随后，谓曰："其去不远十里，当有男子候之与语，便缚至。"既而果然，问之具服。云与其妻通，共杀其夫，闻妻得出，欲与语，惮近县，故远相伺候。于是一县称为神明。

蒋　恒

贞观中，衡州板桥店主张迪，妻归宁，有卫三、杨真等三人投宿，五更早发。夜，有人取卫三刀杀张迪，其刀却内鞘中，真等不知之。至明，店人追真等，视刀有血痕，囚禁拷讯。真等苦毒，遂自诬服。上疑之，差御史蒋恒复推。恒命总追店人十五已上毕至，为人不足，且散。唯留一老婆，年八十，至晚放出。令狱典密觇之曰："婆出，当有一人与婆语者，即记其面貌。"果有人问婆："使君作何推勘?"如此三日，并是此人。恒令擒来，鞫之，与迪妻奸杀有实。上奏，敕赐帛二百段，除侍御史。

张松寿为长安令，治昆明池侧劫杀事，亦用此法。

杨逢春

两京刑部典史王宗，闽人，一日当直，忽报其妾被杀于馆舍，宗奔家旋来，告尚书周公用。发河南司究问，欲罪宗，宗云："闻报而归，众所共见，且是妇无外行，素与宗欢，何为杀之?"官不能决。既数月，都察院令审事，檄浙江道御史杨逢春，杨示约某夜二更后鞫王宗狱，如期，猝命隶云："门外有觇视者执来。"果获两人。甲云："彼挈某伴行，不知其由。"乃舍之。用刑穷乙，乙具服，言与王宗馆主人妻乱，为其妾所窥，杀以灭口。即置于法，而释宗。杨曰："若日间则观者众矣，何由踪迹其人？人非切己事，肯深夜来看耶！"由是称为神明。

马光祖

马裕斋知处州，禁民捕蛙。一村民将生瓜切作盖，刳虚其腹，实蛙于中。黎明持入城，为门卒所捕，械至庭，公心怪之，问："汝何时捕此蛙？"答曰："夜半。"问："有人知否？"曰："唯妻知。"公疑妻与人通，逮妻鞫之，果然。盖人欲陷夫而夺其妻，故使妻教夫如此，又先诫门卒，以故捕得。公遂置奸淫者于法。

苻　融

秦苻融为司隶校尉。京兆人董丰，游学三年而返，过宿妻家。是夜，妻为贼所杀。妻兄疑丰所杀，送丰有司，丰不堪楚掠，诬引杀妻。融察而疑之，问曰："汝行往还，颇有怪异及卜筮否？"丰曰："初将发，夜梦乘马南渡水，反而北渡，复自北而南，马停水中，鞭策不去，俯而视之，见两日在水下，马左白而湿，右黑而燥，寤而心悸，窃以为不祥。问之筮者，云忧狱讼，远三枕，避三沐。既至，妻为具沐，夜授丰枕，丰记筮者之言皆不从，妻乃自沐，枕枕而寝。"融曰："吾知之矣。《易》，坎为水，马为离，乘马南渡，旋北而南者，从坎之离，三爻同变，变而成离，离为中女，坎为中男。两日，二夫之象。马左而湿，湿水也。左水右马，冯字也。两日，昌字也。其冯昌杀之乎？"于是推验，获昌诘之，具首伏曰："本与其妻谋杀丰，期以新沐枕枕为验，是以误中妇人。"

王　明

西川费孝先，善轨革，世皆知名。有客王旻，因售货至成都，求为卦，先曰："教住莫住，教洗莫洗，一石谷，捣得三斗米，遇明则活，遇暗则死。"再三戒之，令诵此足矣，旻受乃行。途中值大雨，众趋憩一屋下。旻思曰："教住莫住，得非此耶？"遂冒雨行，未几屋倾覆，旻独免。

旻之妻与邻之子有私，许以终身，候夫归杀之。旻既至，妻约所私曰："今夕但洗浴者乃夫也。"及夜果呼旻洗浴，旻悟曰："教洗莫洗，得非此耶？"坚不肯浴，妇怒乃自浴，壁缝中伸出一枪被害。旻惊骇，罔测其故，明日邻人首旻害妻，郡守酷刑，旻泣言曰："死则死矣，冤在覆盆，何日得雪，但孝先所言无验耳。"守叩其言，沉思久之，呼旻曰："问汝邻比有康七否？"曰："有之。"曰："杀汝妻者必是人也。"捕至，果服罪。因语僚佐曰："一石谷，舂得三斗米，得非康七乎？"此郡守乃王明也。

范纯仁

参军宋儋年暴死，范纯仁使子弟视丧。小敛，口鼻血出，纯仁疑其非命，按得其妾与小吏奸，因令置毒鳖肉中。纯仁问食肉在第几巡，曰："岂有既中毒而尚能终席者乎。"再讯之，则儋年素不食鳖，其曰毒鳖肉者，盖妾与吏欲为变狱张本，以逃死尔。实儋年醉归，毒于酒而杀之，遂正其罪。

刘宗龟

刘宗龟镇海南，有富商子少年，泊舟江岸，见高门一妙姬，殊不避人。少年挑之曰："黄昏当访宅矣。"姬微哂，是夕果启扉候之。少年未至，有盗入，欲行窃，姬不知，就之。盗谓见执，以刀刺之，遗刀而逸。少年后至，践其血仆地，扪之见死者，急出，解维而去。明日，其家迹至江岸。岸上云，夜有某客船径发。官差人追到，拷掠备至，具实吐之，唯不招杀人，视其刀乃屠家物。宗龟下令曰："某日演武，大飨军士，合境庖丁，集球场以候烹宰。"既集，又下令曰："今日已晚，可翌日至，乃各留刀。"阴以杀人刀杂其中，换下一口。明日，各来请刀，唯一屠者后至，不肯持去，诘之，对曰："此非某刀，乃某人之刀耳。"命擒之，则已窜矣。乃以他死囚代商子，侵夜毙于市。窜者知囚已毙，不一二夕果归，遂擒伏法，商子拟以奸罪，杖背而已。

郡从事

有人因他适回，见其妻被杀于家，但失其首，奔告妻族。妻族以婿杀女,讼于郡主,刑掠既严,遂自诬服。独一从事疑之,谓使君曰:“人命至重,须缓而穷之。且为夫者,谁忍杀妻?纵有隙而害之,必为脱祸之计,或推病殒,或托暴亡。今存尸而弃首,其理甚明,请为更谳。”使君许之,从事乃迁系于别室,仍给酒食。然后遍勘在城仵作行人,令各供近来与人家安厝坟墓多少文状,既而一一面诘之曰:“汝等与人家举事,还有可疑者乎?”中一人曰:“某于一豪家举事,其言杀却一奶子,于墙上舁过,凶器中,甚似无物,见在某坊。”发之,果得一妇人首。令诉者验认,则云非是。遂收豪家鞫之,豪家款服。乃是与妇私奸,杀一奶子,函首而葬之。以妇衣衣奶子身尸,而易妇以归,畜于私室。其狱遂白。

徽商狱

徽富商某,悦一小家妇,欲娶之,厚饵其夫。夫利其金以语妇,妇不从,强而后可。卜夜为具,招之,故自匿而令妇主觞,商来稍迟,入则妇先被杀,亡其首矣,惊走不知其由。夫以为商也,讼于郡。商曰:“相悦有之,即不从,尚可缓图,何至杀之?”一老人曰:“向时叫夜僧,于杀人次夜遂无声,可疑也。”商募人察僧所在,果于傍郡识之。乃以一人着妇衣居林中,候僧过作妇音呼曰:“和尚还我头。”僧惊曰:“头在汝宅上三家铺架上。”众出缚僧,僧知语泄,曰:“是夜其门启,欲入盗,见妇盛装泣床侧,欲淫不可得,杀而携其头出,挂在三家铺架上。”拘三家人至,曰:“有之,当时惧祸,移挂又上数家门首树上。”拘又上数家人至,曰:“有之,当日即埋在园中。”遣吏往掘,果得一头,乃有须男子。天理。再掘而妇头始出,问头何从来,乃十年前斩其仇头,于是二人皆抵死。

临海令

临海县迎新秀才适黉宫,有女窥见一生韶美,悦之,一卖婆在傍曰:“此吾邻家子也,为小娘子执伐,成佳偶矣。”卖婆以女意诱生,生不从。卖婆有子无赖,因假生夜往,女不能辨。一日,其家舍客,夫妻因移女而以女榻寝之。夜,有人断其双首以去。明发以闻于县,令以为其家杀之,而橐装无损,杀之何为?乃问榻向寝谁氏,曰:“是其女。”令曰:“知之矣。”立逮其女作威震之曰:“汝奸夫是谁?”曰:“某秀才。”逮生至,曰:“卖婆语有之,何尝至其家。”又问女,秀才身有何记,曰:“臂有痣。”视之无有。令沉思曰:“卖婆有子乎。”逮其子视臂有痣。曰:“杀人者汝也。”刑之,即自输服。盖其夜扪得骈首,以为女有他奸,杀之。生由是得释。

王安礼

王安礼知开封府,逻者连得匿名书告人不轨,所涉百余人,帝付安礼令亟治之。安礼验所指略同,最后一书加三人,有姓薛者。安礼喜曰:“吾得之矣。”呼问薛曰:“若岂有素不快耶?”曰:“有持笔求售者,拒之,怏怏去,其意似见衔。”即命捕讯,果其所为。枭其首于市,不逮一人,京师谓为神明。

母讼子二条

李杰为河南尹,有寡妇讼子不孝,杰物色非是。语妇曰:“若子法当死,得毋悔乎?”答曰:“子无状,不悔也。”破绽。杰乃命妇出市棺为敛尸地,而阴令使踪迹之。妇出,乃与一道士语,顷之棺至。杰捕道士按之,故与妇私,而碍于其子不得逞者。杰即杀道士,纳之棺。快人。

包恢知建宁,有母诉子者,年月后作“疏”字。恢疑之,呼其子问,泣不言。微求母孀与僧通,恶其子谏,而坐以不孝,状则僧为之也,因责子侍养勿离跬步。僧无由至,母乃托夫讳日,入寺作佛事,以笼盛衣帛出,旋纳僧笼内以归。恢知,使人要其笼置诸库。逾旬,吏报笼中臭,恢乃命沉诸江,语其子曰:“吾为若除此害矣。”

僧寺求子二条

广西南宁府永淳县宝莲寺,有子孙堂,傍多净室,相传祈嗣颇验,布施山积。凡妇女祈嗣,须年壮无疾者,先期斋戒得圣筶,方许止宿。

其妇女或言梦佛送子，或言罗汉，或不言，或一宿不再，或屡宿屡往。因净室严密无隙，而夫男居户外，故人皆信焉。闽人汪旦初莅县，疑其事，乃饰二妓以往。属云："夜有至者勿拒，但以朱墨汁密涂其顶。"次日黎明，伏兵众寺外，而亲往点视。众僧仓皇出谒，凡百余人，令去帽，则红头墨顶者各二。令缚之，而出二妓，使证其状云：钟定后，两僧更至，赠调经种子丸一包。汪令拘讯他求嗣妇女，皆云无有，搜之，各得种子丸如妓，乃纵去不问，而召兵众入，众僧慑不敢动，一一就缚。究其故，则地平或床下，悉有暗道可通，盖所污妇女不知几何矣。既置狱，狱为之盈。住持名佛显，谓禁子凌志曰："我掌寺四十年，积金无数，自知必死，能私释我等暂归取来，以半相赠。"凌许三僧从显往，而自与八辈从之。既至寺，则窖中黄白灿然，恣其所取。僧阳束卧具，而阴收寺中刀斧之属，期三更斩门而出。汪方秉烛拘申详稿，忽心动念：百僧一狱，卒有变莫支。乃密召快手持械入宿。甫集，而僧乱起。僧所用皆短兵，众以长枪御之，僧不能敌，多死。显知事不谐，扬言曰："吾侪好丑区别，相公不一一细鞫，以此激变，然反者不过数人，今已诛死，吾侪当面诉相公。"汪令刑房吏谕曰："相公亦知汝曹非尽反者，然反者已死，可尽纳器械，明当庭鞫分别之。"器械既出，于是召僧每十人一鞫，以次诛绝。至明，百僧歼焉。究器械入狱之故，始知凌志等弊窦，而志等则已死于兵矣。

万历乙未岁，西吴许孚远巡抚入闽，断某寺绛衣真人，从大殿蒲团下出，事略同。

黄绂，封丘人。为四川参政时，过崇庆，忽旋风舆前。公曰："即有冤且散，吾为若理。"风遂止。抵州，沐而祷于城隍。梦中若有神言州西寺者。公密访州西四十里有寺当孔道，倚山为巢。公旦起，率吏民急抵寺，尽系诸僧。中有一僧少而壮，甚狞恶，诘之无祠牒。今僧多无牒者，如何。即涂醋垩额上，晒洗之，隐有巾痕。公曰："是盗也。"即讯诸僧，不能隐，尽得其奸状。盖寺有巨塘，夜杀投宿人沉塘中，众共分其资，有妻女则又分其妻女，匿之窖中，恣淫毒久矣。公尽按律杀僧，毁其寺。

鲁永清

成都有奸狱，一曰和奸，二曰强奸，臬长不能决，以属成都守鲁公。公令隶有力者，去妇衣，诸衣皆去，独里衣，妇以死自持，隶无如之何。公曰："供作和奸。盖妇苟守贞，衣且不能去，况可犯耶？"

鲁公蕲水人，决狱如流。门外筑屋数椽，锅灶皆备。讼者至，寓居之，一见即决，饭未尝再炊，有"鲁不解担"之谣。

张　骆

石晋魏州冠氏县华林僧院，有铁佛长丈余，中心且空。一旦云铁佛能语，徒众称赞，闻于乡县，士众云集，施利填委。时高宗镇邺，命衙将尚谦赍香设斋，且检其事。有三传张骆请与偕行，暗与县镇计，遣院僧尽赴道场。骆潜开僧房，见地有穴，引至佛座下。乃令谦立于佛前，骆由穴入佛空身中，厉声具说僧过。即遣人擒僧，取其魁首数人，上闻戮之。

慕容彦超

慕容彦超为泰宁节度使，好聚敛，在镇常置库质钱。有奸民为伪银以质者，主吏久之乃觉。彦超阴教主吏，夜穴库垣，尽徙金帛于他所，而以盗告。彦超即榜市，使民自言所质以偿，于是民争来言，遂得质伪银者。超不罪，置之深室，使教十余人为之。皆铁为之质，而包以银，号"铁胎银"。

得质伪银者巧矣，教数十人为之，是自为奸也。后周兵围城，超出库中银劳军。军士哗曰："此铁胎耳。"咸不为用，超遂自杀，此可为小智亡身之戒。

韩魏公

中书习旧弊，每事必用例，五房吏操例在手，顾金钱惟意所去取。于欲与，即检行之，所不欲或匿例不见。韩魏公令删取五房例及刑房断例，除其冗谬不可用者，为纲目类次之，封誊谨掌，每用例必自阅。

自是人始知赏罚可否出宰相,五更房不得高下其间。

例之一字,庸人所利,而豪杰所悲。用例已非,况由吏操纵,并例亦非公道乎?寇莱公作相时,章圣语两府择一人为马步军指挥使。公方拟议,门吏有以文籍进者。问之,曰:"例簿也。"公叱曰:"朝廷欲用一牙官尚须一例,又安用我辈?戕坏国政者正此耳。"今日事事皆例,为莱公不能矣,能为魏公,其庶乎。

江 点

江点字德舆,崇安人,以特恩补官。调郢州录参时,郡常平库失银。方缉捕,有刘福者,因贸易得银一筒,上有"田家抵当"四字。一银工发其事,刘不能直,籍其家约万余缗,法当死。点疑其枉,又见款牍不圆,除所发者,余皆非正赃。点反复诘问,刘苦于煅冶,不愿平反。可怜。点立言于守,别委推问,得实与点同。然未获正赃,刘终难释。未几,经总军资两库皆被盗,失会以万计,点料必前盗也。州司有使臣李义者馆一妓,用度甚侈,点疑之,未敢轻发。会制司行下,买营田耕牛,点因而阴遣人袭妓家,得金一束,遂白于府。即简使臣行李中,皆三库所失之物,刘方得释。人皆服点之明见。

胆智部总序

冯子曰：凡任天下事，皆胆也，其济则智也。知水溺故不陷，知火灼故不犯。其不陷不犯，非无胆也，智也。若自信入水必不陷，入火必不灼，何惮而不入耶？智藏于心，心君而胆臣，君令则臣随。令而不往，与夫不令而横逞者，其君弱。故胆不足，则以智炼之；胆有余，则以智裁之。智能生胆，胆不能生智。刚之克也，勇之断也，智也。赵思绾尝言食人胆至于刚勇无敌。每杀人，辄取酒吞其胆。夫欲取他人之胆，益己之胆，其不智亦甚矣。必也取他人之智，以益己之智。智益老，而胆益壮，则古人中之以"威克"，以"识断"者，若而人吾师乎！

卷十一

胆智部威克

履虎不咥，鞭龙得珠。岂曰溟涬？厥有奇谟。集“威克”。

侯 生

夷门监者侯嬴，年七十余，好奇计。秦伐赵急，魏王使晋鄙救赵，畏秦，戒勿战。平原君以书责信陵君，信陵君欲约客赴秦军，与赵俱死。谋之侯生，生乃屏人语曰：“嬴闻晋鄙兵符在主卧内，而如姬最幸，力能窃之。昔如姬父为人所杀，公子使客斩其仇头进如姬，如姬欲为公子死无所辞，顾未有路耳。公子诚一开口，如姬必许诺，则得虎符，夺晋鄙军，北救赵而西却秦，此五霸之功也。”公子从其计，请如姬。如姬果盗符与公子，公子行。侯生曰：“将在外，主令有所不受。公子即合符，而晋鄙不授公子兵，而复请之，事必危矣！臣客屠者朱亥可与俱，此人力士，晋鄙听，大善；不听，可使击之。”于是公子请朱亥。朱亥笑曰：“臣乃市井鼓刀屠者，而公子亲数存之，所以不报谢者，以为小礼无所用，今公子有急，此乃臣效命之秋也。”遂与公子俱。公子至邺，矫魏王令，代晋鄙兵。晋鄙合符果疑之，欲无听。朱亥袖四十斤铁椎，椎杀晋鄙。公子遂将晋鄙兵进，大破秦军。既矫其令，必责以逗留之罪，非漫然为无名之诛。

信陵邯郸之胜，决于椎晋鄙。项羽巨鹿之胜，决于斩宋义。夫大将且以拥兵逗留被诛，三军有不股栗愿死者乎？不待战而敌已破矣！儒者犹以擅杀议刑，是乌知扼要之策乎？

班 超

窦固出击匈奴，以班超为假司马，将兵别击伊吾，战于蒲类海，多斩首虏而还。固以为能，遣与从事郭恂俱使西域，超到鄯善。鄯善王广奉超礼敬甚备，后忽更疏懈，超谓其官属曰：“宁觉广礼意薄乎？此必有北方使来,狐疑未知所从故也。明者睹未萌,况已著耶!”乃召侍胡诈之曰:“匈奴使来数日,今安在?”胡侍惶恐,具服其状。超乃闭侍胡,悉会其吏士三十六人与共饮,酒酣,因激怒之曰:“卿曹与我俱在西域,欲立大功,以求富贵,今虏使到数日,而王广礼敬即废,如令鄯善收吾属送匈奴,骸骨长为豺狼食矣,为之奈何?”官属皆曰:“今危亡之地,死生从司马。”超曰:“不入虎穴,不得虎子。当今之计,独有因夜以火攻虏,使彼不知我多少,必大震怖,可殄尽也。灭此虏,则鄯善破胆,功成事立矣。”众曰:“当与从事议之。”超怒曰:“吉凶决于今日,从事文俗吏,闻此必恐而谋泄,死无所名,非壮士也。”众曰:“善。”初夜,遂将吏士往奔虏营,古今第一大胆。会天大风,超令十人持鼓藏于虏舍后。约曰,见火燃后鸣鼓大呼。余人悉持弓弩,夹门而伏。超乃顺风纵火,前后鼓噪,虏众惊乱。三十六人用之有千万人之势。超手格杀三人,吏兵斩其使及从士三十余级,余众百许人悉烧死。明日乃还告郭恂,恂大惊,既而色动,超知其意,举手曰:“掾虽不行,班超何心独擅之乎?”恂乃悦。超于是召鄯善王广,以虏使首示之,一国震怖。超晓告抚慰,遂纳子为质,还奏于窦固。固大喜,具上超功效,并求更选使使西域。帝壮超节,诏固曰:“吏如班超,何故不遣,而更选乎?明主。今以超为军司马,令遂前功。”超复受使,固欲益其兵,超曰:“愿将本所从三十余人足矣,如有不虞,多益为累。”是时于阗王广德新攻破莎车,遂雄张南道,而匈奴遣使监护其国。超既西,先至于阗,广德礼意甚疏,且其俗信巫,巫言:“神怒,何故欲向汉?汉使有騧马,急取求以祠我。”广德乃遣使就超请马。超密知其状,报许之,而令巫自来取马。有顷,巫至,超即斩其首,以送广德,因辞让之。广德素闻超在鄯善诛灭虏使,大惶恐,即攻杀匈奴使而降超。超重赐其王以下,因镇抚焉。

必如班定远,方是满腹皆兵,浑身是胆。赵子龙、姜伯约不足道也。〇辽东管家庄,长男子不在舍。建州贼至,驱其妻子去。三数日,壮者归,室皆空矣。无以为生,欲佣工于人,弗售。乃谋入虏地伺之,见其妻出汲,密约夜以薪积舍户外焚之,并积薪以焚其屋角。火发,贼惊觉,裸体起出户,壮者射之,贼皆死。

挈其妻子，取贼所有归，是后他贼惮之，不敢过其庄云。此壮者胆勇一时，何减班定远？使室家无恙，或佣工而售，亦且安然不图矣。人急计生，信夫！

耿　纯

东汉真定王杨谋反，光武使耿纯持节收杨。纯既受命，若使州郡者。至真定，止传舍，杨称疾不肯来，与纯书，欲令纯往。纯报曰："奉使见侯王牧守，不得先往，宜自强来。"时杨弟让、从兄绀，皆拥兵万余。杨自见兵强，而纯意安静，即从官属诣传舍，兄弟将轻兵在门外。杨入，纯接以礼，因延请其兄弟皆至，纯闭门悉诛之，勒兵而出。真定震怖，无敢动者。

温　造

宪宗时，戎羯乱华，诏下南梁起甲士五千人，令赴阙下。将起师，人作叛，逐其帅，因团集拒命岁余，宪宗深以为患。京兆尹温造，请以单骑往。至其界，梁人见止一儒生，皆相贺无患。及至，俱宣召敕安存，一无所问。然梁师负过出入者皆不舍器杖，温亦不诫之。他日，球场中设乐，三军并赴，令于长廊下就食。坐筵前，临阶南北两行，设长索二条，令军人各于面前索上，挂其刀剑而食。酒至，鼓噪一声，两头齐力，抨举其索，则刀剑去地三丈余矣。军人大乱，无以施其勇，然后阖户而斩之。南梁人自尔累世不复叛。

哥舒翰　李光弼

唐哥舒翰，为安西节度使，差都兵马使张擢上都奏事，逗留不返，纳贿交结杨国忠。翰适入朝，擢惧，求国忠除擢御史大夫，兼剑南西川节度使。敕下，就第谒翰，翰命部下捽于庭，数其罪杖杀之，然后奏闻。帝下诏褒奖，圣主。仍赐擢尸，更令翰决尸一百。

太原节度王承业，军政不修。诏御史崔众交兵于河东，众侮易承业，或裹甲持枪，突入承业厅事玩谑之。李光弼闻之，素不平。至是交众兵于光弼，众以麾下来，光弼出迎，旌旗相接而不避。光弼怒其无礼，又不即交兵，令收系之。顷，中使至，除众御史中丞，怀其敕，问众所在。光弼曰："众有罪，系之矣。"中使以敕示光弼，光弼曰："今只斩侍御史，若宣制命，即斩中丞，若拜宰相，亦斩宰相。"中使惧，遂寝之而还。翌日，以兵仗围众，至于碑堂下斩之，威震三军，命其亲属吊之。

或问擢与众诚有罪，然已除西川节度使及御史中丞矣。其如王命何？盖军事尚速，当用兵之际，而逗留不返，拥兵不交，皆死法也。二人之除命，必皆夤缘得之，而非出天子之意者。故二将得伸其权，而无人议其后耳。然在今日，莫可问矣。

柴克宏

后唐柴克宏有将略，其奉命救常州也，枢密李征古忌之，给以羸卒数千人，铠杖俱朽蠹者。将至常州，征古复以朱匡业代之，使召克宏。克宏曰："吾计日破贼，汝来召我，必奸人也。"命斩之。使者曰："李枢密所命。"克宏曰："即李枢密来，吾亦斩之。"乃蒙船以幕，匿甲士其中，袭破吴越营。

奸臣在内，若受代而还，安知不又以无功为罪案乎？破敌完城，即忌口亦无所施矣。

杨　素

杨素攻陈时，使军士三百人守营，军士惮北军之强，多愿守营。素闻之，即召所留三百人悉斩之，更令简留，无愿留者。又对阵时，先令一二百人赴敌，或不能陷阵而还者悉斩之。更令二三百人复进，退亦如之。将士股栗，有必死之心，以是战无不克。

素用法似过峻，然以御积惰之兵，非此不能作其气。夫使法严于上，而士知必死，虽置之散地，犹背水矣。

安禄山

安禄山将反前两三日，于宅集宴大将十余人，锡赍绝厚。满厅施大图，图山川险易、攻取剽劫之势，每人付一图。令曰："有违者斩，直至洛阳。”指挥皆毕。诸将承命，不敢出声而去。于是行至洛阳，悉如其画。出《幽闲鼓吹》。

此亦煞有过人处，用兵者可以为法。

吕公弼　张咏四条

公弼，夷简子，其治成都，治尚宽，人嫌其少威断。适有管卒犯法，当杖，扞不受，曰：“宁以剑死。”公弼曰：“杖者国法，剑者自请。”为杖而后斩之，妙甚。军府肃然。

张咏在崇阳，一吏自库中出，视其鬓旁下有一钱，诘之，乃库中钱也。咏命杖之，吏勃然曰：“一钱何足道，乃杖我耶？尔能杖我，不能斩我也。”咏笔判云：“一日一钱，千日千钱，绳锯木断，水滴石穿。”自仗剑下阶斩其首，申府自劾。崇阳人至今传之。

咏知益州时，尝有小吏忤咏，咏械其颈。吏恚曰：“枷即易，脱即难。”咏曰：“脱亦何难。”即就枷斩之，吏俱悚惧。

若无此等胆决，强横小人，何所不至？

贼有杀耕牛逃亡者，公许自首。拘其母，十日不出，释之，再拘其妻，一宿而来。公断曰：“拘母十夜，留妻一宿，倚门之望何疏，结发之情何厚？”就市斩之。于是首身者继至，并遣归业。

袁了凡曰：“宋世驭守令之宽，每以格外行事，法外杀人，故不肖者或纵其恶，而豪杰亦往往得藉以行其志。今守令之权渐削，自笞十至杖百，仅得专决。而徒一年以上，必申请待报，往返详驳，经旬累月。于是文案益繁，而狴犴之淹系者亦多矣。”子犹曰：“自雕虫取士，资格困人，原未尝搜豪杰而汰不肖，安得不轻其权乎？吾于是益思汉治之善也。”

黄盖　况钟

黄盖尝为石城长，石城吏特难检御。盖至，为置两掾，分主诸曹。教曰：“令长不德，徒从武功得官，不谙文吏事。今寇未平多军务，一切文书，悉付两掾。其为检摄诸曹，纠擿谬误，若有奸欺者，终不以鞭扑相加。”教下，初皆悚惧恭职，久之，吏以盖不治文书，颇懈肆。盖微省之,得两掾不法各数事。乃悉召诸掾,出数事诘问之,两掾叩头谢。盖曰:“吾业有赦,终不以鞭杖相加,不敢欺也。”竟杀之。诸掾自是股栗,一县肃清。

况钟字伯律,南昌人,始由小吏擢为郎,以三扬特荐为苏州守。宣庙赐玺书,假便宜。初至郡,提控携文书上,不问当否,便判可。吏藐其无能,益滋弊窦。通判赵忱,百方凌侮,公惟唯唯。既期月,一旦命左右具香烛,呼礼生来,僚属以下毕集。公言:“有敕未宣,今日可宣之。”内有“僚属不法,径自拿问”之语。于是诸吏皆惊。礼毕,公升堂,召府中胥,声言:“某日一事,尔欺我窃贿若干,然乎?某日亦如之,然乎?”群胥骇服。公曰:“吾不耐多烦。”命裸之,俾隶有力者四人,舁一胥掷空中,立毙六人,陈尸于市,上下股栗,苏人革面。

盖武人,钟小吏,而其作用如此,此可以愧口给之文人、矜庄之大吏矣。〇王晋溪云:司衡者,要识拔真才而用之,甲未必皆优于科,科未必皆优于贡,而甲与科贡之外,又未必无奇才异能之士。必试之以事,而后可见。如黄福以岁贡,杨士奇以儒士,胡俨以举人,此皆表表名臣也。国初,冯坚以典史而推都御史,王兴宗以直厅而历布政使。惟为官择人,不为人择官,所以能尽一世人才之用耳。

当况守时,府治被火焚,文卷悉烬,遗火者一吏也。火熄,况守出坐砾场上,呼吏痛杖一百,喝使归舍。亟自草奏,一力归罪己躬,更不以累吏也。初吏自知当死,况守叹曰:“此固太守事也,小吏何足当哉?”奏上,罪止罚俸。公之周旋小吏如此,所以威行而无怨。使以今人处此,即自己之罪,尚欲推之下人,况肯代人受过乎?公之品,于是不可及矣。

宗威愍

金寇犯阙,銮舆南幸。贼退,以宗公汝霖尹开封。初至而物价腾贵,至有十倍于前者,郡人病之。公谓参佐曰:“此事易,自都人率以饮食为先,当治其所先,缓者不忧不平也。”密使人问米面之直,且市之。计其直,与前此太平时初无甚增。乃呼庖人取面,令作市肆笼饼，大小为之。及取糯米一斛，令监军使臣如市酤酝酒，各估其值。而笼饼枚六钱，酒每觚七十足。出勘市价，则饼二十、酒二百也。公先呼作坊饼师至，讯之曰："自我为举子时来京师，今三十年矣，笼饼枚七钱，而今二十，何也，岂麦价高倍乎？"饼师曰："自都城经乱以来，米麦起落初无定价，因袭至此，某不能违众独减，使贱市也。"公即出兵厨所作饼示之，且语之曰："此饼与汝所市重轻一等，而我以日下市直，会计新面。工值之费，枚止六钱，若市八钱，则有二钱之息，今为将出令，止作八钱，敢擅增此价而市者，罪应处斩，且借汝头以行吾令也。"即斩以徇。出令可矣，斩之效曹瞒故智，毋乃太甚。明日，饼价仍旧，亦无敢闭肆者。次日，呼官酤任修武至，讯之曰："今都城糯米价不增，而酒值三倍，何也？"任恐悚以对曰："某等开张承业，欲罢不能，而都城自遭寇以来，外居宗室及权贵亲属，私酿至多，不如是无以输纳官曲之值，与工役油烛之费也。"公曰："我为汝尽禁私酿，汝减直百钱，亦有利入乎？"任叩额曰："若尔，则饮者俱集，多中取息，足办输役之费。"公熟视久之，曰："且寄汝头颈上，出率汝曹，即换招榜，一觚止作百钱，是不患乎私酿之搀夺也。"明日出令："敢有私造曲酒者，捕至不问多寡，并行处斩。"于是倾糟破觚者，不胜其数。数日之间，酒与饼直，既并复旧，其他物价，不令而次第自减。既不伤市人，而商旅四集，兵民欢呼，称为神明之政。时杜充守北京，号"南宗北杜"云。

借饼师头虽似惨，然禁私酿平物价，所以令出惟行，全不费力者，皆在于此，亦所谓权以济难者乎。当湖冯汝弼《祐山杂说》云："甲辰凶荒之后，邑人行乞者什之三，逋负者十之九。明年，本府赵通判临县催征，命选竹板重七斤者，拣拶长三寸者。邑人大恐，或诳行乞者此喜乱者借行乞而用之。曰，赵公领府库银三千两，来赈济汝，何不往？行乞者更相传播，须臾，数百人相率诣赵，赵不容入，则叫号跳跃，一拥而进，逋负者随之。逐隶人，毁刑具，呼声震动。赵惶惧，莫知所措。余与赵上莘辈闻变趋入，赵意稍安，延入后堂，则击门排闼，势益猖獗。问欲何为？行乞者曰求赈济，逋负者曰求免征。赵问为首者姓名，余曰：'勿问也，知其姓名，彼虑后祸，祸反不测，姑顺之耳。'于是出免征牌，及县备豆饼数百以进。未及门辄抢去，行乞者率不得食。抵暮，余辈出，则号呼愈甚，突入后堂矣。赵虑有他变，窬墙宵遁，自是民颇骄纵无忌。又二月，太守郭平川应奎推为首者数人于法，即惕然相戒，莫敢复犯矣。向使赵不严刑，未必致变。郭不正法，何由弭乱？宽严操纵，惟识时务者知之。”

杨守礼

嘉靖间，直隶安州，值地震，大变。州人乘乱抢杀，目无官法。上司闻风畏避，莫知所出。杨少保南涧公，讳守礼。家食已二十余年矣，先期出示，晓以朝廷法律。越二日，乱如故。公乃升牛皮帐，用家丁，率地方知事者，击斩首乱四人，悬其头于四城门，乱遂定。

李彦和乐云：公虽抱雄略，倘死生利害之念，一萌于中，则不在其位，而欲便宜行事，浩然之气不索然馁乎？此豪杰大作用，难与拘儒道也。

苏不韦

东汉苏不韦，父谦，尝为司隶校尉，李暠挟私忿论杀。不韦时年十八，载丧归乡，瘗而不葬，仰天叹曰：“伍子胥独何人也！”遂藏母武都山中，要紧。变姓名，尽以家财募剑客，邀暠于诸陵间，不值。久之，暠迁大司农。时右校刍廥在寺北垣下，不韦与亲从兄弟潜入廥中。夜则凿地，昼则伏匿。如是者经月，遂达暠寝室，出其床下。会暠如厕，杀其妾及小儿，留书而去。好汉。暠大惊，自是布棘于室，以板籍地，一夕九徙。不韦知其有备，即日夜驰至魏郡，掘其父阜冢，取阜头以祭父，又标之市曰：“李暠父头。”暠心痛不敢言，愤恚呕血死，不韦于是行丧，改葬父。

郭林父论曰：“子胥犹见用强吴，凭阖闾之威，而苏子力止匹夫，劝隆千乘，比子胥尤过云。”子犹曰：“李暠私忿不戢，辱及墓骨，妻子为戮，身亦随之，为天下笑，可谓大愚。然能以私忿杀其父，而竟不能以官法治其子，何也？将侠士善藏，以始皇之威，犹不行于博浪，况他人乎？顾子房事秘，无可物色。而兹留书标市，显其行意，莫得而谁何之？不独过子胥，且过子房矣。东汉尚节义，或怜其志节而庇护之，未可知。要之一夫含痛，不报不休，死生非所急也，不韦真杰士哉。”

楚悼王薨，贵戚大臣作乱，攻吴起。起走之王尸而伏之，击起之徒，因射刺起，并中王尸。既葬，肃王即位，使令尹尽诛为乱者，坐起夷宗者七十家。齐大夫与苏秦争宠，使人刺之不死，殊而走。齐王求贼不得，苏秦且死，乃谓齐王曰：臣“即死，车裂臣以徇于市，曰：‘苏秦作乱于齐。’如此，则臣之贼必得矣。”于是如其言，而杀苏秦者果自出，齐王因而诛之。若起与秦，身死而能以术自报其仇，智更足多矣。

诛恶仆二条

张咏少学剑术于陈希夷。客长安旅次，闻邻家夜哭，叩其故，此人游宦远郡，尝私用官钱，为仆夫所持，强要其长女为妻。咏明日至其门，阳假仆往探一亲，仆迟迟，强之而去。导马出城至林麓中，既疏其罪，仆怆惶间，咏以袖椎挥之，堕崖而死。归曰：“盛价已不复来矣，速归汝乡，后当谨于事也。”

柳仲途赴举时，宿驿中，夜闻妇人哭声，乃临淮令之女。令在任贪墨，委一仆主献纳，及代还，为仆所持，逼娶其女。柳访知之，明日谒令，假此仆一日。仆至柳室，即令往市酒果。夜阑，呼仆叱问，即奋匕首，杀而烹之。翌日召令及同舍饮，云：“共食卫肉。”饮散亟行，令追谢，问仆安在。曰：“适共食者是也。”

亦智亦侠，绝似《水浒传》中奇事。〇张咏未第时，尝游荡阴，县令馈与束帛万钱，咏即负之而归。或谓此去遇夜，坡泽深奥，人烟疏阔，可俟徒伴偕行。咏曰：“秋暮矣，亲老未授衣。”但淬一短剑去，行三十余里，止一孤店，唯一翁洎二子。夜始分，其子呼曰：“鸡已鸣，秀才可去矣。”咏不答，即推户。咏先以床拒左扉，以手拒右扉。其子既呼不应，即排闼，咏忽退立，其子闪身入，咏择其首斃之。少时，次子又至，如前复杀之。咏持剑视翁，翁方燎火爬痒，复断其首。老幼数人，并命于室，乃纵火。行二十余里，始晓。后来者相告曰："前店失火，举家被焚也。"事亦奇，因附之。

窦建德

夏主窦建德微时，有劫盗夜入其家，建德知之，立户下，连杀三盗。余盗不敢入，呼其取尸。建德曰："可投绳下系取去。"盗投绳而下，建德乃自系，使盗曳出，捉刀跃起，复杀数盗，由是盗知名。

以诛盗为戏。

陈星卿

嘉定、青浦之间有村焉。陈星卿者，年少高才，贫不遇，训蒙村中，人未之奇也。村有寡妇，屋数间，田百余亩，有子方在抱。侄欺之，阴献其产于势家子，得蝇头，遁去。势家子择吉往阅新庄，而先期使干仆持告示往逐寡妇。寡妇不知所从来，抱儿泣于门。乡人俱愤愤，而爱莫能助。星卿适过焉，叩得其故，谓邻人曰："从吾计，保无恙。"邻人许之。令寡妇谨避他处。明日，势家子御游船，门客数辈，箫鼓竞发，从天而下。既登岸，指挥洒扫悬匾，召谕诸佃粗毕，往田间布席野饮。星卿率乡之强有力者，风雨而至，举枪桩其舟。舟人出不意，奔告主人。主人趋舟，舟既沉矣，快。遥望新庄，所悬匾已碎于街，众汹汹索斗，乃惧而窜。方召主文谋讼之，而悬牒已下。又快。盖嘉定新令韩公，颇以扶抑为己任。星卿率其邻，即日往控，呈词既美，情复惨激。使捕衙往视，则匾及舟在焉。势家子使人居间，终不听，竟置诸干仆及寡妇之侄于法。寡妇鬻其产而他适，星卿遂名重郡邑间。张君山谈是万历年间事。

郡中得星卿数辈，势家子不复横矣，保小民亦所以保大家也。虽然，星卿之敢于奋臂者，乘新令扶抑之始，用其旦气耳，星卿亦可谓智矣。

李　福

唐李福尚书，镇南梁，境内多朝士庄产，子孙侨寓其间，而不肖者，相效为非，前牧弗敢禁止，闾巷苦之。福严明有断，命织篾笼若干，召其尤者，诘其家世谱第，在朝姻亲。乃曰："郎君借如此地望，作如此行止，毋乃辱于存亡乎？今日所惩，贤亲眷闻之必快。"遽命盛以竹笼，沉于汉江。由是其侪惕息，各务戢敛。

薛元赏

季相石在中书，京兆尹薛元赏尝谒石于私第。故事：百僚将至相府，前驱不复呵。元赏下马，石未之知，方在厅，若与人诉竞者。元赏问焉，曰："军中军将。"元赏排闼进曰："相公朝廷大臣，天子所委任，安有军中一将，而敢无礼如此？夫纲纪凌夷，犹望相公整顿，岂有出自相公者耶？"即疾趋而去，顾左右："可便擒来。"时仇士良用事，其辈已有诉之者，宦官连声传士良命曰："中尉奉屈大尹。"元赏不答，即命杖杀之。士良大怒，元赏乃白衣请见士良，士良出曰："何为擅杀军中大将？"元赏言其无礼状，且曰："宰相，大臣也；中尉，亦大臣也。彼既可无礼于此，此亦可无礼于彼乎？国家之法，中尉宜保守，一旦坏之可惜，某已白衫待罪矣。"士良以其理直，顾左右取酒饮之而罢。

罗　点

罗点春伯为浙西仓，摄平江府。忽有雇主讼其逐仆欠钱者。究问已服，而仆黠狡，反欲污其主，乃自陈尝与主馈之姬通，既而访之非实。于是令仆自供奸状，因判云："仆既负主钱，又污主婢，事之有无，虽不可知，然自供已明，合从奸罪，宜断徒配施行。其婢候主人有词日根究。"闻者莫不快之。

卷十二

胆智部识断

智生识，识生断。当断不断，反受其乱。集“识断”。

齐桓公

宁戚，卫人，饭牛车下，扣角而歌。齐桓公异之，将任以政。群臣曰：“卫去齐不远，可使人问之，果贤，用未晚也。”公曰：“问之，患其有小过，以小弃大，此世所以失天下士也。”乃举火而爵之上卿。

韩范已知张李二生有用之才，其不敢用者，直是无胆耳。孔明深知魏延之才，而又知其才之必不为人下，故未免虑之太深，防之太过，持之太严。宁使其余才，而不欲尽其用，其不听子午谷之计者，胆为识掩也。呜呼！胆盖难言之矣。魏以夏侯楙镇长安，丞相亮伐魏，魏延献策曰：“楙怯而无谋，今假延精兵五千，直从褒中出，循秦岭而东，当子午而北，不过十日，可到长安。楙闻延掩至，必弃城走，比东方相合，尚二十许日，而公从斜谷来，亦足以达。如此则一举而咸阳以西可定矣。”亮以为危计，不用。〇任登为中牟令，荐士于襄主曰：“中章胥已。”襄王以为中大夫，相室谏曰：“君其耳而未之目耶，为中大夫若此其易也。”襄子曰：“我取登，既耳而目之矣，登之所取，又耳而目之，是耳目人终无已也。”此亦齐桓公之智也。

卫嗣君

卫有胥靡，亡之魏。嗣君以五十金买之不得，乃以左氏地名。易之。左右曰：“以一都买一胥靡，可乎？”嗣君曰：“治无小，乱无大，法不立，诛不必，虽有十左氏无益也，法立诛必，虽失十左氏无害也。”

高　洋

高洋内明而外晦，众莫知也，独欢异之曰：“此儿识虑过吾。”时欢欲观诸子意识，使各治乱丝。洋独持刀斩之曰：“乱者必斩。”

周瑜等三条

曹操既得荆州，顺流东下，遗孙权书，言“治水军八十万众，与将军会猎于吴。”张昭等曰：“长江之险，已与敌共，且众寡不敌，不如迎之。”鲁肃独不然，劝权召周瑜于鄱阳。瑜至，谓权曰：“操托名汉相，实汉贼也。将军割据江东，兵精粮足，当为汉家除残去秽，况操自送死，而可迎之耶？请为将军筹之。今北上未平，马超、韩遂尚在关西，为操后患。而操舍鞍马，仗舟楫，与吴越争衡。又今盛寒，马无藁草，中国士众，远涉江湖之险，不习水土，必生疾病。此数者，用兵之患也。瑜请得精兵五万人，保为将军破之。”权曰：“孤与老贼，誓不两立。”因拔刀砍案曰：“诸将敢复言迎操者，与此案同。”竟败操兵于赤壁。

契丹寇澶州，边书告急，一夕五至，中外震骇。寇准不发，饮笑自如。真宗闻之，召准问计。准曰：“陛下欲了此，不过五日，大言。愿驾幸澶州。”帝难之，欲还内，准请毋还而行，乃召群臣议之。王钦若，临江人，请幸金陵。陈尧叟，阆州人，请幸成都。准曰：“陛下神武，将臣协和，若大驾亲征，敌当自遁，奈何弃庙社，幸楚、蜀？远道所在，人心崩溃，敌乘势深入，天下可复保耶？”帝乃决策幸澶州。准曰：“陛下若入宫，臣不得到，又不得见，则大事去矣，请毋还内。”驾遂发。六军有司追而及之，临河未渡，是夕内人相泣，上遣人问准，方饮酒鼾睡。明日，又有言金陵之谋者，上意动。准固请渡河，议数日不决。准出见高烈武王琼谓之曰：“子为上将，视国危不一言耶。”琼谢之，乃复入，请召问从官，至皆嘿然。上欲南下，准曰：“是弃中原也。”又欲断桥，因河而守。准曰：“是弃河北也。”上摇首曰：“儒者不知兵。”准因请召诸将，琼至，曰：“蜀远，钦若之议是也。上与后宫御楼船，浮汴而下，数日可至。”众皆以为然，准大惊色脱。琼徐又进曰：“臣言亦死，不言亦死，与其事至而死，不若言而死。今陛下去都城一步，则城中别有主矣。吏卒皆北人，家在都下，将归事其主，谁肯送陛下者，金陵亦不可到也。”准又喜过望曰：“琼知此，何不为上驾？”琼乃大呼逍遥子，准掖上以升，遂渡河，幸澶州之北门，远近望见黄盖，诸将皆踊跃呼万岁，声闻数十里，契丹气夺，来薄城，射杀其帅顺国王挞览，敌惧，遂请和。

按：是役，准先奏请乘契丹兵未逼镇、定，先起定州军马三万，南来镇州。又令河东兵出土门路会合，渐至邢、洺，使大名有恃，然后圣驾顺动。又遣将向东傍城寨牵拽，又募强壮入虏界，扰其乡村，俾虏有内顾之忧。又檄令州县坚壁，乡村入保，金币自随，谷不徙者，随在瘗藏，寇至勿战。故虏虽深入而无碍，方破德清一城，而得不补失，未战而困。若无许多经略，则渡河真孤注矣。

金主亮南侵，王权师溃昭关，帝命杨存中就陈康伯议，欲航海避敌。康伯延之入，解衣置酒。帝闻之，已自宽。明日，康伯入奏曰："闻有劝陛下幸海趋闽者，审尔，大事去矣，盍静以待之。"一日，帝忽降手诏曰："如敌未退，散百官。"康伯焚诏而后奏曰："百官散，主势孤矣。"帝意始坚，康伯力劝帝亲征。

迟魏之帝者，一周瑜也；保宋之帝者，一寇准也；延宋之帝者，一陈康伯也。

筑大虫巉堡

初，原州蒋偕，建议筑大虫巉堡，宣抚使王素听之。役未具，敌伺间要击，不得成。偕惧，来归死。王素曰："若罪偕，乃是堕敌计。"责偕使毕力自效。总管狄青曰："偕往益败，不可遣。"素曰："偕往则总管行，总管败，素即行矣。"青不敢复言，偕卒城而还。

清涧城

种世衡既城宽州，苦无泉，凿地百五十尺，见石，工徒拱手曰："是不可井矣。"世衡曰："过石而下，将无泉邪？尔其屑而出之，凡一畚偿尔一金。"复致力，过石数量，泉果沛然，朝廷因署为清涧城。

韩　浩

夏侯惇守濮阳，吕布遣将伪降，径劫质惇，责取货宝，诸将皆束手。韩浩独勒兵屯营门外，敕诸将按甲毋动。诸营定，遂入请惇所，叱劫质者曰："若等凶顽，敢劫取大将军，乃复望生耶？吾受命讨贼，宁能以一将军故纵若。"因涕泣谓惇曰："当奈国法何！"促召兵击劫质者。劫质者遑遽叩头乞资物，浩竟捽出斩之，惇得免，曹公闻而善之。因著令：自今有劫质者必并击，勿顾质，由是劫质者遂绝。

寇恂

高峻久不下，光武遣寇恂奉玺书往降之。恂至，峻第遣军师皇甫文出谒，辞礼不屈。恂怒，将诛之，诸将皆谏，恂不听，遂斩之。遣其副归告曰："军师无礼，已戮之矣，欲降即降，不则固守。"峻恐，即日开城门降，诸将皆贺。因曰："敢问杀其使而降其城，何也？"恂曰："皇甫文，峻之腹心，其所取计者也，金不可购，今自送死，奈何失之？今来，辞意不屈，必无降心，全之则文得其计，杀之则峻亡其胆，是以降耳。"

唐僖宗幸蜀，惧南蛮为梗，许以婚姻。蛮王命宰相赵隆眉、杨奇鲲、段义宗来朝行在，且迎公主。高太尉骈自淮南飞章云："南蛮心膂，惟此数人，请止而鸩之。"迄僖宗还京，南方无虞。此亦寇恂之余智也。

刘玺　唐侃

嘉靖中，戚畹郭勳怙宠，率遣人市南物，逼协漕总领俵各船分载入都以牟利。运事困惫，多缘此故。都督刘公玺，时为漕总，乃预置一棺于舟中，右手持刀，左手招权奸。对狠干言："若能死，犯吾舟，吾杀汝，即自杀卧棺中，以明若辈之害吾军也，吾不能纳若货以困吾军。"诸干惧而退，然终亦不能害公。

权奸营私，漕事坏矣，不如此发恶一番，弊何时已也？从前依阿酿弊，只是漕总怕众狠干耳，众狠干岂敢与漕总为难决生死哉？按：刘玺字国信，居官清苦，号"刘穷"，又号"刘青菜。"御史穆相荐剡中曾及此语。及推总漕，上识其名，喜曰："是前穷鬼耶？"亟可其奏。则权奸之终不能害公也，公素有以服之也。○公晚年禄入浸厚，自奉稍丰，有觊代其职者，嗾言官劾罢之。疏云:"昔为青菜刘,今为黄金玺。"人称其冤。因记陈尚书奉初为给谏,直论时政得失,不弹劾人。曰:"吾父戒我勿作刑官枉人,若言官,枉人尤甚,吾不敢妄言也。"因为刘国信三叹。

章圣梓宫葬承天,道山东德州,上官裒民间财甚巨以给行,犹恐不称。武定知州唐侃丹徒人。奋然曰:"以半往足矣。"至则舁一空棺旁舍中,诸内臣牌卒奴叱诸大吏,鞭挞州县官,宣言供帐不办者死,欲以恐吓钱。同事者至逃去,侃独留,及事急,乃谓曰:"吾与若诣钱所受钱。"乃引之旁舍中,指棺示之曰:"吾已办死来矣,钱不可得也。"于是群小愕然相视,莫能难。及事办,诸逃者皆被罢,而侃独受旌。

人到是非紧要处,辄依阿徇人,只为恋恋一官故。若刘唐二公,死且不避,何有一官?毋论所持者正,即其气已吞群小而有余矣。蔺之渑池,樊之鸿门,皆是以气胜之。

段秀实　孔镛

段秀实以白孝德荐为泾州刺史。时郭子仪为副元帅,居蒲。子晞以检校尚书领行营节度使,屯邠州。邠之恶少窜名伍中,白昼横行市上,有不嗛,辄击伤人,甚之撞害孕妇,孝德不敢言。秀实自州至府白状,因自请为都虞侯。孝德即檄署府军,俄而晞士十七人,入市取酒,刺杀酒翁,坏酿器。秀实列卒取之,断首置槊上,植市门外,一营大噪,尽甲。秀实解去佩刀,选老躄一人,控马径造晞门,甲者皆出,秀实笑而入曰:"杀一老兵,何甲也,吾戴吾头来矣。"甲者愕眙。俄而晞出,秀实责之曰:"副元帅功塞天地,今尚书恣卒为暴,使乱天子边,欲谁归罪乎?罪且及副元帅矣。今邠恶子弟窜名籍中,杀害人藉藉如是,人皆曰尚书以副元帅故不戢士,然则郭氏功名,其与存者几何?"晞乃再拜曰:"公幸教晞。"即叱左右解甲。秀实曰:"吾未哺食,为我设具。"食已,又曰:"吾疾作,愿一宿门下。"遂卧军中,晞大骇,戒候卒击柝卫之。明日,晞与俱至孝德所陈谢,邠赖以安。

孝宗时,以孔镛为田州知府,莅任才三日,郡兵尽已调发,而峒獠仓卒犯城。众议闭门守,镛曰:"孤城空虚,能支几日,只应谕以朝廷恩威,庶自解耳。"众皆难之,谓孔太守书生迂谈也。镛曰:"然则束手受毙耶?”众曰:“即尔,谁当往?”镛曰:“此吾城,吾当独行。”众犹谏阻,镛即命骑,令开门去,众请以士兵从,镛却之。贼望见门启,以为出战。视之,一官人乘马出,二夫控络而已,门随闭。贼遮马问故,镛曰:“我新太守也。尔导我至寨,有所言。”贼叵测,姑导以行,远入林菁间,顾从夫,已逸其一。既达贼地,一亦逝矣。贼控马入山林,夹路人裸罥于树者累累,呼镛求救。镛问人,乃庠生赴郡,为贼邀去,不从,贼将杀之。镛不顾,径入洞,贼露刃出迎。镛下马立其庐中,顾贼曰:“我乃尔父母官,可以坐来,尔等来参见。”贼取榻置中,镛坐,呼众前,众不觉相顾而进,渠酋问镛为谁,曰:“孔太守也。”贼曰:“岂圣人儿孙耶?”镛曰:“然。”贼皆罗拜。镛曰:“我固知若贼本良民,迫于冻馁,聚此苟图救死,前官不谅,动以兵加,欲剿绝汝。我奉朝命作汝父母官,视汝犹子孙,何忍杀害?若信能从我,当宥汝罪,可送我还府,我以谷帛赍汝,勿复出掠。若不从,可杀我,后有官军来问罪,汝当之矣。”众错愕曰:“诚如公言,公诚能相恤,请终公任,不复扰犯。”镛曰:“我一语已定,何必多疑?”众复拜。镛曰:“我馁矣,可具食。”众杀牛马为麦饭以进,镛饱啖之,贼皆惊服。日暮,镛曰:“吾不及入城,可即此宿。”贼设床褥,镛徐寝。明日,复进食,镛曰:“吾今归矣,尔等能从往取粟帛乎。”贼曰:“然。”控马送出林间,贼数十骑从。镛顾曰:“此秀才好人,汝既效顺,可释之,与我同返。”贼即解缚,还其巾裙,诸生竞奔去。镛薄暮及城,城中吏登城见之,惊曰:“必太守畏而从贼,导之陷城耳。”争问故,镛言:“第开门,我有处分。”众益疑拒,镛笑语贼:“尔且止,吾当自入,出犒汝。”贼少却,镛入,复闭门,镛命取谷帛,从城上投与之,贼谢而去,终不复出。

晞奉汾阳家教,到底自惜功名,段公行法时,已料之审矣。孔太守虽藉祖荫,然语言步骤,全不犯凶锋。故曰:“天下之至柔,驰骋天下之至刚。”

姜绾

姜绾以御史谪判桂阳州,历转庆远知府。府边夷,前守率以夷治。绾至,一新庶政,民僚改观。时四境之外皆贼窟,绾计先翦其渠魁,乃选健儿教之攻战。无何,皆成锐兵,贼盗稍息。初,商贩者舟由柳江抵庆远,柳庆二卫官兵在哨者,阳护之,阴实以为利。绾一日自省溯江归,哨者假以情见迫遽,讙言贼伏隩,绾陆行便。绾曰:"吾守也,避贼,此江复何时行耶?"麾民兵左右翼拥,挽盖树帜,联商舟倘佯进焉。贼竟不敢出,自是舟行者无所用哨。

决意江行,为百姓先驱水道,固是。然亦须平日训练威名,足以袭敌,故安流无梗。不然,尝试必无幸矣。

文彦博

潞公为御史时,边将刘平战死。监军黄德和拥兵观望,监军之为害如此。欲脱己罪,诬平降虏,而以金带赂平奴,使附己。平家二百口,皆冤系。诏彦博置狱河中。彦博鞫治得实,德和党援谋翻狱,已遣他御史来代之矣。彦博拒之曰:"朝廷虑狱不就,谁敢。故遣君,今狱具矣,事或弗成,彦博执其咎,与君无与也。"德和并奴卒就诛。

陆庄简公

平湖陆太宰光祖,初为濬令,濬有富民,枉坐重辟,数十年相沿,以其富不敢为之白。陆至访实,即日破械出之,然后闻于台使者。先闻则多掣肘矣。使者曰:"此人富有声。"陆曰:"但当问其枉不枉,不当问其富不富。果不枉,夷齐无生理;果枉,陶朱无死法。"台使者甚器之。后行取为吏部,黜陟自由,绝不关白台省。时孙太宰丕杨在省中,以夺权劾之,即落职。辞朝,遇孙公,因揖谓曰:"承老科长见教,甚荷相成。但今日吏部之门,嘱托者众,不专何以申公道?老科长此疏实误也。"孙沉思之,良久曰:"诚哉,吾过矣。"即日草奏,自劾失言,而力荐陆。陆由是复起,时两贤之。

为陆公难,为孙公更难。○葛端肃以奉左伯入觐,有小吏注考老疾当罢。公复为请留,太宰曰:"计簿出自藩伯,何自忘也?"公曰:"边吏去省远甚,注考徒据文书,今亲见其人甚壮,正堪驱策,方知误注,过在布政,何可使小吏受枉?"太宰惊服曰:"谁能于吏部堂上自实过误?即此是贤能第一矣。"此事与孙公相类。

葛公固高，此吏部亦高。因记万历己未，有闽左伯黄琮，马平人，为一主簿力争其枉，当轴者甚不喜此等无识者多。曰："以二品大吏，为九品官苦口，其伎俩可知。"为之注调，人之识见不侔如此。

陆文裕

陆文裕公树声为山西提学，时晋王有一乐工，甚爱宠之。其子学读书，前任副使考送入学。公到任，即行文黜之，晋王再四与言。公云："宁可学宫少一人，不可以一人污学宫。"坚意不从。

自学官多假借，而贱妨贵、仆抗主者纷纷矣，得陆公一廓清，大是快事。

韩魏公二条

英宗初晏驾，急召太子，未至，英宗复手动。曾公亮愕然，亟告韩琦，欲止勿召。琦拒之曰："先帝复生，乃一太上皇。"愈促召之。

内都知任守忠奸邪反复，间谍两宫。韩琦一日出空头敕一道，参政欧阳修已佥书矣，赵概难之。修曰："第书之，韩公必自有说。"仗此好帮手。琦坐政事堂，以头子勾任守忠立庭下，数之曰："汝罪当死，谪蕲州团练副使，蕲州安置。"取空头敕填之，差使臣即日押行。

韩魏公生平从未曾以胆字许人，此等神通，的是无两。

吕　端

太宗大渐，内侍王继恩忌太子英明，阴与参知政事李昌龄等谋立楚王元佐。端问疾禁中，见太子不在旁，疑有变，乃以笏书大渐二字，令亲密使趣太子入侍。太宗崩，李皇后命继恩召端。端知有变，即给继恩使入书阁，检太宗先赐墨诏，遂锁之而入。皇后曰："宫车已晏驾，立子以长，顺也。"端曰："先帝立太子，正为今日。今始弃天下，岂可遽违命有异议邪？"乃奉太子。真宗既立，垂帘引见群臣，端平立殿下不拜，请卷帘。升殿审视，然后降阶，率群臣拜呼万岁。

不糊涂，是识；必不肯糊涂过去，是断。

辛企李

辛参政企李守福州，有主管应天启运官内臣武师说，平日群中待之与监司等。企李初视事，谒入，谓各将曰："此特监珰耳，待以通判，已为过礼。"乃令与通判同见。明日，百官朝拜神御，企李病足，必扶掖乃能拜。既又至庭下，师说忽叱候卒退曰："此神御殿也。"企李不为动，顾卒曰："但扶，自当具奏。"雍容终礼，既退，遂自明待罪，朝廷为降师说为泉州兵官云。

王安石

荆公裁损宗室恩数，宗子相率马首陈状，云："均是宗庙子孙，那得不看祖宗面？"荆公厉声曰："祖宗亲尽亦祧，何况君辈？"没说得。

荆公议论皆偏，只此一语，可定万世宗藩之案。

毛 澄

太仓毛文简公，嘉靖初，上议选婚，锦衣卫千户女与焉。内侍并皇亲邵蕙俱得重赂，咸属意。公在左顺门，厉声曰："卫千户，是卫太监家人，不知自姓，何以登玉牒？此事礼部不敢担当，汝曹自为之。"众议遂息。

祝知府

南昌祝守，以廉能名。宁府有鹤，为民犬咋死，府卒讼之云："鹤带金牌，乃出御赐。"祝公判云："鹤带金牌，犬不识字，禽畜相伤，岂干人事？"竟纵其人。又两家牛斗，一牛死，判云："两牛相争，一死一生。死者同享，生者同耕。"

术智部总序

冯子曰：智者，术所以生也；术者，智所以转也。不智而言术，如傀儡百变，徒资嬉笑，而无益于事；无术而言智，如御人舟子，自信执辔如组，运楫如风，原隰关津，若在其掌，一遇羊肠、太行，危滩骇浪，辄束手而呼天，其不至颠且覆者几希矣。蠖之缩也，蛰之伏也，麝之决脐，蚺之示创也，术也。物智且然，而况人乎？李耳化胡，禹入裸国而解衣，孔尼猎较，散宜生行贿，仲雍断发文身，裸以为饰。不知者曰，圣人之智，有时而殚。智者曰，圣贤之术，无时而窘，婉而不遂，谓之“委蛇”；匿而不章，谓之“谬数”；诡而不失，谓之“权奇”。不婉者，物将格之；不匿者，物将倾之；不诡者，物将厄之。呜呼！术神矣，智止矣！

卷十三

术智部委蛇

道固委蛇，大成若缺。如莲在泥，入垢出洁。先号后笑，吉生凶灭。集“委蛇”。

箕　子

纣为长夜之饮而失日。问其左右，尽不知也。使问箕子，箕子谓其徒曰：“为天下主，而一国皆失日，天下其危矣；一国皆不知，而我独知之，吾其危矣。”辞以醉而不知。

凡无道之世，名为天醉。夫天且醉矣，箕子何必独醒？观箕子之智，便觉屈原之愚。

孔　融

荆州牧刘表不供职贡，多行僭伪，遂乃郊祀天地，拟斥乘舆，诏书班下其事。孔融上疏，以为：“齐兵次楚，惟责包茅。今王师未即行诛，且宜急郊祀之事，以崇国体。若形之四方，非所以塞邪萌。”

凡僭叛不道之事，骤见则骇，习闻则安。力未及剪除，而彰其恶，以习民之耳目，且使民知大逆之逋诛，朝廷何震之有？召陵之役，管夷吾不声楚僭，而仅责楚贡，取其易于结局，度势不得不尔。孔明使人贺吴称帝，非其欲也，势也，儒家虽败犹荣之说，误人不浅。

翟子威

清河胡常，与汝南翟方进同经，常为先进，名誉出方进下，而心害其能，论议不右方进。方进知之，伺常大都授时，谓总集诸生大讲。遣门下诸生，至常所问大义疑难，因记其说。如此者久之，常知方进推已，意不自得。其后居士大夫间，未尝不称方进。

尊人以自尊，腐儒为所用而不知。

魏　勃

勃少时，尝欲见齐相曹参，家贫无以自通，乃常独早夜扫齐相舍人门。相舍怪，以为物而伺之，得勃，曰："愿见相君无因，故为子扫，欲以求见耳。"于是舍人见勃于参。

曹相国最坦易不为崖岸者，魏勃犹难于一见如此，况其他乎？吁！

叔孙通

叔孙通初以儒服见汉王，憎之。通即变服，服短衣楚制，王喜。时从弟子百许，通无所言，独言诸故群盗壮士进，诸儒皆怨。通闻之曰："诸生宁能斗乎！且待我，毋遽。"

王守仁

王龙溪妙年任侠，日日在酒肆博场中，阳明亟欲一会不能也。阳明却，日令门弟子六博投壶，歌呼饮酒。久之，密遣一弟子瞷龙溪，随至酒肆家，索与共赌。龙溪笑曰："腐儒亦能博乎？"曰："吾师门下，日日如此。"龙溪乃大惊，求见阳明。一睹眉宇，便称弟子。

才如龙溪，阳明所必欲收也。然非阳明，亦何能得龙溪乎？使遇今之讲学者，且以酒肆博场获罪矣。耿楚侗欲收李卓吾而不能，遂为勍敌，方知阳明之妙用。

王　曾

丁晋公执政，不许同列留身奏事，惟王文正一切委顺，未尝忤其意。一日，文正谓丁曰："曾无子，欲以弟之子为后。欲面求恩泽，又不敢留身。"丁曰："如公不妨。"文正因独对，进文字一卷，具道丁事。丁去数步，大悔之。不数日，丁遂有珠崖之行。

王曾独委顺丁谓，而卒以出谓。蔡京首奉行司马光，而竟以叛光。一则君子之苦心，一则小人之狡态。

周忱　唐顺之

周文襄巡抚江南日，巨珰王振当权，虑其挠己也。时振初作居第，公预令人度其斋阁，使松江作剪绒毯遗之，不失尺寸，振益喜。凡公上利便事，振悉从中赞之，江南至今赖焉。传奇移此事于赵文华名下，遂为千古笑端。

秦桧构格天阁，有某官任江南，思出奇媚之。乃重赂工人，得其尺寸，作绒毯以进，铺之恰合。桧谓其伺己内事，大怒，因寻事斥之。所献同而喜怒相反，何也？谓忠佞意殊，彼苍者阴使各食其报，此恐未然。大抵振暴而骄，其机浅；桧险而狡，其机深。振乐于招君子以沽名，桧严于防小人以虑祸。此所以异与。

世之訾文襄者，不过以媚王振，乃出粟千石旌其门，又为子纳马得官二事，皆非高明之举。愚谓此二事亦有深意，时四方灾伤洊告，司农患贫，而公复奏免江南苛税若干万，惟是劝输援纳为便宜。之二策，公故以身先之，明示旌门之为荣，而纳官之不为辱，欲以风励百姓。此亦卜式助边之遗意，未可轻议也。

倭躏姑苏，戟婴儿为戏。唐公顺之时家居，一见痛心，愤不俱生。时督师海上者赵文华，严分宜幸客也。公挺身往谒，与陈机略，且言非专任胡梅林不可。赵乃首荐，起职方郎中，视师浙直，因任胡宗宪。宗宪亦厚馈严相以结其欢，故无掣肘之虞，始得展布，以除倭患。

焦弱侯曰：应德顺之字。晚年，为分宜所荐，至今以为诟病。尝观《易》之《否》，以"包承小人"为大人，吉，甚且包畜不辞。洁一身而委大计于沟渎，固志天下者所不忍也。汉人有言，中世选士，务于清悫谨慎，此妇女之检柙，乡曲之常人耳。呜呼！世多隐情，惜己之人，殆难与道此也。正德时，逆瑾鸱张，刘健、谢迁皆逐去，而李东阳独留，益务沉逊，时时调剂其间。缙绅之祸，往往恃以获免。人皆责东阳不去为非，不思孝宗大渐时，刘、谢、李同在榻前，承受顾命，亲以少主付之。使李公又随二人而去，则国事将至于不可言，宁不负先帝之托耶？则李义不可去，有万万不得已者。李晚年，有人谈及此，辄痛哭不能已。可怜。呜呼！

大臣心事，不见谅于拘儒者多矣，岂独应德哉！

杨一清

杨一襄一清。与内臣张永，同提兵讨安化王。杨在军中，语及逆瑾事，因以危言动永。可惜其言不传。即于袖中出二疏，一言平贼事，一言内变事。嘱永曰："公班师入京见上，先进宁夏疏，上必就公问，公诡言请屏人语，乃进内变疏。"永曰："即不济，奈何？"公曰："他人言，济不济未可知，公言必济。顾公言时，须有端绪，万一不信公，公可顿首请上即时召瑾，没其兵器，劝上登城验之，若无反状，杀奴喂狗。又顿首哭泣，上必大怒瑾。瑾诛，公大用，尽矫其所为，吕强、张承业与公，千载三人耳。但须得请即行事，勿缓顷刻。"永勃然作曰："老奴何惜余年，报主乎！"已而，永入见。如公策，事果济。瑾初缚时，得旨降南京奉御。瑾上白帖，乞一二敝衣盖体。上怜之，令与故衣百件。永惧，谋之内阁，令科道劾瑾，劾中多波及阿瑾诸臣。永持疏至左顺门谓诸言官曰："瑾用事时，我辈亦不敢言，况尔两班官，今非止瑾一人，勿动摇人情也，可须此疏去，急易疏进。"此疏入，瑾遂正法，止连及文臣张彩一人、武臣杨玉等六人而已。

除瑾除彬，多借张永之力，若全仗外庭，断不济事。永不欲旁及多人，更有识见。然非杨文襄智出永上，永亦不为之用。吁！此文襄所以称"智囊"也。

许　武

阳羡人许武，当举孝廉，仕通显，而二弟晏、普未达，武欲令成名。一日，谓二弟曰："礼有分异之义，谓与弟析资可乎？"于是括财产三分之。武自取肥田、广宅、奴婢强者，而推其薄劣者与弟。时乡人尽称二弟克让，而鄙武贪。晏、普竟用是名显，并选举。久之，武乃会宗亲告之曰："吾兄不肖，盗声窃位，二弟年长，未沾荣禄，所以向求分财，自取大讥，为二弟地耳。今吾意已遂，其悉均前产。"遂出所赢，尽推二弟。

让财犹易，让名更难。

廉　范

廉范字叔度。永平初,陇西太守邓融,辟范为功曹。会融为州所举案,范知事谴难解,欲以权相济,乃托病求去。融不达其意,大恨之。范乃东至洛阳,变姓名,求代廷尉狱卒,未几,融果征下狱,范遂得卫侍左右,尽心护视。融怪其貌类范,而殊不意。乃谓曰:"卿何似我故功曹。"范诃之曰:"君困厄,瞀乱耶?"后融释系出,病困,范随养视。及死,送丧至南阳,葬毕而去,终不言姓名。

一辟之感,诎身求济,士之于知己,甚矣哉。

周　新

周新为浙江按察使,尝巡属县,微服触县官,取系狱中。与囚语,遂知一县疾苦。明往迓,乃自狱出。县官惭惧,解绶而去。由是诸郡县闻风股栗,莫不勤职。

陈　瓘

陈瓘尝为别试所主,蔡卞曰:"闻陈瓘欲尽取史学,而黜通经之士,意欲沮坏国是,而动摇荆公之学也。"卞既积怒,谋因此害瓘,而遂禁绝史学。计画已定,惟俟瓘所取士,求疵立说而行之。瓘固预料其如此,乃于前五名悉取谈经及纯用王氏之学者。卞无以发,然五名之下,往往皆博洽稽古之士也。瓘尝曰:"当时若无矫揉,则势必相激,史学往往遂废矣。"故随时所以救时,不必取快目前也。

元祐之君子,与甘露之小人同败,皆以取快目前,故救时之志不遂。

王翦等三条

秦伐楚,使王翦将兵六十万人,始皇自送至灞上。王翦行,请美田宅园池甚众。始皇曰:"将军行矣,何忧贫乎?"王翦曰:"为大王将,有功终不得封侯,故及大王之飨臣,臣亦及时以请园地,为子孙业耳。”始皇大笑。王翦既至关，使使还请善田者五辈。或曰：“将军之乞贷，亦已甚矣。”王翦曰：“不然，夫秦王怚音粗而不信人，今空秦国甲士，而专委于我，我不多请田宅为子孙业以自坚，顾令秦王坐而疑我耶？”

汉高专任萧何关中事。汉三年，与项羽相距京索间，上数使使劳苦丞相。鲍生谓何曰：“今王暴衣露盖，数劳苦君者，有疑君心也。晁错使天子将兵而自居守，所以招祸。为君计，莫若遣君子孙昆弟能胜兵者，悉诣军所。”于是何从其计，汉王大悦。

吕后用萧何计诛韩信，上已闻诛信，使使拜何为相国，益封五千户，令卒五百人、一都尉为相国卫。诸君皆贺，召平独吊曰：“祸自此始矣。上暴露于外，而君守于内，非被矢石之难，而益封君置卫，非以宠君也。以今者淮阴新反，有疑君心，愿君让封勿受，悉以家财佐军。”何从之，上悦。其秋黥布反，上自将击之，数使使问相国何为。曰：“为上在军，拊循勉百姓，悉取所有佐军，如陈豨时。”客又说何曰：“君灭族不久矣，夫君位为相国，功第一不可复加。然君初入关中，得百姓心十余年矣，尚复孳孳得民和，上所为数问君，畏君倾动关中，今君胡不多买田地，贱贳贷以自污，上心必安。”于是何从其计，上还，百姓遮道诉相国，上乃大悦。

汉史又言：何买田宅，必居穷僻处，不治垣屋。曰：“令后世贤，师吾俭；不贤，无为势家所夺。”与前所云强买民田宅，似属两截，不知前乃免祸之权，后乃保家之策，其智正不相妨也。宋赵韩王普强买人第宅，聚敛财贿，为御史中丞雷德骧所劾。○韩世忠既罢，杜门绝客，口不言兵。时跨驴携酒，从一二奚童，纵酒西湖以自乐。尝议买新淦县官田，高宗闻之甚喜，赐御札，号其庄曰：“旌忠”。二公之买田，亦此意也。夫人主不能推肝胆以与豪杰共，至令有功之人，不惜自污以祈幸免，三代交泰之风荡如矣。然降至今日，大臣不论有功无功，无不多买田宅自污者，彼又持何说耶！○陈平当吕氏异议之际，日饮醇酒，弄妇人。裴度当宦官熏灼之际，退居绿野，把酒赋诗，不问人间事。古人明哲保身之术例如此，皆所以绝其疑也。国初，御史袁凯以忤旨引风疾归，太祖使人觇之，见凯方匍匐往篱下食猪犬矢，还报，乃免。盖凯逆知有此，使家人以炒面搅沙糖，从竹筒出之，潜布篱下耳，凯亦智矣哉。

王戎

戎族弟敦，有高名，戎恶之。先见。每候戎，辄托疾不见。孙秀为琅玡郡吏，求品于戎从弟衍，衍将不许，戎劝品之。更先见。及秀得志，有夙怨者皆被诛，而戎、衍并获济焉。

借人虚名，输我实祸，此便知衍不及戎处。

阮嗣宗

魏晋之际，天下多故，名士鲜有全者。阮籍托志酣饮，绝不与世事。司马昭初欲为子炎求昏于籍，籍一醉六十日，昭不得言而止。钟会数访以时事，欲因其可否致之罪，竟以酣醉不答获免。

郭德成

洪武中，郭德成为骁骑指挥。尝入禁内，上以黄金二锭置其袖，曰："第归勿宣。"德成敬诺，比出宫门，纳靴佯醉，脱靴露金。示不能为密。阍人以闻，上曰："吾赐也。"或尤之，德成曰："九阍严密如此，藏金而出，非窃耶？且吾妹侍宫闱，吾出入无间，安知上不以相试？"众乃服。

郭崇韬 宋主

郭崇韬素廉，自从入洛，始受四方赂遗，故人子弟或以为言，崇韬曰："吾行兼将相，禄赐巨万，岂少此耶？今藩镇诸侯，多梁旧将，皆主上斩祛射钩之人，若一切拒之，能无疑骇？"明年，天子有事南郊，崇韬悉献所藏，以佐赏给。

南唐主以银五万两遗赵普，普以白宋主。主曰："此不可不受，但以书答谢，少赂其使者可也。"普辞，宋主曰："大国之体，不可自为削弱，当使之弗测。"及从善南唐主弟。来朝，常赐外，密赍白金，如遗普之数。唐君臣皆震骇,服宋主之伟度。

赂遗无可受之理,然廉士或始辞而终受,而明主亦或教其臣以受,全要看他既受后作用如何,便见英雄权略。三代以下将相,大抵皆权略之雄耳。

卷十四

术智部谬数

似石而玉，以锌为刃。去其昭昭，用其冥冥。仲父有言，事可以隐。集“谬数”。

宋　祖

宋祖闻唐主酷嗜佛法，乃选少年僧有口辩者，南渡见唐主，论性命之说。唐主信重，谓之“一佛出世”，由是不复以治国守边为意。

茅元仪曰：“与越之西子何异？天下岂独色能惑人哉！”

武　王

武王立重泉之戍，令曰：“民有百鼓之粟者不行。”民举所最聚也。粟，以避重泉之戍，而国谷二十倍。见《管子》。

假设戍名，欲人惮役而竞收粟，倘亦权宜之术。而或谓圣王不应为术以愚民，固矣。至若韩非子谓汤放桀，欲自立，而恐人议其贪也，让于务光，又虞其受，使人谓光曰：“汤弑其君，而欲以恶名予子。”光因自投于河。文王资费仲，而游于纣之旁，令之间纣，以乱其心。此则孟氏所谓好事者为之，非其例也。

散谷　藏谷

桓公曰：“大夫多并其财而不出，腐朽五谷而不散。”管子对曰：“请以令召城阳大夫而请之。”桓公曰：“何哉？”管子对曰：“城阳大夫，嬖宠被絺绤，鹅鹜食余秫，齐钟鼓，吹笙篪，而同姓兄弟，寒不得衣，饥不得食。欲其尽忠于寡人，能乎？”乃召城阳，灭其位，杜其门而不出。功臣之家，皆争发其积藏，以予其远近兄弟。以为未足，又收国之贫病孤独老不能自食之萌，皆得与焉。国无饥民，此之谓谬数。

既夺城阳之宠，又劝功臣之施，仲父片言，其利大矣。

籴贱,桓公恐五谷之归于诸侯,欲为百姓藏之,问于管子。管子曰:“今者夷吾过市,有新成囷京者二家,君请式璧而聘之。”桓公从之,民争为囷京以藏谷。

文王葬枯骨,而六州归心,勾践式怒蛙,而三军鼓气;燕昭市骏骨,而多士响应;桓公聘囷京,而四境露积:诚伪或殊,其以小致大,感应之理则一也。

范仲淹

皇祐二年,吴中大饥,时范仲淹领浙西,发粟及募民存饷,为术甚备。吴人喜竞渡,好为佛事。仲淹乃纵民竞渡,太守日出宴于湖上,自春至夏,居民空巷出游。又召诸佛寺主守,谕之曰:今岁工价至贱,可以大兴土木。于是诸寺工作并兴,又新仓廒吏舍,日役千夫。监司劾奏杭州不恤荒政,游宴兴作,伤财劳民。公乃条奏:“所以如此,正欲发有余之财以惠贫者,使工技佣力之人,皆得仰食于公私,不致转徙沟壑耳。”是岁惟杭饥而不害。

《周礼》荒政十二,或兴工作以聚失业之人,但他人不能举行,而文正行之耳。〇凡出游者,必其力足以游者也。游者一人,而赖游以活者,不知几十人矣。万历时,吾苏大荒,当事者以岁俭禁游船。富家儿率治馔僧舍为乐,而游船数百人,皆失业流徙,不通时务者类如此。

服紫

桓公好服紫,一国之人皆服紫,公患之,访于管子。明日公朝,谓衣紫者曰:“吾甚恶紫臭,子毋近寡人。”于是国无服紫者矣。

服练

王丞相善于国事。初渡江,帑藏空竭,惟有练数千端。丞相与朝贤共制练布单衣,一时士人翕然竞服,练遂踊贵。乃令主者卖之,每端至一金。

此事正与恶紫对照。〇谢安之乡人有罢官者还,诣安。安问其归资。答曰:“唯有蒲葵扇五万。”安乃取一中者捉之,士庶竞市,价遂数倍。此即王丞相之故智。

禁毂击

齐人甚好毂击,相犯以为乐。禁之不止,晏子患之。乃为新车良马,出与人相犯也。曰:“毂击者不祥,臣其祭祀不顺、居处不敬乎?”下车,弃而去之,然后国人乃不为。

东方朔

武帝好方士,使求神仙不死之药。东方朔乃进曰:“陛下所使取者,皆天下之药,不能使人不死。独天上药,能使人不死。”上曰:“天何可上?”朔对曰:“臣能上天。”上知其谩诈,欲极其语,即使朔上天取药。朔既辞去,出殿门复还,曰:“今臣上天,似谩诈者,愿得一人为信。”上即遣方士与俱,期三十日而返。朔既行,日过诸侯博饮,期且尽,无上天意,方士屡趋之。朔曰:“神鬼之事难豫言,当有神来迎我。”于是方士昼寝良久,朔遽觉之曰:“呼君极久不应,我今者属从天上来。”方士大惊,具以闻,上以为面欺,诏下朔狱。朔啼曰:“朔顷几死者再。”上曰:“何也?”朔对曰:“天帝问臣下方人何衣。臣朔曰,衣虫。虫何若?臣朔曰,虫喙髯髯类马,色邠邠类虎。天公大怒,以臣为谩言,使使下问,还报曰,有之,厥名蚕。天公乃出臣。今陛下苟以臣为诈,愿使人上天问之。”上大笑曰:“善。齐人多诈,欲以喻我止方士也。”由是罢诸方士不用。

留　侯

高帝欲废太子,立戚夫人子赵王如意,大臣谏,不从。吕后使吕泽劫留侯画计,留侯曰:“此难以口舌争也。顾上有不能致者四人,四人者老矣,以上谩侮人,故逃匿山中,义不为汉臣。然上高此四人。诚能不爱金帛,令辨士持太子书,卑词固请,辨士说四皓出商山,必有一篇绝妙文章,惜不传。宜来,来以为客,时时从入朝,令上见之,则一助也。”吕后如其计。汉十二年,上疾甚,愈欲易太子。叔孙太傅称说古今，以死争，言者以为至理，听者以为常谈。上佯许之，犹欲易之。及宴置酒，太子侍，四人者从，年皆八十余，须眉皓然，衣冠甚伟。上怪而问之，四人前对，各言名姓。曰：东园公、甪里先生、绮里季、夏黄公。上乃大惊曰："吾求公数载，谁谓高皇慢士。公避逃我，今何自从吾儿游乎？"四人皆曰："陛下轻士善骂，臣等义不受辱。窃闻太子仁孝，恭敬爱士，天下莫不延颈欲为太子死者，故臣等来耳。"上曰："烦公幸卒调护太子。"四人为寿已毕，趋去，上目送之，曰："羽翼已成，难摇动矣。"

左执殇中，右执鬼方，正以格称说古今之辈。夫英明莫过于高皇，何待称说古今而后知太子之不可易哉？称说古今，必曰某圣而治，某昏而乱。夫治乱未见征，而使人主去圣而居昏，谁能甘之？此叔孙太傅所以窘于儒术也。四老人为太子来，天下莫不为太子死，而治乱之征已惕惕于高皇之心矣。为天下者不顾家，尚能全赵王母子乎？王弇州犹疑此汉庭之四皓，非商山之四皓，毋论坐子房以欺君之罪，而高皇之目亦太眊矣。夫唯义能不为高皇臣者，义必能不辞太子之招。别传称：子房辟谷后，从四皓于商山仙去。则四皓与子房，自是一流人物，相契已久。使子房不出佐汉，则四皓中亦必有显者，固非藏拙山林匏落樗朽可方也。太子定而后汉之宗社固，而后子房报汉之局终，而后商山偕隐之志可遂，则四皓不独为太子来，亦且为子房来矣。绝妙四皓论。呜呼！千古高人，岂书生可循规而度、操尺而量者哉！

梁文康

正德中，秦藩请益封陕之边地，朱宁、江彬辈皆受赂，许之。上促大学士草制，杨廷和、蒋冕私念："草制恐为后虞，否则忤上意。"俱引疾，独梁储承命草之，曰："昔太祖著令曰：此土不畀藩封，非吝也，念此地广且饶，藩封得之，多养士马，必富而骄，奸人诱为不轨，不利社稷。今王恳请畀地与王，王得地，毋收聚奸人，毋多养士马，毋听狂人导为不轨，震及边方，危我社稷。是时虽欲保亲亲，不可得已。王慎之勿忽。"上览制，骇曰："若是其可虞，其勿与。"事遂寝。

英明之主，不可明以是非角，而未始不可明以利害夺，此与子房招四皓同一机轴。

傅珪

康陵好佛，自称“大庆法王”。外廷闻之，无征以谏。俄内批礼部番僧请腴田千亩，为大庆法王下院，乃书大庆法王与圣旨。傅尚书珪佯不知执奏：“孰为大庆法王者，敢并至尊书，亵天子，坏祖宗法，大不敬。”诏勿问，田亦竟止。

洪武中老胥

洪武中，驸马都尉欧阳某，偶挟四妓饮酒。事发，官逮妓急。妓分必死，欲毁其貌，以觊万一之免。一老胥闻之，往谓之曰：“若予我千金，吾能免尔死矣。”妓立予五百金，胥曰：“上位神圣，岂不知若辈平日之侈？慎不可欺，当如常貌哀鸣，或蒙天宥耳。”妓曰：“何如？”胥曰：“若须沐浴极洁，仍以脂粉香泽治面与身，令香远彻，而肌理妍艳之极。首饰衣服，须以金宝锦绣，虽私服衣裙，不可以寸素间之，务尽天下之丽，能夺目荡志则可。”问其词，曰：“一味哀呼而已。”妓从之，比见上，叱令自陈，妓无一言。上顾左右曰：“榜起杀了。”群妓解衣就缚，自外及内，备极华烂，缯彩珍具，堆积满地，照耀左右，至裸体，装束不减，而肤肉如玉，香闻远近。上曰：“这小妮子，使我见也当惑了，那厮可知。”遂叱放之。

王振

北京功德寺后宫像极工丽。僧云：正统时，张太后常幸此，三宿乃返，英庙尚幼，从之游，宫殿别寝皆具。太监王振以为：后妃游幸佛宇，非盛典也，乃密造此佛。既成，请英庙进言于太后曰：“母后大德，子无以报，已令装佛一堂，请致功德寺后宫，以酬厚德。”太后大喜，许之，命中书舍人写金字藏经，置东西房。自是太后以佛经在，不可就寝，不复出幸。

君子之智，亦有一短，小人之智，亦有一长。小人每拾君子之短，所以为小人；君子不弃小人之长，所以为君子。

贺儒珍

两宫工完，所积银犹足门工之费。户兵二部，原题协济银各三十万，通未用也。西河王疏开矿与采木，并奏部，久不覆。一日，文书房口传，诘问工部不覆之故，立等回话。部查无此疏，纵迹久之，方知停阁于户部也。户部仓皇具咨稿，工堂犹恐见累，郎中贺儒珍曰："易耳。"首叙某月日准户部咨云云，咨到日即具覆日，复疏曰："照得两宫鼎建，事关宸居，即一榱一角，纯用香楠、杉木，犹不足尽臣等崇奉之意。沿边不过油松杂木，工无所用，相应停采。"

按：此事关边防西河，特借大工为名耳。尔时事在必行，公恐激而成之，故从容具覆，但言其无所用，而不与之争，事遂寝。

工部一日得旨买金六千两，铺户极言一时难办，必误；赔不惜也，且言户部有编定金行，甚便。公思户部安肯代工部买金耶？惟有协济一项，今已不需，户部尚未知也。时司徒杨本庵胞弟毓庵，正在衡司，公夜过之，谓曰："户协工三十万金，欲具题，何如？"毓庵入言于兄，出告曰："吾兄深苦此事，欲求少减。"公曰："户果不足，如肯代工买金六千，则前银可无烦设处。"毓庵复入言，本庵亟许。公归，遂收工商买金之票，掌稿力禀不可，公叱之出。及具题，掌稿复言户必不肯，公曰："第上之。"既报可，户无难色。公去部后，再有买金之事，仍如公行之户部，而户部怒裂其劄，掌稿者竟不知所以也。

满宠　郭元振

太尉杨彪与袁术婚，曹操恶之，欲诬以图废立，收彪下狱，使许令满宠按之。将作大匠孔融与荀彧嘱宠曰："但受词，勿加考掠。"惜客误客，书生之见。宠不报，考讯如法。妙。数日，见操言曰："杨彪考讯无他词，此人有名海内，若罪不明白，必大失民望，窃为明公惜之。"操于是即日赦出彪。初，彧与融闻宠考掠彪，皆大怒，及因是得出，乃反善宠。

郭元振迁左骁卫将军安西大都护，西突厥酋乌质勒部落强盛，款塞愿和。元振即其牙帐与之计事,会大雨雪,元振立不动,至夕冻冽,乌质勒已老,数拜伏,不胜寒冻,会罢即死。其子娑葛以元振计杀其父,而勒兵来袭。副使解琬,劝元振夜遁,元振不从,畏其袭者,决不敢杀,敢杀则必有以对之矣。坚卧营中。明日,素服往吊,赠礼,哭之甚哀,奸甚。留数十日为助丧事。娑葛感悦,更遣使献马五千、驼二百、牛羊十余万。

考掠也,而反以活之;立语也,而乃以杀之,其情隐矣。怒我者转而善我,知其情故也;欲袭我者,转而感悦我,不知其情故也。虽然,多智如曹公,亦不知宠之情,况庸才如解琬,而能知元振乎?

梅衡湘

梅少司马衡湘,初仕固安令。固安多中贵,狎视令长,稍强项,则与之争,公平气以待。有中贵操豚蹄饷公,乞为征负。公为烹蹄设饮,使召负者前诃之,负者诉以贫。公叱曰:“贵人债何债?而敢以贫辞乎!今日必偿,徐之死杖下矣。”负者泣而去,中贵意似恻然。公觉之,乃复呼前,蹙额曰:“吾固知汝贫甚,然无如何也,亟鬻而子与而妻,持镪来。虽然,吾为汝父母,何忍使汝骨肉骤离?姑宽汝一日,夜归与妻子诀,此生不得相见矣。”负者闻言愈泣,中贵亦泣,辞不愿征,为之破券。嗣是中贵家征负者,皆从宽焉。

宁　越

齐攻廪丘,赵使孔青将死士而救之,与齐人战,大败之。齐将死,得车二千,得尸三万,以为二京。宁越谓孔青曰:“惜矣,不如归尸以内攻之,使车甲尽于战,府库尽于葬。”孔青曰:“齐不延尸如何?”宁越曰:“战而不胜,其罪一;与人出而不与人入,其罪二;与尸而弗取,其罪三。民以此三者怨上,上无以使下,下无以事上,是之谓重攻之。”宁越可谓知用文武矣。武以力胜,文以德胜。

慎　子

楚襄王为太子之时,质于齐。怀王薨,太子辞于齐王而归,齐王隘之，阨之也。曰："予我东地五百里，乃归子，不予不得归。"太子曰："臣有傅，请退而问傅。"傅慎子曰："献之。地，所以为身也。爱地，不送死父，不义，臣故曰献之便。"太子入，致命齐王曰："敬献地五百里。"齐王归楚太子，太子归，即位为王，齐使车五十乘来取东地于楚。楚王告慎子曰："齐使来求东地，为之奈何！"慎子曰："王明日朝群臣，皆令献其计。"上柱国子良入见，王曰："寡人之得来反主坟墓，复群臣，归社稷也，以东地五百里许齐。齐令使来求地，为之奈何？"子良曰："王不可不与也，王身出玉声，许万乘之强齐而不与，则不信，后不可以约结诸侯。请与而复攻之。与之信，攻之武，臣故曰与之。"子良出，昭常入见。王曰："齐使来求东地五百里，为之奈何？"昭常曰："不可与也。万乘者，以地大为万乘，今去东地五百里，是去战国之半也。有万乘之号，而无千乘之用也，不可。臣故曰勿与，常请守之。"昭常出，景鲤入见，王曰："齐使来求东地五百里，为之奈何？"景鲤曰："不可与也。虽然，楚不能独守，王身出玉声，许万乘之强齐也而不与，负不义于天下，楚亦不能独守，臣请西索救于秦。"景鲤出，慎子入，王以三大夫计告慎子曰："子良见寡人，曰不可不与也，与而复攻之。常见寡人，曰不可与也，常请守之。鲤见寡人，曰不可与也，虽然，楚不能独守也，臣请索救于秦。寡人谁用于三子之计？"慎子对曰："王皆用之。"王佛然作色曰："何谓也？"慎子曰："臣请效其说，而王且见其诚然也。王发上柱国子良车五十乘，而北献地五百里于齐。发子良之明日，遣昭常为大司马，令往守东地。遣昭常之明日，遣景鲤车五十乘，西索救于秦。"王如其策，子良至齐，齐人使以甲士受东地。昭常应齐使曰："我典主东地，且与死生，悉五尺至六十，三余万，敝甲钝兵，愿承下尘。"齐王谓子良曰："大夫来献地，令常守之何如？"子良曰："臣身受命敝邑之王，是常矫也，王攻之。"齐王大兴兵攻东地，伐昭常。未涉疆，秦以五十万临齐右壤，曰："夫隘楚太子弗出，不仁；又欲夺之东地五百里，不义；其解甲则可，不然，则愿待战。"齐王恐焉，乃请子良南道楚，西使秦，解齐患，士卒不用，东地复全。

颜真卿

真卿为平原太守，禄山逆节颇著。真卿托以霖雨修城浚濠，阴料丁壮，实储廪，佯命文士饮酒赋诗。禄山密侦之，以为书生不足虞。未几禄山反，河朔尽陷，惟平原有备。

小寇以声驱之，大寇以实备之。或无备而示之有备者，杜其谋也；或有备而示之无备者，消其忌也。必有深沉之思，然后有通变之略，微乎微乎，岂易言哉！

李允则

雄州北门外，居民极多，旧有瓮城甚窄。刺史李允则欲大展北城，而以辽人通好，嫌于生事。门外有东岳祠，允则出白金为大香炉及他供器，道出鼓吹。居人争献金帛，故不设备，为盗所窃。乃大出募赏，所在张榜，捕贼甚急。久之不获，遂声言盗自北至，移文北界，兴版筑以护神祠，不逾旬而就，辽人亦不怪之，今雄州北门城是也。既浚濠，起月堤，岁修禊事，召界河战棹为竞渡，纵北人游观，而不知其习水战也。州北旧多陷马坑，城下起楼为斥堠，望十里，自罢兵后，人莫敢登。允则曰："南北既讲和矣，安用此为。"命撤楼夷坑，为诸军蔬圃，浚井疏洫，列畦陇，筑墙垣，纵横其中，植以荆棘，而其地益阻隘。因治坊巷，徙浮屠北原上，州民旦夕登望三十里。下令安抚司，所治境有隙地，悉种榆，久之榆满塞下，顾谓僚佐曰："此步兵之地，不利骑战，岂独资屋材耶？"

按：允则不事威仪，间或步出，遇民有可语者，延坐与语，以此洞知人情。子犹曰：即此便是舜之大智，今人以矜慢为威严，以刚愎为任断。千金在握，而不能摄一谋臣；百万在籍，而不能得一死士。无事而猴冠，有事则鼠窜，从自及矣，尚何言乎？

何承矩

瓦桥关北，与辽为邻，素无关河之阻。何承矩守澶州，始议因陂泽之地，潴水为塞。欲自相度，恐其谋泄。乃筑爱景台，植蓼花，日会僚佐，泛舟置酒，作蓼花吟数篇，令座客属和，画以为图，刻石传至京师。人谓何宅使爱蓼花，不知其经始塘泊也。庆历熙宁中，相继开浚，于是自保州西北沉远泺，东尽沧洲泥枯海口，几八百里，悉为潴潦，倚为藩篱。

苏　秦

苏秦，张仪尝同学，俱事鬼谷先生。苏秦既以合纵显于诸侯，然恐秦之攻诸侯，败其约。念莫可使用于秦者，乃使人微感张仪，劝之谒苏秦以求通。仪于是之赵，求见秦，秦诫门下人不为通，又使不得去者数日。已而见之，坐之堂下，赐仆妾之食，因而数让之曰："以子才能，乃自令困辱如此，吾宁不能言而富贵子？子不足收也。"谢去之，仪大失望，怒甚，念诸侯莫可事，独秦能苦赵，乃遂入秦。苏秦言于赵王，使其舍人微随张仪，与同宿舍，稍稍近就之，奉以车马金钱。张仪遂得以见秦惠王，王以为客卿，与谋伐诸侯，舍人乃辞去。仪曰："赖子得显，方且报德，何故去也？"舍人曰："臣非知君，知君乃苏秦也。苏君忧秦伐赵，败从约，以为非君莫能得秦柄，故感怒君，使臣阴奉给君资。今君已用，请归报。"张仪曰："嗟乎！此吾在术中而不悟，吾不及苏君明矣。吾又新用，安能谋赵乎？为我谢苏君，苏君之时，仪何敢言，且苏君在，仪宁渠能乎。"自是终苏秦之世，不敢谋赵。

绍兴中，杨和王存中为殿帅，有代北人卫校尉，曩在行伍中，与杨结义，首往投谒。杨一见甚欢，事以兄礼，且令夫人出拜，款曲殷勤。两日后，忽疏之，来则见于外室。卫以杨方得路，志在一官，故间关赴之，至是大失望。过半年，疑为人所谮，乃告辞，又不得通。或教使伺其入朝回，遮道陈状，杨亦略不与语，但判云："执就常州，于本府某庄内，支钱一百贯。"卫愈不乐，然无可奈何，倘得钱，尚可治归装，而不知杨庄所在。正彷徨旅邸，遇一客，自云程副将，便道往常润，陪君往取之。既得钱，相从累日，情好无间。客语之曰："吾实欲游中原，君能引我偕往否。"卫欣然许之，迤逦至代郡，倩卫买田："我欲作一窟于此。"卫为经营，得膏腴十亩。居久之，乃言曰："吾本无意于斯，此尽出杨相公处分，初虑公贪小利，轻舍乡里，当今兵革不用，非展奋功名之秋，故遣我追随，为办生计。”悉取券相授，约值万缗，黯然而别，此与苏秦事相类。〇按苏从张衡，原无定局。苏初说秦王不用，转而至赵，计不得不出于从，张既事秦，不言衡不为功，其势然也。或谓苏既识张才，何不贵显之于六国间，作自己一帮手，而激之入秦。授以翻局之资，非失算乎？不知张之狡谲，十倍于苏，其志必不屑居苏下，则其说必不肯袭苏套。厚嫁之于秦，犹可食其数年之报，而并峙于六国，且不能享一日之安，季子料之审矣。若杨和王还故人于代北，为之谋生，或豢之以待万一之用也。英雄作事，岂泛泛哉？〇杨和王有所亲爱吏卒，平居赐予无算。一旦无故怒而逐之，吏莫知其罪，泣拜而去。杨曰：“无事莫来见我。”吏悟其意，归以厚资俾其子入台中为吏。居无何，御史欲论杨干没军中粪钱十余万。其子闻之，告其父，父奔告杨。即具劄奏，言军中粪钱若干，椿管某处，惟朝廷所用。不数日，御史疏上，高宗出存中劄子示之，坐妄言被黜，而杨眷日隆。其还故人于代北，亦或此意。

王　尼

尼字孝孙，本兵家子，为护军府军士，然有高名。胡毋辅之与王澄、傅畅等诸名士，迭属河南功曹及洛阳令，请解之，不许。辅之等一日赍羊酒诣护军门，门吏疏名呈护军，护军大喜，方欲出迓。时尼正养马，诸公直入马厩下，与尼炙羊饮酒，剧饮而去，竟不见护军。护军大惊，即与尼长假。

《余冬序录》载杨文贞士奇在阁下时，其婿来京。婿久之当归，念无装资。会有知府某犯赃千万，夤缘是婿，赂至数千，为其求救。此知府已入都察院狱矣，杨不得已，于该道问理日，遣一吏持盒食至院。云：“阁下杨与某知府送饭。”御史大惊，即令释其刑具，候饭毕，一切听令分雪，遂得还职。此与王尼事同，但所释者，名士墨吏既殊；而释人者，畏名又与畏权势亦异。文贞贤相，果有此，未免白璧之瑕矣。

王　随

王文惠公随，举进士时甚贫，游翼城，逋人饭，被执入县。石务均之父为县吏，为偿钱，又馆给之于其家，其母尤加礼焉。一日务均醉，令王起舞，舞不中节，殴之，王遂去。明年，登第，久之为河东转运使，务均惧而窜。及文潞公为县，以他事捕务均，务均急往投王，王已为御史中丞矣。乃封一锭银至县，令葬务均之父，事遂得解。

王忠嗣

王忠嗣，唐名将也。安禄山城雄武，扼飞狐塞，谋为乱，请忠嗣助役，欲留其兵。忠嗣先期至，不见禄山而还。

谢安　李郃

桓温病笃，讽朝廷加己九锡。谢安使袁宏具草，安见之，辄使宏改，由是历旬不就，温薨，锡命遂寝。

按：袁宏草成，以示王彪之，彪之曰："卿文甚美，然此文何可示人？"安之频改，有以也。

大将军窦宪内妻，郡国俱往贺，汉中太守亦欲遣使，户曹李郃谏曰："窦氏恣横，危亡可立俟矣，愿明府勿与通。"太守固遣，郃乃请自行，故所在迟留，以观其变。行之扶风，而宪已诛，诸交通者皆连坐。唯太守以不预得免。

李郃字孟节，即知二使星来益部者，其决窦氏之败，或亦天文有征，然至理亦不过是。

段秀实　冯瓒

泾州王童之谋作乱，期以辛酉旦，警严而发。前夕，有告之者。段秀实阳召掌漏者怒之，以其失节，令每更来白，辄延之数刻，遂四更而曙。童之不果发。

吕翰据嘉州叛，曹翰夺其城，贼约三鼓复来攻。翰觇知，密戒司更使缓，向晨犹二鼓，贼众不集而溃，因而破之。

冯瓒知梓州，才数日，会伪蜀军将上官进啸聚亡命三千余众，劫村民夜攻州城。瓒曰："贼乘夜掩至，此乌合之众，以箠梃相击耳，可持重以镇之，待旦自溃矣。"城中止有骑兵三百，使守诸门。瓒坐城楼，密令促其更筹，未夜分，击五鼓，贼惊遁，因纵兵追之。擒进斩于市，郡境以安。

孙膑减灶，虞诩增之。段秀实延更，冯瓒促之。事反功同，用之不穷。

仆散忠义

仆散忠义为博州防御使。一夕阴晦，囚徒谋反狱。仓卒间，将士皆皇骇失措，忠义从容，但使守更吏挝鼓鸣角，囚徒以为天且晓，不敢出，自就桎梏。

晏　婴

公孙接、田开疆、古冶子同事景公，恃其勇力而无礼。晏子请除之，公曰："三子者搏之不得，刺之恐不中也。"晏子请公使人馈之二桃，曰："三子何不计功而食桃。"公孙接曰："接一搏豣，而再搏乳虎，若接之功，可以食桃，而无与人同矣。"援桃而起。田开疆曰："吾伏兵而却三军者再，若开疆之功，亦可食桃，而无与人同矣。"援桃而起，古冶子曰："吾尝从君济于河，鼋衔左骖，以入砥柱之流。当是时也，冶少不能游，潜行逆流百步，顺流九里，得鼋而杀之。左操骖尾，右挈鼋头，鹤跃而出，津人相惊，以为河伯。若冶之功，亦可以食桃，而无与人同矣，二子何不反桃？"抽剑而起，公孙接、田开疆曰："吾勇不子若，功不子逮，取桃不让，是贪也；然而不死，无勇也。"皆反其桃，挈领而死。古冶子曰："二子死之，冶独生之，不仁；耻人以言，而夸其声，不义。恨乎所行，不死无勇。"亦反其桃，挈领而死。使者复命，公葬之以士礼。其后诸葛亮作《梁甫吟》以哀之。

王守仁

逆濠反，张忠、朱泰诱上亲征，而守仁擒濠报至。群奸大失望，肆为飞语中公，又令北军肆坐慢骂，或故冲导以起衅。公一不为动，务待以礼，预令巡捕官谕市人移家于乡，而以老羸应门。始欲犒赏北军，泰等预禁之，令勿受。守仁乃传谕百姓：北军离家苦楚，居民当敦主客礼。每出遇北军丧，必停车问之，厚与之榇，嗟叹乃去。久之，北军咸服。会冬至节近，预令城市举奠。时新经濠乱，哭亡酹酒者，声闻不绝，好一曲楚歌。北军无不思家，泣下求归。

鸱夷子皮

鸱夷子皮事田成子，田成子去齐，走而之燕。鸱夷子皮负传而从，至望邑。子皮曰："子独不闻涸泽之蛇乎？涸泽蛇将徙，有小蛇谓大蛇曰：子行而我随之，人以为蛇之行者耳，必有杀子，不如相衔负我以行，人必以我为神君也。今子美而我恶，以子为我上客，千乘之君也。以子为我使者，万乘之卿也。子不如为我舍人。"田成子因负传而随之，至逆旅，逆旅之君，待之甚敬，因献酒肉。

严养斋

海虞严相公讷。营大宅于城中，度其已就，独民房一楹错入，未得方圆。其人鬻酒腐，而房其世传也。司工者请厚价乞之，必不可，愤而诉公。公曰："无庸，先营三面可也。"工既兴，公命每日所需酒腐，皆取办此家，且先资其直。其人夫妇拮据，日不暇给，又募人为助。已而鸠工愈众，获利愈丰，所积米豆，充牣屋中，缸仗俱增数倍，屋隘不足以容之。又感公之德，自愧其初之抗也，遂书券以献。公以他房之相近者易焉。房稍宽，其人大悦，不日迁去。

势取不得，以惠取之。我不加费，而人反诵德。游于其术而不知也，妙矣哉。

周玄素

太祖召画工周玄素，令画天下江山图于殿壁。对曰："臣未尝遍迹九州，不敢奉诏，惟陛下草建规模，臣润色之。"帝即操笔，倏成大势，令玄素加润。玄素进曰："陛下山河已定，岂可少动？"帝笑而唯之。

举笔一不称旨,事且不测,玄素可谓巧于避祸矣。

唐太宗

薛万彻尚丹阳公主,太宗尝谓人曰:“薛驸马村气。”主羞之,不与同席数月。帝闻而大笑,置酒召对,握槊,赌所佩刀,帝佯不胜,解刀以佩之。罢酒,主悦甚,薛未及就马,遽召同载而还,重之逾于旧。

省却多少调和力气。

狄　青

陕西豪士刘易,多游边,喜谈兵,韩魏公厚遇之。狄青每宴设,易喜食苦马菜,不得,即叫怒无礼。边地无之,狄为求于内郡。后每燕集,终日惟以此菜啖之,易不能堪,方设常馔。

王安石

王舒王越国吴夫人,性好洁成疾。王任真率,每不相合,自江宁乞骸归私第。有官藤床,吴假用未还,郡吏来索,左右莫敢言。王一旦跣而登床,偃仰良久。吴望见,即命送还。

卷十五

术智部权奇

尧趋禹步，父传师导。三人言虎，嵞垣叫跳。亦念其仪，虞其我暴。诞信递君，正奇争效。嗤彼迂儒，漫云立教。集“权奇”。

孔　子

孔子居陈，去适蒲，会公叔氏以蒲叛。蒲人止孔子，谓之曰：“苟无适卫，吾出子。”与之盟，出孔子东门，孔子遂适卫。子贡曰：“盟可负耶？”孔子曰：“要盟也，神不听。”

大信不信。

淮南相

孝景三年，七国反，吴使者至淮南，淮南王欲发兵应之，其相曰：“王必欲应吴，臣愿为将。”王乃属之，相已将兵，欺王不害信。因城守，不听王而为汉，淮南王以故得完。

若腐儒必痛言切谏，如以水投石，何益？此事比郦寄卖友，嫁太尉于北军同一辙，而更觉撒脱。

王敬则

王敬则尝任南沙县，时方兵荒，县有劫贼，群聚匿山中，为民患，官捕之不得。敬则遣人致劫帅曰：“若能自出首，当为申白。请盟之庙神，定无负。”盖县有庙神甚酷烈，乡民多信之，故云。劫帅许之，即设宴庙中致帅。帅至，即席收之，曰：“吾业启神矣，若负誓，当还神十牛。”遂杀十牛享神，而竟斩帅，贼遂散。

宋太祖

艺祖既以杯酒释诸将兵权，又虑其所蓄不资，每人赐地一方盖第,所费皆数万金。又尝赐宴酒酣,乃宣各人子弟一人扶归,太祖送至殿门,谓其子弟曰:“汝父各许朝廷十万缗矣。”诸节度使醒,问所以归,不失礼于上前否?子弟各以缗事对,疑醉中真有是言。翌日,各以表进如数。

宋太宗

宋太宗即位初年,京师某街富民某,有丐者登门乞钱,意未满,遂詈骂不休,众人环观,靡不忿之。忽人丛中一军尉跃出,刺丐死,掷刀而去,势猛行速,莫敢问者。街卒具其事,闻于有司,以刀为征,有司坐富民杀人罪。既谳狱,太宗问其:“服乎?”曰:“服矣。”索刀阅之,遂纳于室,示有司曰:“此吾刀也,向者实我杀之,奈何枉人?始知鞭笞之下,何罪不承?罗钳吉网,不必浊世。”乃罚失入者而释富民。谕自今讯狱,宜加慎毋滥。

此事见宋小史。更有一事:金城夫人得幸于太祖,颇恃宠。一日,宴射后苑,上酌巨觥劝晋王。晋王固辞,上复劝。晋王顾庭中曰:“金城夫人亲折此花来,乃饮。”上遂命之,晋王引弓射杀之,抱太祖足泣曰:“陛下方得天下,宜为社稷自重。”遂饮射如故。夫投鼠忌器,晋王未必鲁莽乃尔,此事恐未然也。

高皇帝

滁阳王二子,忌太祖威名日著,阴置毒酒中,欲害之。其谋预泄,及二子来邀,上即与偕往,了无难色。二子喜其堕计,至半途,上遽跃起马上,仰天若有所见。少顷,勒马即转,因骂二子曰:“如此歹人。”二子问故。上曰:“适上天相告,尔设毒毒我,我不往矣。”二子大骇,下马恭立,连称岂敢,自是息谋害之意。

吴官童

英庙在虏中,也先以车载其妹,请配焉。上以问吴官童。官童,驿使也。正统十三年,使虏被拘至是,自请从上。对曰:“焉有天子而为胡婿者,后史何以载?然却之则拂其情。”乃绐之曰:“尔妹朕固纳之,但不当为野合，俟朕还中国，以礼聘之。”也先乃止，又选胡女数人荐寝。复却之曰：“留俟他日为尔妹从嫁，当并以为嫔御。”先益加敬焉。

天子不当为胡婿，中国又可给胡人乎？如反正而胡人效女，虽纳之可也。厥后英庙复辟，虏使至，官童叩以不来效女之故。使者曰：“已送至边，为石亨杀縢而纳女。”上命隐其事，而亨祸实基于此。

郑公孙申

鲁成公时，晋人执郑伯。公孙申曰：“我出师以围许，示将改立君者，晋必归君。”故郑人围许，示不急君也。晋栾书曰：“郑人立君，我执一人焉，何益？不如伐郑而归其君以求成。”于是诸侯伐郑而归郑伯。

子鱼立而宋襄返，叔武立而卫成还，此春秋之已事，亦非自公孙申始也。国朝土木之变，也先挟上皇为名，邀求叵测。于肃愍谢之曰：“赖社稷之神灵，已有君矣。”虏计窘，竟归上皇，识者以为得公孙申之谋。

王旦从真宗幸澶州，雍王元份留守东京，遇暴疾，命旦驰还，权留守事。旦曰：“愿宣寇准，臣有所陈。”准至，旦曰：“十日之内，无捷报当如何？”帝嘿然良久曰：“立皇太子。”此又用廉颇与赵王约故事。大臣谋国，远虑至此，亦由君臣相得，同怀社稷之忧，而无猜忌故也。

项羽欲烹太公，高帝曰：“我翁即若翁，必欲烹而翁，幸分我一杯羹。”陈眉公谓太公以此归汉，亦瓦注之意也。

胡　松

绩溪胡大司空松，号承庵，先为嘉兴推官，署印平湖，有惠政。适倭寇猖獗，郡议筑城。公夜入幕府曰：“民难与虑始，请缚某居军前御倭，百姓受某恩，必相急，乃可举事。”从之，民大震，各任版筑，不阅月，城成。

狄　青

南俗尚鬼，狄武襄征侬智高，时大兵始出桂林之南，因祝曰："胜负无以为据。"乃取百钱自持之，与神约：果大捷，则投此钱，尽钱面。左右谏止："倘不如意，恐阻师。"武襄不听，万众方耸视，已而挥手，倏一掷，百钱皆面。于是举兵欢呼，声震林野，武襄亦大喜。顾左右取百钉来，即随钱疏密，布地而帖钉之，加以青纱笼，手自封焉。曰："俟凯旋当谢神取钱。"其后平邕州还师，如言取钉。幕府士大夫共视，乃两面钱也。

桂林路险，士心惶惑，故假神道以坚之。

王　琼

王晋溪在本兵时，适湖州孝丰县汤麻九反，势颇猖獗，御史以闻，事下兵部。晋溪呼赍本人至兵部，大言数之曰："汤麻九不过一毛贼，只消本处数十火夫缚之，何足奏报？欲朝廷发兵，殊伤国体，巡按不职考察，即当论罢矣。"赍本人回，传流此语。皆以本兵为玩寇，相聚忧之。贼知朝不发兵，遂恣劫掠，不设备。先是户部为查处钱粮差，都御史许廷光在浙，晋溪即请密敕许公讨之。不别遣将。授以方略。许令彭宪副潜提民兵数千，出其不意，乘夜往戮。贼方掳掠回，相聚酣饮，毕竟小寇。兵适至，即时擒贼，遂平之。

尔时若朝廷命将遣兵，彼必负固拒命，弄小成大。此举不烦一旅，不费一财，而地方晏如。晋溪之才，信有大过人者，虽人品未醇，何可废也？

杨云才

杨云才多心计，每有缮修，略以意指授之，人不知所为，及成，始服其精妙。为荆州同知日，当郡城改拓，时钱谷之额已有成命，而台使者檄下，欲增二尺许。监司谋诸守令，欲稍益故额，云才进曰："某有别画，不须费一钱也。"次日，驰至陶所，命取其模以献，怒曰不佳，尽碎之。而出己所制模付之曰："第如式为之。"诸人视其式，无以异也。然云才实于中阴溢二分许，积之得如所增数，城成，白其故，监司乃大服。

砖厚而陶者不知，城成而主者不费，心计之妙，侔于思神。

种世衡

种世衡知渑池县，旁山有庙，世衡葺之。有梁重大，众不能举。世衡乃令县干剪发如手搏者，驱数对于马前云："欲诣庙中，教手搏。"倾城人随往观，聚人之法。既至，谓观者曰："汝曹先为我致庙梁，然后观手搏。"众欣然趋下山，共举之，须臾而上。

近于欺矣。褒姒虽启齿，恐烽火从此不灵也。必也真教手搏，为两得之。

雄山智僧

雄山在南安，其上有飞瓦岩。相传僧初结庵时，因山伐木，但恐山高运瓦之难，积瓦山下，诳欲作法，飞瓦砌屋，不用工师。卜日已定，远近观者数千人。僧伪为佣人挑瓦上山。观者欲其速于作法，争为搬运，顷刻都尽。僧笑曰："吾飞瓦只如是耳！"

李抱贞　刘元佐

李抱贞镇潞州，军资匮阙，计无所出。有老僧大为郡人信服，抱贞因请之曰："假和尚之道以济军中，可乎？"僧曰："无不可。"抱贞曰："但言择日鞠场焚身，某当于便宅凿一地道通连，候火作，即攒以相出。"僧喜从之。遂布状声言，抱贞命于鞠场积薪贮油，因为七日道场，昼夜香灯，梵呗杂作。抱贞亦引僧视地道，使之不疑。僧乃升坛执炉，对众说法。抱贞率监军僚属及将吏，膜拜其下，以俸入檀施，堆于其旁。由是士女骈填，舍财亿计，计满七日，遂聚薪发焰，击钟念佛。抱贞已密遣人填塞地道，俄顷，僧薪并灰。此僧死得所矣。藉所得货财，即日悉辇入军资库，别求所谓舍利者，造塔贮焉。

汴州相国寺，言佛有汗流。节度使刘玄佐遽命驾，自持金帛以施。日中，其妻亦至，明日复起斋场。由是将吏商贾，奔走道路，唯恐输货不及。因令官为簿以籍所入。十日乃闭寺，曰："佛汗止矣。"得钱巨万，以赡军资。

不仗佛力，军资安出？王者并存三教，其亦有所用之也欤。

陕西铁钱

起居舍人毋湜，至和中上言，乞废陕西铁钱。朝廷虽不从，其乡人多知之，争以铁钱买物，卖者不肯受，长安为之乱。民多闭肆，僚属请禁之，文彦博曰："如此是愈惑扰也。"乃召丝绢行人，出其家缣帛数百匹使卖之，曰："纳其直，尽以铁钱，勿以铜钱也。"于是众知铁钱不废，市肆复安。

出见钱

京下忽阙见钱，市间颇皇皇。忽一日，秦相桧呼一镊工栉发，以五千当二钱犒之。示以微贱。谕曰："此钱数日有旨不使，可早用也。"镊工遂与外人言之，不三日京下见钱顿出。又都下货壅，乏见镪，府尹以闻。桧笑曰："易耳。"即召文思院官，未至，促者络绎奔而来。谕之曰："适得旨，欲变钱法，可铸样钱一缗进呈，废见镪不用。"约翌午毕事，县官唯唯而出，召工为之。富家闻之，尽出宿镪市金粟，物价太昂，钱溢于市。既而样钱上省，寂无闻矣。

贼桧亦尽有应变之才，可喜。然小人无才，亦不能为小人矣。

令狐楚

令狐楚除守兖州，州方旱俭，米价甚高。逆使至，公首问米价几何，州有几仓，仓有几石。屈指独语曰："旧价若干，诸仓出米若干，定价出粜，则可赈救。"左右窃听，语达郡中，富人竞发所蓄，米价顿平。

俵　马

俵马以高三尺八寸，齿少而形肥者为合式。各州县无孳生驹，必从马贩买解。开州居各县之中，马贩自外来，先被各县拦截买完，然后放过。州官比解严迫，马头枉受鞭笞，马价腾踊，求速反迟。陈霁岩为知州，洞知之，故缓其事，待马贩到齐，方出示看马。先一日，唤马头到堂，面问之云："各县俵马已行，汝知之乎？"咸叩头应曰："知之。"又密谕曰："我心甚忙，明日看马，只做不忙，汝辈宜知之。"又叩头感激而去。明日，各马贩随马头带马，有高至四尺者，令辄置不用。曰："高低怕相形，宁低一寸，我有禀帖到太仆寺，只说是孳生驹耳。"众禀再迟三日，至临濮会上买，易得。公许之，不责一人而出。各马贩气索然，争愿贱卖，两日而办。在他县争市高马，刻期早解，以求保荐，腾价至四五十金，在本州无过二十余金者。

真心为民，实政及民，必然置保荐于度外。善保荐者，正不干求保荐者也。

徐道覆

徐道覆，卢循姊夫也。始与循密谋举事，欲置舟舰，使人伐材南康山，伪云将下都货之。后称力少，不能得致，即于郡减价发卖。居人贫贱，争取市，各储之家，如是数四，故船板大积。及道覆举兵，按卖券而取，无敢隐者，乃并力装船，旬日而办。

道覆虽草窃，其才略有过人者。倘卢循能终用其计，何必遽为"水仙"。其临死叹曰："吾为卢循所误，使吾得事英雄，天下不足定也。"呜呼！奇才策士，郁郁不得志，而狼藉以死者，比比矣。天后览骆宾王檄，叹曰："使此人沉于下僚，宰相之过也。"知言哉。

秦王祯等三条

魏秦王祯为南豫州刺史，大胡山蛮时出抄掠。祯计召新蔡、襄城蛮首，使观射。先选左右能射者二十余人，而以一囚易服参其间。祯先自射，皆中，因命左右以次射。及囚，不中，即斩。蛮相视股栗。又预令左右取死囚十人，皆着蛮衣以候。祯临坐，会有微风动，辄举目瞻天，顾望蛮曰："风气少暴，似有抄贼入境，不过十许人，当在西角五十里。"即令驰骑掩捕，寻捕十人至。祯告诸蛮曰："非尔乡里耶？作贼合死不？"即斩之。蛮慑服，不知其为死囚也，自是境无暴掠。

回纥还国，恃功恣睢，所过皆剽伤，州县供饩不称，辄杀人。李抱玉将馈劳，宾介无敢往。马燧自请典办具，乃先赂其酋与约，得其旗章为信，犯令者得杀之。燧又取死囚给役左右，小违令辄戮死。虏大骇，至出境，无敢暴者。

真宗幸澶渊，丁谓知郓州，兼齐、濮等州安抚使。时契丹深入，民大惊，争趋杨刘渡。舟人邀利，不急济。谓取死罪囚，诈作篙舟人，立命斩之，舟遂集，民乃得渡。遂立部分，使沿河执旗帜，击刁斗自卫，契丹乃引去。

死罪也而亦不令徒死：祯借之以威蛮，燧借之以威虏，谓借之以威兵，其大者为槜李之克敌，而最下供御囚，亦假之以代无辜之命。政如圣药王，尘垢土木，皆入药料。

杨　琎

杨琎授丹徒知县，会中使如浙，所至缚守令置舟中，得赂始释。将至丹徒，琎选善泅水者二人，令着耆老衣冠，先驰以迎。奇策奇想。中使怒曰："令安在，汝敢来谒我耶？"令从者逐之，二人即跃入江中，潜遁去。琎徐至，绐曰："闻公驱二人溺死江中，方今圣明之世，法令森严，如人命何？"中使惧，礼谢而去，虽历他所，亦不敢放恣云。

韩　雍

雍镇两广，防患甚严，心腹一二人外，绝不许登阶，亦多以权术威镇之。一日，与乡人宴于堂后，蹴鞠为戏。既散，潜使人置石炮，有观者，因指示曰："此公适所蹴戏也。"众吐舌，咸以公为绝力。所张盖内藏磁石，以铁屑藏毛发间，每出坐盖下，须发翕张不已。貌既魁岸，复睹兹异，惊为神明焉。

夷悍而愚，因以愚之。

王　导

王敦威望素著，一旦举兵内向，众咸危惧。适敦寝疾，王导便率子弟发哀，妙极。众闻，谓敦死，咸有奋志。

程　婴

屠岸贾攻赵氏于下宫，杀赵朔、赵同、赵括、赵婴齐，皆灭其族。赵朔妻，成公姊也，有遗腹，走匿公宫。赵朔客曰公孙杵臼。杵臼谓朔友人程婴曰："胡不死？"程婴曰："朔之妇有遗腹，若幸而男，吾奉之；即女也，吾徐死耳。"居无何，而朔妇娩身生男。屠岸贾闻之，索于宫中。夫人置儿袴中，祝曰："赵宗灭乎，若号；即不灭，若无声。"及索，儿竟无声。既脱，程婴谓公孙杵臼曰："今一索不得，后必且复索之，奈何？"公孙杵臼曰："立孤与死孰难？"只一问便定了局。程婴曰："死易，立孤难耳。"公孙杵臼曰："赵氏先君遇子厚，子强为其难者，吾为其易者，请先死。"乃谋取他人婴儿负之，妙计。衣以文葆，匿山中。程婴出，谬谓诸将军曰："婴不肖，不能立赵孤，谁能与我千金，更妙。我告赵氏孤处。"诸将军皆喜，许之。发师随程婴攻公孙杵臼。杵臼谬曰："小人哉，程婴也。昔下宫之难，不能死，与我谋匿赵氏孤儿，今又卖我，尤妙。纵不能立，而忍卖之乎？"抱儿呼曰："天乎！天乎！赵氏孤儿何罪，请活之，独杀杵臼可也。"诸将不许，遂杀杵臼与孤儿。诸将以为赵氏孤儿良已死，皆喜。然赵氏真孤乃反在，程婴卒与俱匿山中。居十五年，晋景公疾，卜之，大业之后不遂者为祟。安知非赂卜者使为此言。景公问韩厥，厥知赵孤在，妙人。乃以赵氏对。景公问赵尚有后子孙乎，厥具以实告。于是景公乃与韩厥谋立赵孤儿，召而匿之宫中。诸将入问疾，景公因韩厥之众以胁诸将而见赵孤。赵孤名曰武。诸将不得已，皆委罪于屠岸贾，于是武、婴遍拜诸将，相与攻岸贾，灭其族，复与赵武田邑如故。及武既冠成人，婴曰："吾将下报公孙杵臼。"遂自杀。

赵氏知人，能得死士力，所以蹶而复起，卒有晋国。后世缙绅门下，不以利投，即以势合，一旦有事，孰为婴杵？〇鲁武公与其二子括与戏朝周，宣王爱戏，立为鲁世子。武公薨，戏立，是为懿公。时公子称最少，其保母臧寡妇与其子俱入宫，养公子称。括死，而其子伯御与鲁人作乱，攻杀懿公而自立，求公子称，将杀之。臧闻之，乃衣其子以称之衣，卧于称处。伯御杀之，臧遂抱称以出，遂与称舅同匿之。十一年，鲁大夫知称在，于是请于周而杀伯御，立称，是谓孝公。时呼臧为“孝义保”。事在婴、杵前，婴、杵盖袭其智也。然婴之首孤，杵之责婴，假装酷似，不惟仇人不疑，举国皆不知，其术更神矣，其心更苦矣。

太史慈

北海相孔融闻太史慈避地东海，数使人馈问其母。后融为黄巾贼所围，慈适还，闻之，即从间道入围见融。融使告急于平原相刘备，时贼围已密，极难其出。慈乃带鞬弯弓，将两骑自从，各作一的持之。开门出，观者尽骇。慈径引马至城下堑内，植所持的射之，射毕还，明日复然，如是再者。围下人或起或卧，乃至无复起者。慈遂严行蓐食，鞭马直突其围。比贼觉，则驰去数里许矣，竟从备乞兵解围。

陈子昂

子昂初入京，不为人知。有卖胡琴者，价百万，豪贵传视无辨者。子昂突出，顾左右曰：“辇千缗市之。”众惊问，答曰：“余善此乐。”皆曰：“可得闻乎？”曰：“明日可集宣阳里。”如期偕往，则酒肴毕具，置胡琴于前。食毕，捧琴语曰：“蜀士陈子昂，有文百轴，驰走京毂，碌碌尘土，不为人知。此乐贱工之役，岂宜留心？”举而碎之，以文轴遍赠会者，一日之内，声华溢都下。

唐人重才，虽一艺一能，相与惊传赞叹。陈子昂借胡琴之价，出奇以市名，而名果成矣。若今日，不唯文轴无用处，虽求一听胡琴者，亦不可得。伤哉！

爰种等三条

爰盎常引大体慷慨，宦者赵谈以数幸，常害盎，盎患之。兄子种为常侍骑，谓盎曰：“君众辱之，后虽恶君，上不复信。”于是上朝东宫，赵谈骖乘。盎伏车前曰：“臣闻天子所与共六尺舆者，皆天下英豪，今汉虽乏人，陛下独奈何与刀锯之余共载。”于是上笑，下赵谈，谈泣下车。

王敦用温峤为丹阳尹，置酒为别。峤惧钱凤有后言，因行酒至凤，未及饮，峤伪醉，以手板击之堕帻，作色曰："钱凤何人，温太真行酒，敢不饮。"凤不悦，敦以为醉，两释之。明日，凤曰："峤与朝廷甚密，未必可信，宜更思之。"敦曰："太真昨醉，小加声色，岂得以此便相谗贰。"由是峤得还都，尽以敦逆谋告帝。

尔朱兆因六镇屡反，诛之不止，问计于高欢。欢为宜选王心腹私将统之，有犯则罪其帅。兆曰："善，谁可行？"贺拔允时在坐，劝请用欢。欢拳殴允，折其一齿，曰："生平天柱时，奴辈伏处分如鹰犬，今天下安置在王，而允敢诬下罔上如此。"兆以欢为诚，遂委之。欢以兆醉，恐醒而悔之，遂出宣言，受委统州镇兵，可集汾东受号令。军士素乐欢，莫不皆至，欢去，遂据冀州。

王东亭

王绪素谗殷荆州于王国宝，殷甚患之。求术于王东亭。曰："卿但数诣王绪，往辄屏人，因论他事，如此则二王之好离矣。"殷从之。国宝见王绪问曰："比与仲堪何所道？"绪云："故是常谈。"国宝谓绪于己有隐，情好日疏，谗言用息。

此曹瞒间韩遂、马超之故智，张浚杀平阳牧守，亦用此术。平阳牧，张姓。

吴　质

丞相主簿杨修，谋以曹植为魏嗣，曹丕患之，以车载废簏，纳吴质与之谋。修白操，丕惧，告质。质曰："无害也。"明日，复以簏载绢入：修复白之，推验无人，操由是不疑。

植之夺嫡，操固疑之，疑植则其不疑丕也易矣。不然，多猜如操，何一推验而即止耶？其杀修也，亦以孤植而安丕，而说者谓"黄绢"取忌，"鸡肋"误军，亦浅之乎论操矣。

司马懿等四条

曹爽擅政，懿谋诛之，惧事泄，乃诈称疾笃。会河南尹李胜，将莅荆州，来候懿，懿使两婢侍，持衣指口言渴，婢进粥，粥皆流出沾胸。

胜曰："外间谓公旧风发动耳，何意乃尔。"懿微举声，言："君今屈并州，并州近胡，好为之备。吾死在旦夕，恐不复相见，以子师、昭为托。"胜曰："当忝本州，非并州。"懿故乱其词曰："君方到并州。"胜复曰："忝荆州。"懿曰："年老意荒，不解君语。"胜退告爽曰："司马公尸居余气，形神已离，不足复虑。"于是爽遂不设备，寻诛爽。

安仁义、朱延寿皆吴王杨行密将也，延寿又密朱夫人之弟。淮徐已定，二人颇骄恣，且谋叛，行密思除之。乃阳为目疾，每接延寿使者，必错乱其所见以示之，行则故触柱而仆，朱夫人扶之，良久乃苏。泣曰："吾业成而丧明，此天废我也，诸儿皆不足任事，得延寿付之，吾无恨矣。"朱夫人喜，即召延寿。延寿至，行密迎之寝门，刺杀之，即出朱夫人，而执斩仁义。

孙坚出兵诛董卓，至南阳，众数万人，檄南阳太守张咨请军粮。咨曰："坚，邻二千石耳，与我等，不应调发。"竟不与，坚欲见之，又不肯见。坚曰："吾方举兵，而遂见阻，何以威后。"遂诈称急疾，举兵震惶，迎呼巫医，祷祝山川，而遣所亲人说咨，言欲以兵付咨，咨心利其兵，即将步骑五百人，持牛酒诣坚营，坚卧见，亡何起，设酒饮咨。酒酣，长沙主簿入曰："前移南阳，道路不治，军资不具，太守咨稽停义兵，使贼不能讨，请收按军法。"咨大惧欲去，兵阵四围，不得出，遂缚于军门斩之。一郡震栗，无求不获。所过郡县，皆陈糗粮，以待坚军。君子谓坚能用法矣。法者，国之植也，是以能开东国。

正德五年，安化王寘鐇反，游击仇钺陷贼中。京师讹言钺从贼，兴武营守备保勋为之外应。李文正曰："钺必不从贼，勋以贼姻家，遂疑不用，则诸与贼通者，皆惧不复归正矣。"乃举勋为参将，就用他为妙。钺为副戎，责以讨贼，勋感激自奋。钺称病卧，阴约游兵壮士，候勋兵至河上，乃从中发为内应。俄得勋信，即嗾人谓贼党何锦，宜急出守渡口，防决河灌城，遏东岸兵，方使渡河。锦果出而留贼周昂守城，钺又称病亟。昂来问病，钺犹坚卧呻吟，言旦夕且死，苍头猝起捶杀昂，斩首。钺起披甲仗剑，跨马出门一呼，诸游兵将士皆集，遂夺城门擒寘鐇。

杜 畿

高干举并州反，前河东太守王邑被征，掾卫固、范先以请邑为名，实与干通谋。曹操拜杜畿为河东太守，固等以兵绝陕津，畿不得渡。或谓宜须大兵，畿曰："河东三万户，非皆欲为乱也。今兵迫之急，必惧而听于固，固等势专，必以死战。讨之不胜，为难未已；讨之而胜，是残一郡之民也。谁肯念及此。吾单车直往，出其不意，固为人多计而无断，贼已在掌中。必伪受，吾得居郡一月，以计縻之足矣。"遂诡道从郖津渡，范先欲杀畿。固曰："杀之何益，徒有恶名，且制之在我。"遂奉之。畿谓固、先曰："卫、范，河东之望也，吾仰成而已。然君臣有定义，成败同之，大事当共平议。"以固为都督，行丞事。将校吏兵三十余人，皆范先督之。使之不疑。固等喜，虽阳事畿，不以为意。固欲大发兵，畿患之，说固曰："夫欲为非常之事，不可动众心。今大发兵，众必扰，不如徐以资募兵。"固以为然，从之。调发数十日乃定。诸将贪多应募，而少遣兵，又入喻固等曰："人情顾家，诸将掾吏，可分日休息，急缓召之不难。"固等恶逆，众心又从之。时善人在外，阴为己援，恶人分散，各还其家，则众离矣。会高干入濩泽，上党诸县杀长吏，弘农执郡守，固等密调兵未至，畿知诸县附己，因出单将数十骑，赴张辟拒守，吏民多举城助畿者。比数十日，得四千余人，固等与干、晟共攻畿，不下，略诸县，无所得，会大兵至，干、晟败，固等伏诛，其余党与皆赦之。

曹 冲

曹公有马鞍在库，为鼠所伤，库吏惧，欲自缚请死，冲谓曰："待三日。"冲乃以刀穿其单衣，若鼠啮者，入见，谬为愁状。公问之，对曰："俗言鼠啮衣不吉，今儿衣见啮，是以忧。"公曰："妄言耳，无苦。"俄而库吏以啮鞍白，公笑曰："儿衣在侧且啮，况鞍悬柱乎。"竟不问。

杨倭漆

天顺间，锦衣指挥门达用事，同时有袁彬指挥者，随英宗北狩，有护跸功。达恶其逼，令逻卒摭其阴私，欲致于死。时有艺人杨暄一作埙者，善倭漆画器。宣庙喜倭漆之精，令暄往学。号杨倭漆，愤甚。方奏达违法二十余事，且极称彬枉。疏入，上令达逮问，暄至，神色不变，佯若无所与者。达历询其事，皆曰："不知。"且曰："暄贱工，不识书字，且与君侯无怨，安得有此？望去左右，暄以实告。"因告曰："此内阁李贤授暄，使暄投进，暄实不知所言何事，君侯若会众官廷诘我，我必对众言之，李当无辞。"达闻甚喜，劳以酒肉，早朝以情奏。上命押诸大臣，公问于午门外，方引暄至。达谓贤曰："此皆先生所命，暄已吐矣。"贤正惊讶，暄即大言曰："死则我死，何敢妄指，我一市井小人，如何见得阁老，鬼神昭鉴，此实达教我指也。"因剖析所奏二十余条，略无余蕴。达气沮，词闻于上，由是疏达，彬得分司南都，居一载，驿召还职。后达坐怨望，谪戍广西以死。

此与张说出张昌宗，保全魏元忠事同轴，然说故多权智，又得宋璟诸人，再三勉励，而后收蓬麻之益。杨暄一介小人，未尝读书通古，而能出一时之奇，抗天威而塞奸吻。不唯全袁彬，并全李贤；不唯全二忠臣，且能去一大奸恶，智既十倍于说，即其功亦十倍于说也。一时缙绅之流，依阿事达者不少，睹此事有不吐舌，闻此事有不愧汗者乎？岂非衣冠牵于富贵之累，而匹夫迫于是非之公哉！洪武时，上尝怒宋濂，使人即其家诛之。马太后是日茹素，上问故，后曰："闻今日诛宋先生，妾不能救，聊为持斋，以资冥福耳。"上悟，即驰驿使人赦之。薛文清瑄既忤王振，诏缚诣市杀之。振有老仆，是日大哭厨下，振问何哭，仆对曰："闻今日薛夫子将刑故也。"振闻而怒解，适王伟申救，遂得免。夫老仆之一哭，其功几符圣母，斯其事亦奇矣。语曰："是非之心智也。"智岂以人而限哉？

土木之变，内侍喜宁，本胡种也，从太上于虏中，数导虏入寇，以败和议，上患之。袁彬言于太上，遣宁传命于宣府参将杨俊，索春衣，因使军士高磐与俱。彬刻木藏书，系磐髀间以示俊，俾因其来执之。俊既得书，与宁饮城下，磐抱宁大呼，俊从兵遂缚宁解京，处以极刑，于是虏失乡导，厌兵，遂许返跸。案，彬周旋虏中，与英庙同起处，其宣力最多，而诛宁尤为要着，亦宁武子之亚也。

乔白岩

武宗南巡，江提督所领边兵，皆西北劲兵，伟岸多力。乔白岩命于南方教师中，取其最矮小而精悍者百人，每日与江相期，至教场中比试。南人轻捷，跳趀如飞，北人粗坌，方欲交手，或撞其胁，或触其腰，皆倒地僵卧。江气大沮丧，而所蓄异谋，亦已潜折一二矣。

时应天府丞寇天叙，山西人，署尹事，每日带小帽，穿一撒衣坐堂，自应供朝廷外，毫不妄用。江彬有所虐索，每使至，佯为不见，直至堂上，方起立，呼为钦差，语之曰："南京百姓穷，仓库竭，钱粮无可措办，府丞所以只穿小衣坐衙，专待拿问耳。"每次如此，彬无可奈何而止。此亦白岩一时好帮手也。又是时边军每于市横行，强买货物，寇公亦选矬矮精悍之人，每早晚只候行宫，必以自随。若遇此辈，即与相持，边军大为所挫，遂敛迹，想亦与白岩共议而为之者。

宗威愍

宗汝霖建中靖国间为文登令，同年青州教授黄荣上书曰："自姑苏编置某州，道经文登，感寒疾不能前进，牙校督行甚厉，虽赂使暂留，坚不可得。"不得已，使人致殷勤于宗。宗即具供帐于行馆，及命医诊候，至调理安定，而了不知牙校所在。密讯其从行者云：自至县，即为县之胥魁约饮于营妓，而以次胥吏日更主席。此校嗜酒而贪色，至今不肯出户，屡迫促之，乃始同进。

探知嗜酒贪色，便有个题目可做。只用数胥吏，而行人之厄已阴解矣。道学先生道理，全用不着。此公可与谈兵。

张　易

张易通判歙州，刺史宋匡业使酒陵人，果于诛杀，无敢犯者。易赴其宴，先故饮醉就席。酒甫行，寻其少失，遽掷杯推案，攘袂大呼，诟责蜂起。匡业愕然不敢对,唯曰:"通判醉性,不可当也。"易嵬峨喑哑自如,俄引去,匡业使吏掖就马。自是见易加敬,不敢复使酒,郡事亦赖以济。

事虽琐,颇得先发制人之术,在医家为以毒攻毒法,在兵家为以夷攻夷法。

张循王老卒

张循王俊尝春日游后圃,见一老卒卧日中,王蹴之曰:"何慵眠如是。"卒起声喏,对曰:"无事可做,只索眠耳。"王曰:"汝会做甚事?"对曰:"诸事薄晓,如回易之类,亦粗能之。"王曰:"汝能回易,吾以万缗付汝何如?"对曰:"不足为也。"王曰:"付汝五万。"对曰:"亦不足为也。"王曰:"汝需几何?"对曰:"不能百万,亦五十万乃可耳。"王壮之,即予五十万,恣其所为。大手段。其人乃造巨舰,极其华丽,市美女能歌舞者、乐者百余人,广收绫锦奇玩,珍羞佳果,及黄白之器,募紫衣吏轩昂闲雅,若书司客将者十数辈,卒徒百人,乐饮逾月。忽飘然浮海去,奇极。逾岁而归,珠犀香药之外,且得骏马,获利数十倍。时诸将皆缺马,惟循王得此马,军容独壮,大喜。问其何以致此?曰:"到海外诸国,称大宋回易使,谒戎王,馈以绫锦奇玩,为招其贵近,珍羞毕陈,女乐迭奏。其君臣大悦,以名马易美女,且为治舟载马,以犀珠香药,易绫锦等物,馈遗甚厚,是以获利如此。"王咨嗟褒赏,赐予优隆,问:"能再往乎?"对曰:"此戏也,再往则败矣。愿退老园中如故。"

罗景纶云:一敝衣老卒,循王慨然捐五十万畀之,不问其出入,此其度量恢宏,足使人从容展布,以尽其能矣。勾践以四封内外,分授种、蠡;高帝捐黄金四十万斤于陈平;由此其推也,盖不知其人而轻任之与知其人而不能专任,皆不足以成功。老卒一往之后,辞不复再,又几于知进退存亡者,异哉!

司马相如

卓文君既奔相如,相如与驰归成都,家居徒四壁立。卓王孙大怒,不分一钱。相如与文君谋,乃复如临邛,尽卖其车骑,置一酒舍酤酒，而令文君当垆，妙计。身自穿犊鼻裈，与庸保杂作，涤器市中。王孙闻而耻之，不得已，分予文君僮百人、钱百万，乃复还成都为富人。

卓王孙始非能容相如也，但看临邛令面耳；终非能婿相如也，但恐辱富家门面耳。文君为之女，真可谓犁牛骍角矣。王吉始则重客相如，乃其持节喻蜀，又为之负弩前驱。而当垆涤器时，不闻下车慰劳，如信陵之于毛公薛公也。其眼珠亦在文君下哉。

附：智医二条

唐时京城有医人，忘其姓名。有一妇人从夫南中，曾误食一虫，常疑之，由是成疾，频疗不痊，请看之。医者知其所患，乃谓主人姨奶中谨密者一人，预戒之曰："今以药吐泻，即以盘盂盛之，当吐之时，但言有一小蝦蟆走去，然切不得令病者知是诳语也。"其奶仆遵之，此疾永除。

又有一少年，眼中常见一小镜子，俾医工赵卿诊之。与少年期，来晨以鱼脍奉候。少年及期赴之，延于内，且令从容候客退后方接。俄而设台，止施一瓶芥醋，更无他味。卿亦未出，迨久促不至，少年饥甚，闻醋香，不觉屡啜之，觉胸中豁然。眼花不见，因啜尽，赵卿乃出。少年惭谢，卿曰："郎君先因吃脍太多，饮醋不快，又有鱼鳞于胸中，所以眼花。适来所备芥醋，只欲郎君因饥以啜之，今果愈疾。烹鲜之会，乃权诈耳，请退谋朝餐。"

捷智部总序

冯子曰：成大事者争百年，不争一息。然而一息，固百年之始也。夫事变之会，如火如风，愚者犯焉，稍觉，则去而违之，贺不害斯已矣。今有道于此，能返风而灭火，则虽拔木燎原，适足以试其技而不惊。尝试譬之足力，一里之程，必有先至，所争逾刻耳。累之而十里百里，则其为刻弥多矣，又况乎智之迟疾，相去不啻千万里者乎？军志有之："兵闻拙速，未闻巧之久。"夫速而无巧者，必久而愈拙者也。今有径尺之樽，置诸通衢，先至者得醉，继至者得尝，最后至则干唇而返矣。叶叶而摘之，穷日不能髡一树；秋风下霜，一夕零落，此言造化之捷也。人若是其捷也，其灵万变，而不穷于应卒，此惟敏悟者庶几焉。呜呼！事变之不能停而俟我也，审矣。天下亦乌有智而不捷，不捷而智者哉！

卷十六

捷智部灵变

一日百战，成败如丝。三年造车，覆于临时。去凶即吉，匪夷所思。集“灵变”。

鲍　叔

公子纠走鲁，公子小白奔莒，既而国杀无知，未有君。公子纠与公子小白皆归，俱至，争先入。管仲扞弓射公子小白，中钩。鲍叔御，公子小白僵。管仲以为小白死，告公子纠曰：“安之，公子小白已死矣。”鲍叔因疾驱先入，故公子小白得以为君。鲍叔之智，应射而令公子僵也，其智若镞矢也。

王守仁以疏救戴铣，廷杖，谪龙场驿。守仁微服疾驱，过江作《吊屈原文》见志，寻为投江绝命词，佯若已死者。词传至京师，时逆瑾怒犹未息，拟遣客间道往杀之，闻已死，乃止，智与鲍叔同。

管夷吾

齐桓公因鲍叔之荐，使人请管仲于鲁。施伯曰：“是固将用之也。夷吾用于齐，则鲁危矣，不如杀而以尸授之。”智士。鲁君欲杀仲，使人曰：“寡君欲亲以为戮，如得尸犹未得也。”亦会说。乃束缚而槛之，使役人载而送之齐。管子恐鲁之追而杀之也，欲速至齐，因谓役人曰：“我为汝唱，汝为我和。”其所唱适宜走，役人不倦，而取道是速。

吕不韦曰：“役人得其所欲，管子亦得其所欲。”陈明卿曰：“使桓公亦得其所欲。”

延安老军校

宝元元年，党项围延安七日，邻于危者数矣。范侍御雍为帅，忧形于色。有老军校出自言曰:“某边人,遭围城者数次,言之有据。其势有近于今日者。虏人不善攻,卒不能拔。今日万万无虞,某可以保任,若有不可,某甘斩首。”范嘉其言壮,人心亦为之小安。事平,此校大蒙赏拔,言知兵善料敌者,首称之。或谓之曰:“汝敢肆妄言,万一不验,须伏法。”校笑曰:“若未之思也,若城果陷,谁暇杀我耶?聊欲安众心耳。”

吴　汉

吴汉亡渔阳,闻光武长者,欲归,乃说太守彭宠,使合二郡精锐,附刘公击邯郸,王郎。宠以为愁。官属皆欲附王郎,宠不能夺。汉乃辞出止外亭,念所以谲众,未知所出。望见道中有一人似儒生者,使人召之,为具食,问以所闻。生言刘公所过为郡县所归,邯郸举尊号者实非刘氏。汉大喜,即诈为光武书,来得快。移檄渔阳,使生赍以诣宠。令具以所闻说之,汉随后入,宠遂决计焉。

汉高帝

楚汉久相持,未决,项羽谓汉王曰:“天下汹汹,徒以我两人。愿与王挑战决雌雄,毋徒罢天下父子为也。”汉王笑谢曰:“吾宁斗智,不能斗力。”项王乃与汉王相与临广武间而语,汉王数羽罪十,项王大怒,伏弩射中汉王。汉王伤胸,乃扪足曰:“虏中吾指。”汉王病创卧,张良强起行劳军,以安士卒,毋令楚胜于汉。汉王出行军,病甚,因驰入成皋。

小白不僵而僵,汉王伤而不伤,一时之计,俱造百世之业。

晋明帝

王敦将举兵向内,明帝密知之,乃乘巴賨骏马微行,至于湖,阴察敦营垒而出。有军人疑明帝非常人,又敦正昼寝,梦日环其城,惊起曰:“此必黄须燕卑奴来也。”帝母荀氏,燕代人,帝状类外氏,须黄,故云。于是使五骑物色追帝。帝亦驰去,见逆旅卖食妪,以七宝鞭与之曰:“后有骑来,可以此示。”俄而追者至,问妪,妪曰:“去已远矣。”因以鞭示之。五骑传玩，稽留良久，帝遂免。

尔朱敞

齐神武韩陵之捷，尽诛尔朱氏，荣族子敞字乾罗，彦伯子。小随母养于宫中，及年十二，自窦而走。至大街，见群儿戏，敞解所着绮罗金翠之服，易衣而遁。追骑寻至，便执绮衣儿，比究问，非是，会日暮，遂得免。

韦孝宽

尉迟迥先为相州总管，诏韦孝宽代之，又以小司徒叱列长文为相州刺史，先令赴邺。孝宽续进，至朝歌，迥遣其大都督贺兰贵赍书候孝宽。孝宽留贵与语以察之，疑其有变，遂称疾徐行。又使人至相州求医药，密以伺之。即到汤阴，逢长文奔还。孝宽密知其状，乃驰还，所经桥道，皆令毁撤，驿马悉拥以自随。又勒驿将曰："蜀公将至，可以备肴酒及刍粟以待之。"迥果遣仪同梁子康将数百骑追孝宽，驿司供设丰厚，所经之处，皆辄停留，由是不及。

宗典等三条

晋元帝叔父东安王繇，为成都王颖所害，惧祸及，潜出奔至河阳，为津吏所止。从者宗典后至，以马鞭拂之，谓曰："舍长官禁贵人，而汝亦被拘耶？"因大笑，由是得释。

宇文泰与侯景战，泰马中流矢惊逸，泰坠地，东魏兵及之，左右皆散。李穆下马以策击泰背，骂之曰："笼东军士，尔曹主何在？而独留此。"追者不疑是贵人，因舍而过，穆以马授泰，与之俱逸。

王廞之败，沙门昙永匿其幼子华，使提衣襆自随。津逻疑之，昙永呵华曰："奴子何不速行？"捶之数十，由是得免。

王羲之

王右军幼时，大将军甚爱之，恒置帐中眠。大将军尝先起，须臾钱凤入，屏人论逆节事，都忘右军在帐中。右军觉，既闻所论，知无活理。乃剔吐污头面被褥,诈熟眠。敦论事半,方悟右军未起。相与大惊曰:“不得不除之。”及开帐,乃见吐唾纵横,信其实熟眠,由是得全。

吴郡卒

苏峻乱,诸庾逃散。庾冰时为吴郡,单身奔亡。吏民皆去,惟郡卒独以小船载冰出钱塘口,以蘧篨覆之。时峻赏募觅冰属所在,搜括甚急。卒泊船市渚,因饮酒醉还,舞棹向船曰:“何处觅庾吴郡?此中便是。”冰大惊怖,然不敢动。监司见船小装狭,谓卒狂醉,都不复疑,自送过浙江,寄山阴魏家,得免。后事平,冰欲报卒,问其所愿,卒曰:“出自厕下,不愿名器,少苦执鞭,恒患不得快饮酒,使其酒足余年毕矣,无所复须。”冰为起大舍,市奴婢,使门内有百斛酒,终其身。时谓此卒非惟有智,且亦达生。

元伯颜

有告乃颜反者,诏伯颜窥觇之,乃多载衣裘,入其境,辄以与驿人。既至,乃颜为设宴谋执之。伯颜觉,与其从者趋出,分三道逸去。驿人以得衣裘故,争献健马,遂得脱。

徐敬业

徐敬业十余岁,好弹射,英公每曰:“此儿相不善,将赤吾族。”尝因猎命敬业入林驱兽,因乘风纵火,意欲杀之。敬业知无所避,遂屠马腹伏其中。火过浴血而立,英公大奇之。

凡子弟负斫弛之奇者,恃才不检,往往为家门之祸。如敬业破辕之兆,见于童年,英公明知其为族祟,而竟不能除之,岂终惜其才智乎?抑英公劝立武氏,杀唐子孙殆尽,天故以敬业酬之也?诸葛恪有异才,其父瑾叹曰:“此子不大昌吾宗,将赤吾族。”其后果以逆诛。隋杨智积文帝侄。有五男,止教读《论语》、《孝经》,不令通宾客。或问故,答曰:“多读书,广交游,才由是益,有才亦能产祸。”人服其识。弘、正间,胡世宁字永清,仁和人。有将略,按察江西,时江西盗起。方议剿,军官来谒。适世宁他出,乃见其幼子继。继曰:“兵素不习,岂能见我父哉?”语便奇。军官跪请教,继乃指示进退离合之势甚详。凡三日,而世宁归,阅兵,大异之,顾军官不辨此,“谁教若者?”以实对。继初不善读书,父以愚弃之,至是叹曰:“吾有子自不知乎!”自此每击贼必从继方略,世宁十不失三,继十不失一也。世宁上疏,乞以礼法裁制宁王。继跪曰:“疏入必重祸。”不听,果下狱。继因念父,病死。世宁母独不哭,曰:“此子在,当作贼,胡氏灭矣。”此母亦大有见识。

陈　平

陈平间行,仗剑亡,渡河。船人见其美丈夫独行,疑其亡将,腰中当有金宝,数目之。平恐,乃解衣裸而佐刺船,船人知其无有,乃止。

平事汉凡六出奇计:请用金行反间,一也;以恶草具进楚使,离间亚父,二也;夜出女子二千人,解荥阳围,三也;蹑足请封齐王信,四也;请伪游云梦缚信,五也;使画工图美女间遣人遗阏氏说之,解白登之围,六也。六计中,惟蹑足封信最妙,若伪游云梦大错也。云梦可游,何必曰伪。且谓信必迎谒,因而擒之,既度其必迎谒矣,而犹谓之反乎?察之可,遽擒之则不可。擒一信而三大功臣相继疑惧,骈首灭族,平之贻祸烈甚矣。〇有人舟行,出鍮石杯饮酒,舟人疑为真金,频瞩之。此人乃就水洗杯,故堕之水中,舟人骇惜。因晓之曰:“此鍮石杯,非真金,不足惜也。”又丘琥尝过丹阳,有附舟者,屡窥寝所。琥心知其盗也,佯落簪舟底,而尽出其衣饰铺陈求之,又自解其衣以示无物。明日,其人去。未几,劫人于城中,被缚,语人曰:“吾几误杀丘公。”此二事与曲逆解衣刺船之智相似。

刘　备

曹公素忌先主,公尝从容谓先主曰:“今天下英雄,惟使君与操耳。本初之徒,不足数也。”先主方食,失匕箸。适雷震,因谓公曰:“圣人云,迅雷风烈必变,良有以也,一震之威,乃至于此。”

相传曹公以酒后畏雷、闲时灌圃轻先主,卒免于难。然则先主好结龛，焉知非灌圃故智？

崔巨伦

北魏崔巨伦字孝宋。尝任殷州别将。州为贼陷，葛荣闻其才名欲用之，巨伦规自脱。适五月五日，会集百僚，命巨伦赋诗。巨伦诗曰："五月五日时，天气已大热，狗便呀欲死，牛复吐出舌。"闻者哄然发噱，以此自晦获免。已潜结死士数人，乘夜南走。遇逻骑，众危之，巨伦曰："宁南死一寸，岂北生一尺？"遽绐贼曰："吾受敕行。"贼方爇火观敕，巨伦辄拔剑斩贼帅，余众惊走，因得脱还。

嘉靖中，倭乱江南，昆山夏生为倭所获，自称能诗。倭将以竹舆乘之，令从行，日与唱和，竟免祸。久之，夏乞归，厚赠而返，此又以不自晦获全者也。夏称倭将亦能诗，其咏文菊诗云："五尺阑干遮不尽，还留一半与人看。"

仓卒治盗二条

娄门二布商舟行，有北僧来附舟，欲至昆山，舟子不可，二商以佛弟子容之。至河，胡僧拔刀插几上曰："汝要好死，要恶死？"二子愕曰："何也？"僧曰："我本非良士，欲得汝财耳，速跃入湖中，庶可全尸。"二子泣下曰："师容我饱餐，就死无恨。"笑曰："容汝作一饱鬼。"舟子为煮肉，多沃以汁来，以巨钵盛之，呼二子肉已熟，二子应诺。舟子出僧不意，急举肉汁盖其顶，热甚。僧方两手推钵，二子即拔几上刀斩之，掷尸于湖，涤舟而行。

吴有书生，假借僧舍，见僧每出必锁其房，甚谨。一夕忘锁，生纵步入焉。房甚曲折，几上有小石磬，生戏击之，旁小门忽启，有少妇出，见生，惊而去，生亦仓皇外走。僧适挈酒一壶自外入，见门未钥，愕然。问生适何所见。答曰："无有。"僧怒掣刀拟生曰："可就死，不可令吾事败，死他人手。"生泣曰："容我醉后，公断吾头，庶惛然无觉也。"僧许之，生佯举杯告曰："庖中盐菜乞一茎。"僧乃持刀入厨。生急脱布衫，塞其壶口，酒不泄，重十许斤，潜立门背，伺僧至连击其首数十下，僧闷绝而死。问少妇，乃谋杀其夫而夺得者，分僧橐而遣之。

张佳胤

张佳胤令滑，有巨盗任敬、高章，伪称锦衣使来谒，直入堂阶，北向立。公心怪之，判案如故。敬厉声曰："此何时，大尹犹倨见使臣乎？"公稍动容，避席迓之。敬曰："身奉旨，不得揖也。"公曰："旨逮我乎？"命设香案，敬附耳曰："非逮公，欲没耿主事家耳。"时有滑人耿随朝任户曹，坐草场火系狱。公意颇疑，遂延入后堂。敬扣公左手，章拥背，同入室坐坑上。敬掀髯笑曰："公不知我耶，我霸上来，闻公帑有万金，愿以相借。"遂与章共出匕首置公颈。公不为动，从容语曰："尔所图非报仇也，我即愚，奈何以财故轻吾生，即不匕首，吾偷生孱夫，能奈尔何？且尔既称朝使，奈何自露本相，使人窥之？非尔利也。"贼以为然，遂袖匕首。公曰："滑小邑，安得多金？"敬出劄记如数，公不复辨，但请勿多取，以累吾官。反复开谕，久之，曰："吾党五人，当予五千金。"公谢曰："幸甚，但尔两人之橐中能装此耶，抑何策出此官舍也？"贼曰："公虑良是，当为我具大车一乘，载金其上。仍械公如诏逮故事，不许一人从，从即先刺公。候吾党跃马去，乃释公耳。"公曰："逮我昼行，邑人必困尔，即刺我何益？不若夜行便。"二贼相顾称善。公又曰："帑金易辨识，亦非尔利，邑中多富民，愿如数贷之，既不累吾官，尔亦安枕。"二贼益善公计。公属章传语，召吏刘相来，相者，心计人也。相至，公谬语曰："吾不幸遭意外事，若逮去，死无日矣，今锦衣公大有气力，能免我，心甚德之，吾欲具五千金为寿。"相吐舌曰："安得办此？"公蹑相足曰："每见此邑中富而好义，吾令汝为贷。"遂取纸笔，书某上户若干，某中户若干，共九人，符五千金数。九人，素善捕盗者，公又语相曰："天使在，九人者宜盛服谒见，勿以贷故作窭人状。"相会意而出。公取酒食酬酢，而先饮啖，以示不疑，且戒二贼勿多饮，贼益信之。酒半，曩所招九人，各鲜衣为富客，以纸裹铁器手捧之，陆续门外，谬云："贷金已至，但贫不能如数。"作哀祈状。二贼闻金至，且睹来者豪状，不复致疑。公呼天平来，又嫌几小。索库中长几横之后堂，二僚亦至。公与敬隔几为宾主，而章不离公左右。公乃持砝码语章曰："汝不肯代官长较视轻重耶？"章稍稍就几，而九人者，捧其所裹铁器竞前，公乘间脱走，大呼擒贼。敬起扑公不及，自刭厨下。生缚章，拷讯，又得王保等三贼主名，亟捕之，已亡命入京矣，为上状，缇帅陆炳尽捕诛之。

祁尔光曰：当命悬呼吸间，而神闲气定，款语揖让，从眉指目语外，另构空中硕画。歼厥剧盗，如制小儿。经济权略，真独步一时矣。

罗巡抚

罗某初出使川中，泊舟河边。川中有一处，男女俱浴于河，即嬉笑舟边。罗遣人禁之，男女鼓噪大骂，人多，卒不可治，反抛石舟中而去。乃诉之县，稍鞭数人。既而罗公巡抚蜀中，县民大骇，罗公心计之。是日，又泊舟旧处，大言之曰："此处民前被我惩创一番，今乃大变矣。"嗟叹良久，川民前猜遂解。

不但释其猜，且可诱之于善，妙哉。

沈　括

沈括知延州时，种谔次五原，值大雪，粮饷不能继。殿值刘归仁率众南奔，士卒三万人，皆溃入塞，民居恟骇。括出东郊饯河东归帅，得奔者数千，问曰："副都督管遣汝归取粮。谬言以安其心。主者为何人？"曰："在后。"即谕令各归屯。未旬日，溃卒尽还，括出按兵，归仁至，括曰："汝归取粮，何以不持兵符？"因斩以徇。

括在镇，悉以别赐钱为酒，命廛市良家子驰射角胜，有轶群之能者，自起酌酒劳之。边人欢激，执弓傅矢，皆恐不得进。越岁，得彻札超乘者千余，皆补中军义从，威声雄他府，真有用之才也。

河清卒

河清卒于法不他役，时中人程昉为外都水丞，怙势蔑视州郡，欲尽取诸埽兵治三股河，程颢以法拒之。昉请于朝，命以八百人与之。天方大寒，昉肆其虐，众逃而归。州官晨集城门，吏报河清兵溃归，将入城，众官相视，畏昉，欲弗纳。颢言："勿纳，必为乱。昉有言，某自当之。"既亲往开门抚纳,谕归休三日复役,众欢呼而入。具以事上闻,得不复遣。后昉奏事过州,见颢,言甘而气慑,既而扬言于众曰:"澶卒之溃,乃程中允先诱之,吾必诉于上。"同列以告,颢笑曰:"彼方惮我,何能尔也。"果不敢言。

此等事,伊川必不能辨。纵能抚溃卒,必于昉诘讼于朝,安能令之心惮而不敢为仇耶?

吕颐浩

建炎之役,及水滨,而卫士怀家流言,吕相颐浩以大义谕解,且怵以利,曰:"先及舟者,迁五秩。"署名而以堂印志之,其不逊倡率者,皆侧用印记。事平,悉别而诛赏之。

六合之战,周士卒有不致力者,宋祖阳为督战,以剑斫其皮笠。明日,遍阅其皮笠,有剑迹者数十人,悉斩之。由是部兵莫不尽死,此与吕相事异而智同。

段秀实

段秀实为司农卿,会朱泚反。时源休教泚追逼天子,遣将韩旻领锐师三千,疾驰奉天。秀实以为此系危逼之时,遣人谕大吏岐灵岳,窃取姚令言印,不获,乃倒用司农印,追其兵。旻至骆谷驿,得符而还。

按:抱朴子云:"古人入山,皆佩黄神白章之印,行见新虎迹,以顺印印之,虎即去;以逆印印之,虎即还。"今人追捕逃亡文书,但倒用印,贼可必得。段公倒印,亦或用此法。

黄　震

宋尝给两川军士缗钱,诏至西川,而东川独不及,军士谋为变。黄震白主者曰:"朝廷岂忘东川耶?殆诏书稽留耳。"即开州帑钱如西川,众乃定。

赵　葵

赵方,宁宗时为荆湖制置使。一日,方赏将士,恩不偿劳,军欲为变。子葵时年十二三,觉之,亟呼曰:“此朝廷赐也,本司别有赏赉。”军心一言而定。

按:赵葵,字南仲。每闻警报,与诸将偕出,遇敌辄深入死战。诸将惟恐失制置子,尽死救之,屡以此获捷。

周　金

周襄敏公名金,字子庚,武进人。抚宣府,总督冯侍郎以苛刻失众心。会诸军诣侍郎请粮,不从,且欲鞭之。众遂愤,轰然面骂,因围帅府。公时以病告,诸属奔窜泣告公,公曰:“吾在也,勿恐。”即便服出坐院门,召诸把总官阳骂曰:“是若辈剥削之过,不然,诸军岂不自爱而至此?”欲痛鞭之,军士闻公不委罪若也,气已平,乃拥跪而前,为诸把总请曰:“非若辈罪,乃总制者罔利,不恤我众耳。”公从容为陈利害,众嚣曰:“公生我。”始解散去。

徐文贞

留都振武军邀赏投帖,词甚不逊,众忧之。徐文贞面谕操江都御史,出居龙江关,整理江操之兵。万一有事,即据京城,调江兵,杜其入孝陵之路。且曰:“事不须密,正欲其闻吾意。”戒令各自为计,变遂寝。

王守仁

王公守仁至苍梧时,诸夷闻公先声,皆股栗听命,而公顾益韬晦。妙。以明年七月至南宁,使人约降苏受。受阳诺而阴持两端,拥众二万人共降,实来观衅。公遣门客龙光往谕意,受众露刃如雪,环之数十里,呼声震天。光坐胡床,引蛮跪前,宣朝廷威德,与军门宽厚不杀之意。辞恳声厉,意态闲暇。光貌清古,鼻多髭,颇类王公。受故尝物色公貌,窃疑公潜来,咸俯首献款,誓不敢负,议遂定。然犹以精兵二千自卫,至南宁,投见有日矣。而公所爱指挥王佐、门客岑伯、高雅知公无杀苏受意,使人言苏受,须纳万金丐命。苏受大悔恚,言:“督府误我,且仓卒,安得万金?有反而已。”公有侍儿,年十四矣,强将手下不畜弱兵。知佐等谋，夜入帐中告公。公大惊，达旦不寐，使人告苏受："毋信谗言，我必不杀尔等。"受疑惧未决，言来见时，必陈兵卫，公许之。受复言军门左右只候，须尽易以田州人，不易即不见。公不得已，又许之。苏受入军门，兵卫充斥，郡人大恐。公数之，论杖一百，苏受不免甲而杖，杖人又田州人也。由是安然受杖而出，诸夷咸帖。

按：龙光字冲虚，吉水人，以县丞致仕。王公督军虔南日，辟为参谋。宸濠之变，公易舟南趋吉安，光实赞之。一切筹画，多出自光。后九年，田州之役，公复檄光以从，卒定诸蛮，亦异人也。陈眉公惜其功赏废阁，为之立传。

换字 添字

顾岎为儋耳郡守，文昌海面当五月，有大风飘至船只，不知何国人。内载有金丝鹦鹉、墨女、金条等件，地方分金坑女，止将鹦鹉送县，申呈镇巡衙门，公文驳行镇守府，仍差人督责。原地方畏避，相率欲飘海。主其事者莫之为谋。岎适抵郡，咸来问计。岎随请原文读之，将飘来船作覆来船，改申，遂止。

益民乔蠢，小眚累累大辟，耿恭简公定力。为守，多所平反。有男子妇死而论抵者，牍曰："妇詈夫兽畜。"庭讯之则曰："詈侬为兽畜所生耳。"遂援笔续二字于牍，而投笔出之。盖妇詈姑嫜，律故应死也。

只换一字，便省许多事；只添两字，便活一性命，是故有一字之贫，亦有一字之师。

胡 兴

祁门胡进士兴令三河，文皇封赵王，择辅以为长史。汉庶人将反，密使至，赵王大惊，将执奏之。兴曰："彼举事有日矣，何暇奏乎？万一事泄，是趣之叛。"大是。一日尽歼之，汉平，赵王让还护卫兵，宣庙闻斩使事，曰："吾叔非二心者。"赵遂得免。

张 浚

建炎初，驾幸钱塘，而留张忠献于平江为后镇，时汤东野字德广，丹阳人。适为守将。一日，闻有敕令当至，心疑之，走白张公。公曰：“亟遣吏属解事者往视，缓驿骑而先取以归。”汤遣官发视乃伪诏也，度不能宣，而事已彰灼。卒徒急于望赐，惧有变，复谋之张公，公曰：“今便发库钱，示行赏之意。”乃屏伪诏而阴取故府所藏登极敕书，置舆中，迎登谯门，读而张之。即去其阶，禁无敢辄登者，而散给金帛，如郊赉时。于是人情略定，乃决大计。

张咏　徐达

张乖崖守成都，兵火之余，人怀反侧。一日，大阅始出，众遂嵩呼者三。乖崖亦下马，东北望而三呼，复揽辔而行，众不敢哗。

上尝召徐中山王饮，迫夜，强之醉，醉甚，命内侍送旧内宿焉。旧内，上为吴王时所居也。中夜，王酒醒，问宿何地，内侍曰：“旧内也。”即起，趋丹陛下，北面再拜，三叩头乃出。上闻之大悦。

乖崖三呼而军哗顿息，中山三叩头而主信益坚，仓卒间乃有许大主张，非特恪谨而已。

颜真卿　李揆

安禄山反，破东都，遣段子光传李憕、卢奕、蒋清首，以徇河北，真卿语诸将曰：“吾素识憕等，其首皆非是。”乃斩子光，而藏三首。

李尚书揆素为卢杞所恶，用为入番会盟使。揆辞老，恐死道路，不能达命。帝恻然，杞曰：“和戎当择练朝事者，非揆不可。揆行，则年少于揆者，后无所避矣。”揆不敢辞。揆至番，酋长曰：“闻唐有第一人李揆，公是否？”揆畏留，因绐之曰：“彼李揆安肯来耶？”

顾　琛

宋文帝遣到彦之经略河南，大败，悉委弃兵甲，武库为之空虚。帝宴会，有归化人在座，帝问库部郎顾琛：“库中仗有几许？”琛诡辞答：“有十万人仗。旧库仗秘，不知多少。”帝既发问，追悔失言，得琛此对，甚喜。

李 迪

真宗不豫，李迪与宰执以祈禳宿内殿。时仁宗幼冲，八大王元俨素有威名，以问疾留禁中，累日不出，执政患之，无以为计。偶，翰林司以金盂贮熟水，曰："王所需也。"迪取案上墨笔，搅水中尽黑，令持去。王见之大惊，意其毒也，即上马驰去。

叛卒 叛将

曹武穆玮知渭州，号令明肃，西人惮之。一日，方召诸将饮，会有叛卒数千，亡奔贼境。候骑报至，诸将相视失色，公言笑如平时，徐谓骑曰："吾命也，汝勿显言。"西人闻，以为袭己，尽杀之。

统制郦琼缚吕祉，叛归刘豫。张魏公方宴，僚佐报至，满座失色。公色不变，乐饮至夜，乃为蜡书，遣死士持遗琼言："事可成成之，不可成，速全军以归。"豫得书疑琼，分隶其众困苦之，边赖以安。

此即冯雎杀宫他之智。西周宫他亡之东周，尽以国情输之。西周君大怒，冯雎曰："臣能杀也，君予金三十斤。"雎使人操金与书同遗宫他云云。东周君杀宫他。

太史慈

太史慈在郡，会郡与州有隙，曲直未分，以先闻者为善。时州章已去，郡恐后之，求可使者，慈以选行。晨夜取道到洛阳，诣公车门，则州吏才至，方求通。慈问曰："君欲通章耶？"吏曰："然。""章安在，题署得无误耶？"因假章看，便裂败之。吏大呼持慈，慈与语曰："君不以相与，吾亦无由得败，祸福等耳，吾不独受罪，岂若默然俱去？"因与遁还，郡章竟得直。

涿人杨四

天顺中承天门灾，阁臣岳正以草诏得罪，降广东钦州同知。道滁，以母老留阅月。尚书陈汝言素憾正，至是嗾逻者，以私事中，逮系诏狱，拷掠备至，谪戍肃州镇夷所。至涿州，夜宿传舍，手梏急，气奔欲死。涿人杨四者，义士。素闻正名，为之祈哀，解人不肯。因醉以醇酒，伺其熟睡，谓正曰："梏有封印奈何？"正曰："可烧鏊令热，以酒喷封纸，就炙之，纸得燥，自然昂起。"杨乃如其言，去钉脱梏，刳其中，复钉而封之。其人既醒，觉有异，杨乃告曰："业已然，可如何？今奉银数十两为寿，不如纳之。"正以此得至戍所。

李文达

天顺初，德秀等王皆当出阁，英庙谕李文达公贤。慎选讲读官。文达以亲王四位，用官八员，翰林几去半矣。乃请于新进士内，选人物俊伟，语言正当，学问优长者，授以检讨之职，分任讲读，遂为定例。

周文襄

己巳之难，也先将犯京城，声言欲据通州仓，举朝仓皇无措。议者欲遣人举火烧仓，恐敌之因粮于我也。时周文襄公忱。适在京，因建议，令各卫军预支半年粮，令其往取。于是肩负者踵接，不数日京师顿实，而通州仓为之一空。

一云：己巳之难，议者请烧通州之仓，以绝虏望。于肃愍曰："国之命脉，民之膏脂，奈何不惜？"传示城中有力者恣取之。数日，粟尽入城。郦生以楚拔荥阳，不坚守为失策，劝沛公急取敖仓。文李密据黎阳仓，开仓恣民就食，浃旬得兵三十余万。徐洪客献策谓："大众久聚，恐米尽人散，难以成功，宜乘锐进取。"密不从而败。刘子羽守仙人关，预徙梁、洋公私之积。金人深入，馈饷不继，乃去。自古攻守之策，未有不以食为本者，要在敌未至而预图耳。若搬运不及，则焚弃亦是一策，古名将亦往往有之，决不可赍盗粮也。

韩襄毅

韩雍弱冠为御史，出按江西。时有诏下镇守中官，而都御史误启其封，惧以咨雍。雍请宴中官，而身为解之。明日伪为封识，而藏旧封于怀，俟会间，使邮卒持以付己，佯不知而启之，稍读一二语，即惊曰:“此非吾所当闻。”遽令吏还中官,则已潜易旧封矣。雍起谢罪,复欲与邮卒杖,中官以为诚,反为救解,欢饮而罢。

此即王韶欺郭逵之计,做得更无痕迹。〇郭逵为西帅,王韶初以措置西事至边。逵知其必生边患,因备边财赋,连及商贾,移牒取问。韶读之,怒形颜色,掷牒于地。久之,乃徐取纳怀中,入而复出,对使者碎之。逵奏其事,上以问韶。韶以原牒进,无一字损坏也。上不悟韶计,不直逵言。自是凡逵言论,诏皆不报,而韶遂得志矣。

韩襄毅在蛮中,有一郡守治酒具进。用盒,纳妓于内,径入幕府。公知必有隐物,召郡守入,开盒,令妓奉酒毕,仍纳于盒中,随太守出。

此必蛮守欲假此以窥公耳,公不拂其意,而处之若无事,然此岂死讲道理人所知?

耿司马

耿司马公定力。知成都府,益俗不丧而冠素,亟禁之。适两台拨捕蝗,公寝未发,道逢三素冠,皆豪子弟也,数之曰:“法不汝责,能掠蝗自雪乎?”其人击颡,遍募人掠之,蝗尽,民无扰者。

本欲掠蝗,借素冠以济,一举两得,灵心妙用,可以类推。

御史失篆

有御史罪其县令,县令密使嬖儿侍御史,御史昵之,遂乘机窃其箧中篆去。御史顾篆箧空,心疑县令所为而不敢发,因称疾不视事。尝闻其教谕有才,因其问疾,召至床头诉之。教谕教御史夜半于厨中发火,火光烛天,郡县皆赴救。御史持篆箧授县令,他官各有所护。待火灭,县令上篆箧,则篆在矣。或云:“此教谕乃海瑞也。”未详。

山尽水穷处,忽睹天台、雁荡、洞庭、彭蠡,想胸中有走盘珠万斛在。

王　安

神庙虽定储,而郑贵妃权谲有宠,东宫不无危疑。侍卫单微,资用多匮，弥缝补救，司礼监王安力为多。福邸出藩，贵妃倾宫畀之，或迎附东宫，勒止最后十箱，畀至宫门。安知之，谏曰："此非太子之道也。"或曰："业已畀至，奈何？"安曰："即畀还之，更简箱之类此者十枚，实以器币而赠之。"乃谓妃曰："适止箱于宫门，欲以仿箱制也。"上及贵妃皆大喜。

朴 恒

尝有觅亲尸于战场，溃腐不可物色者。高丽臣朴恒父母，殁于蒙古之兵。恒从积尸中，得相似者辄收瘗，凡三百余人，此亦一法。

元祐间有大臣某，父贬死朱崖，寓柩不归。既贵，自过海迎取，岁久无能识者。僧房中有数柩枯骨，无款记，不获已，挈一棺归，与其母合葬。后竟传误取亡僧骨者，方知朴恒有见。

卷十七

捷智部应卒

西江有水，遐不及汲。壶浆箪食，贵于拱璧。岂无永图？聊以纾急。集“应卒”。

张 良

高帝已封大功臣二十余人，其余日夜争功不决。上在洛阳南宫，望见诸将，往往相与坐沙中偶语，以问留侯，对曰：“陛下起布衣，以此属取天下。今为天子，而所封皆故人，所诛皆仇怨，故相聚谋反耳。”上忧之曰：“奈何？”留侯曰：“上平生所憎，群臣所共知，谁最甚者？”上曰：“雍齿数窘我。”留侯曰：“今急先封雍齿，则群臣人人自坚矣。”乃封齿为什方侯。群臣喜曰：“雍齿且侯，吾属无患矣。”

温公曰：“诸将所言，未必反也。果谋反，良亦何待问及而后言耶？徒以帝初得天下，数用爱憎行诛赏，群臣往往有觖望自危之心，故良因事纳忠，以变移帝意耳。”袁了凡曰：“子房为雍齿游说，使帝自是有疑功臣之心，致三大功臣相继屠戮，未必非一言之害也。”由前言，良为忠谋，由后言，良为罪案。要之布衣称帝，自汉创局，群臣皆比肩共事之人。若觖望自危，其势必反，帝所虑亦止此一著。良乘机道破，所以其言易入，而诸将之浮议息，不可谓非奇谋也。若韩彭俎醢，良亦何能逆料之哉？

救积泽火

鲁人烧积泽，天北风，火南倚，恐烧国。哀公自将众趋救火者，左右无人，尽逐兽，而火不救。召问仲尼，仲尼曰：“逐兽者乐而无罚，救火者苦而无赏，此火之所以无救也。”哀公曰：“善。”仲尼曰：“事急，不及以赏，救火者尽赏之，则国不足以赏于人，请徒行罚。”乃下令曰：“不救火者比降北之罪，逐兽者比入禁之罪。”令下未遍，而火已救矣。

贾似道为相，临安失火，贾时方在葛岭，相距二十里，报者络绎。贾殊不顾，曰："至太庙则报。"俄而报者曰："火且至太庙。"贾从小肩舆，四力士以椎剑护，里许即易人，倏忽即至，下令肃然。不过曰："焚太庙者斩殿帅。"于是帅率勇士一时救熄。贾虽权奸，而威令必行，其才自亦有快人处。

直百钱

刘备攻刘璋，备与士众约，若事定，府库百物，孤无预焉。及拔成都，士众皆舍干戈赴诸藏竞取宝物。军用不足，备甚忧之。刘巴曰："易耳，但当铸直百钱，平诸物价，令吏为官市。"备从之，数月间府库充实。

无官市则直百钱不能行，但要紧在平价，则民不扰而从之如水矣。

知县买饭

嘉熙间，峒丁反吉州。万安宰黄炳，鸠兵守备。一日五更，探报寇且至。遣巡尉引兵迎敌，皆曰："空腹奈何？"炳曰："第速行，饭且至矣。"炳乃率吏辈，携竹箩木桶，沿市民之门曰："知县买饭。"时人家晨炊方熟，皆有热饭熟水，厚酬其直，负之以行。于是士卒皆饱餐，一战破寇。由此论功，擢守临川。

造红桌　赁瓦

赵从善尹京日，宦寺欲窘之。敕办设醮红桌子三百只，内批限一日办集。从善命于酒坊茶肆，取桌相类者三百，净洗，糊以白纸，用红漆涂之。又两宫幸聚景园，夜过万松岭，立索火炬三千。从善命取诸瓦舍妓馆，不拘竹帘芦帘，实以脂，卷而绳之，系于夹道松树。左右照耀，比于白日。

高宗南渡，驻跸临安，草创行在。方造一殿，无瓦，而天雨。郡与漕司忧之。忽一吏白曰："多差兵士，以钱镪分俵关厢铺店，赁借楼屋腰檐瓦若干，旬月新瓦到，如数赔还。"郡司从之，殿瓦咄嗟而办。辛幼安在长沙，欲于后圃建楼赏中秋，时已八月初旬矣，吏曰："他皆可办，惟瓦不及。”幼安命先于市上，每家以钱壹百，赁檐瓦二十片，限两日以瓦收钱，于是瓦不可胜用。

二事皆一时权宜，可为事役之法。

周　忱二条

正统中，彩绘宫殿，计用牛胶万余斤，遣官敕江南上供甚急。时巡抚周忱，以议事赴京，遇诸途。敕使请公还治，公曰：“第行，自有处置。”至京言京库所贮牛皮，岁久朽腐，请出煎胶应用，俟归，市皮还库，以新易旧，两得便利。王振欣然从之。

时边事紧急，工部移文，索造盔甲腰刀数百万，其盔俱要水磨。公取所积余米，依数成造，且计水磨明盔，非岁月不可，暂令摆锡，旬日而办。

张　恺

张恺，鄞县人，宣德三年，以监生为江陵令。时征交趾大军过，总督日晡立取火炉及架数百。恺即命木工，以方漆桌锯半脚，凿其中，以铁锅实之。已，又取马槽千余，即取针工各户妇人，以棉布缝成槽，槽口缀以绳，用木桩张其四角，饲马食过便收卷。前路足用，遂以为法。

后周文襄荐为工部主事，督运大得其力，嗟乎！此监生也，用人可以资格限乎？

张　彀

张彀为同州观察判官，是时出兵备边州，征箭十万，限以雕雁羽为之，其价翔踊，不可得。彀曰：“矢，去物也，何羽不可。”节度使曰：“当须省报。”彀曰：“州距京师二千里，如民急何？万一有责，下官任之。”一日之间，价减数倍，尚书省竟如所请。

陶　鲁

陶鲁，字自立，郁林人。年二十，以父成死事，录补广东新会县丞。都御史韩公雍下令索犒军牛百头,限二日具。公令出如山,群僚皆不敢应,鲁逾列任之。三司及同官交责其妄,鲁曰:“不以相累。”乃榜城门云:“一牛酬五十金。”有人以一牛至,即与五十金。明日牛争集,鲁选取百头肥健者,平价与之。曰:“此韩公命也。”如期而献,公大称赏,檄鲁隶麾下,任以兵政。其破籐峡,多赖其力,累迁至方伯。

本商鞅徙木立信之术,兼赵清献增价平籴之智。

边老卒

丁大用征岭南,京军乏食,掠得寇稻,以刀盔为杵舂。边鄙老卒笑其拙,教于高阜择净地坎之如臼然,燃茅锻之令坚实,乃置稻其中,伐木为杵以舂,甚便。

蒺藜棒

韦丹任洪州,值毛鹤叛,仓卒无御敌之器。丹乃造蒺藜棒一千具,并于棒头以铁钉钉之如猬毛。车夫及防援官健各持一具,其棒疾成易办,用与刀剑不殊。

冰　炮

宋真宗时,李允则知沧州,虏围城,城中无炮石,乃凿冰为炮石,虏解去。近时陈规守安州,以泥为炮,城亦终不可下。

猪脬渡淮

太宗以北兵渡淮,时无一苇之楫。有人于囊中取干猪脬十余,内气其中,环没腰间,泅水而南,径夺舟以济。

塞城窦

颜常道曰:某年河水围濮州,城窦失戒,夜发声如雷,须臾巷水没骭上。有献衣袽之法,其要:取绵絮胎,缚作团,大小不一,使善泅卒沿城扪漏,便塞之,水势即弭。众工随兴,城堞无虞。

治 堤

熙宁中,睢阳界中发汴堤淤田。汴水暴至,堤防颇坏陷,人力不可制。时都水丞侯叔献莅役相视。其上数十里,有一古城,急发汴堤,注水入古城中,上流遂涸,使人亟治堤陷。次日,古城中水盈,汴流复行,而堤陷已完矣。徐塞古城所决,内外之水平而不流,瞬息可塞,众皆伏其机敏。

窖 石

陕西因洪水,下大石塞山涧中,水遂横流为害。石之大,有如屋者,人力不能去,州县患之。雷简夫为县令,乃令人各于石下穿一穴,度如石大,挽石入穴,窖之,水患遂息。

筑 垣

陆光祖初授浚县令。庚戌,贺阑入塞,大司马赵锦,议役三辅民筑垣以备,陆持不可。司马怒,以挠军兴劾之,陆屹不动。已复言于直指,谓必役本地民,莫若出钱与边民,如雇役法。直指上其议,竟得请,三辅乃安。

曹 操

魏武帝行役,失汲道,军皆渴。乃令曰:“前有大梅林,饶子,甘酸可以解渴。”士卒闻之,口皆出水,乘此得及前源。

孙 权

濡须之战,孙权与曹操相持月余。权尝乘大船来观公军,公军弓弩乱发,箭着船旁,船偏重。权乃令回船,更一面以受箭,箭均船平。

书城壁

金主亮性多忌。刘锜在扬州,命尽焚城外居屋,用石灰尽白城壁。书曰:“完颜亮死于此。”亮见而恶之,遂居龟山,人众不可容,以是生变。

韩 琦

英宗即位数日,挂服柩前,哀未发而疾暴作,大呼,左右皆走,大臣骇愕痴立,莫知所措。琦投杖直趋至前抱入帘,以授内人曰:“须用心照管。”仍戒当时见者曰:“今日事惟众人见,外人未有知者。”复就位哭,处之若无事然。

榆木川二条

榆木川之变,杨荣、金幼孜入御幄密议,以六师在外,离京尚远,乃秘不发丧。亟命工部官括行在及军中锡器,召匠人销制为椑,敛而锢之,杀匠以灭口。命光禄官进膳如常仪,号令加肃,比入境,寂无觉者。

梓宫至开平,皇太子即遣皇太孙往迎。濒行启曰:“有封章白事,非印识无以防伪。”时行急不及制,侍从杨士奇请以大行皇帝,初授东宫图书,权付太孙,归即纳上。皇太子从之,复谓士奇曰:“汝言虽出权宜,亦事几之会,昔大行临御,诸位久虚,浮议喧腾,吾令就以付之,浮议何由兴也?”

邵泽民

靖康之变,金人尽欲得京城宗室。有献计者,谓宗正寺玉牒有籍可据,虏酋立命取牒。须臾,持至南薰门亭子,会北使以事暂还,此夜惟监交官物数人在焉。户部邵泽民溥亦其一也。遽索视之,每揭二三版,则掣取一版投火炉中,叹曰:“力不能遍及也。”通籍中被爇者十二三。俄顷,虏使至,吏举籍授之,遂按籍以取。凡京城宗室获免者,皆泽民之力。

昔裴谞为史思明所得,伪授御史中丞。时思明残杀宗室,谞阴缓之,全活者数十百人。乃知随地而作方便者,皆有益于国家。视死抄忠孝旧本子者,不知孰愈!

盛文肃

盛文肃在翰苑日，昭陵尝召入，面谕："近日亢旱，祷而不应，朕当痛自咎责，诏求民间疾苦，卿只就此草诏，庶几可以商量，不欲进本往复也。"文肃奏曰："臣体肥，不能伏地作字，乞赐一平面子。"上从之，逮传旨下有司而平面子至，则诏已成矣。上嘉其敏速，更不易一字。或曰："文肃属文思迟，乞平面子，盖亦善用其短也。"反迟为速，妙。

卷十八

捷智部敏悟

剪彩成花，青阳笑之。人工则劳，大巧自如。不卜不筮，匪虑匪思。集"敏悟"。

司马遹

晋惠帝太子遹，自幼聪慧。宫中尝夜失火，武帝登楼望之，太子乃牵帝衣入暗中。帝问其故，对曰："暮夜仓卒，宜备非常，不可令照见人主。"时遹才五岁耳，帝大奇之。尝从帝观豕牢，言于帝曰："豕甚肥，何不杀以养士，而令坐费五谷？"帝抚其背曰："是儿当兴吾家。"后竟以贾后谗废死，谥愍怀。吁！真可愍可怀也。

此大智识人，何以不禄？噫！斯人而禄也，司马氏必昌，而天道僭矣。遹谥愍怀，而继惠世者，一怀一愍，马遂革而为牛，天之巧于示应乎？

李德裕

李德裕神俊，父吉甫每向同列夸之。武相元衡召谓曰："吾子在家所读何书？"意欲探其志也，德裕不应。翌日，元衡具告吉甫，吉甫归责之。德裕曰："武公身为帝弼，不问理国调阴阳，而问所读书。书者，成均礼部之职也。其言不当，是以不应。"吉甫复告，元衡大惭。

便知是公辅之器。

洪　钟

崇仁洪钟，生四岁，随父朝京，以训导考满之京。舟中朝京与客弈，钟在旁，谛观久之，悟其形势，导父累胜。比至临清，见牌坊大字题额，索笔书之，遂得字体。至京师，遂设肆鬻字，京师异为神童。宪宗闻之，召见命书，即地连画数字。又为书"圣寿无疆"四字，钟握笔久之不动。上曰:“汝容有不识者乎?”钟叩头曰:“臣非不识字,第为此字不敢于地上书耳。”上嘉其言,即命内侍舁几,复以蹋凳立其上,书之,一挥而就。上喜,命翰林给廪读书。其父升国子助教,以便其子。

按:钟弘治庚戌年十八登进士,策授中书,不幸婴疾,未三十而夭,岂释氏所谓修慧未修福者耶?

高　定

高定年七岁,读《尚书》至《汤誓》,问父郢曰:“奈何以臣伐君?”父曰:“应天顺人。”定曰:“用命赏于祖,不用命戮于社,岂是顺人?”父不能答。

夷齐争之千年,高童决之一语。彼獐鹿、松槐之对,徒齿牙得利,不足道矣。〇贾嘉隐七岁,以神童召见,时长孙无忌、徐勣于朝堂立语。徐戏之曰:“吾所倚何树?”曰:“松树。”徐曰:“此槐也,何言松?”贾曰:“以公配木,何得非松。”长孙亦如徐问之,答曰:“槐树。”长孙曰:“不能复矫对耶?”曰:“木傍加鬼,何烦矫对?”王雱数岁时,客有以一獐一鹿同器以献荆公者,问雱何者是鹿,何者是獐。雱实未辨,乃熟视曰:“獐边者是鹿,鹿边者是獐。”客大奇之。

杜　镐

杜镐侍郎兄,仕江南为法官,尝有子毁父画像,为近亲所证者。兄疑其法未能决,形于颜色。镐尚幼,问知其故。辄曰:“僧道毁天尊佛像,可以比也。”兄甚奇之。

文彦博　司马光

彦博幼时,与群儿戏,击球,球入柱穴中,不能取。公以水灌之,球浮出。

司马光幼与群儿戏,一儿误堕大水瓮中,已没。群儿惊走,公取石破瓮,儿遂得免。

二公应变之才,济人之术,已露一斑,孰谓小时了了者,大定不佳耶？

王戎

王戎年七岁时，尝与诸小儿游，瞩见道傍李树，有子扳折，诸小儿竞走之，唯戎不动。人问之，答曰："树在道傍而多子，此必苦李。"试之果然。

许衡少时，尝暑中过河阳，其道有梨，众争取啖之，衡独危坐树下自若。或问之，曰："非其有而取之不可。"曰："人亡世乱，此无主矣。"衡曰："梨无主，吾心独无主乎？"真道学。合二事观，戎为智，衡为义，皆神童也。

曹冲

曹冲，字仓野。自幼聪慧。孙权尝致巨象于曹公，公欲知其斤重，以访群下，莫能得策。冲曰："置象大船之上，而刻其水痕所至，称物以载之，一较可知矣。"冲时仅五六岁，公大奇之。

张甯

张甯知处州时，有人欲造大舟，不能计其所费，问之。甯云："可造一小舟，以寸分尺，便可计算。"

戴颙

自汉世始有佛像，形制未工。宋世子铸丈六铜像，立瓦官寺，既成，恨面瘦，工人不能改也。戴颙字仲若。视之，曰："非面瘦，乃臂胛肥耳。"为减臂胛，遂不觉瘦。

用侈便觉财匮，官贪便觉民贫，将侈便觉敌强。举隅善反，所通者大。

杨佐

陵州有盐井深五十丈，皆石作底，用柏木为干，上出井口，垂绠而下，方能得水。岁久，干摧败，欲易之，而阴气腾上，入者辄死。唯天雨则气随以下，稍能施工，晴则亟止。佐官陵州，教工人用木盘贮水，穴隙洒之，如雨滴然，谓之水盘。如是累月，井干一新，利复其旧。

尹见心

尹见心为知县时，县近河，河中有一树，从水中生，有年矣，屡屡坏人舟。见心命去之，民曰："根在水中甚固，不得去。"见心遣能入水者一人，往量其长短若干。为一杉木大桶，较木稍长，空其两头，从树杪穿下，打入水中。因以巨瓢尽涸其水，使人入而锯之，木遂断。

怀　丙

宋河中府浮梁，用铁牛八维之，一牛且数万斤。治平中，水暴涨绝梁，牵牛没于河。募能出之者。真定僧怀丙，以二大舟实土，夹牛维之，用大木为权衡状钩牛。徐去其土，舟浮牛出。转运使张焘以闻，赐之紫衣。

功德碑

成祖勒高皇帝功德碑于钟山，碑既巨丽非常，而龟趺太高，无策致之。一日，梦有神人告之曰："欲竖此碑，当令龟不见人，人不见龟。"既寤，思而得之，遂令人筑土与龟背平，而辇碑其上。既定而去土，遂不劳力而毕。

修龙船腹

宋初，两浙献龙船，长二十余丈，上为宫室层楼，设御榻以备游幸。岁久腹败，欲修治而水中不可施工。熙宁中，宦官黄怀信献计，于金明池北凿大澳，可容龙船，其下置柱，以大木梁其上。乃决汴水入澳，引船当梁上，即车入澳中水。完补讫，复以水浮船，撤去梁柱，以大屋蒙之，遂为藏船之室，永无暴露之患。

苏郡葑门外，有灭渡桥，相传水势湍急，工屡不就。有人献策，度地于田中筑基建之。既成，浚为河道，水由桥下，而塞其故处，人遂通行，故曰："灭渡"。此桥巨丽坚久，至今伟观。或云鲁班现身也,事与修船相似。

虞世基

隋炀幸广陵,既开渠,而舟至宁陵界,每阻水浅。以问虞世基,答曰:“请为铁脚木鹅,长一丈二尺,上流放下,如木鹅住,即是浅处。”帝依其言验之,自雍丘至灌口,得一百二十九处。

周之屏

周之屏在南粤时,江陵欲行丈量,有司以傜僮田不可问,比入觐,藩臬郡邑合言于朝。江陵厉声曰:“只管丈。”周悟其意,揖而出。众尚嗫嚅,江陵笑曰:“去者,解事人也。”众出以问云何,曰:“相君方欲一法度以齐天下,肯明言有田不可丈耶？申缩当在吾辈。”众方豁然。

杜琼　谯周

汉末杜琼字伯瑜。尝言:“古名官职,无言曹者,始自汉以来,官尽言曹,吏言属曹,卒言侍曹,此殆天意乎。”谯周因曰:“灵帝名二子曰史侯、董侯,后即帝,皆免为侯,亦此类矣。然则先帝讳备,备者,具也。后主讳禅,禅者,授也。言刘已具矣,当授他人也。”又言:“曹者,众也。魏者,大也。众而大,天下其当会也。具而授,其无后矣。”及蜀亡,竟神其语。周曰:“由杜君之词广之,非有独至之异也。”咸熙二年,周书板曰:“典午忽兮,月酉没兮。”典午,谓司马。月酉,八月也。至八月而晋文帝崩。

梁武帝

台城陷,武帝语人曰:“侯景必为帝,但不久耳。破侯景字,乃成‘小人百日天子’。”景篡位,果百日而亡。

熊　火

绍兴己酉,有熊至永嘉城下。州守高世则谓其倅赵允鍣曰:“熊,于字为‘能火’,郡中宜慎火烛。”后数日,果烧官民舍十七八。弘治十年六月,京师西直门有熊入城,兵部郎中何孟春亦以慎火为言。未几,礼部火。又未几,乾清宫毁焉。

柏人 牛口

汉高祖过柏人,欲宿,心动,询其地名曰“柏人”。柏人者,迫于人也,不宿而去。已而,闻贯高之谋。汉高祖昔尝不加礼于赵王,故贯高等欲杀之。

窦建德救王世充,悉兵至牛口,李世民喜曰:“豆入牛口,必无全理。”遂一战擒之。

后汉岑彭伐蜀,至彭亡,遇刺客而死。唐马燧讨李怀光,引兵下营,问其地,曰:“埋光村。”喜曰:“擒贼必矣。”果然。辽主德光寇晋,回至“杀胡林”而亡。宋吴璘与金人战,大败于兴州之“杀金坪”。弘治中,广西马参议玹,与都司马某,征傜至“双倒马关”,皆为贼所杀。宁王反,兵败于安庆,舟泊“黄石矶”,问左右此地何名,左右以对。江西人呼黄如王音,濠叹曰:“我固应失机于此。”无何就擒。谶其可尽忽乎?文皇兵至怀来城,毁五虎桥而进。又如狼山、土墓、猪窝等城,俱不驻营,恶其名也。〇弘治乙丑,昆山顾鼎臣为状元,尹阁老值家居,谓人曰:“此名未善。”盖臣与成声相似,鼎成龙驾,名犯嫌讳,至五月果验,人谓尹之言,亦有本也。景泰辛未状元乃柯潜,时人云:柯与哥同音。未几英庙还自北,退居南宫,固哥潜之谶。

曹 翰

曹翰从征幽州,方攻城,卒掘土得蟹以献。翰曰:“蟹水物而陆居,失所也,且多足,彼援将至,不可进拔之象。况蟹者解也,其班师乎。”已而果然。

郑钦说

钦说天性敏慧,精历术。开元后,累官右补阙内供奉。初,梁之大同四年,太常任昉于钟山圹中得铭曰:“龟言土,蓍言水。甸服黄钟起灵址。瘗在三上庚,堕遇七中己,六千三百浃辰交,二九重三四百圮。”昉遍穷之莫能辨,因遗戒子孙曰:“世世以铭访通人,有得其解者,吾死无恨。”昉五世孙升之,隐居商洛,写以授钦说。钦说时出使,得之于长乐驿,至敷水三十里,辄悟曰:“此卜宅搜葬之岁月,而先识墓圮日辰也。甸服五百也,黄钟十二也,由大同四年,却求汉建武四年,凡五百一十二年。葬以三月十日庚寅,三上庚也。圮以七月十二日己巳,七中己也。浃辰,十二也,建武四年三月,至大同四年七月,六千三百一十二月,月一交,故曰六千三百浃辰交。二九,十八也,重三,六也,建武四年三月十日,距大同四年七月十二日,十八万六千四百日,故曰二九重三四百圮。”升之大惊,服其超悟。

杨德祖四条

杨修为魏武主簿时,作相国门,始构榱桷,魏武自出看,题门作“活”字便去。杨修急令坏之,曰:“门中活,阔字,王正嫌门大也。”

人饷魏武一杯酪,魏武啖少许,盖头上题“合”字以示众。众莫能解,次至杨修,修便啖之曰:“公教人啖一口也,复何疑?”

魏武尝过曹娥碑下,杨修从。碑背上见题作“黄绢幼妇,外孙齑臼”八字。魏武谓修曰:“解否?”答曰:“解。”魏武曰:“卿未可言,俟我思之。”行三十里,魏武乃曰:“吾已得。”令修别记所知。修曰:“黄绢,色丝,于字为绝。幼妇,少女,于字为妙。外孙,女之子也,于字为好。齑臼,受五辛之器,于字为辞。所谓‘绝妙好辞’也。”魏武亦记之,与修同。叹曰:“吾才去卿乃三十里。”

操既平汉中,欲讨刘备而不得进,欲守又难为功,护军不知进止。操出教,唯曰“鸡肋”。处曹莫能晓,杨修曰:“夫鸡肋,食之则无所得,弃之则殊可惜,公归计决矣。”乃私语营中戎装,俄,操果班师。

德祖聪颖太露,为操所忌,其能免乎?晋、宋人主,多与臣下争胜诗字,故鲍照多累句,僧虔用拙笔,皆以避祸也。

刘显　东方朔

梁时有沙门讼田,武帝大署曰“贞”。有司未辨,遍问莫知。刘显曰:“贞字文为‘与上人’。”

武帝尝以隐语召东方朔,时上林献枣,帝以杖击未央前殿曰:“叱叱,先生束束。”朔至曰:“上林献枣四十九枚乎?”朔见上以杖击槛,两木为林,上林也;束束,枣也;叱叱,四十九也。

开元寺沙弥

乾符末,有客寓广陵开元寺,不为僧所礼,题门而去。题云:“龛龙去东涯,时日隐西斜。敬文今不在,碎石入流沙。”僧众皆不解,有沙弥知为谤语,是“合寺苟卒”四字。

令狐绹

令狐绹镇淮海日,尝游大明寺,见西壁题云:“一人堂堂,二曜同光。泉深尺一,点去冰傍。二人相连,不欠一边。三梁四柱烈火燃,除去双钩两日全。”诸宾幕莫辨,有支使班蒙,一见知是“大明寺水,天下无比”八字。

丁晋公

广州押衙崔庆成抵皇华驿,夜见美人,盖鬼也。掷书云:“川中狗,百姓眼,马扑儿,御厨饭。”庆成不解,述于丁晋公。丁解云:“川中狗,蜀犬也。百姓眼,民目也。马扑儿,瓜子也,御厨饭,官食也。乃‘獨眠孤馆’四字。”

相国寺诗

荆公柄国时,有人题相国寺壁云:“终岁荒芜湖浦焦,贫女戴笠落柘条,阿依去家京洛遥,惊心寇盗来攻剽。”人皆以为夫出妇忧乱荒也。及荆公罢相,子瞻召还,诸公饮苏寺中,以此诗问之。苏曰:“于贫女句,可以得其人矣。终岁十二月也,十二月为青字;荒芜田有草也,草田为苗字;湖浦焦,水去也,水傍去为法字。女戴笠为安字;柘落木为石字。阿依乃吴言,合之为误字;去家京洛为国字。寇盗攻剽为贼民。盖隐‘青苗法,安石误国贼民’也。”

李彪

后魏孝文尝宴群臣,举卮言曰:“三三横,两两纵,谁能辨之赐金钟。”御史中尉李彪曰:“沽酒老妪瓮注坻,屠儿割肉与称同。”尚书左丞甄琛曰:“吴人浮水自云工,技儿掷袖在虚空。”彭城王勰悟曰:“此‘习’字也。”孝文即以金钟赐彪。

刘瑊

辛未会试,江阴袁舜臣作谜诗于灯上云:“六经蕴藉胸中久,一剑十年磨在手。杏花头上一枝横,恐泄天机莫露口。一点累累大如斗,掩却半床何所有。完名直待挂冠归,本来面目君知否。”诸人不辨,惟刘瑊一见知之,乃“辛未状元”四字。瑊,辛未榜眼,吴人也。

木马谜

秦少游为谜难坡公云:“我有一间房,半间租与转轮王。有时射出一线光,天下邪魔不敢当。”坡公应声曰:“我有一张琴,琴弦藏在腹。冯君马上弹,弹尽天下曲。”小妹曰:“我有一只船,一人摇橹一人牵。去时牵缆去,来时摇橹还。”三谜皆指木马,而后二谜更胜。

拆字谢石等四条

谢石润夫,成都人,宣和间至京师,以拆字言人祸福。求相者但随意书一字,即就其字离析而言,无不奇中,名闻九重。上皇因书一“朝”字,令中贵人前往试之。石见字,即端视中贵人曰:“此非观察所书也。”中贵人愕然,曰:“但据字言之。”石以手加额曰:“朝字离之,为十月十日字。非此月此日所生之天人,当谁书也?”一座尽惊。中贵驰奏。翌日,召至后苑,命左右及宫嫔书字示之,论说俱有精意,锡赉甚厚,补承信郎。缘此四方求相者,其门如市。有朝士,其室怀娠过月,手书一“也”字,令其夫持问。是日座客甚众,石详视,谓朝士曰:“此闺内所书否?”曰:“何以言之?”石曰:“谓语助者,焉哉乎也,故知是公内助所书。”问:“盛年三十一否?”曰:“是也。”“以也字,上为三十，下为一字也。”“然吾官人寄此，当力谋迁动，还可得否？”曰：“正为以此挠耳。盖也字，着水则为池，有马则为驰。今池运则无水，陆驰则无马，是安可动也？又尊阃父母兄弟，近身亲人，皆当无一存者，以也字着人，则为他字。今独见也字，而不见人，故也。又尊阃其家物产，亦当荡尽否？以也字着土，则为地字。今不见土，只见也，俱是否？”曰：“诚然所言，然此皆非所问者。贱室忧怀娠过月，所以问耳。”石曰：“是必十三个月也，或三十一，或十三，数而参之以理。以也字中有十字，并两旁二竖下一画，为十三也。”石熟视朝士曰：“有一事似涉奇怪，故欲不言，则吾官所问，正决此事，可尽言否？”朝士因请其说。石曰：“也字着虫为虵字，令尊阃所娠，殆虵妖也。然不见虫，则不能为害，谢石亦有薄术，可为吾官以药下验之，无苦也。”朝士异其说，固请至家，以药投之，果下数百小蛇。都人益共神之，而不知其竟挟何术。

后石拆“春”字，谓秦头太重，压日无光，忤相桧，死于戍。

建炎间术者周生善相字，车驾至杭，时虏骑惊扰之余，人心危疑。执政呼周生，偶书“杭”字示之。周曰：“惧有警报。”乃拆其字，以右边一点配木上，即为“兀术”。不旬日，果传兀术南侵。当赵、秦庙谟不协，各欲引退，二公各书“退”字示之，周曰：“赵必去，秦必留，日者君象，赵书退字，人去日远。秦书人字，密附日下，字在左笔下连，而人字左笔斜贯之，踪迹固矣，欲退得乎？”既而皆验。往年有叩试事者，书“串”字。术者曰：“不特乡闱得售，南宫亦应高捷。盖以串寓二中字也。”一生在旁，乃亦书“串”字令观，术者曰：“君不独不与宾兴，更当疾。”询其所以，曰：“彼以无心书，故当如字，君以有心书，串下加心，乃患字耳。”已而果然。

相传文皇在燕邸时，尝微行，诣一相字者，写“帛”字令看。其人即跪拜称死罪，王惊问故，对曰：“皇头帝脚，必非常人也。”后有人亦书“帛”字，其人曰：“是为白巾，君必遭丧。”

苏黄迁谪

苏子瞻谪儋州，以儋字与瞻字相近也。子由谪雷州，以雷字下有田字也。黄鲁直谪宜州,以宜字类直字也。此章子厚谐谑之意。当时有术士曰:"儋字从立人,子瞻其尚能北归乎。雷字雨在田上,承天之泽也,子由其未艾乎。宜字有盖棺之义,鲁直其不返乎。"后子瞻归,至毗陵而卒,子由老于颍,十余年乃终,鲁直竟没于宜。

子　犯

城濮之役,晋文公梦与楚子搏,楚子伏己而盬其脑,是以惧,子犯曰:"吉。我得天,楚伏其罪,我且柔之矣。"

刘伯温

高祖方欲刑人,刘伯温适入,亟语之梦,以头有血,而土傅之,不祥,欲以应之。公曰:"头上血,众字也。傅以土,得众且得土也,应在三日。"上为停三日而待之,而海宁降。

董伽罗

通海节度使段思平,为杨氏所忌,逃之,剖野核桃有文,曰"青昔"。思平析之曰:"青乃十二月,昔乃二十一日,吾当以是日举义。"遂借兵东方。及河欲渡,思平夜梦人斩其首,又梦玉瓶耳缺,又梦镜破,惧不敢进。其军官董伽罗曰:"三梦皆吉也。公为大夫,夫去首为天,天子兆也。玉瓶去耳为王。镜中有影,如人相敌,镜破影灭,无对矣。"思平乃决,遂逐杨氏而有其国,改号曰大理。

小说载:秦王梦日落山崩,海干花谢,群臣莫能解者。甘罗年十二,进曰:"日落帝星现,山崩地太平,海干龙献宝,花谢子收成。"事虽不经,亦云善对。

河水干

宋王有疾,夜梦河水干,忧形于色。以为君者龙也,河无水,龙失其居,不祥。值宰辅问疾,以此询之,或曰:"河无水乃可字,陛下之疾当可矣。"帝欣然,未几疾愈。

王昙哲等三条

北齐文宣将受禅，梦人以笔点额。王昙哲贺曰："王上加点，乃主字，位当进矣。"吴袆《国统志》载：熊循占吴大帝之梦，同此。

隋文帝未贵时，尝夜泊江中，梦无左手，觉甚恶之。及登岸，诣一草庵，中有一老僧，道极高，具以梦告之。僧起贺曰："无左手着独拳也，当为天子。"后帝兴，建此庵为吉祥寺。

唐太宗与刘文靖首谋之夜，高祖梦堕床下，见遍身为虫蛆所食，甚恶之。询于安乐寺智满禅师，师曰："公得天下矣，床下者，陛下也；群蛆食者，所谓群生共仰一人活耳。"高祖如其言。

先进场

昔一士子，将赴试，梦先进场，觉而语妻，喜曰："今秋必魁多士矣。"妻曰："非也，子不忆《鲁论·先进》第十一乎？"后果名在十一。

曹良史

河东裴元质，初举进士，明朝唱策，夜梦一狗从窦出，挽弓射之，其箭遂撇，以为不祥。曹良史曰："吾往唱策之夜，亦为此梦，梦神为吾解之曰：'狗苟者，第字头也，弓，第字身也。箭者，第字竖也。有撇，为第也。'"寻唱第，果如梦焉。

占状元二条

孙龙光，状元及第前一年，尝梦积木数百，龙光践履往复，既而请一李处士圆之。处士曰："贺郎君喜，来年必是状元，何者，已居众材之上。"

郭俊应举时，梦见一老僧着屐，于卧榻上蹒跚而行。既寤，甚恶之，占者曰："老僧，上座也，着屐于卧榻上行，屐高也，君其巍峨矣。"及见榜，乃状元也。

剃髭　剃发

宋李迪美髯须，御试日，梦剃削俱尽，占者曰："剃者，替也，解元是刘滋,今替滋矣。”果状元及第。

曹确判度支,亦有台辅之望,或梦剃发为僧,心甚恶之。有一士善占梦,确召而询之,此士曰:“前贺侍郎,旦夕必登庸,出家者,剃度也,度、杜同音,必代杜为相矣。”无何,杜相出镇江西,而确大拜。

舌生毛

马亮知江陵府,任满当代,梦舌上生毛,僧占曰:“舌上生毛剃替不得,当再任。”果然。

季　毅

王濬梦悬三刀于梁上,须臾又益一刀。季毅曰:“三刀为州,又益者,明府其临益州乎。”果迁益州刺史。

郭乔卿

后汉蔡茂家居,梦取得一束禾,又复失之。郭乔卿曰:“禾失为秩,君必膺禄秩矣。”旬日内,征为司徒。

李仙药二条

给事陈安平子,年满赴选,与乡人李仙药卧,夜梦十一月养蚕。仙药占曰:“十一月养蚕,冬丝也,君必送东司。”数日,果送吏部。

饶阳李瞿昙勋,官番满选,夜梦一母猪极大,李仙药占曰:“母猪豘主也,君必得屯主。”数日,果如其言。

杨廷式

伪吴毛贞辅,累为邑宰,应选之广陵。梦吞日,既寐,腹犹热。以问侍御史杨廷式,杨曰:“此梦至大,非君所能当,若以君言,当得赤坞场官也。”果如其言。

索　统

晋索充梦舅脱去上衣,索统占曰:“舅字去其上,乃男字也,当生男。"又张邈常奉使,梦狼啖一脚,索统曰:"脚肉被啖为却字,子必不行。"后二占俱验。又宋捅梦内有人着赤衣,捅把两杖极打之。统曰:"内有人,肉字,朱衣赤色,乃干肉也,两杖象箸,极打之,必饱食。"亦验。

周　宣

魏周宣善占梦,有人梦刍狗,询之,宣曰:"当得美食。"已验矣,其人往,复谬曰:"吾夜来复梦刍狗。"宣曰:"宜防倾蹶。"未几因堕车损足。其人怪之,复谬云:"夜来又梦刍狗。"宣曰:"慎防失火。"俄而家中火起。乃诣宣问曰:"吾梦刍狗,三占不同,而皆验何也?"宣曰:"刍狗祭物,故始梦当得食。祭讫,则车轹之矣,故堕车伤足也。既经车轹,必且入樵炊,故虞失火。"其人曰:"吾前实梦,后二次妄言耳。"宣曰:"吉凶悔吝生乎动,汝意既动,与真梦同,是以占之皆验。"

顾　琮

顾琮为补阙,尝有罪系诏狱,当伏法,琮忧愁,坐而假寐,忽梦见其母下体,琮谓不详之甚,愈惧形于颜色。时有善解者贺曰:"子其免乎,太夫人下体,是足下生路也。重见生路,何吉如之?"明日,门下侍郎薛稷奏刑失人,竟得免,琮后至宰相。

苻　坚

苻坚将欲南伐,梦满城出菜,又地东南倾。其占曰:"菜多难为酱,东南倾,江左不得平也。"

张　猷

右丞卢藏用、中书令崔湜,坐太平党,被流岭南,至荆州,湜一夜梦讲坐下听法而照镜,占梦,张猷谓卢右丞曰:"崔令公乃大恶,梦坐下听讲,法从上来也,镜字金旁竟,其竟于今日乎?"得敕,令湜自尽。

卫中行

卫中行为中书舍人时,有故旧子弟赴选,投卫论嘱,卫欣然许之。

驳榜将出，其人忽梦乘驴渡水，蹶渡水中，登岸而靴不沾湿。选人与秘书郎韩众有旧，访之。韩被酒半戏曰："公今年选事不谐矣，据梦，卫生相负，足下不沾。"及榜出，果驳放。

王 戎

王戎梦有人以七枚椹子与之，著衣襟中，既觉，得之，占曰："椹，桑子。"自后大小男女凡七丧。

梦椹化丧，明用甚雅。

曾 进

江西曾进，当大比之秋，梦抱一小儿，忽见此儿右边又生一耳，少顷，见此儿无两手，以为不祥，语其兄。其兄曰："又添一耳，耳与又，乃'取'字。小儿，子也，子无两手，乃了字，尔已取了。"已而果然。

挂 冰

韩皋素与李锜不协，锜一日梦万岁楼上挂冰，因自解曰："冰者，寒也；楼者，高也。岂韩皋来代我乎？"意甚恶之，皋果移镇浙右。

筮 疾

有人父官刺史，得书云有疾，是人诣赵辅和馆，别托相知者筮，遇泰。筮者云："甚吉。"是人出后，辅和语筮者云："泰，乾下坤上，则父已入土矣，岂得言吉？"果凶问至。顾士群母病，筮得归妹之随，或以为男女有家之卦，必无恙。郭璞曰："归妹，女之终也，兑主秋，至立秋日终矣。"果然。

占兄弟 占子

成化甲午江西会试，揭晓之期，泰和尹公直在京，命卜者占弟嘉言中否，得明夷卦，内离外坤，三爻五爻发，二爻皆兄弟，占者以书云："兄弟雷同难上榜。"嗫嚅不敢对，公曰："三为白虎，五为青龙，龙虎榜动，有中之兆。兄弟发者，以兄问弟，弟当动而来矣。"不数日，喜报果至。

有父占子病者，卦得“父母当头克子孙”凶象，而子孙爻又不上卦。占者断其必死，父泣而归。途遇一友，问得其故，友曰：“父母当头克子孙，使子孙上卦，则受克矣。今之生机，全在不上卦，譬如父持大杖欲击子，不相值则已耳，郎君必无恙。”未几果愈。

语智部总序

冯子曰：智非语也，语智非智也。喋喋者必穷，期期者有庸，丈夫何必有口哉？固也，抑有异焉。两舌相战，理者必伸；两理相质，辨者先售。子房以之师，仲连以之高，庄生以之旷达，仪衍以之富贵，端木子以之列于四科，孟氏以之承三圣。故一言而或重于九鼎，单说而或强于十万师，片纸书而或贤于十部从事。口舌之权，顾不重与？谈言微中，足以解纷。言之无文，行之不远。君子一言以为智，一言以为不智。智泽于内，言溢于外。诗曰："惟其有之，是以似之。"此之谓也。

卷十九

语智部辩才

侨童有辞，郑国赖焉。聊城一矢，名高鲁连。排难解纷，辩哉仙仙。百尔君子，毋易繇言。集“辩才”。

子 贡二条

吴征会于诸侯，卫侯后至，吴人藩卫侯之舍。子贡说太宰嚭曰：“卫君之来，必谋于其众，其众或欲或否，是以缓来。其欲来者，子之党也；其不欲来者，子之仇也。若执卫侯，是堕党而崇仇也。”嚭说，乃舍卫君。

田常欲作乱于齐，惮高国鲍晏，故移其兵，欲以伐鲁。孔子闻之，谓门弟子曰：“夫鲁，坟墓所处，二三子何为莫出？”子路请出，孔子止之。子张、子石请行，孔子弗许。子贡请，孔子许之。遂行至齐，说田常曰：“君之伐鲁，过矣。夫鲁，难伐之国，其城薄以卑，其地狭以泄，其君愚而不仁，大臣伪而无用，其士民又恶甲兵之事，此不可与战，君不如伐吴。夫吴，城高以厚，地广以深，甲坚以新，士选以饱，重器精兵，尽在其中。又使明大夫守之，此易伐也。”田常忿然作色曰：“子之所难，人之所易；正是辨端。子之所易，人之所难，而以教常，何也？”子贡曰：“臣闻之，忧在内者攻强，忧在外者攻弱。今君破鲁以广齐，战胜以骄主，破国以尊臣，而君之功不与焉，而交日疏于王。是君上骄主心，下恣群臣，求以成大事难矣。夫上骄则恣，臣骄则争，是君上与主有郤，下与大臣交争也，如此则君之立于齐，危矣，故曰：不如伐吴。伐吴不胜，民人外死，大臣内空，是君上无强臣之敌，下无民人之过，孤主制齐者，唯君也。”田常曰：“善。虽然，吾兵业已加鲁矣，去而之吴，大臣疑我，奈何？”子贡曰：“君按兵无伐，臣请往使吴王，令之救鲁而伐齐，君因以兵迎之。”田常许之，使子贡南见吴王，说曰：“臣闻之，王者不绝世，霸者无强敌，千钧之重，加铢而移。今以万乘之齐而私千乘之鲁,与吴争强,窃为王危之。且夫救鲁显名也,伐齐大利也,以扶泗上诸侯,诛暴齐而服强晋,利莫大焉。名存亡鲁,实困强齐,智者不疑也。"吴王曰:"善。虽然,吾尝与越战,栖之会稽,越王苦身养士,有报我心,子待我伐越而听子。"子贡曰:"越之劲不过鲁,强不过齐,王置齐而伐越,则齐已平鲁矣。且王方以存亡继绝为名,伐小越而畏强齐,非勇也。夫勇者不避难,仁者不穷约,智者不失时,今存越示诸侯以仁,救鲁伐齐,威加晋国,诸侯必相率而朝吴,霸业成矣。且王必恶越,臣请东见越王,令出兵以从,此实空越,名从诸侯以伐也。"吴王大说,乃使子贡之越。越王除道郊迎,身御至舍而问曰:"此蛮夷之国,大夫何以惠然辱而临之?"子贡曰:"今者吾说吴王以救鲁伐齐,其志欲之而畏越,曰:'待我伐越乃可。'如此破越必矣。且夫无报人之志,而令人疑之,拙也;有报人之意,使人知之,殆也;事未发而先闻,危也。三者举事之大患。"勾践顿首再拜曰:"孤尝不料力,乃与吴战,困于会稽,痛入于骨髓,日夜焦唇干舌,徒欲与吴王接踵而死,孤之愿也。"遂问子贡,子贡曰:"吴王为人猛暴,群臣不堪,国家敝于数战,士卒弗息,百姓怨上,太宰嚭用事,顺君之过,以安其私,是残国之治也。今王诚发士卒佐之,以徼其志,重宝以说其心,卑辞以尊其礼,其伐齐必也。彼战不胜,王之福也。战胜必以兵临晋,臣请北见晋君,令共攻之,弱吴必矣。其锐兵尽于齐,重甲困于晋,而王制其敝,此灭吴必矣。"越王大说,许诺。送子贡金百镒、剑一、良矛二,子贡不受,遂行。报吴王曰:"臣敬以大王之言告越王,越王大恐曰:'孤不幸,少失先人,内不自量,抵罪于吴,军败身辱,栖于会稽,国为虚莽,赖大王之赐,使得奉俎豆而修祭祀,死不敢忘,何谋之敢虑?'"后五日,越使大夫种顿首言于吴王曰:"东海役臣孤勾践使者臣种,敢修下吏,问于左右。今窃闻大王将兴大义,诛强救弱,困暴齐而抚周室,请悉起境内士卒三千人,孤请自披坚执锐,以先受矢石。因越贱臣种,奉先人藏器甲二十领、屈卢之矛、步光之剑,以贺军吏。"吴王大说,以告子贡曰:"越王欲身从寡人伐齐,可乎?"子贡曰:"不可,夫空人之国,悉人之众,又从其君,不义。君受其币,许其师而辞其君。"吴王许诺,乃谢越王。于是吴王遂发九郡兵伐齐,子贡因去之晋,谓晋君曰:"臣闻之，虑不先定，不可以应卒，兵不先办，不可胜敌。今夫吴与齐将战，彼战而不胜，越乱之必矣。与齐战而胜，必以其兵临晋。”晋君大恐曰：“为之奈何？”子贡曰：“修兵休卒以待之。”晋君许诺。子贡去而之鲁，吴王果与齐人战于艾陵，大破齐师，获七将军之兵而不归，果以兵临晋，与晋人遇于黄池之上。吴晋争强，晋人击之，大败吴师。越王闻之，涉江袭吴，去城七里而军。吴王闻之，去晋而归，与越战于五湖，三战不胜，城门不守，越遂围王宫，杀夫差而戮其相。破吴三年，东向而霸。故子贡一出，存鲁、乱齐、破吴、强晋而霸越。十年之中，五国各有变。

直是纵横之祖，全不是圣贤门风。

鲁仲连

秦围赵邯郸，诸侯莫敢先救。魏王使客将军辛垣衍间入邯郸，欲与赵尊秦为帝。鲁仲连适在赵，闻之，见平原君胜，胜为介绍而见之于辛垣衍。鲁连见辛垣衍而无言，辛垣衍曰：“吾视居此围城之中者，皆有求于平原君者也。今观先生之玉貌，非有求于平原君者，曷为久居此围城之中而不去也？”鲁连曰：“秦，弃礼义、上首功之国也。权使其士，虏使其民，彼肆然而为帝，则连有赴东海而死耳，不忍为之民也。所为见将军者，欲以助赵也。”辛垣衍曰：“助之奈何？”鲁连曰：“吾将使梁及燕助之，齐楚固助之矣。”辛垣衍曰：“燕，吾不知。若梁，则吾乃梁人也。先生恶能使梁助之耶？”鲁连曰：“梁未睹秦称帝之害故也，使睹秦称帝之害，则必助赵矣。”辛垣衍曰：“秦称帝之害奈何？”鲁连曰：“昔齐威王尝为仁义矣，率天下诸侯而朝周，周贫且微，诸侯莫朝，而齐独朝之。居岁余，周烈王崩，诸侯皆到，齐后往。周怒，赴于齐曰：‘天崩地坼，天子下席，东藩之臣，田婴齐后，至则斩之。’威王勃然怒曰：‘叱嗟，而母婢也。’卒为天下笑，故生则朝周，死则叱之，诚不忍其求也，彼天子固然，其无足怪。”辛垣衍曰：“先生独未见夫仆乎？十人而从一人者，宁力不胜，智不若耶？畏之也。”鲁连曰：“梁之比于秦若仆耶？”激之。辛垣衍曰：“然。”鲁连曰：“然则吾将使秦王烹醢梁王。”重激之。辛垣衍怏然不悦曰：“嘻！亦太甚矣，先生又恶能使秦王烹醢梁王!”鲁连曰:“固也,待吾言之。昔者,鬼侯、鄂侯、文王,纣之三公也。鬼侯有子而好,故以入之于纣,纣以为恶,醢鬼侯。鄂侯争之急,辩之疾,并脯鄂侯。文王闻而叹息,拘于羑里之库,百日而令之死。曷为与人俱称帝王,卒就脯醢之地也?齐湣王将之鲁,夷维子执策而从,谓鲁人曰:‘子将何以待吾君?’鲁人曰:‘吾将以十太牢待子之君。’夷维子曰:‘吾君天子也,天子巡狩,诸侯避舍,纳筦键,摄衽抱几,视膳于堂下,天子已食,退而听朝也。’鲁人投其钥,不果纳。将之薛,假途于邹。当是时邹君死,闵王欲入吊,夷维子谓邹之孤曰:‘天子吊,主人必将倍殡柩,设北面于南方,然后天子南面吊也。’邹之群臣曰:‘必若此,吾将伏剑而死。’故不敢入于邹。邹鲁之臣,生则不能事养,为齐强横故。死则不得饭含,然且欲行天子之礼于邹鲁之臣,不果纳。今秦万乘之国,梁亦万乘之国,交有称王之名,睹其一战而胜,欲从而帝之,是使三晋之大臣,未如邹鲁之仆妾也。且秦无已而帝,则且变易诸侯之大臣,彼将夺其所谓不肖,而予其所谓贤,夺其所憎而予其所爱,彼又将使其子女谗妾为诸侯妃姬,处梁之宫,梁王安得晏然而已乎?而将军又何以得故宠乎?”于是辛垣衍起,再拜谢曰:“吾乃今知先生为天下之士也,吾请去,不敢复言帝秦矣。”秦将闻之,为却军五十里。

苏轼曰:仲连辨过仪、秦,气凌髡、衍,排难解纷,功成而逃,实战国一人而已。穆文熙曰:仲连挫帝秦之说,而秦将为之却军,此淮南之所谓庙战也。

虞卿

秦攻赵于长平,大破之,引兵而归,因使人索六城于赵而讲。赵计未定,楼缓新从秦来,赵王与楼缓计之曰:“与秦城何如?不与何如?”楼缓辞让曰:“此非臣之所能知也。”王曰:“虽然,试言公之私。”楼缓曰:“王亦闻夫公甫文伯母乎?公甫文伯官于鲁,病死,妇人为之自杀于房中者二八,其母闻之不哭。相室曰:‘焉有子死而不哭者乎?’其母曰:‘孔子,贤人也,逐于鲁,是人不随;今死,而妇人为死者十六人。若是者,其于长者薄,而于妇人厚也。’故从母言之,为贤母也;从妇言之,必不免于妒妇也。故其言一也。言者异,则人心变矣。今臣新从秦来,而言勿与,则非计也;言与之,则恐王以臣之为秦也,故不敢对。使臣得为王计之,不如予之。"王曰:"诺。"虞卿闻之,入见王,王以楼缓言告之,虞卿曰:"此饰说也。"王曰:"何谓也?"虞卿曰:"秦之攻赵也,倦而归乎?王以其力尚能进,爱王而不攻乎?"王曰:"秦之攻我也,不遗余力矣。必以倦而归也。"虞卿曰:"秦以其力攻其所不能取,倦而归,王又以其力之所不能攻而资之,是助秦自攻也。来年秦复攻王,王无以救矣。"王以虞卿之言告楼缓,楼缓曰:"虞卿能尽知秦力之所至乎?诚不知秦力之所不至。此弹丸之地,犹不予也,今秦来复攻,王得无割其内而讲乎?"王曰:"诚听子割矣,子能必来年秦之不复攻我乎?"楼缓对曰:"此非臣之所敢任也。昔日三晋之交于秦,相善也,今秦释韩魏而独攻王,王之所以事秦,必不如韩魏也。今臣为足下解负亲之攻,启关通币,齐交韩魏,至来年而王独不取于秦,王之所以事秦者,必在韩魏之后也,此非臣之所敢任也。"王以楼缓之言告虞卿,虞卿曰:"楼缓言不讲,来年秦复攻王,得无更割其内而讲,今讲,楼缓又不能必秦之不复攻也,虽割何益?来年复攻,又割其力之所不能取而讲也,此自尽之术也。不如无讲,秦虽善攻,不能取六城,赵虽不能守,亦不至失六城。秦倦而归,兵必罢,我以六城收天下,以攻罢秦,是我失之于天下,而取偿于秦也。吾国尚利,孰与坐而割地自弱以强秦,今楼缓曰:'秦善韩魏而攻赵者,必王之事秦不如韩魏也。'是使王岁以六城事秦也,即坐而地尽矣,来年秦复来割地,王将予之乎?不予,则是弃前资而挑秦祸也;予之,则无地而给之。语曰:'强者善攻,而弱者不能自守。'今坐而听秦,秦兵不敝而多得地,是强秦而弱赵也,以益强之秦,而割愈弱之赵,其计固不止矣。且秦虎狼之国也,无礼义之心,其求无已,而王之地有尽,以有尽之地,给无已之求,其势必无赵矣。故曰此饰说也,王必勿与。"王曰:"诺。"楼缓闻之,入见于王,王又以虞卿之言告之,楼缓曰:"不然,虞卿得其一,未知其二也。秦赵构难,而天下皆说,何也?曰我将因强而乘弱。今赵兵困于秦,天下之贺战胜者,则必在于秦矣。故不若亟割地求和,以疑天下,慰秦心。不然,天下将因秦之怒,乘赵之敝而瓜分之。赵且亡,何秦之图?

主连衡者,皆持此说为恐吓,却被虞卿喝破。王以此断之,勿复计也。”虞卿闻之,又入见王曰:“危矣,楼子之为秦也,夫赵兵困于秦,又割地为和,是愈疑天下,而何慰秦心哉?不亦大示天下弱乎?且臣曰勿予者,非固勿予而已也,秦索六城于王,王以六城赂齐。齐,秦之深仇也,得王六城,并力而西击秦也。齐之听王,不待辞之毕也,是王失于齐而取偿于秦,一举结三国之亲,而与秦易道也。”赵王曰:“善。”因发虞卿,东见齐王,与之谋秦。虞卿未及反,秦之使者已在赵矣,楼缓闻之,逃去。

从来议割地之失,未有痛切畅快于此者。

苏　代二条

雍氏之役,韩征甲与粟于周,周君患之,告苏代。苏代曰:“何患焉?代能为君令韩不征甲与粟于周,又能为君得高都。”周君大悦,曰:“子苟能,寡人请以国听。”苏代往见韩相国公仲曰:“公不闻楚计乎?昭应谓楚王曰:‘韩氏罢于兵,仓廪空,无以守城,吾攻之以饥,不过一月,必拔之。’今围雍氏,五月不能拔,是楚病也。楚王始不信昭应之计矣。今公乃征甲与粟于周,是告楚病也。昭应闻此,必劝楚王益兵守雍氏,雍氏必拔。”公仲曰:“善,然吾使者已行矣。”代曰:“公何不以高都与周?”公仲怒曰:“吾无征甲与粟于周,亦已多矣。何为与高都?”代曰:“与之高都,则周必折而入于韩,秦闻之,必大怒,而焚周之节不通其使,是公以敝高都得完周也。”公仲曰:“善。”不征甲与粟于周,而与高都,楚卒不拔雍氏而去。

田需死,昭鱼谓苏代曰:“田需死,吾恐张仪、薛公、犀首之有一人相魏者。”代曰:“然则相者以谁而君便之也?”昭鱼曰:“吾欲太子之自相也。”代曰:“代为君北见梁王,必相之矣。”昭鱼曰:“奈何?”代曰:“若其为梁王,代请说君。”昭鱼曰:“奈何?”对曰:“代也从楚来,昭鱼甚忧。代曰:‘君何忧?’曰:‘田需死,吾恐张仪、薛公、犀首有一人相魏者。’代曰:‘勿忧也,梁王长主也,必不相张仪。张仪相魏,必右秦而左魏。薛公相魏,必右齐而左魏。犀首相魏,必右韩而左魏。梁王长主也,必不使相也。’王曰:‘然则寡人孰相?’代曰:‘莫如太子之自相,是三人皆以太子为非固相也,皆将务以其国事魏,而欲丞相之玺。

以魏之强，而持三万乘之国辅之，魏必安矣。故曰：不如太子之自相也。'"遂先见梁王，以此语告之，太子果自相。

陈　轸

陈轸去楚之秦，张仪谓秦王曰："陈轸为王臣，常以国情输楚，仪不能与从事，愿王逐之，即复之楚，愿王杀之。"王曰："轸安敢之楚也？"王召陈轸告之曰："吾能听子，子欲何之，请为子约车。"对曰："臣愿之楚。"王曰："仪以子为之楚，吾又自知子之楚。子非楚，且安之也？"轸曰："臣出，必故之楚，以顺王与仪之策，而明臣之楚与否也。楚人有两妻者，人诽其长者，长者詈之。诽其少者，少者许之。居无几何，有两妻者死，客谓诽者曰：'汝取长者乎，少者乎？''取长者。'客曰：'长者詈汝，少者和汝，汝何为取长者？'曰：'居彼人之所，则欲其许我也。今为我妻，则欲其为我詈人也。'今楚王明主也，而昭阳贤相也。轸为人臣，而常以国情输楚，楚王必不留臣，昭阳将不与臣从事矣，以此明臣之楚与不。"轸出，张仪入问王曰："陈轸果安之？"王曰："夫轸天下之辩士也，孰视寡人曰：'轸必之楚。'寡人遂无奈何也。寡人因问曰：'子必之楚也，则仪之言果信也。'轸曰：'非独仪之言，行道之人皆知之。昔者，子胥忠其君，天下皆欲以为臣。孝己爱其亲，天下皆欲以为子。故卖仆妾不出里巷而取者，良仆妾也。出妇嫁于乡里者，善妇也。臣不忠于王，楚何以轸为忠？忠且见弃，轸不之楚，而何之乎？'"王以为然，遂善待之。

左师触龙

秦攻赵，赵王新立，太后用事，求救于齐。齐人曰："必以长安君为质。"太后不可，齐师不出，大臣强谏，太后怒甚，曰："有复言者，老妇必唾其面。"左师触龙请见曰："贱息舒祺最少，不肖，而臣衰，窃爱之，愿得补黑衣之缺，以卫王宫。愿及臣未填沟壑而托之。"太后曰："丈夫亦爱少子乎？"对曰："甚于妇人。"太后笑曰："妇人异甚。"对曰："老臣窃以为媪之爱燕后，贤于长安君。"太后曰："君过矣，不如长安君之甚。"左师曰："父母爱其子，则为之计深远。媪之送燕后也，持其踵而哭，念其远也，亦哀之矣，已行，非不思也，祭祀则祝之曰：‘必勿使反。’岂非为之计长久，愿子孙相继为王也哉？”太后曰：“然。”左师曰：“今三世以前，至于赵王之子孙为侯者，其继有在者乎？”曰：“无有。”曰：“此其近者祸及身，远者及其子孙，岂人主之子侯则不善？位尊而无功，奉厚而无劳，而挟重器多也。今媪尊长安之位，封以膏腴之地，多与之重器，而不及今令有功于赵。一旦山陵崩，长安君何以自托于赵哉？”太后曰：“诺，恣君之所使之。”于是为长安君约车百乘，质于齐。齐师乃出，秦师退。

庸芮

秦宣太后爱魏丑夫，太后病将死，出令曰：“为我葬必以魏子为殉。”魏子患之。庸芮为魏子说太后曰：“以死者为有知乎？”太后曰：“无知也。”曰：“若太后之神灵，明知死者之无知矣，何为空以生所爱，葬于无知之死人哉？若死者有知，先王积怒之日久矣，太后救过不赡，何暇乃私魏丑夫乎？”太后曰：“善。”乃止。

狄仁杰

武承嗣、三思营求为太子，狄仁杰从容言于太后曰：“姑侄与子母孰亲？陛下立子，则千秋万岁后配食太庙，若立侄，则未闻侄为天子，而附姑于庙者也。”太后乃悟。

议论到十分醒快处，虽欲不从而不可得。庐陵反正，虽因鹦鹉折翼，及双陆不胜之梦，实姑侄子母之说有以动之。凡恋生前，未有不计死后者。〇时王方庆居相位，以其子为眉州司士参军。天后问曰：“君在相位，子何远乎？”对曰：“庐陵是陛下爱子，今犹在远，臣之子安敢相近？”此亦可谓善讽矣。然慈主可以情动，明主当以理格，则天明而不慈，故梁公辱昌宗而不怒，进张柬之而不疑，皆因其明而用之。

陆贾等二条

平原君朱建，为人刚正而有识。辟阳侯得幸吕太后，欲知建，建不肯见。及建母死，贫未有以发丧，方假贷，陆贾素善建，乃令建发丧，而身见辟阳侯，贺之曰："平原君母死。"辟阳侯曰："平原君母死，何乃贺我？"贾曰："前君侯欲知平原君，平原君义不知君，以其母故。夫相知者，当相恤其灾危。今平原君母死，君诚厚送丧，则彼为君死矣。"辟阳侯乃奉百金裞，列侯贵人以辟阳侯故，往赙凡五百金。久之，人或毁辟阳侯。惠帝大怒，下吏欲诛之，吕太后惭不可言，大臣多害辟阳侯行，欲遂诛之。辟阳侯困急，使人欲见建。建辞曰："狱急不敢见。"建乃求见孝惠幸臣闳孺，说之曰："君所以得幸帝，天下莫不闻。今辟阳侯下吏，道路皆言君谗欲杀之，今日辟阳侯诛，旦日太后含怒亦诛君，君何不肉袒为辟阳侯言于帝。帝听君出辟阳侯，太后大欢，两主俱幸，君之富贵益倍矣。"于是闳孺大恐，从其计言帝，帝果出辟阳侯。辟阳侯始以建为背己，大怒，及其出之，乃大惊。吕太后崩，大臣诛诸吕，辟阳侯于诸吕至深，而卒免于诛，皆陆生、平原君之计画也。

不但陆贾、朱建智，辟阳侯亦智。

梁孝王既刺杀袁盎，事觉惧诛，乃赍邹阳千金，令遍求方略以解。阳素知齐人王先生，年八十余，多奇计，即往求之。王先生曰："难哉！人主有私怨深怒，欲施必行之诛，诚难解也，子今且安之？"阳曰："邹鲁守经学，齐楚多辩智，韩魏时有奇节，吾将历问之。"王先生曰："子行矣，还，过我而西。"阳行月余，莫能为谋者，乃还过王先生曰："臣将西矣，奈何？"先生曰："子必往见王长君。"邹阳悟，辄辞去，不过梁，径至长安，见王长君。长君者，王美人兄也，阳乘间说曰："臣愿窃有谒也，臣闻长君弟得幸后宫，天下无有，而长君行迹，多不循道理。今陛下穷竟袁盎事，即梁王恐诛，太后拂郁，无所发怒，必切齿侧目于贵臣，而长君危矣。"长君瞿然曰："奈何？"阳曰："第能为王言，得无竟梁事，则太后必德长君，金城之固也。"长君如其计，梁事遂寝。

朱建一篇程文抄得恰好。不惟王先生智，邹阳亦智。

厮养卒

赵王武臣，遣韩广至燕，燕人因立广为燕王。赵王与张耳、陈余北略地至燕界,赵王间出,为燕军所得,燕将囚之,欲与分赵地半,乃归王。使者十辈,往辄见杀,张耳、陈余患之。有厮养卒,谢其舍中曰:"吾为公说燕,与王载归。"舍中皆笑,养卒走燕壁,问燕将曰:"知臣何欲?"燕将曰:"若欲得赵王耳。"曰:"君知张耳、陈余何如人?"燕将曰:"贤人也。"曰:"知其志何欲?"曰:"欲得王。"养卒笑曰:"君未知此两人所欲也,夫武臣、张耳、陈余,杖马棰下赵数十城,此亦各欲南面而王,岂欲为卿相终已耶?夫臣与主,岂可同日而道哉?顾其势初定,未敢参分而王,且以少长先王武臣,以持赵心。今赵地已服,此两人亦欲分赵而王,时未可耳。今君乃囚赵王,此两人名为求赵王,实欲燕杀之。剖明使者辈急于求王之意。此两人分赵自立,夫以一赵尚易燕,况以两贤王,左提右挈,而责杀王之罪,灭燕必矣。"燕将以为然,乃归赵王,养卒为御而归。

杨　善

土木之变,上皇在虏岁余,虏屡责奉迎,未知诚伪,欲遣使探问,而难其人。左都御史杨善,慨然请往,尊官难得如此,其胸中已有主张矣。虏将也先密遣一人黠慧者田氏来迎,且探其意。相见曰:"我亦中国人,被虏于此。"因问向日土木之围,南兵何故不战而溃。善曰:"太平日久,将卒相安,况此行只是扈从随驾,初无号令对敌,被尔家陡然冲突,如何不走?虽然,尔家得幸而胜,未见为福,今皇帝即位,聪明英武,纳谏如流,有人献策云:'虏人敢入中国者,只凭好马爬山过岭,越关而来。若令一带守边者,俱做铁顶橛子,上留一空,安尖头锥子,但系人马所过山岭,遍下锥橛,来者无不中伤。'即从其计。又一人献策云:'今大铜铳,止用一个石炮,所以打者人少,若装鸡子大石头一斗打去,迸开数丈阔,人马触之即死。'亦从其计。又一人献策云:'广西、四川等处射虎弩弓,毒药最快,若傅箭头,一着皮肉,人马立毙。'又从其计,已取药来。天下选三十万,有力能射者演习,曾将罪人试验。又一人献策云:'如今放火枪者,虽有三四层,他见放了又装药,便放马来冲蹦,若做大样两头铳,装铁弹子数个,擦上毒药,排于四层,候马来齐发,俱打穿肚。曾试验三百步之外者皆然。'献计者,皆升官加赏，天下有智谋者闻之，莫不皆来，所操练军马又精锐，可惜无用矣。”收得妙。虏人曰：“如何无用？”善曰：“若两家讲和了，何用？”虏人闻言，潜往报知。次日，善至营，见也先。问：“汝是何官？”曰：“都御史。”曰：“两家和好许多年，今番如何拘留我使臣，减了我马价，与的段匹，一匹剪为两匹，将我使臣闭在馆中不放出，这等计较如何？”善曰：“比先汝父差使臣进马，不过三十余人，所讨物件，十与二三，也无计较，一向和好。汝今差来使臣，多至三千余人，一见皇帝，每人便赏织金衣服一套，虽十数岁孩儿，也一般赏赐。殿上筵宴为何？只是要官人面上好看。临回时又加赏宴，差人送去，何曾拘留？或是带来的小厮，到中国为奸为盗，惧怕使臣知道，都是揄扬其美。从小路逃去，或遇虎狼，或投别处，中国留他有何用？若减了马价一节，亦有故，先次官人家书一封，着使臣王喜送与中国某人。会喜不在，误着吴良收了，进与朝廷。后某人怕朝廷疑怪，乃结权臣，因说这番进马，不系正经头目，如何一般赏他？以此减了马价。及某人送使臣去，反说是吴良诡计减了，意欲官人杀害吴良，不想果中其计。”也先曰：“者。”胡语“者”，然词也。又说：“买锅一节，此锅出在广东，到京师万余里，一锅卖绢二匹，使臣去买，只与了一匹，以此争斗，卖锅者闭门不卖，皇帝如何得知？譬如南朝人问使臣买马，价少便不肯卖，岂是官人分付他来？”也先笑曰：“者。”又说：“剪开段匹，是回回人所为，跟随使人者。他将一匹剪为两匹，若不信，去搜他行李，好的都在。”也先又曰：“者，者，都御史说的，皆实。如今事已往，都是小人说坏。”善因见其意已和，乃曰：“官人为北方大将帅，掌领军马，却听小人言语，忘了大明皇帝厚恩，便来杀掳人民。上天好生，官人好杀，有想父母妻子脱逃者，拿住便剜心摘胆，高声叫苦，上天岂不闻知？”答曰：“我不曾着他杀，是下人自杀。”善曰：“今日两家和好如初，可早出号令，收回军马，免得上天发怒降灾。”也先笑曰：“者，者。”问：“皇帝回去还做否？”善曰：“大位已定，谁再更换？”也先曰：“尧舜当初如何来？”善曰：“尧让位于舜，今日兄让位于弟，正与一般。”有平章昂克，问：“汝来取皇帝，将何财物来？”善曰：“若将财物来，后人说官人爱钱了。若空手迎去，见得官人有仁义，能顺天道，自古无此好男子。我监修史书，备细写上，着万代人称赞。”也先笑曰：“者，者，都御史写的好者！”于次日见上皇，又次日，也先遂设宴，与上皇送行。

杨善之遣，止是探问消息，初未有奉迎之计，被善一席好话，说得也先又明白，又欢喜，即时遣人，随善护送上皇来归，奇哉。晋之怀、愍，度其必不得，而不敢求者也。宋之徽、钦，求之而不得者也，庶几赵之厮养卒乎！然机有可乘者三耳：余辈皆欲归王，一也；继使者十辈之后，二也；分争之际，易以利害动，三也。虏狃于晋宋之故事，方以为奇货可居，而中朝诸臣，一则恐受虏之欺，二则恐拂嗣立者之意，相顾推诿，而莫敢任。善义激于心，慨然请往，不费尺帛半镪，单辞完璧，此又岂厮养卒敢望哉！〇土木是一时误陷，与晋、宋之积弱不同，而也先好名，又非胡刘女直残暴无忌之比，其强势亦远不逮，所以杨善之言易入。使在晋宋往时，虽百杨善，无所置喙矣。然尔时印累累，绶若若，而慨然请往，独一都御史也，即无善之口舌，独无善之心肝乎！

富弼

契丹乘朝廷有西夏之忧，遣使来言关南之地。地是石晋所割，后为周世宗所取。富弼奉使，往见契丹主曰：“两朝继好，垂四十年，一旦求割地，何也？”契丹主曰：“南朝违约，塞雁门，增塘水，治城隍，籍民兵，将以何为？群臣请举兵而南，吾谓不若遣使求地，求而不获，举兵未晚。”弼曰：“北朝忘章圣皇帝之大德乎？澶渊之役，苟从诸将言，北兵无得脱者。且北朝与中国通好，则人主专其利，而臣下无所获。若用兵，则利归臣下而人主任其祸。故劝用兵者，皆为身谋耳。今中国提封万里，精兵百万，北朝欲用兵，能保必胜乎？就使幸胜，所亡士马，群臣当之欤，抑人主当之欤？若通好不绝，岁币尽归人主，群臣何利焉？”契丹主大悟，首肯者久之。弼又曰：“塞雁门者，备元昊也。塘水始于何承矩，事在通好前。城隍修旧，民兵亦补阙，非违约也。”契丹主曰：“虽然，吾祖宗故地，当见还耳。”弼曰：“晋以卢龙赂契丹，周世宗复取关南地，皆异代事，若各求地，占上风。岂北朝之利哉？”既退，刘六符曰：“吾主耻受金币，坚欲十县何如？”弼曰：“本朝皇帝言，为祖宗守国，岂敢妄以土地与人？北朝所欲，不过租赋耳，朕不忍多杀两朝赤子，占上风。故屈地增币以代之。若必欲得地，是志在败盟，假此为辞耳。"明日，契丹主召弼同猎，引弼马自近谓曰："得地则欢好可久。"弼曰："北朝既以得地为荣，南朝必以失地为辱，兄弟之国，岂可使一荣一辱哉？"猎罢，六符曰："吾主闻公荣辱之言，意甚感悟，今惟结姻可议耳。"弼曰："婚姻易生嫌隙。本朝长公主出嫁，赍送不过十万缗，岂若岁币无穷之利哉？"弼还报，帝许增币。契丹主曰："南朝既增我币，辞当曰'献'。"弼曰："南朝为兄，岂有兄献于弟乎？"占上风。契丹主曰："然则为'纳'。"弼亦不可。契丹主曰："南朝既以厚币遗我，是惧我矣，于二字何有？若我拥兵而南，得无悔乎？"弼曰："本朝兼爱南北，占上风。故不惮更成，何名为惧？或不得已，而至于用兵，则当以曲直为胜负，非使臣之所知也。"契丹主曰："卿勿固执，古有之矣。"弼曰："自古惟唐高祖借兵突厥，当时赠遗，或称献纳，其后颉利为太宗所擒，占上风。岂复有此哉？"契丹主知不可夺，自遣人求议。帝用晏殊议，竟以"纳"字与之。可恨。

富郑公与契丹主，往复再四，句句占上风，而语气又和婉，使人可听。此可与李邺侯参看，说辞之最善也。弼始受命往，闻一女卒，再往，闻一男生，皆不顾。得家书，未尝发，辄焚之，曰："徒乱人意。"有此一片精诚，自然不辱君命。

王守仁

土官安贵荣，累世骄蹇，以从征香炉山，加贵州布政司参政，犹怏怏薄之，乃奏乞减龙场诸驿，以偿其功。事下督府勘议，时兵部主事王守仁以建言谪龙场驿丞，贵荣甚敬礼之。守仁贻书贵荣，略曰："凡朝廷制度，定自祖宗，后世守之，不敢擅改。改在朝廷，且谓之变乱，况诸侯乎？纵朝廷不见罪，有司者将执法以绳之。即幸免于一时，或五六年，或八九年，虽远至二三十年矣，当事者犹得持典章而议其后。若是，则使君何利焉？使君之先，自汉唐以来，千几百年，土地人民，未之或改，所以长久若此者，以能世守天子礼法，竭忠尽力，不敢分寸有所违越，故天子亦不得无故而加诸忠良之臣。不然，使君之土地人民，富且盛矣，朝廷悉取而郡县之，谁云不可？夫驿可灭也，亦可增也。驿可改也，宣慰司亦可革也。由此言之，殆甚有害，使君其未之思耶？所云奏功升职，意亦如此。夫铲除寇盗，以抚绥平良，亦守土常职，今缕举以要赏，则朝廷平日之恩宠禄位，顾将何为？使君为参政，已非设官之旧，今又干进不已，是无抵极也，众必不堪。夫宣慰守土之官，故得以世有其土地人民，若参政则流官矣，东西南北，惟天子所使。朝廷下方尺之檄，委使君以一职，或闽或蜀，弗行则方命之诛不旋踵而至，若捧檄从事，千百年之土地人民，非复使君有矣。由此言，虽今日之参政，使君将恐辞之不速，又可求进乎？"后驿竟不减。

此书土官宜写一通，置座右。

张嘉言

张公嘉言司理广州时，边海设有总兵、参游等官，幕上各数千防兵，每日工食三分。然参游兵每岁涉远出汛；而总兵官所辖之兵，皆借口坐镇，不远行。每三年五年修船，其参、游部下兵，止给每日工食之半。即非修船，而仅不出汛也，亦减工食每日三分之一，俱贮为修船之用。独总兵官部下兵，毫无所减。当修船时，另凑处于民间，积习已久，彼此皆视为固然。忽巡道申详军门，欲将总兵官所辖兵，以后稍裁其工食，留备修船之用。军门适与总兵有隙，乃仓卒允行，各兵哄然而哗，知张公为院道耳目，直逼其堂。张公意色安闲，命呼知事者五六人，登阶述其故。众兵俱拥而前，即叱下堂曰："人言嚣乱，殊不便听。"众兵乃下，时天雨甚，兵衣尽湿，张公亦不顾，但令此六人者好言之。六人哓哓，称旧无减例。张公曰："此事我亦与闻，汝等全不出汛，却难怪上人也。汝欲不减亦使得，虽然，亦非汝之利也。上司自今使汝等与参、游兵每岁更叠出汛，汝宁得不往乎？怵之以害。若往，则汝等且称参、游兵，工食减半矣，汝所争而存者，非汝所能享，而参、游兵之来代替所得也。何不听其稍减，而汝等犹得岁岁称大将军兵乎？歆之以利。汝等试思之。"此六人俯首不能对，惟曰："愿爷爷转达宽恤。"张公曰："汝等姓名为谁？"各相顾不肯言，张公骂曰："汝等不言姓名，上司问我'谁来禀汝'，何以对之？不妨说来，自有处也。”乃始各言姓名而记之。张公曰：“汝等传语诸人，此事自当有处，甚无哗。诸人而哗，汝之六人者，各有姓名，上司皆斩汝首矣。”六人失色，唯唯而退。后议诸兵，每月减银一钱，兵竟无哗者。

说得道理透彻，利害分明，不觉气平而心顺矣，凡以减省激变者，皆不善处分之过。

王 维

弘治时，有希进用者，上章谓山西紫碧山，产有石胆，可以益寿。遣中官经年采取不获，民咸告病。按察使王维，祥符人。令采小石子类此者一升，以示中官。中官怒曰：“此搪塞耳，其物载诸书中，何以谓无？”公曰：“凤凰麒麟，皆古书所载，今果有乎？”

秦 宓

吴使张温聘蜀，百官皆集。秦宓字子敕，独后至，温顾孔明曰：“彼何人也？”曰：“学士秦宓。”温因问曰：“君学乎？”宓曰：“蜀中五尺童子皆学，何必我？”温乃问曰：“天有头乎？”宓曰：“有之。”曰：“在何方？”宓曰：“在西方，《诗》云：‘乃眷西顾。’”温又问：“天有耳乎？”宓曰：“有，天处高而听卑。《诗》云：‘鹤鸣九皋，声闻于天。’”曰：“天有足乎？”宓曰：“有，《诗》云：‘天步艰难。’非足何步？”曰：“天有姓乎？”宓曰：“有姓。”曰：“何姓？”宓曰：“姓刘。”曰：“何以知之？”宓曰：“以天子姓刘知之。”温曰：“日生于东乎？”宓曰：“虽生于东，实没于西。”时应答如响，一坐惊服。

其应如响，能占上风，故特录之，他止口给者，概无取。

卷二十

语智部善言

唯有口枢，智则善转。孟不云乎，言近指远。组以精神，出之密微。不烦寸铁，谈笑解围。集"善言"。

凌阳台

陈侯起凌阳之台，未终而坐法死者数人。又执三监吏，群臣莫敢谏者。孔子适陈，见陈侯与登台而观之，孔子前贺曰："美哉台乎，贤哉王也！自古圣人之为台焉，未有不戮一人，而能致功若此者。"陈侯嘿然，使人赦所执吏。

说秦王

秦王与中期争论不胜，秦王大怒，中期徐行而去。或为中期说秦王曰："悍人耳，中期适遇明君故也。向者遇桀、纣，必杀之矣。"秦王因不罪。

晏　子二条

齐有得罪于景公者，公大怒，缚置殿下，召左右肢解之，敢谏者诛。晏子左手持头，右手磨刀，仰而问曰："古者明王圣主肢解人，不知从何处始？"公离席曰："纵之，罪在寡人。"

时景公烦于刑，有鬻踊者，踊，刖者所用。公问晏子曰："子之居近市，知孰贵贱？"对曰："踊贵屦贱。"公悟，为之省刑。

晏子之谏，多讽而少直，殆滑稽之祖也。其他使荆、使吴、使楚事，亦皆以游戏胜之，觉他人讲道理者，方而难入。〇晏子将使荆，荆王与左右谋，欲以辱之。王与晏子立语，有缚一人过王而行，王曰："何为者？"对曰："齐人也。"王曰："何坐？"对曰："坐盗。"王曰："齐人故盗乎？"晏子曰："江南有橘，取而树之江北，乃为枳。所以然者，其地使然。今齐人居齐不盗，来至荆而盗，荆地固若是乎？”王曰：“圣人非所与戏也，只取辱焉。”晏子使吴，王谓行人曰：“吾闻婴也辨于辞，娴于礼。”命傧者：“客见则称天子。”明日晏子有事，行人曰：“天子请见。”晏子慨然者三，曰：“臣受命敝邑之君，将使于吴王之所。不佞而迷惑，入于天子之朝，敢问吴王乌乎存？”然后吴王曰：“夫差请见。”见以诸侯之礼。晏子使楚，晏子短，楚人为小门于大门之侧而延晏子，晏子不入，曰：“使狗国者，从狗门入。臣使楚，不当从此门。”傧者更从大门入见楚王。王曰：“齐无人耶？”晏子对曰：“齐之临淄三百间，张袂成帷，挥汗成雨，何为无人？”王曰：“然则何为使子？”晏子对曰：“齐命使各有所主，其贤者使贤主，不肖者使不肖主。婴最不肖，故使楚耳。”

马圉　中牟令

景公有马，其圉人杀之。公怒，援戈将自击之。晏子曰：“此不知其罪而死，臣请为君数之。”公曰：“诺。”晏子举戈临之曰：“汝为我君养马而杀之，而罪当死；汝使吾君以马之故杀圉人，而罪又当死；汝使吾君以马故杀圉人，闻于四邻诸侯，而罪又当死。”公曰：“夫子释之，勿伤吾仁也。”

后唐庄宗猎于中牟，践蹂民田。中牟令当马而谏，庄宗大怒，命叱去斩之。伶人敬新磨率诸伶走追其令，擒至马前，数之曰：“汝为县令，独不闻天子好田猎乎？奈何纵民稼穑，以供岁赋？何不且饥饿汝民，空此田地以待天子驰逐！汝罪当死，亟请行刑。”诸伶复唱和，于是庄宗大笑，赦之。

郑　涉

刘玄佐镇汴，尝以谗怒，欲杀军将翟行恭，无敢辨者。处士郑涉能谐隐，见玄佐曰：“闻翟行恭抵刑，愿付尸一观。”玄佐怪之，对曰：“尝闻枉死人面有异，一生未识，故借看耳。”玄佐悟，乃免。

李忠臣

辛京杲以私杖杀部曲，有司奏京杲罪当死，上将从之。李忠臣曰："京杲当死久矣。"上问其故，忠臣曰："京杲诸父兄弟俱战死，独京杲至今日尚存，故臣以为久当死。"上恻然，乃左迁京杲。

武帝乳母

武帝乳母尝于外犯事，帝欲申宪，乳母求东方朔。朔曰："此非唇舌所争，尔必望济者，将去时，但当屡顾帝，慎勿言，此或可万一冀耳。"乳母既至，朔亦侍侧，因谓之曰："汝痴耳，帝今已长，岂复赖汝乳哺活耶？"帝凄然，即敕免罪。

简　雍

先主时天旱，禁私酿，吏于人家索得酿具，欲论罚。简雍与先主游，见男女行道，谓先主曰："彼欲行淫，何以不缚？"先主曰："何以知之？"对曰："彼有其具。"先主大笑而止。

昭　陵

文德皇后既葬，太宗即苑中作层观，以望昭陵，引魏征同升。征熟视曰："臣眊昏，不能见。"帝指示之，征曰："此昭陵耶？"帝曰："然。"征曰："臣以为陛下望献陵。若昭陵，则臣固见之矣。"帝泣，为之毁观。

吴　瑾

石亨矜功夺门功。恃宠。一日，上登翔凤楼，见亨新第极伟丽，顾问恭顺侯吴瑾、抚宁伯朱永曰："此何人居？"永谢不知，瑾曰："此必王府。"上笑曰："非也。"瑾顿首曰："非王府，谁敢僭妄如此？"上不应，始疑亨。

香草根

炀帝幸榆林，长孙晟从。晟以牙中草秽，欲令突厥可汗染干亲自芟艾，以明威重，乃故指帐前草谓曰："此根大香。"染干遽嗅之曰："殊不香也。"晟曰："天子行幸所在，诸侯躬亲洒扫，芸除御路，以表至敬。今牙中芜秽，谓是留香草耳。"染幹乃悟曰："是奴罪过。"遂拔所佩刀，亲自芟草，诸部贵人争效之，自榆林东达蓟，长三千里，广百步，皆开御道。

贾　诩

贾诩事操，时临淄侯植才名方盛。操尝欲废丕立植，一日，屏左右问诩，诩默不对。操曰："与卿言不答，何也？"对曰："属有所思。"操曰："何思？"诩曰："思袁本初、刘景升父子。"操大笑，丕位遂定。

卫瓘"此座可惜"一语，不下于诩。晋武悟而不从，以致于败。

解　缙二条

解缙应制题《虎顾众彪图》曰："虎为百兽尊，谁敢触其怒。惟有父子情，一步一回顾。"文皇见诗有感，即命夏原吉迎太子于南京。

文皇与解缙同游，文皇登桥，问缙当作何语。缙曰："此谓一步高一步。"及下桥，又问之，缙曰："此谓后面更高似前面。"

史　丹

汉元帝不喜太子，时中山哀王薨，太子前吊。哀王者，帝之少弟，与太子同学，相长大。上望见太子，感念哀王，悲不自止。睹太子不哀，大恨曰："安有人不慈仁，而可奉宗庙，为民父母者乎？"太傅史丹免冠谢曰："臣诚见陛下哀痛中山王，至于感损。向者太子当进见，臣切戒属无涕泣，感伤陛下。罪乃在臣，当死。"上以为然，意乃解。

此与上官桀"意不在马"之对同，而忠佞自分。

谷那律

高宗出猎遇雨，问谷那律曰："油衣若为不漏？"对曰："以瓦为之则不漏。"上因此不复出猎。

裴　度

裴度为相时，宪宗将幸东都，大臣切谏，不听。度从容言："国家建别都，本备巡幸。但自艰难以来，宫阙署屯，百目之区，荒圮弗治。必假岁月完新，然后可行。仓卒无备，有司且得罪。"帝悦曰："群臣谏朕，不及此。如卿言，诚有未便，安用往耶！"因止不行。

李　纲

李纲欲用张所，然所尝论宰相黄潜善，纲颇难之。一日，遇潜善，款语曰："今当艰难之秋，负天下重责，而四方士大夫，号召未有来者。前议置河北宣抚司，独一张所可用，又以狂妄有言得罪。加所之罪，孰谓不宜？第今日势迫，不得不试用之。如用以为台谏，处要地，则不可，使之借官为招抚，冒死立功以赎过，似无嫌。"潜善欣然许之。

苏子由

《元城先生语录》云：东坡下御史狱，张安道致仕在南京，上书救之，欲附南京递进。府官不敢受，乃令其子恕至登闻鼓院投进，恕徘徊不敢投。久之，东坡出狱，其后东坡见其副本，因吐舌色动。人问其故，东坡不答。后子由见之曰："宜吾兄之吐舌也。此事正得张恕力。"仆曰："何谓也？"子由曰："独不见郑昌之救盖宽饶乎？疏云：上无许史之属，下无金张之托。此语正是激宣帝之怒耳。且宽饶何罪？正以犯许史辈得祸。今再讦之，是益其怒也。今东坡亦无罪，独以名太高，与朝廷争胜耳。安道之疏乃云：实天下之奇才，独不激人主之怒乎？"仆曰："然则尔时救东坡者，宜为何说？"子由曰："但言本朝未尝杀士大夫，今乃是陛下开端，后世子孙，必援陛下以为例。神宗好名而畏义，疑可以止之。"

此条正堪与李纲荐张所于黄潜善语参看。

施仁望

南唐周业为左卫使，信州刺史本之子也，与禁帅刘素有隙。刘即长公主婿。升元中,金陵告灾,业方潜饮人家,醉不能起。有闻于主者,主顾亲信施仁望曰:“率卫士十人诣灾所,见其驰救则释;不然,就戮于床。”仁望既往,亟使召业家语之。业大怖,衣女子服,奔见仁望,仁望留之。洎火息,复命至便殿门。会刘先至,亦将白灾事。仁望揣刘意不能蔽业,又惧与偕罪,计出仓卒,遽排刘,越次见主曰:“火不为灾,业诚如圣旨。”主曰:“戮之乎?”仁望曰:“业父本方临敌境,臣未敢即时奉诏。”主抚几大悦曰:“几误我事。”仁望自此大获奖用,业乃全恕。

李　晟

李怀光密与朱泚通谋,事迹颇露。李晟累奏,恐其有变为所并,请移军东渭桥。上犹冀怀光革心,收其力用,奏寝不下。怀光欲缓战期,且激怒诸军,言诸军粮赐薄,神策独厚,厚薄不均,难以进战。上以财用方窘,若粮赐皆比神策,则无以给之,不然,又逆怀光意。恐诸军觖望,乃遣陆贽诣怀光营宣慰,因召李晟参议其事。怀光意欲晟自乞减损,使失士心,沮败其功,乃曰:“将士战斗同,而粮赐异,何以使之协心?”贽未有言,数顾晟。晟曰:“公为元帅,得专号令,晟将一军,受指纵而已。至于增减衣食,公当裁之。”怀光嘿然。

折契丹二条

契丹遣使与中国书,所称“大宋、大契丹”,似非兄弟之国,今辄易曰“南朝、北朝”。上诏中书密院共议,辅臣多言不从将生隙。梁庄肃曰:“此易屈耳。但答言宋盖本朝受命之土,契丹亦北朝国号,无故而自去,非佳兆。”其年贺正使来,复称“大宋”如故。

皇祐末,契丹请观太庙乐人。帝以问宰相,对曰:“恐非享祀,不可习也。”枢密副使孙公沔曰:“当以礼折之云:庙乐之作,皆本朝所以歌咏祖宗功德也,他国可用耶?使人如能助吾祭,乃观之。”仁宗从其言,使者不敢复请。

韩　亿

亿奉使契丹时,副使者为章献外姻,妄传太后旨于契丹,谕以南北欢好传示子孙之意。亿初不知也，契丹主问亿曰："皇太后即有旨，大使何不言？"亿对曰："本朝每遣使，皇太后必以此戒约，非欲达之北朝也。"契丹主大喜曰："此两朝生灵之福。"是时副使方失词，而亿反用以为德，时推其善对。

冯当世

王定国素为冯当世所知，而荆公绝不乐之。一日，当世力荐于神祖，荆公即曰："此孺子耳！"当世忿曰："王巩戊子生，安得谓之孺子。"尖甚、恶甚。盖巩之生，与同天节同日也。荆公愕然，不觉退立。

邵康节

司马公一日见康节曰："明日僧颙修开堂说法，富公、吕晦叔欲偕往听之。晦叔贪佛，已不可劝。富公果往，于理未便。某后进不敢言，先生曷止之？"康节唯唯。明日，康节往见富公曰："闻上欲用裴晋公礼起公。"公笑曰："先生谓某衰病能起否？"康节曰："固也。或人言上命公，公不起；僧开堂，公即出。无乃不可乎？"公惊曰："某未之思也。"时富公请告。

谢　庄

庄字希逸，孝武尝赐庄宝剑，庄以与鲁爽。后爽叛，帝偶问及剑所在，答曰："昔与鲁爽别，窃借为陛下杜邮之赐矣。"

裴楷等四条

晋武始登阼，探策得一。王者世数，视此多少。帝既不说，群臣失色。侍中裴楷进曰："臣闻天得一以清，地得一以宁，侯王得一以为天下贞。"帝悦，群臣叹服。

梁武帝问王侍中份："朕为有耶？为无耶？"对曰："陛下应万物，为有；体至理，为无。"

宋文帝钓天泉池，垂纶不获，王景文曰："良由垂纶者清，故不获贪饵。"

元魏高祖名子恂、愉、悦、怿，崔光名子劭、勖、勉，高祖曰："我儿名傍皆有心，卿儿名傍皆有力。"对曰："所谓君子劳心，小人劳力。"

王弇州曰：诸人虽取捷供奉，然语不妨雅致。若桓玄篡位，初登御床而陷。殷仲文曰："将由圣德深厚，地不能载。"梁武宫门灾，谓群臣曰："我意方欲更新。"何敬容曰："此所谓先天而天弗违。"又武帝即位，有猛虎入建康郭，象入江陵，上意不悦，以问群臣，无敢对者。王莹曰："昔击石拊石，百兽率舞。陛下膺箓御图，虎象来格。"纵极赡辞，不能不令人呕秽。

杨廷和　顾鼎臣

辛巳，肃庙入继大统，方在冲年。登极之日，御龙袍颇长，上俯视不已，大学士杨廷和奏云："陛下垂衣裳而天下治。"圣情甚悦。

嘉靖初，讲官顾鼎臣讲《孟子》"咸丘蒙"章，至"放勋殂落"语，侍臣皆惊。顾徐云："尧是时已百有二十岁矣。"众心始安。

世宗多忌讳，是时科场出题，务择佳语，如《论语》"无为而治"节，《孟子》"我非尧舜之道"二句题，主司皆获谴，疑"无为"非有为，"我非尧舜"四字，似谤语也，又命内侍读乡试录，题是"仁以为己任，不亦重乎"，上忽问下文云何。内侍对曰："下文是兴于诗。"云云，此内侍亦有智。

宋汝霖

宋汝霖泽政和初知莱州掖县时，户部着提举司科买牛黄，以供在京惠民和剂局合药用。督责急如星火，州县百姓竞屠牛以取黄，既不登所科之数，则相与敛钱，弊所必至。以赂吏胥祈免。汝霖独以状申提举司，言牛遇岁疫则多病有黄。今太平日久，和气充塞，县境牛皆充腯，无黄可取。使者不能诘，一县获免，无不欢戴。

潘　京

晋良吏潘京为州所辟，谒见射策，探得"不孝"字。刺史戏曰："辟士为不孝耶？"答曰："今为忠臣，不得为孝子。"

布政司吏

相传某布政请按台酒。坐间,布政以多子为忧;按君止一子,又忧其寡。吏在傍云:“子好不须多。”布政闻之,因谓曰:“我多子,汝又云何?”答曰:“子好不愁多。”二公大称赞,共汲引之。

朱文公

廖德明字子晦,朱文公高弟也。少时梦谒大乾,阍者索刺,出诸袖,视其题字云:“宣教郎廖某。”遂觉,后登第改秩,以宣教郎宰闽,思前梦,恐官止此,不欲行。亲友相勉,为质之文公,公沉思良久曰:“得之矣。”因指案上物曰:“人与器不同,如笔止能为笔,不能为砚,剑止能为剑,不能为琴,故其成毁久远,有一定不易之数。惟人不然,有朝为跖暮为舜者,故其吉凶祸福,亦随而变,难以一定言。今子赴官,但当力行好事,前梦不足芥蒂。”廖拜而受教,后把麾持节,官至正郎。

吴　山

丹徒靳文僖贵之继夫人,年未三十而寡,有司为之奏请旌典。事下礼部,而仪曹郎与靳有姻娅,因力为之地。礼部尚书吴山曰:“凡义夫节妇、孝子顺孙诸旌典,为匹夫匹妇发潜德之光,以风世耳。若士大夫,何人不当为节义孝顺者?确论名言。靳夫人既生受殊封,奈何与匹夫争宠灵乎?”会赴直入西苑,与大学士徐阶遇,阶亦以为言。山正色曰:“相公亦虑阁老夫人再醮耶?”阶语塞而止。

今日节义孝顺诸旌典,只有士大夫之家可随求随得,其次则富家,犹间可力营致之,匹夫匹妇绝望矣。若存吴宗伯之说,使士大夫还而自思,所以求旌异其亲者,反以薄待其亲,庶乎干进之路稍绝,而富家营求之余,或可波及单贱,世风稍有振乎!推之名宦乡贤,莫不皆然,名宦载在祭统,非有大功德及民者不祀,乡贤则须有三不朽之业。若寻常好官好人,分内之事,何以祠为?又推之乡饮亦然。乡饮须年高有德望者,乃可以表帅一乡。今封公无不大宾者,而介必以贿得,国家尊老礼贤之典,止以供人腹诽而已。此皆吴宗伯所笑也。

附：奇谈二条

东汉宋均常言："吏能弘厚，虽贪污放纵，甚言之。犹无所害。唯苛察之人，身虽廉而巧黠刻剜，毒加百姓。"廉吏无后，往往坐此。识者以为确论。

唐卢坦，字保衡，始仕为河南尉。时杜黄裳为尹，召坦谕曰："某巨室子，与恶人游，破产，盍察之？"坦曰："凡居官廉，虽大臣无厚蓄，其能积财者，必剥下致之。如子孙善守，是天富不道之家，不若恣其不道，以归于人也。"黄裳惊异其言。

只说得酷贪二字，但议论痛快，便觉开天。

兵智部总序

冯子曰：岳忠武论兵曰："仁、智、信、勇、严，缺一不可。"愚以为智尤甚焉。智者，知也。知者，知仁、知信、知勇、知严也。为将者患不知耳。诚知，差之暴骨，不如践之问孤；楚之坑降，不如晋之释原；偃之迁延，不如䓨之斩嬖；季之负载，不如孟之焚舟。虽欲不仁、不信、不严、不勇而不可得矣。又况夫泓水之襄败于仁，鄢陵之共败于信，阆中之飞败于严，邲河之縠败于勇。越公委千人以尝敌，马服须后令以济功，李广罢刁斗之警，淮阴忍胯下之羞，以仁、信、勇、严若彼，以不仁、不信、不勇、不严而若此，其故何哉？智与不智之异耳。智遇不智，智胜，智遇尤智，尤智胜，故或不战而胜，或百战百胜，或正胜，或谲胜，或出新意而胜，或仿古兵法而胜。天异时，地异利，敌异情，我亦异势，用势者因之以取胜焉。往志之论兵者备矣，其成败列在简编，的的可据，吾于其成而无败者，择著于篇。首"不战"，次"制胜"，次"诡道"，次"武案"。岳忠武曰："运用之妙，在乎一心。"武案则运用之迹也。儒者不言兵，然儒者政不可与言兵；儒者之言兵恶诈，智者之言兵政恐不能诈。夫惟能诈者能战，能战者，斯能为不诈者乎？

卷二十一

兵智部不战

形逊声，策绌力。胜于庙堂，不于疆场。胜于疆场，不于矢石，庶可方行天下而无敌。集“不战”。

荀䓨　伍员

鲁襄时，晋楚争郑。襄公九年，晋悼公帅诸侯之师围郑，郑人恐，乃行成。荀偃曰：“遂围之，亦是。以待楚人之救也，而与之战。不然，无成。”知䓨曰：“许之盟，而还师以敝楚。吾三分四军，与诸侯之锐，以逆来者，于我未病，楚不能矣。犹愈于战，暴骨以逞，不可以争，大劳未艾。君子劳心，小人劳力，先王之制也。”乃许郑成，后三驾郑，而楚卒道敝，不能争，晋终得郑。

吴阖闾既立，问于伍员曰：“初而言伐楚，余知其可也，而恐其使余往也，又恶人之有余之功也。今余将自有之矣，伐楚何如？”对曰：“楚执政众而乖，莫适任患。若为三师以肆焉，一师至，彼必皆出。彼出则归，彼归则出，楚必道敝。亟肄以罢之，多方以误之。既罢，而后以三军继之，必大克之。”阖闾从之，楚于是乎始病。

晋、吴敝楚，若出一辙。然吴能破楚，而晋不能者，终少柏举之一战也。宋儒乃以城濮之战咎晋文非王者之师。噫！有此议论，所以养成南宋为不战之天下，而竟奄奄以亡。悲夫！

按：吴璘制金，亦用此术，虏性忍耐坚久，令酷而下必死，每战非累日不决。于是选据形便，出锐卒，更迭挠之，与之为无穷，使不得休暇，以沮其坚忍之气，俟其少怠，出奇胜之。

高昭元

开皇初，帝尝问高颎以取陈之策。颎曰：“江北地寒，田收差晚。江南土热，水田早熟。量彼收获之际，微征士马，声言掩集，彼必屯兵御守,便可废其农时。及彼聚兵,我还解甲。再三若此,贼以为常,后更集兵,彼必不信。犹豫之顷,我忽济师,出其不意,破贼必矣。又江南土薄,舍多竹茅,所以储积,皆非地窖。密遣行人,因风纵火,待彼修立,更复烧之。不出数年,自可令彼财力俱困。"帝用其策,卒以敝陈。

周德威

晋王存勖大败梁兵,梁兵亦退。周德威言于晋王曰:"贼势甚盛,宜按兵以待彼衰。"王曰:"吾孤军远来,救人之急,三镇乌合,利于速战,公乃欲按兵持重,何也?"德威曰:"镇定之兵,长于守城,短于野战。吾所恃者骑兵,利于平原旷野,可以驰突。今压城垒门,骑无所展其足,且众寡不敌,使彼知吾虚实,则事危矣。"王不悦,退卧帐中,诸将莫敢言。德威往见张承业曰:"大王骤胜而轻敌,不量力而务速战。今去贼咫尺,所限者一水耳。彼若造桥以薄我,我众立尽矣。不若退军高邑,诱贼离营。彼出则归,彼归则出。别以轻骑,掠其馈饷。不过逾月,破之必矣。"承业入,褰帐抚王曰:"此岂王安寝时耶?周德威老将知兵,其言不可忽也。"王蹶然而兴曰:"予方思之。"时梁王闭垒不出,有降者,诘之,曰:"景仁方多造浮桥。"王谓德威曰:"果如公言。"

诸葛恪

诸葛恪有才名,吴主欲试以事,令守节度。节度掌钱谷,文书繁猥,非其好也。武侯闻之,遗陆逊书,陆公以白吴主,即转恪领兵。恪启吴主曰:"丹阳山险,民多果劲。虽前发兵,徒得外县平民而已。其余深远,莫能擒尽。"恪请往为其守,三年可得甲士四万。朝议皆以为丹阳地势险阻,周旋数千里,山谷万重甚幽邃,人民未尝入城邑对长吏,皆仗兵野逸,白首于林莽。逋亡宿恶,咸共逃窜。铸山为甲兵,俗好武习战,高气尚力,其升山赴险,抵突丛林,若鱼之走渊,猿狖之腾木也。时观间隙,出为寇盗。每致兵征伐,寻其窟藏,战则蜂至,败则鸟窜,自前世以来不能驭而羁也。恪固言其必捷,吴主拜恪丹阳太守。恪至府,乃遗书四郡属城长吏,令各保其疆界,明立部伍,其从化平民，悉令屯居。乃分内诸将罗兵拦阻，但缮藩篱，不与交锋。候其谷熟，辄引兵芟割，使无遗种。旧谷既尽，新田不收，平民屯居，略无所得。于是山民饥穷，渐出降首。恪乃复敕下曰："山民去恶从善，皆当抚慰，徙出外县，不得嫌疑，有所执拘。"长吏胡伉，获降民周遗。遗，旧恶民，困迫暂出，内图叛逆。伉执送于恪，恪以伉违教，遂斩以徇。民闻伉坐戮，知官唯欲出之而已。于是老幼相携而出。岁期，人数皆如本规。

杨　侃

魏雍州刺史萧宝夤反，攻冯翊。尚书仆射长孙稚讨之。左丞杨侃谓稚曰："昔魏武与韩遂、马超，据潼关相距。遂、超之才，非魏武敌，然而胜负久不决者，扼其险要故也。今贼守御已固，不如北取蒲坂，渡河而西，入其腹心，置兵死地，则华州之围，不战自解，长安可坐取也。"稚曰："子之计则善矣。然今薛修义围河东，薛凤贤据安邑，宗正珍孙守虞坂，兵不得进，如何？"曰："珍孙行阵一夫，因缘为将，可为人使，安能使人？河东治在蒲坂，西逼河漘，封疆多在郡东。修义驱率士民，西围郡城，其父母妻子，皆留旧村。一旦闻官军至，皆有内顾之心，势必望风自溃矣。"稚乃使其子彦与侃帅骑兵，自恒农北渡，据石锥壁。侃声言："停此以待步兵，且以望民情向背，而令送降名者各自还村，俟台举三烽，即举烽相应。其无应烽者，乃贼党也。当进击屠之，以所获赏军士。"于是村民持相告语，虽实未降者，亦诈举烽，一宿之间，火光遍数百里。贼围城者不测，各自散归。修义亦逃还，与凤贤俱请降。稚克潼关，遂入河东，宝夤出奔。

高仁厚

邛州牙将阡能叛，侵扰蜀境，都招讨高仁厚帅兵讨之。未发前一日，有鬻面者到营中，逻者疑，执而讯之，果阡能之谍也。仁厚命释缚问之，善用间者因敌间而用之。对曰："某村民，阡能囚某父母妻子于狱，云：'汝诇事归得实，则免汝家，不然尽死。'某非愿尔也。"仁厚曰："诚知汝如是，我何忍杀汝？今纵汝归，救汝父母妻子，但语阡能云：'高尚书来日发，所将止五百人，无多兵也。'然我活汝一家，汝当为我潜语寨中人云：'仆射愍汝曹皆良人，为贼所制，情非得已。尚书欲拯救湔洗汝曹。尚书来，汝曹各杀兵迎降，尚书当使人以"归顺"二字书汝背，遣汝还复旧业。所欲诛者，阡能、罗浑擎、句胡僧、罗夫子、韩求五人耳，必不使横及百姓也。'"谍曰："此皆百姓心上事，尚书尽知而赦之，其谁不舞跃听命。"遂遣之。明日，仁厚兵发。至双流，把截使白文现出迎，仁厚周视堑栅，怒曰："阡能役夫，其众皆耕民耳。竭一府之兵，岁余不能擒。今观堑栅重复牢密如此，宜其可以安眠饱食，养寇邀功也。"命引出斩之，监军力救乃免。命悉平堑栅，留五百兵守之，余兵悉以自随。又召诸寨兵，相继皆集。阡能闻仁厚将至，遣浑擎立五寨于双流之西，伏兵千人于野桥箐，以邀官军。仁厚诇知，遣人释戎服，入贼中告谕如昨所以语谍者。贼大喜呼噪，争弃甲来降。仁厚因抚谕，书其背，使归语寨中未降者。寨中余众争出，浑擎狼狈逾堑走，其众执以诣仁厚。仁厚械送府，悉命焚五寨及其甲兵，唯留旗帜。明旦，仁厚谓降者曰："始欲即遣汝归，而前途诸寨百姓，未知吾心，借汝曹为我前行。过穿口新津寨下，示以背字告谕之。比至延贡，可归矣。"乃取浑擎旗倒系之，每五十为队，授以一旗，使前扬旗疾呼曰："罗浑擎已生擒送使府，大军且至，汝寨中速如我出降，立得为良人无事矣。"至穿口，句胡僧置十一寨，寨中人争出降，胡僧大惊，拔剑遏之，众投瓦石击之，共擒以献仁厚，其众五千人皆降。明旦又焚寨，使降者又执旗先驱，至新津。韩求置十三寨，皆迎降，求自投深堑死。将士欲焚寨，仁厚止之曰："降人皆未食，先运出资粮，然后焚之。"新降者竞炊爨，与先降来告者共食之。语笑歌吹，终夜不绝。明日，仁厚候双流穿口降者先归，使新津降者执旗前驱，且曰："入邛州境，亦可散归矣。"罗夫子置九寨于延贡，其众前夕望新津火光，已待降不眠矣。及新津人至，罗夫子脱身弃寨奔阡能。明日，罗夫子、阡能谋悉众决战，计未定。日向暮，延贡降者至，阡能走马巡寨，欲出兵，众皆不应。明日，大将军近，呼噪争出，执阡能、罗夫子，泣拜马首。出军凡六日，五贼皆平。

只用彼谍一人，而贼已争降矣，只用降卒数队，而二十四寨，已望风迎款矣，必欲俘馘为功者何哉？

岳　飞

杨幺为寇。岳飞所部皆西北人，不习水战。飞曰："兵何常？顾用之何如耳。"先遣使招谕之，贼党黄佐曰："岳节使号令如山，若与之敌，万无生理，不如往降，必善遇我。"遂降。飞单骑按其部，拊佐背曰："子知逆顺者，果能立功，封侯岂足道？欲复遣子至湖中，视其可乘者擒之，可劝者招之，如何？"佐感泣，誓以死报。时张浚以都督军事至潭，参政席益与浚语，疑飞玩寇，庸才何知大计。欲以闻，浚曰："岳侯忠孝人也，兵有深机，何可易言？"益惭而止。黄佐袭周伦寨，杀伦，擒其统制陈贵等。会召浚还防秋，飞袖小图示浚。浚欲待来年议之，飞曰："王四厢以王师攻水寇则难，飞以水寇攻水寇则易，水战，我短彼长。以所短攻所长，所以难。若因敌将用敌兵，夺其手足之助，离其腹心之托，使孤立，而后以王师乘之，八日之内，当俘诸酋。"浚许之。飞遂如鼎州，黄佐招杨钦来降，飞喜曰："杨钦骁悍，既降，贼腹心溃矣。"表授钦武义大夫，礼遇甚厚，乃复遣归湖中。两日，钦说全琮、刘锐等降。飞诡骂曰："贼不尽降，何来也？"杖之，复令入湖，是夜掩贼营，降其众数万。幺负固不服，方浮舟湖中，以轮激水，其行如飞。旁置撞竿，官舟迎之辄碎。飞伐君山木为巨筏，塞诸港汊，又以腐木乱草，浮上流而下，择水浅处，遣善骂者挑之，且行且骂。贼怒来追，则草壅积舟轮，碍不行，飞亟遣兵击之。贼奔港中，为筏所拒，官军乘筏，张牛革以蔽矢石，举巨木撞其舟尽坏。幺投水中，牛皋擒斩。飞入贼垒，余酋惊曰："何神也！"俱降。飞亲行诸寨抚慰之，纵老弱归籍，少壮为军，果八日而贼平。浚叹曰："岳侯神算也。"

按：杨幺据洞庭，陆耕水战，楼船十余丈，官军徒仰视不得近。岳飞谋亦欲造大舟，湖南运判薛弼谓岳曰："若是，非岁月不胜，且彼之所长，可避而不可斗也。名言可以触类。今大旱，河水落洪，若重购舟首，勿与战，遂筏断江路，藁其上流，使彼之长坐废，而精骑直捣其垒，则彼坏在目前矣。"岳从之，遂平幺。人知岳侯神算，平幺于八日之间，而不知计出薛弼。从来名将名相，未有不资人以成功者。〇岳忠武善以少击众，尝以八百人破群盗王善等五十万众于南熏门，以八千人破曹成十万众于桂岭。其战兀术于颍昌，则以背嵬八百，于朱仙镇，则以五百，皆破其众十余万。凡有所举，尽召诸统制与谋，谋定而后战，故有战无败。猝遇敌，不动。敌人为之语曰："撼山易，撼岳家军难。"其御军严而有恩。卒有取民麻一缕以束刍者，立斩以徇。卒夜宿，民开门愿纳，无敢入者。军虽冻死，不折屋，饿死不卤掠。卒有疾，则亲为调药。诸将远戍，则遣妻问劳其家，死事者，哭之而育其孤，或以子婚其女。凡有颁赏，分给军吏，秋毫不私；每有功，必归之将士。吁！此则其制胜之本也。近日将官，事事与忠武反欲功成，得乎？

李　愬三条

宪宗讨吴元济。唐邓节度使高霞寓既败，袁滋代将，复无功。李愬求自试，遂为隋唐邓节度使。愬以军初伤夷，士气未完，乃不为斥候部伍。或有言者，愬曰："贼方安袁公之宽，我不欲使震而备我。"乃令于军中曰："天子知愬能忍耻，故委以抚养，战非我事也。"能而示之不能。齐人以愬名轻，果易之。愬沉鸷，能推诚待士，贼来降，辄听其便。或父母与孤未葬者，给粟帛遣还，劳之曰："而亦王人也，无弃亲戚。"众愿为愬死，故山川险易与贼情伪，皆能晓之。居半岁，知士可用，乃请济师。虏在目中，不然不轻战。于是缮铠厉兵，攻马鞍山下之，拔道口栅，战楂枒山，以取炉冶城，平青陵城。擒骠将丁士良，异其才，不杀，署捉生将。士良策曰："吴秀琳以数千兵不可破者，陈光洽为之谋也，我能为公取之。"乃擒以献，于是秀琳举文城栅降，遂以其众攻吴房，残外垣。始出攻，吏曰："往亡日，法当避。"愬曰："彼谓我不来，此可击也。"众决死战，贼乃走。或劝遂取吴房，愬曰："不可，吴房拔，则贼力专，不若留之以分其力。"初，秀琳降，愬单骑抵栅下与语，亲释缚，署以为将。秀琳为愬策曰："必破贼，非李祐无以成功者。"祐，贼健将也，守兴桥栅，其战常易官军。愬候祐护获于野，遣吏用诚以壮士三百伏其旁，见羸卒若将燔聚者。祐果轻出，用诚擒而还。诸将素苦祐，能苦诸将，定是有用之才。请杀之，愬不听，以为客将。闻召祐及李忠义，屏人语至夜艾。忠义亦贼将，军中多谏此二人不可近，愬待益厚。乃募死士三千为突将，自教之。会雨，自五月至七月不止，军中以为不杀祐之罚，不通。将吏杂然不解。愬力不能独完祐，乃持以泣曰："天不欲平贼乎？何见夺者众耶？"则械而送之朝，表言："必杀祐，无与共谋蔡者。"诏释以还愬，愬乃令佩剑，出入帐下，署六院兵马使。祐奉檄呜咽，诸将乃不敢言。由是始定袭蔡之谋矣。

不械送祐，则谤者不息，此与司马懿祁山请战，奉诏而止，同一机轴。皆成言先入，度其必不迕而后行之者也。辛毗持节而蜀师老，李祐还幕而吴寇平。虽将之善，君亦与焉。

岳侯平杨幺，李愬克元济，无一不资才于敌，亦由威信素孚，操纵在手故也。后人漫然学之，鲜不堕敌之间矣。岑彭、费祎亡其身，俱为降人刺杀。曹瞒、苻坚亡其师，赤壁之役，曹操信黄盖之降，以取败。淝水之战，降将朱序谋归晋，阴导晋败秦。彼皆老于兵事者，而犹如此，可不慎与！

李愬之将袭蔡也。旧令，敢舍谍者族。愬刊其令，一切抚之，故谍者反效以情，愬益悉贼虚实。

能用谍，不妨舍谍，然必先知谍，方能用谍；必能使民不隐谍，方能知谍；必恩威有以服民，方能使民不隐谍。呜呼！难言矣。〇近有邑宰，急欲弭盗，谓诸盗往往获自妓家，必驱妓出境，乃清盗薮。夫妓家如果薮盗，正宜留之，以为捕役耳目之径，若薮之境外，与薮之境内庸愈？假令盗薮民家，亦将尽民而驱之乎？不深严捕役之督，而求盗无薮，斯无策之甚者也。

时李光颜战数胜，元济率锐师屯洄曲，以抗光颜。愬知其隙可乘，乃夜起师。祐以突将三千为前锋，李忠义副之。愬率中军三千，田进诚以下军殿，出文城栅，令曰："引而东六十里止。"袭张柴，歼其戍。敕士少休，益治鞍铠，发刃彀矢。会大雨雪，天晦，凛风偃旗裂肤，马皆缩栗，士抱戈冻死于道十一二。张柴之东，陂泽沮奥，众未尝蹈也，皆谓投不测。始发，吏请所向。愬曰："入蔡州取吴元济。"士失色，监军使者泣曰："果落祐计。"然业从愬入，人不敢自为计。士有必死之心矣。愬分轻兵断桥道,以绝洄曲道,又以兵绝朗山道。行七十里,夜半至悬瓠城,雪甚。城旁皆鹅鹜池,愬令击之,以乱军声。贼吴房、朗山戍晏然无知者。祐等坎墉先登,众从之,杀门者开关,留持柝,传夜自如。黎明,雪止,愬入驻元济外宅。蔡吏惊曰:"城陷矣。"元济尚不信曰:"是洄曲子弟来索褚衣耳。"及闻号令曰:"常侍传语。"始惊曰:"何常侍得至此?"率左右登牙城,田进诚进兵薄之。愬计元济且望救于董重质,乃访其家慰安之,使无怖。以书召重质,重质以单骑白衣降,进诚火南门。元济请罪,梯而下,槛送京师。

赵充国

先零、罕、开皆西羌种,各有豪,数相攻击成仇。匈奴连合诸羌,使解仇作约。充国料其到秋变必起,宜遣使行边预为备。于是两府白遣义渠安国行视诸边,分别善恶。安国至,召先零诸豪三十余人,以尤桀黠,皆斩之,纵兵击斩千余级,诸降羌悉叛,攻城邑,杀长吏。上曰:"谁可将者?"充国对曰:"无逾于老臣者矣。"充国时年七十余。上问:"将军度羌虏何如,当用几人?"充国曰:"百闻不如一见。兵难隃度,臣愿驰至金城,图上方略。"充国至金城,须兵满万骑,方渡河,恐为羌所遮,即夜遣三校,衔枚先渡,渡辄营阵。及明,以次尽渡。羌数十百骑来,出入军旁,充国意此骁骑难制,且恐为诱,戒军勿击。曰:"吾士兵新倦,不可驰逐,击羌以殄灭为期,小利不足贪也。"遣骑候四望峡中地名。亡羌。夜引兵至落都,谓诸校司马曰:"吾知羌无能为矣,使发数千人守杜四望峡中,兵岂得入哉。"遂西至西部都尉府,日饷军士,士皆欲为用。虏数挑战,充国坚守,节节持重。初,罕、开豪靡当儿,使弟雕库来告都尉曰:"先零将反。"后数日果反。雕库种人颇在先零中,都尉即留雕库为质,充国以为亡罪,遣归,使告种豪:"大兵诛有罪,毋取并灭,能相捕斩者除罪,斩大豪有罪者一人,赐钱四十万,中豪十五万,下豪二万,大男三千,女子及老少千钱。又以所捕妻子财物与之。"欲以威信招降罕、开及劫略者,解散虏谋。酒泉太守辛武贤上言:"今虏朝夕为寇,土地寒苦,汉马不能冬,可益马食,以七月上旬赍三十日粮,分兵并出张掖、酒泉,合击罕、开。"天子下其议,充国以为驮负三十日之粮,又有衣装兵器,难以追逐。羌据前险,守后阸以绝粮道,必有伤危之患。且先零首为叛逆,宜捐罕、开暗昧之过,先诛先零,以震动之。朝议谓:“先零兵盛而负罕、开之助,不先破罕、开,则先零未可图。”似是而非。天子遂敕充国进兵。充国上书谢罪,因陈利害曰:“臣闻兵法:‘攻不足者,守有余。’‘善战者致人,不致于人。’即罕羌欲为寇,宜简练以俟其至,以逸待劳,必胜之道也。今释致虏之术,而从为虏所致之道,愚以为不便。先零羌欲为背叛,故以罕、开解仇结约,然其私心,亦恐汉兵至,而罕、开背之,其计常欲先赴罕、开之急,以坚其约。先击罕羌,先零必助之。今虏马肥食足,击之未见利,适使先零得施德于罕羌,以坚其约。党坚势盛,附者浸多,臣恐国家之忧,不二三岁而已。于臣之计,先诛先零,则罕、开不烦兵而服。如其不服,须正月击之未晚。”上从充国议。充国引兵至先零,虏久屯聚,解弛,望见大军,弃车重,欲渡湟水,道阸狭,充国徐行驱之,又持重。或曰:“逐利宜亟。”充国曰:“此穷寇不可迫也,缓之则走不顾,急之则还致死。”诸校皆曰:“善。”虏赴水溺死数百,降及斩首五百余人。兵至罕地,令军毋燔聚落,刍牧田中,罕羌闻之喜曰:“汉果不击我矣。”豪靡忘来自归,充国赐饮食,遣还谕种人,时羌降者万余人。充国度羌必坏,请罢骑兵,留万人屯田,以待其敝。

析　公

晋、楚遇于绕角,栾武子书不欲战,析公曰:“楚师轻窕,易震荡也。若多鼓钧声,以夜军之,楚师必遁。”晋人从之,楚师宵溃。

王德用

王德用为定州路总管,日训练士卒。久之,士殊可用。会契丹有谍者来觇,或请捕杀之。德用曰:“第舍之,吾正欲其以实还告。百战百胜,不如以不战胜也。”明日,故大阅,士皆踊跃思奋,乃阳下令:“具糗粮,听吾旗鼓所向。”觇者归告,谓:“汉兵且大入。”遂来议和。

韩世忠

广西贼曹成，拥余众在郴、邵，韩世忠既平闽寇，旋师永嘉，若将就休息者。忽由处、信径至豫章，连营江滨数十里，群贼不虞其至，大惊。世忠遣人招之，成遂降，得战士八万。

程　昱

程昱守鄄城，兵仅七百人。操闻袁绍在黎阳将南渡，欲以兵三千益之。昱不肯，曰："袁绍拥十万众，自以所向无前。今见昱兵少，必不来攻。若益以兵，则必攻，攻则必克。"绍果以昱兵少，不肯攻。操谓贾诩曰："程昱之胆，过于贲、育。"

七百与三千，均非十万敌也。而益兵之名，足以招寇，昱之见胜于曹公远矣。

陆　逊

嘉禾五年，孙权北征，使陆逊与诸葛瑾攻襄阳。逊遣亲人韩扁赍表奏报，还遇敌于沔中，钞逻得扁，瑾闻之甚惧，书与逊云："大驾已旋，贼得韩扁，具知我阔狭，且水干，宜当即去。"逊未答，方催人种葑豆，与诸将奕棋射戏如常。瑾曰："伯言多智略，其当有以。"自来见逊。逊曰："贼知大驾已旋，无所复慼，得专力于吾，又已守要害之处，兵将已动，且当自定以安之，施设变术，然后出耳。今便示退，贼当谓吾怖，仍来相蹙，必败之势。"乃密与瑾立计，令瑾督舟船，逊悉上兵马，以向襄阳城。敌素惮逊，遽还赴城。瑾便引舟出，逊徐整部伍，张拓声势，走趋船。敌不敢追，全军而退。

高仁厚

高仁厚攻东川杨师立。夜二鼓，贼党郑君雄等出劲兵掩击城北副使寨。杨茂言不能御，帅众弃寨走。其旁寨见副走，亦走，贼直薄中军。仁厚令大开寨门，设炬火照之，自率士卒为两翼，伏道左右。贼见门开，不敢入，还去。仁厚发伏击之，贼大败。仁厚念诸弃寨者，所当诛杀甚众，乃密召孔目官张韶谕之曰："尔速遣步探子将数十人，分道追走者，不惟省事，且积德。自以尔意谕之曰：'仆射幸不出寨，皆不知，汝曹速归。来旦，牙参如常，勿忧也。'"韶素长者，择而使之。众信之，至四鼓，皆还寨。唯杨茂言走至张把，乃追及之。仁厚闻诸寨漏鼓如初，喜曰："悉归矣。"诘旦，诸将牙集，以为仁厚诚不知也。坐良久，谓茂言曰："昨夜闻副使身先士卒，走至张把，有诸?"对曰："闻贼攻中军，左右言仆射已去，遂策马骖随。既而审其虚，乃复还耳。"曰："仁厚与副使俱受命天子，将兵讨贼。若仁厚先走，副使当叱下马，行军法，代总军事，然后奏闻。近日辽阳之役，制阃者若识此一着，何至身名俱丧。今副使既先走，又为欺罔，理当何如?"茂言拱手曰："当死。"仁厚曰："然。"命左右扶下斩之，诸将股栗。仁厚乃召昨夜所获俘虏数十人，释缚纵归。君雄闻之，惧曰："彼军法严整如是，又可犯乎?"自是兵不复出。后君雄斩师立出降。

孙武戮宠姬以殉阵，穰苴斩幸臣以立法。齐景幸臣庄贾。法行则将尊，将尊则士致死，士有必死之气，则敌有必败之形矣。仁厚用法固善，尤妙在遣张韶一事，不尽杀之，威胜于尽杀，更驱而用之，不患逃卒不尽为死士也。〇孙武子齐人，以兵法见于吴王阖庐。阖庐曰："子之十三篇，吾尽观之矣，可以小试勒兵乎?"对曰："可。"阖庐曰："可试以妇人乎?"曰："可。"于是出宫中美人，得百八十人。孙子分为二队，以王之宠姬二人各为队长，主意欲借之以立威。皆令持戟。令之曰："汝知而心与左右手背乎?"妇人曰："知之。"孙子曰："前则视心，左视左手，右视右手，后即视背。"妇人曰："诺。"约束既布，乃设铁钺，即三令五申之。于是鼓之右，妇人大笑。孙子曰："约束不明，申令不熟，将之罪也。"复三令五申而鼓之左，妇人复大笑。孙子曰："约束不明，申令不熟，将之罪也。既已明而不如法者，吏士之罪也。"乃欲斩左右队长。吴王从台上观，见且斩爱姬，大骇，趣使使下令曰："寡人知将军能用兵矣，寡人非此二姬，食不甘味，愿勿斩也。"孙子曰："臣既已受命为将，将在军，君命有所不受。"遂斩队长二人以徇，用其次为队长。于是复鼓之，妇人左右前后跪起，皆中规矩绳墨,无敢出声。于是孙子使使报王曰:"兵既整齐,王可试下观之。唯王所欲用,虽赴水火,犹可也。"吴王曰:"将军罢休就舍,寡人不愿下观。"孙子曰:"王徒好其言,不能用其实。"于是阖庐知孙子能用兵,卒以为将,西破强楚,入郢,北威齐晋,显名诸侯,孙子与有力焉。〇齐景公时,师败于燕、晋。晏婴荐司马穰苴,公以为将军。穰苴曰:"臣素卑贱,人微权轻,实话。愿得君之宠臣以监军。"少不得下此一着。公使庄贾往,苴与贾约,日中会于军门。苴先驰至军,立表下漏待贾。夕时,贾始至。苴曰:"何后期?"贾曰:"亲戚送之,故留。"苴曰:"将受命之日,则忘其家,临军约束,则忘其亲,援枹鼓之急,则忘其身,何相送乎?"召军正问曰:"军法期而后至云何?"对曰:"当斩。"贾始惧,使人驰报景公求救。未及返,遂斩贾以徇三军。久之,公遣使者持节赦贾,驰入军中。穰苴曰:"将在军,君命有所不受。"问军正曰:"军中不驰,今使者驰云何?"对曰:"当斩。"苴曰:"君之使不可斩。"乃斩其仆、车之左驸、马之左骖,以徇三军。乃阅士卒,次舍井灶饮食,问疾医药,自身抚循之。悉取将军之资粮,饷士卒,而自比其羸弱者。三日而后勒兵,于是病者皆求行,争出赴战,大败晋师。

李光弼

史思明屯兵于河清,欲绝光弼粮道,光弼军于野水渡以备之。既夕,还河阳,留兵千人,使将雍希颢守其栅曰:"贼将高廷晖、李日越,皆万人敌也。至勿与战,降则俱来。"诸将莫谕其意,皆窃笑之。既而思明果谓日越曰:"李光弼长于凭城,今出在野。汝以铁骑宵济,为我取之,不得则勿反。"日越将五百骑,晨至栅下,问曰:"司空在乎?"希颢曰:"夜去矣。"日越曰:"失光弼而得希颢,吾死必矣。"遂请降。希颢与之俱见光弼,光弼厚待之,任以腹心。高廷晖闻之亦降。或问光弼,降二将何易也。光弼曰:"思明常恨不得野战,闻我在外,以为可必取。日越不获我,势不敢归。廷晖才过于日越,闻日越被宠任,必思夺之矣。"

传云:"作事威克其爱,虽小必济。"然过威,亦复偾事,史思明是也。

兵智部制胜

危事无恒，方随病设。躁或胜寒，静或胜热。动于九天，入于九渊。风雨在手，百战无前。集“制胜”。

孙 膑二条

孙子同齐使之齐，客田忌所。忌素与齐诸公子逐射，孙子见其马足不甚相远，马有上中下，乃谓忌曰：“君第重射，臣能令君胜。”忌然之。与王及诸公子逐射千金，及临质。孙子曰：“今以君之下驷，与彼上驷；取君上驷，与彼中驷；取君中驷，与彼下驷。”既驰三辈毕，而田忌一不胜而再胜，卒得五千金。

唐太宗尝言：“自经略四方，颇知用兵之要，每观敌阵，则知其强弱。尝以吾弱当其强，强当其弱。彼乘吾弱，奔逐不过数百步。吾乘其弱，必出其阵后，反而击之，无不溃败。”盖用孙子之术。〇宋高宗问吴璘以胜敌之术，璘曰：“弱者出战，强者继之。”高宗亦曰：“此孙膑驷马之法。”

魏伐赵，赵急，请救于齐。齐威王欲将孙膑，膑以刑余辞，乃将田忌，而孙子为师，居缁车中，坐为计谋。田忌欲引兵救赵，孙子曰：“夫解纷者不控卷，救斗者不搏撠。批亢捣虚，形格势禁，则自为解耳。今梁赵相攻，轻兵锐卒，必尽于外，老弱罢于内。君不若引兵疾走大梁，致人。冲其方虚，彼必释赵而自救，是我一举解赵之围，而收敝于魏也。”忌从之，魏果去邯郸，致于人。与齐战于桂陵，大破梁军。

赵 奢

秦伐韩，军于阏与。赵王问廉颇：“韩可救否？”对曰：“道远险狭，难救。”又问乐乘，如颇言。及问赵奢，奢对曰：“道远险狭，譬之两鼠斗于穴中，将勇者胜。”乃遣奢将而往。去邯郸三十里，而令军中曰：

“有以军事谏者死。”主意已定，不欲惑乱军心也。秦军军武安西，鼓噪勒兵，屋瓦皆振。军中候有一人言急救武安，奢立斩之。坚壁留二十八日不行，坚秦人之心。复益增垒。秦间来入，奢善食而遣之。间以报秦将，秦将大喜曰：“夫去国三十里而军不行，乃增垒，阏与非赵地也。”奢既遣秦间，乃卷甲而趋之，出其不意。一日一夜至。令善射者去阏与五十里而军，军垒成。秦人闻之，悉甲而至，军士许历，请以军事谏，奢曰：“内之。”许历曰：“秦人不意赵师至此，其来气盛，将军必厚集其阵以待之，不然必败。”奢许诺，许历请就诛，奢曰：“胥后令，至邯郸。”历复请谏曰：“先据北山上者胜，后至者败。”奢许诺，即发万人趋之。秦兵后至，争山不得上，奢纵兵击之，大破秦军，遂解阏与之围。

孙子曰：“反间者因敌间而用之。”又曰：“我得亦利，彼得亦利，为争地。”阏与之捷是也。许历智士，不闻复以战功显，何哉？于汉广武君亦然。

李　牧

李牧，赵北边良将也。尝居雁门，备匈奴，以便宜置吏，市租皆输入幕府，为士卒费。日击牛飨士，习骑射，谨烽火，多间谍，厚遇战士。为约曰：“匈奴即入盗，急入收保。有敢捕虏者斩。”如此数岁，匈奴以牧为怯，虽赵边兵亦以为吾将怯。赵王让李牧，牧如故。赵王怒，召之，使他人代将。岁余，匈奴每来，出战数不利，失亡多，边不得田畜。乃复请李牧。牧固称疾，赵王强起之，牧曰：“必用臣，臣如前，乃可奉令。”王许之，李牧如故约，匈奴终岁无所得，然终以为怯。边士日得赏赐而不用，皆愿一战。于是乃具选车，得千三百乘，选骑，得万三千匹，百金之士五万人，彀者十万人。悉勒习战，大纵畜牧，人民满野，匈奴小入，佯北以数千委之。单于闻之，大率众来入，牧多为奇阵，张左右翼击之，大破，杀匈奴十万余骑，单于奔走。其后十余岁，不敢近边。

厚其遇，故其报重，蓄其气，故其发猛。古名将用死士之力，往往一试而不再，亦一试而不必再也。今之所谓兵者，除一二家丁外，率丐而甲，尪而立者耳。呜呼！尪也，丐也，又多乎哉。

周亚夫二条

吴、楚反，景帝拜周亚夫为太尉击之。既发，至霸上，赵涉遮说之曰："吴王怀辑死士久矣，此知将军且行，必置人于殽、渑厄陿之间。且兵事尚神密，将军何不从此右去，走蓝田，出武关，抵洛阳，间不过差一二日，直入武库，击鸣鼓，诸侯闻之，以为将军从天而下也。"太尉如其计，至洛阳，使搜殽、渑间，果得伏兵。

太尉出兵荥阳，坚壁不出。吴方攻梁急，梁请救。太尉守便宜，欲以梁委吴，不肯往。梁王上书自言，帝使使诏救梁，太尉亦不奉诏，而使轻骑兵绝吴楚后。吴兵求战不得，饿而走，太尉出精兵击破之。

吴王之初发也，其大将田禄伯曰："兵屯聚而西，无他奇道，难以立功。臣愿得五万人，别循江淮而上，收淮南、长沙入武关，与大王会。魏延子午谷之计相似。此亦一奇也。"吴太子谏曰："王以反为名，何不谏他勿反？若借人兵，亦且反王。"于是吴王不许。少将桓将军说王曰："吴多步兵，利险；汉多车骑，利平地。愿大王所过城不下，直去，疾西据洛阳武库，食廒仓粟，阻山河之险，以令诸侯。虽无入关，天下固已定矣。大王徐行，留下城邑，汉军车骑至，驰入梁楚之郊，事败矣。"吴老将皆言：此少年摧锋可耳，安知大虑？吴王于是亦不许。假令二计得行，亚夫未遽得志也。亚夫之功，涉与吴王分半，而后世第功亚夫，竟无理田、桓二将军之言者，悲夫。〇李牧、周亚夫，皆不万全不战者，故一战而功成。赵括以轻战而败，夫差以累战而败。君知不可战而不禁之，子玉之败是也。将知不可战而迫使之，杨无敌之败是也。

周　访

贼帅杜曾，屡败官兵，威震江、沔。元帝命周访击之。访有众八千，进至沔阳。曾等锐气甚盛，访曰："先入有夺人之心，军之善谋也。"使将军李常督左甄，许朝督右甄，访自领中军，高张旗帜。曾果畏访，先攻左右甄。曾勇冠三军，访甚恶之，自于阵后射雉，以安众心。令其众曰："一甄败，鸣三鼓；二甄败，鸣六鼓。"赵胤兵属左甄，力战,败而复合。胤驰马告访,访怒叱,令更进。胤号哭复战,自旦至申,两甄皆败。访闻鼓音,选精锐八百人,自行酒饮之,敕不得妄动,闻鼓响乃进。贼未至三十步,访亲鸣鼓,将士皆腾跃奔赴,曾遂大溃,杀千余人。访夜追之,诸将请待明日,访曰:“曾骁勇善战,向之败也,彼劳我逸,是以克之,宜及其衰乘之,可灭。”鼓行而进,遂定汉沔。曾等走固武当,访出不意,又击破之,获曾。

先委之以两甄,以敝其力,以骄其气,卒然乘之,乃可奏功。然兵非素有节制,两甄先不为尽力矣。

陆逊　陆抗

昭烈率众伐吴,自巫峡至夷陵,连营七百余里,而先遣吴班将数千人,平地立营以挑战。吴诸将皆欲击之,陆逊不许曰:“此必有谲。”坚壁良久,昭烈知计不行,乃引伏兵从谷中出,凡八千人。逊谓诸将曰:“所以不听击班者,正为此也。今而后吾知所以破之矣。”乃敕于暮夜,人各持茅一把,每间一营,辄攻一营,同时火举,首尾不能相救,于是四十余营,一战俱破。

魏文帝闻昭烈树栅连营状,顾谓群臣曰:“备不知兵,必破矣。岂有七百里连营,而可以拒敌者乎?包原隰险阻以营军者,必为敌擒,此兵忌也。”后七日而孙权捷书至。以昭烈之老于行间,而识不及曹丕,何也?岂所谓“老将智而耄及之乎”?

昭烈之伐吴,苻坚之寇晋,皆倾国之兵也。然昭烈之谋狡,故宜静以待之。苻坚之气骄,故宜急以挫之。狡谋穷则敌困,骄气挫则敌衰,所以虽众,无所用之也。按:淝水之役,苻融攻硖石,坚留大军于项城,自引轻骑八千就之。朱序乃私于谢石曰:“若秦兵尽至,诚难与为敌,今乘诸军未集,宜速击之,若败其前锋,则彼已夺气,可遂破也。”石从之。

西陵督步阐以城降晋。抗闻,日夜督兵赴西陵,别筑严围,使内可围阐,外可御寇,而不攻城。诸将咸谏曰:“及兵之锐,宜急攻阐。比晋救至,阐必拔矣,何事于围,而以敝士民之力?”抗曰:“此城甚固,而粮又足,其缮修备御具,皆抗所亲规。攻之,急未能克,而救且至。

救至而无备，表里受敌，何以御之？”诸将犹不谓然。抗欲服众，乃听令一攻，果不利，于是围备始力。未几，晋杨肇帅兵来救，时我军都督俞赞忽亡诣肇。抗曰：“赞，军中旧吏也，知吾虚实，吾尝虑夷兵素不简练，若敌来攻，必先此处。”是夜易夷民，而悉以旧将统之。明日，肇果攻故夷兵处。抗击之，矢石雨下。肇夜遁，抗不追，而但令鸣鼓发喊，若将攻者。肇大溃引去，遂复西陵，诛阐。

陆逊、陆抗，是父是子！

邓 艾

邓艾与郭淮合兵以拒姜维。维退，淮因西击羌。艾曰：“贼去未远，或能复还，宜分诸军以备不虞。”于是留艾屯白水北。三日，维遣廖化自水南向艾结营。艾谓诸将曰：“维今卒还，吾军少，法当来渡，而不作桥，此维使化持吾，令吾不得动，棋逢敌手。维必自东袭取洮城矣。”洮城在水北，去艾屯六十里。艾即夜潜军径到洮城，维果来渡，而艾先至，据城，得以不破。

唐太宗三条

唐兵围洛阳，夏主窦建德悉众来援，诸将请避其锋。郭孝恪曰：“世充穷蹙，垂将面缚。建德远来助之，此天意欲两亡之也。宜据武牢之险以拒之，伺间而动，破之必矣。”记室薛收曰：“世充府库充实，所将皆江淮精锐，但乏粮食，故为我持。建德自将远来，亦当挫其精锐，朱序破苻秦之策。若纵之至此，两寇合从，转河北之粟，以馈洛阳，则战争方始，混一无期。今宜分兵守洛阳，深沟高垒，勿与战。大王亲帅骁锐，先据成皋，以逸待劳，皆可克也。建德既破，世充自下，不过二旬，两主就缚矣。”世民从之，由是夏主迫于武牢，不得行。

按：是时，凌敬言于建德曰：“大王宜悉兵济河，攻取怀州河阳，以重将守之，遂建旗鼓，逾太行，入上党，徇汾晋，趣薄津，蹈无人之境，拓地收兵，则关中震惧，而郑围自解矣。”妻曹氏亦曰：“祭酒之言是也。”夫此特孙子旧策，妇人犹知之，而建德不能用，以至败死，何哉？

谍告:“夏主伺唐,牧马于河北,将袭武牢。”世民乃北济河,南临广武而还,故留马千余匹,牧于河渚以疑之。建德果悉众出牛口,置阵亘二十里,鼓行而进。诸将皆惧,世民升高望之,谓诸将曰:“贼起山东,未尝见大敌,今度险而嚣,是无纪律,逼城而阵,有轻我心。我按兵不出,彼勇气自衰。阵久卒饥,势将自退,追而击之,无不克矣。”建德列阵,自辰至午,士卒饥倦皆坐列,又争饮水。世民命宇文士及将三百骑,经建德阵西,尝之。驰而南上。建德阵动,世民曰:“可击矣。”帅轻骑先进,大军继之,直薄其阵。方战,世民又率史大奈等,卷旆而入,出于阵后,陈唐旗帜,夏兵见之惊溃。

秦王世民至高墌,薛仁杲使宗罗睺将兵拒之。世民坚壁不出,诸将请战。世民曰:“我军新败,士气沮丧。贼恃胜而骄,有轻我心,宜闭垒以待之。彼骄我备,可一战而克也。”乃令军中曰:“敢言战者斩。”相持六十余日,仁杲粮尽,所部多降。世民乃命梁寔,营于浅水原以诱之。罗睺大喜,尽锐攻之。数日,世民度其已疲,谓诸将曰:“可以战矣。”使庞玉陈于原南,罗睺并兵击之,玉几不能支。世民乃引大军,自原北出其不意,自帅骁骑陷阵。罗睺军溃,世民帅骑追之。窦轨叩马苦谏,世民曰:“破竹之势,不可失也。”遂进围之。仁杲将士多叛,计穷出降,得其精兵万人。诸将皆贺,因问曰:“大王一战而胜,遽舍步兵,又无攻具,直造城下,众皆以为不可,而卒取之,何也?”世民曰:“罗睺所将,皆陇外骁将悍卒,吾特出不意破之,斩获不多。若缓之,则皆入城,仁杲抚而用之,未易克也。急之则散归陇外,折墌虚弱,仁杲破胆,不暇为谋,此吾所以克也。”众皆悦服。

李　靖

萧铣据江陵,诏李靖同河间王孝恭安辑,阅兵夔州。时秋潦,涛濑涨恶,铣以靖未能下,不设备。诸将亦请江平乃进。靖曰:“兵事以速为神,今士始集,锐不及知,若乘水傅垒,是震雷不及塞耳,仓卒召兵,无以御我,此必擒也。”孝恭从之,帅战舰二千余艘东下,拔其荆门、宜都二镇,进至夷陵,萧铣之罢兵营农也,才留宿卫数千人。闻唐兵至,大惧,仓卒征兵,皆在江领之外,道途阻远,不能遽集,乃悉见兵出拒战。孝恭将击之，李靖止之曰："彼救败之师，策非素立，势不能久。不若且驻南岸，缓之一日，彼必分其兵，或留拒我，或归自守。分兵势弱，我乘其懈而击之，蔑不胜矣。今若急之，彼则并力死战。楚兵慓锐，未易当也。"孝恭不从，留靖守营，自帅锐师出战，果败，走趋南岸。铣众委舟，收掠军资，人皆负重。靖见其众乱，纵兵奋击，大破之，乘胜直抵江陵，入其外郭，大获舟舰。李靖使孝恭尽散之江中，诸将皆曰："破敌所获，当藉其用，奈何弃以资敌?"靖曰："萧铣之地，南出岭表，东距洞庭，吾悬军深入，若攻城未拔，援兵四集，吾表里受敌，进退不获，虽有舟楫，将安用之？今弃舟舰，使塞江而下，援兵见之，必谓江陵已破，未敢轻进，往来窥伺，动淹旬月，吾取之必矣。"铣援兵见舟舰，果疑不进。

朱　儁

黄巾贼党韩忠，以十万人据宛。诏朱儁以八千人讨之。儁张围结垒，起土山以临城内，鸣鼓攻其西南。贼悉众赴西南，儁自将精兵五千，掩其东北，乘城而入。忠乃退保子城，惶惧乞降。时司马张超等议听之，儁曰："兵有形同而势异者，昔秦项之际，民无定主，故赏附以劝来者。今海内一统，独黄巾造逆，纳降，徒长逆萌，非长计。"急攻之，不克。儁乃登土山望之，顾谓张超曰："吾知之矣，贼外围周固，乞降不受，欲出不得，所以死战。不如撤围，并兵入城，忠见围解，势必自出，出则意散，易破之道也。"既解围，忠果出，因击，大破之。

耿　弇

张步弟蓝，将精兵二万守西安，而诸郡合万人守临淄，相距四十里。耿弇进军二城之间，视西安城小而坚，临淄虽大，实易取。乃下令，后五日攻西安。蓝闻，日夜警备。至期夜半，弇敕诸将皆蓐食。及旦，径趋临淄，半日拔其城。蓝惧，弃城走。诸将曰："敕攻西安，而乃先临淄，竟并下之，何也?"弇曰："西安闻吾攻，必严守具。临淄出不意而至，必自惊扰，攻之必立拔。拔临淄，则西安孤，此击一而得二也。若先攻西安，顿兵坚城，死伤必多，即拔之，吾深入其地，后乏转输,旬月间不自困乎?”诸将皆服。

韦　叡三条

梁天监四年,王师北伐,命韦叡督军,攻小岘城。既至,城中忽出数百人,阵于门外。叡曰:“城中二千余人,闭门坚守,足以自完,而无故出人于外,此必其骁劲者也,先挫其劲,城一鼓可拔。”诸将疑不前,叡指其节曰:“朝廷授此,非以为饰,法不可犯也。”兵遂进,殊死战,魏兵大溃。急攻之,城遂拔。

叡进攻合肥,先按行山川,曰:“吾闻之,汾水可灌平阳,绛水可灌安邑。”乃为之堰肥水。堰成,而魏援兵大至。诸将惧,请表益兵,叡笑曰:“贼已至而请兵,虽鞭之长,能及马腹乎?”初战不利,诸将议退巢湖,又议走保三叉。叡怒曰:“将军死绥,有前无却,妄动者斩。”乃取伞扇麾幢树堤下,示无动意,而更筑垒于堤以自固。久之,堰水满,魏救兵无所用,城竟溃。

魏中山王元英,以百万众寇北徐州,围刺史昌义之于钟离。帝遣曹景宗将大兵往救,敕叡帅所部往会之。叡自合肥径进。时魏兵声势甚盛,诸将惧,请缓行,叡曰:“钟离望救甚急,车驰卒奔,犹恐其后,而可缓乎?魏兵深入,已堕吾腹中,勿忧也。”不旬日至,遂于景宗营前二十里,一夜掘长堑,树鹿角,截土为城,比晓而营立,元英惊以为神。英先于邵阳洲两岸为两桥,树栅数百步,跨淮通道。叡乃装大舰,乘淮水暴涨,竟发以临其垒,而令小船载苇薹,灌之膏油,乘风纵火,烟焰障天,倏忽之间,桥栅尽坏。我军乘势奋勇,呼声动天地,无不一当百,魏兵大溃,元英仅以身免。昌义之得报,不暇语,但直叫曰:“更生,更生!”

时魏人歌曰:“不畏萧娘与吕姥,但畏合肥有韦虎。”韦即叡,吕即吕僧珍;萧者,临川王宏也。

马　燧

马燧既败田悦,会救至,悦复振。悦壁洹水,淄青军其左,恒冀军其右。燧进屯邺,请益兵。诏河阳李芃以兵会,次于漳。悦遣将王光进,以兵守漳之长桥,筑月垒以扼军路。燧于下流以铁锁维车数百绝河,载土囊遏水而渡。悦知燧食乏,坚壁不战。燧令士赍十日粮,进营仓口,与悦夹洹而军,造三桥,逾洹日挑战。悦不出,阴伏万人,欲以掩燧。亦谲。燧令诸军夜半食,鸡鸣时鸣鼓角,而潜师并洹趋魏州,攻其所必救。下令曰:"须贼至,止为阵。留百骑,持火匿桥旁,待悦众尽渡,乃焚桥。"燧行十余里,悦果率众逾桥。乘风纵火,鼓噪而前。燧令兵士无动,除榛莽,广百步,勇士五千人,先为阵以待悦。以逸待劳。比悦至,火止,气少衰。燧将兵奋击,大败之。悦还走,而三桥已焚矣。悦众赴水死者,不可胜计。

郑子元　李晟

桓王怒郑不朝,以诸侯伐之。王为中军,虢公林父将右军,蔡人、卫人属焉;周公黑肩将左军,陈人属焉。郑子元请为左拒,以当蔡人、卫人,为右拒,以当陈人。曰:"陈乱,民莫有斗心,若先犯之,必奔,王卒顾之,必乱。蔡卫不支,固将先奔。既而萃于王卒,可以集事。"从之,曼伯为右拒,祭仲为左拒,原繁、高渠弥以中军奉郑伯,为鱼丽之阵,先偏后伍,二十五乘为偏,五人为伍。伍承弥缝,战于繻葛,命二拒曰:"旝大将之麾。动而鼓。"蔡卫陈皆奔,王卒乱,郑师合以攻之,王卒大败。

吐蕃尚结赞兵逾陇岐,李晟选兵三千,使王佖伏汧阳旁,诫之曰:"蕃军过城下,勿击首尾。首尾纵败,中军力全。但候其前军已过,见五方旗武豹衣,则其中军也。突其不意,可建奇功。"佖如晟节度,过结赞,即出奋击,贼皆披靡。佖军不识结赞,故结赞仅而免。

犯王不祥,而三国非郑敌,先动其左右以摇之。尚结赞劲而狡,小挫未可得志,故专力于中军,出不意以突之。若鄢陵之战,苗贲皇言于晋侯曰:"楚之良在于中军王族,请分良以击其左右,而以三军萃于王卒,必大败之。"此又因晋楚力敌而然,故曰:知彼知己,兵法何常之有?

刘　锜

刘锜字信叔。赴官东京,至涡口。方食,忽暴风拔坐帐。锜曰:

"此贼兆也,主暴兵。"即下令兼程而进,闻金人败盟南下,已陷东京。锜与将佐舍舟陆行,急趋至顺昌。知府陈规见锜问计,锜询知城中有米万斛,乃议敛兵入城,为守御计。诸将谓金不可敌,请以精锐遮老稚,顺流还江南。锜曰:"东京虽失,幸全军至此,有城可守,奈何弃之?敢言去者斩!"置家寺中,积薪于门,戒守者曰:"脱有不利,即焚吾家。"李光弼纳刀于靴中,相似。乃分命诸将守诸门,明斥堠,募土人为间谍,要紧。于是军士皆奋。时守备一无可恃,锜督取车轮辕埋城上,又撤民户扉周匝蔽之,凡六日粗毕,而金兵已至城下矣。初,锜傅城筑羊马垣,穴垣为门,至是蔽垣为阵。金人纵矢,皆自垣端轶着于城,或止中垣上。锜用破敌弓,翼以神臂强弩,自城上或垣门射敌,无不中者。敌稍却,即以步兵邀击,溺河水死者无数。金兵移寨二十里,锜遣阎充募壮士五百人,夜斫其营。是夕天欲雨,电光四起,见辫发者辄歼之。金兵复退十五里,锜复募百人以往,命折竹为器,如市井儿以为戏者,人持一以为号,直犯金营,电一闪,则奋击,电止则匿不动,敌众大乱。百人者闻吹声而聚,金人益不能测,用百人如一人,又如千人万人,兵至此神矣。终夜自战,积尸盈野。兀术在汴闻之,即索靴上马,率十万众来援。诸将谓宜乘方胜之势,具舟全军而归。锜曰:"敌营甚迩,而兀术又来,吾军一动,彼蹑其后,则全功俱废矣。"锜募得曹成等二人,谕之曰:"遣汝作间,事捷重赏。第如吾言,敌必不杀汝。今置汝绰路骑中,汝遇敌,则佯堕马,为敌所得。帅问我何如人,则曰:'太平边帅子,喜声妓。朝廷以两国讲好,使守东京,图逸乐耳。'"已而二人果如其言,兀术大喜,即置鹅车炮具不用。兀术之败,只为太自恃轻敌故。翌日,锜登城,望见二人来,缒而上之。乃敌械成等来归,以文书一卷,系于械上。锜惧惑军,立焚之。有主意。兀术至城下,谴责诸将,诸将皆曰:"南朝用兵非昔比,元帅临城自见。"适锜遣耿训请战。兀术怒曰:"刘锜何敢与我战?以吾力破尔城,直用靴尖趯倒耳。"训曰:"太尉非但请与太子战,且谓太子必不敢济河,愿献浮桥五所,怒而致之。济而大战。"迟明,锜果为五浮桥于河上,敌用以济。锜遣人毒颍上流及草中,戒军士虽渴死,毋饮于河,饮者夷其族。时大暑,敌远来,昼夜不解甲。锜军番休,更食羊马垣下,而敌人马饥渴,饮食水草者,辄病。方晨气清凉,锜按兵不动,逮未申间,敌气已索,忽遣数百人出西门接战。俄,以数千人出南门,戒令勿喊,但以锐斧犯之。敌大败,兀术遂拔营北去。是役也,锜兵不盈二万,出战仅五千人,金兵数十万,营西北,亘十五里,每暮鼓声震山谷,营中喧哗,终夜有声,而我城中肃然,不闻鸡犬。唯能以逸待劳,终以大胜。

朱晦庵曰:顺昌之役,正值暑天,刘锜分部下兵五千为五队,先备暑药,饮酒食肉,以一副兜牟与甲,晒之日下,时令人以手摸,看热如火不可着手,乃换一队。军至。令吃肉饮酒,少定,与暑药,遂各授兵出西门战。少顷又换一队出南门,如此数队,分门迭出迭入,虏遂大败。缘虏众多,其立无缝,仅能操戈,更转动不得。而我兵执斧直入人丛,掀其马甲,以断其足,一骑才倒即压数骑,杀伤甚众。金人至是方有怯中国之意,遂从和议耳。

韩世忠

世忠驻镇江。金人与刘豫合兵分道入侵。帝手札命世忠饬守备,图进取,辞旨恳切。世忠遂自镇江渡师,俾统制解元守高邮,候金步卒;亲提骑兵驻大仪,当敌骑。伐木为栅,自断归路。会遣魏良臣使金,世忠撤炊爨,绐良臣:"有诏移屯守江。"灵变。良臣疾驰去。世忠度良臣已出境,而上马令军中曰:"视吾鞭所向!"于是引军至大仪,勒五阵,设伏二十余所,约闻鼓即起击。良臣至金军,金人问王师动息,具以所见对。聂儿孛堇闻世忠退,喜甚。引兵至江口,距大仪五里,别将挞孛也引千骑过五阵东。世忠传小麾,鸣鼓,伏兵四起,旗色与金人旗杂出。金军乱,我军迭进,背嵬军各持长斧,上揕人胸,下斫马足。敌披重甲,陷泥淖。世忠麾劲骑四面蹂躏,人马俱毙,遂擒挞孛也等。

曹　玮

曹玮知渭州,时年十九。尝出战小捷,虏引去。玮侦虏去已远,乃缓驱所掠牛马辎重而还。虏闻玮逐利行迟,师又不整,遽还兵来袭。将至,玮使谕之曰:"军远来,必甚疲,我不乘人之急,请休憩士马,少选决战。”虏方甚疲,皆欣然解严,歇良久。玮又使谕之:“歇定,可相驰矣。”于是鼓军而进,大破之。因谓其下曰:“吾知虏已疲,故为贪利以诱之。比其复来,几行百里矣。若乘锐以战,犹有胜负,远行之人,小憩则足痹不能立,妙。人气亦阑,吾以此取之。”玮在军得人死力,平居甚暇,乃用师出入若神。一日张乐饮僚吏,中坐失玮所在。明日,徐出视事,而贼首已掷庭下矣。贾同造玮,欲按边,邀与俱,同问:“从兵安在?”曰:“已具。”既出就骑,见甲士三千环列,初不闻人马声。

只看城中肃然,不闻鸡犬,便知刘锜必能胜敌。只看甲士三千环列,初不闻人马声,便知敌必不能犯曹玮。

狄武襄

狄青字汉臣,汾州人。在泾原,常以寡当众。密令军中闻钲一声则止,再声则严阵而阳却,使敌不测。声止即大呼驰突,士卒皆如教。才遇敌,未接,遽声钲,士卒皆止,再声再却。虏大笑曰:“孰谓狄天使勇?”钲声止,忽前突之,虏兵大乱,相蹂多死。追奔数里,前临深涧,虏忽壅遏山隅。青遽鸣钲而止,虏得引去。时将佐悔不追击,青曰:“奔命之虏,忽止而拒我,安知非谋?军已大胜,残寇不足贪也。”侬智高反邕州,诏以青为宣抚使击之。或言:“贼标牌不可当。”青曰:“标牌,步兵也,遇骑兵,必不能施。愿得西边蕃落民自从。”或又言:“南方非骑兵所宜。”青曰:“蕃部善射,耐艰苦,上下山如平地。当瘴未发时,疾驰破之,必胜之道也。”及行,日不过一驿,所至州,辄休士一日。未战养力。至潭州,遂立行伍,明约束。军人有夺逆旅菜一把者,立斩以徇,于是一军肃然。时智高还守邕州,青惧昆仑关险阨为所据,乃按兵不动。下令宾州具五日粮,休士卒。值上元节,令大张灯烛,首夜宴将佐,次夜宴从军官,三夜飨军校。首夜乐饮彻晓,次夜大风雨,二鼓时,青忽称疾,暂起如内。久之,使人谕孙沔,令暂主席行酒,少服药乃出。数使劝劳座客至晓,客未敢退。忽有驰报者云:“夜时三鼓,元帅已夺昆仑关矣。”自营中且不知,况敌人乎?青既渡,喜曰:“贼不知守此,无能为也。”已近邕州,贼方觉。逆战于归仁铺,青登高望之,贼据坡上,我军薄之。青使步卒居前,匿骑兵于后。蛮使骁勇者当前,尽执长枪。前锋孙节战不利,死。将士畏青,莫敢退。畏主将必不畏敌矣。青登高山执五色旗,麾骑兵为左右翼,出其后,断蛮军为三,旋而击之,左者右,右者左,已而右者复左,左者复右,贼不知所为。贼之标牌军为马军所冲突,皆不能驻。枪立如木,我军又纵马上铁连枷击之,遂皆披靡。智高焚城遁去。

按:是役,谏官韩绛言:"青,武人,不足专任,顾其人何如,岂在文武?请以侍从之臣为之副。"时庞籍独为相,赖有此人。对曰:"属者王师屡败,皆由大将轻,偏裨自用,不能制也,今青起于行伍,若以侍从之臣副之,号令复不得行。青昔在鄜、延,居臣麾下,沉勇有智略,若专以智高事委之,必能办贼。"兵法,将能而君不御者胜。于是诏岭南用兵,皆受节制。成功在此。青临行,上言:"古之俘馘,奏凯,割耳鼻则有之,不闻以获首者。秦汉以来,获一首赐爵一级,因谓之首级,故军士争首级,以致相杀。又其间多以首级为货,售于无功不战之人,此从来大弊。愿一切罢之。"二条皆名言,可为命将成功之法。〇又青行时,有因贵近求从行者,青谓之曰:"君欲从行甚善,然智高小寇,至遣青行,可以知事急矣。从青之士,击贼有功,当有厚赏。不然,军中法重,青不能私,君自思之。愿行则即奏取君矣。"于是无复敢言求从行者。即此一节,知青能持法,必能成功。又,青既入邕州,敛积尸内有衣金龙之衣者,又得金龙楯于其旁。或言智高已死,当亟奏。青曰:"安知非诈?宁失智高,敢欺朝廷耶?"合观二事,不惟不敢使人冒功,即己亦不敢冒不可知之功。

威宁伯

王越抚大同,一日大雪,方坐地炉,使诸伎抱琵琶捧觞侍,而一千户诇虏还。即召入,与谈虏事甚析,大喜曰:"寒矣。"手金卮饮之。复谈则益喜,命弦琵琶而侑酒,即并金卮与之。高。已又谈,则又喜,指伎中最姝丽者曰:"欲之乎?更高。以乞汝。"自是千户所至为效死力,积功至指挥。其夜袭虏帐,将至,风暴起,坐翳目,众惑欲归。

一老卒前曰："天赞我也，去而风，使虏不觉。归而卒遇虏人掠者还，而我据上游，皆是风也。"越不觉下马拜，功成，推卒功以为千户。今人谁肯？

平蔡乘雪，夺昆关乘雨，破大同虏乘风，而皆以夜，所谓出其不意也。威宁恩结千户，是大手段。至推功小卒，即淮阴北面左车，意何以加此？文臣中那得此等快士？其雄略又出韩襄毅、杨文襄上矣，百陈钺何敢望之？而阿丑以两钺为戏，老韩同传，非公论也。

尔朱荣

葛荣举兵向京师，众百万，相州刺史李神儁闭门自守。尔朱荣率精骑七千，马皆有副，备道兼行，东出滏口。葛荣列阵数十里，箕张而进。荣潜军山谷为奇兵，分督将以上三人为一处，处有数百骑。令所在扬尘鼓噪，使贼不测多少。又以人马逼战，刀不如棒，密勒军士，马上各赍袖棒一枚，至战时，虑废腾逐，不听斩级，斩级大误事。使以棒棒之而已。号令严明，将士同奋，荣身自陷阵，出于贼后，表里合击，大破之。擒葛荣，余众率降。荣以贼徒既众，若即分辖，恐其疑惧，乃普令各从所乐，亲属相随，任所居止。于是群情喜悦，数十万众，一朝散尽。待出百里之外，乃始分道押领，随便安置，咸得其宜。获其渠帅，量才授用，新附者咸安，时人服其处分机速。

刘　江二条

建文三年七月，平安自真定率兵攻北平营于平村。离城五十里，扰其耕牧，世子督众固守。上闻北平被围，召刘江宿迁人。问策，江慷慨请行，遂与上约曰："臣至北平，以炮响为号，一次炮响则决围，二次则进城，若不闻第三次炮响，则臣战死矣。臣若得入城，守城者闻救至，敢气自倍，宜令军士人带十炮，俟三次炮响后，为殿者放炮常不绝声，则远近皆为大军继至，平安必骇散矣。"江遂进兵与安战，大败之。

永乐十七年，江为左都督，镇守辽东。巡视诸岛，相度地形，以金州卫金线岛西北之望海埚，地高可望诸岛，寇所必由，实滨海襟喉之地,请筑城保,立烟墩瞭望。为将宜知地理。一日,瞭者言:东南夜举火有光。江计寇将至,亟遣马步官军,赴埚上小堡备之。令犒师秣马,略不为意,以都指挥徐刚伏兵于山下,百户姜隆帅壮士潜烧贼船,截其归路。乃与之约曰:"旗举炮鸣,伏兵奋击。不用命者,斩。"翌日,倭贼二千余人,乘海艚直逼埚下,登岸鱼贯而行,如入无人之境。江被发举旗鸣炮,伏兵尽起,为两翼而进。贼大败,横尸草莽,余众奔樱桃园空堡中,官兵环而攻之。将士欲入堡剿杀,江不许,故开西壁以纵之,俾两翼夹击,生擒数百,斩首千余级。有遁入艚者,悉为隆所缚,无一人得免。师还,诸将请曰:"明公见敌意思安闲,及临阵披铠而战,追贼入堡,不杀而纵之,何也?"江曰:"寇远来,必饥且劳,我以逸待劳,以饱待饥,固兵家治力之法耳。贼始鱼贯而来,成长蛇阵,故作真武阵以镇服之。贼既入堡,有死之心,我师攻之,宁无伤乎?故纵之出路,而后掩击,即围城必决之意耳。此皆在兵法,诸君未察乎?"

马　隆

晋太始中,凉州刺史杨欣失羌戎之和,马隆陈其必败。俄而欣败后,河西断绝。帝每有西顾之忧,临朝叹曰:"谁能为我讨此虏,通凉州者?"隆进曰:"陛下若能任臣,臣能平之。"帝曰:"必能灭贼,何为不任?顾卿方略何如耳。"隆曰:"陛下任臣,当听臣自任。名言。臣请募勇士三千人,无问所从来,率之鼓行而西,禀陛下威德,丑虏不足灭也。"帝许之,乃以隆为武威太守,公卿佥谓不宜横设赏募,胡说。帝不听。隆募限要引弩三十六钧,弓四钧,立标简试,自旦至申,得三千五百人。隆曰:"足矣。"因请自至武库选仗,并给三年军资。要紧。隆随西渡温水,虏树机能等众万许,乘险遏隆,或设伏以绝隆后。隆依八阵图作偏箱车,地广则为鹿角车营,路狭则为木屋,施于车上,且战且前,弓矢所及,应弦而倒,奇谋间发,出敌不意,转战千里,河西遂通。

陶　鲁

天顺初,韩襄毅公征广东峒贼,忧其险阻难下,方食踌躇。适新会丞陶鲁直膳在侧，公顾之，问曰："丞揣我何意？"鲁曰："得非谋贼耶？"雍曰："然。丞能为我击贼否？"曰："匪直能，且易耳。"韩公异人，非大言不足以动之。公怒曰："吾部下文武百千人，熟视无可当吾寄者，真无当。若妄言，合笞。"鲁不拜，抗言曰："夫贼难攻者，非贼难也，我难其攻贼者也。公特未悉我能耳。"公异之，改容问曰："若所将几何而办？"曰："三百人足矣。"公曰："何少也？"曰："兵在精不在多。"公曰："唯汝择。"鲁乃标式曰："孰能力举百钧、矢射二百步者。"军士凡十五万，其比于式者才二百五十人。曰："未也。"复下令，募数日始足。鲁乃为别将，日操练阵法，劳以牛酒，甘苦共之。士乐为死，卒以先登，大破贼，斩首无算。所得贼穴中金帛，悉分给三百人，要紧。已无与者。贼闻陶家军至，不逅即降，无敢抗。语有之："一夫决，万夫避。"况三百人乎！

今塞下征兵动数十万，其中岂无三百人哉！谁为鲁者？即有鲁，谁为用鲁者？噫！王弇州曰："鲁机明内运，而神观不足。县事多不治，或从令、尉列见上官，时时昏睡，虽督榜不恤也。韩公威严拟王者，三司长吏见，长跪白事，慑悚失措，鲁事之，若不为意，诚异人哉！使在今日，先以不治事，不敬上官，罢去久矣。孰知此丞之有用如是乎！"

韩　雍二条

天顺初，两广乱。韩公雍往讨，师次大藤峡，道隘，旁夹水田。有儒生里老数百人，跪持香曰："我辈苦贼久矣，今幸天兵至，得为良民，愿先三军锋。"公遽叱曰："是皆贼也，为我缚斩之。"左右初亦疑。既缚而袂中利刃出，乃悉断颈，截手足，刳肠胃，分挂箐棘中，累累相属，贼大惊沮。

公尝出兵令五鼓战，将领闻贼已觉，恐迟失事，二更即发，大破之。公赏其功，而问以违令之罪。以军令当斩，乃具闻请释，曰："万一不用命而败，奈何？"人谓公得将将之体。

街亭、马谡。好水川任福。之败，皆以违令致之。如不贪功而后功成于万全，公之虑远矣。

李继隆

淳化中，李继捧为定难军节度使，阴与弟继迁谋叛。朝廷遣李继隆率兵讨之。继隆夜入绥州，欲径袭夏州。或谓："夏州贼帅所在，我兵少，恐不能克。不若先据石堡，以观贼势。"继隆曰："不然。我兵既少，若径入夏州，出其不意，彼亦未能料我众寡。若先据石堡，众寡一露，岂能复进?"乃引兵驰入抚宁县，继捧犹未觉。遂进攻夏州，继捧狼狈出迎，擒之以归。

吴成器

休宁吴成器由吏员为余姚主簿。时胡梅林用兵之际，闻倭至绍兴，欲择能事者往探，县令已遣丞，丞不欲行。吴大言曰："探一信，便畏缩，况交锋耶?"丞以告令，令壮其言，荐于院。胡公召见，问："吴簿能探贼乎?"曰："能。"公曰："若果能往，当以某部二千人畀汝，听汝指挥。"吴曰："不须如许，但容某自选择乃可。"从之，吴于教场立标，选得五百人，帅以往。所过山村，俱束装谋遁，吴谕之："无畏，大兵随后至矣，但尔曹须从我戒。"众唯唯听命，吴指山间草积谓曰："尔若遁，此皆非汝有。今与汝约，以炮声为号，为我举火焚之，我为尔杀贼。"众许诺。夜半，行至陶家畈，探知倭船十三只泊河下，群倭掳掠既饱，聚饮村中，搂妇人而卧。乃分遣五百人，歼其守船者，徙其舟，连举大炮，山民如约皆举火。倭于梦中闻炮声，惊起，则火光烛天，疑大兵至，争窜至河下，已失舟。方彷徨寻觅，吴率众呼噪而至，斩获数百级，倭自此绝不敢犯绍兴。胡公上其功，随升绍兴府判，后升佥事。

如此吏员，恐科甲中亦不易得也。

王阳明

王阳明以勘事过丰城，闻逆濠之变，兵力未具，亟欲溯流趋吉安。舟人闻濠发千余人来劫公，畏不敢发。公拔剑馘其耳，遂行。薄暮，度不可前，潜觅渔舟，以微服行，留麾下一人，服己冠服，居舟中。濠兵果犯舟，得伪者，知公去远，乃罢。公至中途，恐濠速出，乃为间谍，假奉明廷密旨，行令两广湖襄都御史，及南京兵部，各命将出师，暗伏要害地方，以候宁府兵至袭杀。复取优人数辈，各将公文置夹衣絮中。将发间，又捕捉伪太师家属至舟尾，令其觇知。公即佯怒，牵之上岸处斩，已而故纵之，令其奔报。濠获优，果于囊中搜得公文，遂迟疑不发。公至吉安，调度兵粮粗备，始传檄敛兵，暴濠罪恶。濠知为公所卖，愤然欲出。公谓："急犯其锋，非计也。宜示以自守不出之形，必俟其出，然后尾而图之。先复省城，以倾其巢，彼闻必回兵来援，我则出兵邀而击之，此全胜之策。"濠果使人探公不出，乃留兵万余守省城，而自引兵东下。公闻濠已出，遂急促各府兵，刻期会于丰城。时濠兵已围安庆，众议宜急往救，公谓："九江、南康已为贼所据，而南昌城中，精悍万余，食货重积，我兵若抵安庆，贼必回军死斗，安庆之兵，仅足自守，必不能出而夹攻。贼令南昌兵绝我粮道，九江、南康合势挠摄，而四方之援又不可望，事其危矣。今我师骤集，先声所加，城中必恐，并力急攻，其势必下，此孙子救赵趋魏之计也。"侦者言新旧厂伏兵万余，侦言甚真。以备犄角，公遣兵从间道袭破之。溃卒入城，城中知王师雨集，皆大骇，遂一鼓下之。濠闻我兵至丰城，即欲回舟，李士实谏，以为必须径往南京，既登大宝，则江西自服。濠不听，遂解安庆之围，移兵泊阮子江，为归援计。公闻濠兵且至，召众议之，众云："宜敛兵入城，坚避待援。"公曰："不然，彼闻巢破，胆已丧矣，先出锐卒，要其惰归。一挫其锐，将不战而溃，所谓先声有夺人之气也。"乃指授伍文定等方略：先以游兵诱之，复佯北以致之，俟其争前趋利，然后四面合击，伏兵并起。又虑城中宗室，或内应为变，亲慰谕之，出给告示，凡胁从皆不问，虽尝受贼官职，能逃归者皆免死，能斩贼徒归降者，皆给赏。使内外居民及乡导人等，四路传布。又分兵攻九江、南康，以绝其援，于是群力并举，逆首就擒。

按：陈眉公《见闻录》谓：宸濠之败，虽结于江西，而实溃于安庆。虽收功于王阳明，而实得力于李梧山。李讳充嗣，四川内江人。正德十四年，巡抚南畿，闻宸濠请增护卫，叹曰："虎而翼，祸将作矣。"遂力陈反状，廷议难之。公乃旦夕设方略，饬武备，以御贼为念。谓安庆畿辅，适当贼冲，非得人莫守。当诸将庭参，于众中独揖指挥使杨锐而进之，具眼。曰："皖城保障，委之于子，毋负我。"十五年，贼兵陷九江，公自将万人屯采石，以塞上游之路，飞檄皖城，谕以忠义。锐感激思奋，相机应敌，发无不捷。节发间牒火牌云："为紧急军情事，该钦差太监总兵等官，统领边官军十万余，一半将到南京，一半径趋安庆。并调两广狼兵、湖广土兵，即日水陆并进，俱赴安庆会集，刻期进攻江西叛贼，今将火牌飞报前路官司，一体同心防守，预备粮草，听候应用等因。"宸濠舟至李阳河，遇火牌，览之惊骇，由是散亡居半。继又发水卒千人，盛其幖帜，乘飞舰百余艘，鼓噪而进，声为安庆应援。城中望见，士气百倍。锐即开门出敌，水陆夹攻，贼遂大溃。时宸濠营于黄石矶，闻败宵遁。公自将兵逐北，宸濠奔入鄱阳湖，适遇巡抚王公阳明引兵至湖，遂成擒焉。后论功竟不及公。胡御史洁目击其事，特为论列，不报。故今人盛称阳明而不及梧山，亦有幸有不幸欤！

又按，宸濠兵起，声言直取南京，道经安庆。太守张文锦与守备杨锐等合谋，令军士鼓噪，登城大骂，激怒逆濠，使顿兵挫锐于坚城之下，而阳明得成其功。虽天夺其魄，而张杨诸公之智，亦足称矣。

杨锐

杨锐守备九江、安庆诸郡。既获江贼，监司喜，公曰："江贼何足忧？所虞者豫章耳。"意指宸濠也，又谓九江鄱阳上流，不可恃，湖最要害。当以九江中左所一旅，置戍于湖口县之高岭，可以远望，有警即可达。乃绘图呈南部及各台。又请造战舰若干艘，习水战于江上。城中治兵食，多浚井。闻宸濠变作，先引军设钩距于江侧，禁勿泄。比寇至，船二百余艘抵岸，为钩距所破。寇攻城后败去，濠泊船南岸，闻不克，大怒，率众分攻五门，各首举木为蔽，甚急。公裂帛布覆纸，裹火药千数，散投所蔽木上，火发，尽弃走，火光周匝不绝，寇无所遁。寇复于北濠结木为栈，与城接，挟兵而进。城中大惊，公曰："事急矣！"乃诡以大将军火铳实石被绯，金鼓迎置城上。寇兵望见，惊惧未进。潜使一卒从间道出,烧栈绝。寇众解结,且溽暑力惫,夜鼾睡去。公募善泅者数人于船中,闻鼾声即斩首,绝其缆,放之中流。又遣一二强卒,突入岸上营,举火炮,城上应之,乘胜捕杀,声震数里。濠浩叹出涕,举帆顺风而返。

安庆不守,则阳明之功不成,故以杨锐附阳明之后。

沈希仪

沈都督希仪,初为右江参将。右江城外五里即贼巢,贼诇者、耳目遍官府,即闺闱中稍动色,贼在溪洞数百里外辄知。希仪至,顾令熟傜恣出入,嬉游城中,而求得与傜通商贩者数十人,厚抚之,使为诇。军中用诇,是第一义。于是贼动静声息,顾往往为我所先得,每出剿,即肘腋亲近不得闻。至期鸣号,则诸兵立集听令,曹玮后身。令曰:"出某门。"旗头即引诸军贸贸行。问旗头,旗头官不知,顷之扎营,贼众至,战方合,而伏又左右起,贼大败去。已贼寇他所,官军又已先在。虽绝远村聚,贼度官军所不至者寇之,军又未尝不在,贼惊以为神,即官军亦不知希仪何自得之也。所剿必其剧巢,缚管绳为记,无妄杀。得妇女牛畜,果邻巢者悉还之。唯阴助贼者,还军立剿。曰:"若奈何阴助贼战?"或刀弩而门瞯者曰:"罚若牛五,若奈何刀弩瞯我师?"于是贼惊服,无敢阴助贼及门瞯者。常欲剿一巢,乃佯卧病。所部入问病,谢不见。明日入问,希仪起曰:"吾病,思鸟兽肉,若辈能从我猎乎?"裴行俭袭都支同此。即起出猎。去贼一二里而止营,军中乃知非猎也。最后计擒其尤黠猾善战者,支解之,四悬城门,见者股栗。常以苦风凄雨,天色冥冥,夜察诸贼所止宿,散遣人赍火若炮,衣毳帽与草色同,潜贼巢中。夜炮举,贼大骇曰:"老沈来矣。"挈妻子逃至山顶,儿啼女咷,往往寒冻死,或触崖石死。妻子相怨:"汝作贼何利?"至天明诇之,则寂无人,已相闻,愈益惊。阴诇之,则老沈固在参府不出也。的是鬼神不测。自此贼胆落,或易面为熟傜,而柳城旁一童子,牵牛行深山,无敢诇者矣。后熟傜既闻公威信,征调他巢,虽惧仇,不敢不往。甚而大雨,傜惧失期,泅溪水以应。论者以为自广西为将,韩观、山云之伦,能使傜不为贼,希仪则使傜人攻贼,前此未有也。

赵　臣

岑璋者，归顺州土官也，多智略，善养士。田州岑猛，其婿也。猛不法，督抚上反状，诏诸土官能擒馘猛者，赐秩一级，畀半地，党助者并诛。都御史姚镆将举兵，而虑璋合谋，咨于都指挥沈希仪。沈知部下千户赵臣与璋善，召臣问计曰："微闻璋女失宠，璋颇恨猛，吾欲役璋破猛，如何？"臣对曰："璋多智而持疑，直语之必不信，可以计遣，难以力役也。"沈曰："计将安出？"臣曰："镇安、归顺，世仇也，公使人归顺，则镇安疑，使人镇安，则归顺疑。公若遣臣征兵镇安，璋必邀臣询故，而端倪可动也。"沈如计遣臣，臣枉道诣璋所，坐而叹息。璋叩之，不言。明日，璋置酒款臣，固叩之："军门督过我耶？璋受侮邻仇，将逮勘耶？"臣皆曰："否、否。"璋愈疑，乃挽臣卧内，跪叩之。臣潸然泪下，璋亦泣曰："嗟乎赵君，璋今日死即死耳，君何忍秘厄我！"臣曰："与君异口骈心，有急不敢不告。今日非君死，即我死矣。"璋曰："何故？"臣曰："军门奉旨征田州，谓君以妇翁党猛，将檄镇安兵袭君，我不言，君必死矣；我言之，而君骤发，败机事，我必死，是以泣耳。"璋大惊，顿息曰："今日非赵君，我族矣。"遂强臣称病留传舍，而亟遣人驰军门，备陈猛反状，恐波及，愿自效。沈许之，遂以白镆。镆始专意攻猛。猛子邦彦，守王尧隘。璋阳遣千人助之，使为内应，皆以寸帛缀裙为识，而潜以告沈。时田州兵死守隘，众莫敢前，沈独往。战三合，沈以奇兵千余骑，间道绕隘侧，旗帜闪闪。归顺兵呼曰："天兵从间道入矣！"朱序间秦兵类此。田州兵惊溃，沈乘之，斩首数千，邦彦死。猛闻败，欲自经，璋诱之，多事。使走归顺，奉以别馆，而别将胡尧元等嫉沈功，可恨。欲以万人捣归顺。璋先觉之，遣人持百牛千酝，迎军三十里，谓尧元曰："昨猛败，将越归顺走交南。璋邀击之，猛目集流矢南去，不知所往，急之恐纠虏为变，幸缓五日，当搜致。"尧元许之，璋复构茅舍千间，有用之才。一夕而讫，诸军安之，无进志。璋还绐猛曰："天兵退矣，然非陈奏不白。"猛曰："然。顾安得属草者？"璋即令人为猛具草，促猛出印封之。既知猛印所在，乃置酒贺猛。鼓乐殷作，酒半，璋持鸩饮献曰："天兵索君甚急，不能相庇。"猛大呼曰："堕老奸矣。"遂饮药死。璋斩其首，并印从间道驰诣军门，而斩他囚贯猛尸，诣掷诸军，诸军嚣争，击杀十余人。飙驰军门，则猛首已枭一日矣。诸将大恚恨，遂浸淫毁璋。而布政某等，复阴害镆，倡言猛实不死，死者道士钱一真也。御史石金遂劾镆落职，好御史。而希仪等功俱不叙。璋快快，遂黄冠学道。见田汝成《留青日劄》。

田汝成曰："岑猛之伏诛也，岑璋掎之，赵臣启之，沈希仪主之，而功皆不录，其何以劝后？两广威令浸不行于土官类此，书生无远略，琐琐戚戚，兴谗参嫉，宁惜军国重轻哉！"○王弇州，一代史才，其叙岑猛事，亦谓猛实不死，岂惑于石御史之言耶？李福达之狱，朝是暮非，迄无确见，不知异日又何以定真伪也。

王式

浙东贼裘甫作乱，以王式为观察使讨平之。诸将请于式曰："公始至，军食方急，而遽散之，何也？"式曰："贼聚谷以诱饥人，吾给之食，则彼不为盗。且诸县无守兵，贼至则仓谷适足资之耳。""不置烽燧，何也？"式曰："烽燧所以趣救兵也。今兵尽行，徒惊士马耳。""使懦卒为候骑，而少给兵，何也？"式曰："彼勇卒操利，遇敌则不量力而斗，斗死则贼至不知矣。"皆拜曰："非所及也。"

卷二十三

兵智部诡道

道取其平，兵不厌诡。实虚虚实，疑神疑鬼。彼暗我明，我生彼死。出奇无穷，莫知所以。集“诡道”。

郑公子突

北戎侵郑，郑伯御之，患戎师，曰：“彼徒我车，惧其侵轶我也。”公子突曰：“使勇而无刚者，尝寇而速去之，君为三覆以待之。戎轻而不整，贪而无亲，胜不相让，败不相救。先者见获，必务进，进而遇覆，必速奔。后者不救，则无继矣，乃可以逞。”从之，戎人之前遇覆者奔，祝聃逐之，衷戎师，前后击之，尽殪，戎师大奔。

茅元仪曰：“千古御戎，不出数语。今则反是，戎安得不逞？”

夫概王

吴败楚师于柏举，追及清发，将击之。阖闾之弟夫概王曰：“困兽犹斗，况人乎？若知不免而致死，必败我。若使先济者知免，后者慕之，蔑有斗心矣。半济而后可击也。”从之，大败楚人，五战及郢。

斗伯比

楚武王侵随，使求成焉，而军瑕以待之。随人使少师董成。斗伯比曰：“我之不得志于汉东也，我则使然：我张吾三军，以武临之，彼则惧而协以谋我，故难图也。汉东之国随为大，随张，必弃小国，小国离，楚之利也。少师宠，请羸师以张之。”少师归，请追楚师，季梁请曰：“楚之羸，其诱我也。”乃止。

当时微季梁，几堕楚计。楚子反有言：“围者，柑马而秣之，使肥者应客。”故凡示弱者，皆诱也。○汉兵乘胜追匈奴，高帝闻冒顿居上谷，使人觇之。冒顿匿其壮士肥牛马，见老幼羸畜。使者十辈来，皆言匈奴可击。上复使刘敬往，敬还报曰："两国相击，此宜矜夸见所长。今臣往，徒见羸瘠老弱，此必欲见短，伏奇兵以争利，愚以为匈奴不可击。"上不听，果围于白登。〇天后中，契丹李尽忠孙万荣之破营府也，以地牢囚汉俘数百人。闻麻仁节等诸军将至，乃令守者绐之曰："家口饥寒，不能存活，待国家兵到即降耳。"一日引出诸囚，与之粥，慰曰："吾等乏食养汝，又不忍杀汝，纵放归若何？"众皆拜伏乞命，乃纵去。至幽州，具言其故。兵士闻之，争欲先入。至黄銮峪，贼又令老者投官军，送遗老牛瘦马于道侧。仁节等弃步卒，将马先入，贼设伏横截军将，生擒仁节等，全军皆没。二事皆类此。

蒍贾

楚大饥，庸人率群蛮叛楚。麇人帅百濮聚于选，将伐楚。于是申、息之北门不启，楚人谋徙于阪高。无策。蒍贾曰："不可，我能往，寇亦能往，不如伐庸。要紧着。夫庸与百濮，谓我饥不能师，故伐我也。若我出师，必惧而归，百濮离居，将各走其邑，谁暇谋人？"乃出师侵庸，及庸方城。庸人逐之，囚子扬窗，三宿而逸，曰："庸师众，群蛮聚焉，不如复大师，庸策。且起王卒，合而后进。"师叔曰："不可。姑又与之遇以骄之。彼骄我怒，而后可克，先君蚡冒，所以服陉隰也。"又与之遇，七遇皆北。庸人曰："楚不足与战矣。"遂不设备。楚子乘驲，会师于临品，分为两队以伐庸。群蛮从楚子盟，遂灭庸。

楚以不徙而存，宋以南渡而削。我朝土木之变，徐武功倡言南迁，赖肃愍诸公不惑其言。不然，事未可知矣。

田单

燕昭王卒，惠王立，与乐毅有隙。肉先腐而虫生。田单闻之，乃纵反间于燕，宣言曰："齐王已死，城之不拔者二耳。乐毅畏诛不敢归，以伐齐为名，实欲连兵南面而王齐。齐人未附，故且缓攻即墨，以待其事。齐人所惧，惟恐他将来，即墨残矣。"燕王以为然，使骑劫代毅。毅归赵，燕军共忿，而田单乃令城中食必祭其先祖于庭，飞鸟悉翔舞下食,燕人怪之。田单因宣言曰:“神来下教我。”乃令城中曰:“当有神人为我师。”有一卒曰:“臣可以为师乎?”此卒通窍。因反走,田单乃起,引还,东向坐师事之。卒曰:“臣欺君,实无能也。”单曰:“子勿言。”因师之,每出约束,必称神师,乃宣言曰:“君惟惧燕军之劓所得齐卒,置之前行与我战,即墨败矣。”燕人闻之,如其言。城中人见齐诸降者悉劓,皆坚守,惟恐见得。单又宣言:“君惧燕人掘吾城外冢墓,僇先人,可为寒心。”燕军尽掘冢墓,烧死人,骑劫愚一至此。即墨人从城上望见,皆涕泣,俱欲出战,怒自十倍。田单知士卒之可用,乃身操版闸,与士卒分功,妻妾编于行伍之间,尽散饮食饷士。令甲卒皆伏,使老弱女子乘城,遣使约降于燕,燕皆呼万岁。田单乃收民金得千镒,令即墨富豪遗燕将曰:“即墨即降,愿无掳掠吾族家妻妾。”燕将大喜,许之。燕军由此益懈。单乃收城中得千余牛,为绛缯衣,画以五彩龙文,束兵刃于其角,而灌脂束苇于尾,烧其端。凿城数十穴,夜纵牛,壮士五千人随其后。牛尾热,怒而奔,燕军夜大惊,牛尾炬火光炫耀,燕军视之皆龙文,应神师。所触尽死伤,五千人因衔枚击之,城中鼓噪从之,老弱皆击铜器为声,声动天地,燕军大骇,败走,遂杀骑劫。

胜、广假妖以威众,陈胜与吴广谋举事,欲先威众,乃丹书帛曰:“陈胜王。”置人所罾鱼腹中。卒买鱼烹食,得腹中书,怪之。又令广于旁近丛祠中夜篝火,作狐鸣,呼曰:“大楚兴,陈胜王。”于是卒皆夜惊,且相率语,往往指目胜。世充托梦以誓师,王世充欲击李密,恐众心不一,乃假托鬼神,言梦见周公。乃立祀于洛水之上,遣巫言周公欲令仆射急讨李密,当有大功,不则,兵皆疫死。世充兵皆楚人,信巫,故以惑之。众皆请战,遂破密。皆神师之遗教也。〇王德征秀州贼邵青,谍言,将用火牛。德曰:“此古法也,可一不可再,彼不知变,只成擒耳。”先命合军持满,阵始交,万矢齐发,牛皆反奔,我师乘之,遂歼贼众。此可为徒读父书者之戒。陈涛斜之车战亦犹是。

伯比羸师以张之,芳贾则累北以诱之,至于田单,直请降矣。其诈弥深,其毒弥甚。句践以降吴治吴,伯约以降会谋会,真降且不可信,况诈乎?汉王之诳楚,黄盖之破曹,皆以降诱也。岑彭、费祎，皆死于降人之手。噫！降可以不察哉？必也谅己之威信可以致其降者何在，而参之以人情，揆之以兵势，断之以事理，度彼不得不降，降而必无变计也，斯万全之策矣。

江东桥

陈友谅既陷太平，据上流，遣人约张士诚同侵建康。或劝上自将击之，上曰："敌知我出，以偏师缀我，而大军顺流直趋建康，半日可达。吾步骑急回，百里趋战，兵法所忌。"乃召康茂才谓曰："二寇相合，为患必深，若先破友谅，则东寇胆落矣。汝能速之使来乎。"茂才曰："家有老阍者，旧尝事友谅，令往必信。"遂令阍者赍书，乘小船径至伪汉军中，许以内应。友谅果信之，甚喜，问康公，曰："今何在？"曰："见守江东桥。"又问："桥何如？"曰："木桥也。"赐食遣还，嘱曰："吾即至，至则呼老康为号。"阍者还告。上曰："此落吾彀中矣。"乃使人撤木桥，易以铁石，一宵而成。冯胜、常遇春率三万人，伏于石灰山侧，徐达等军于南门外，杨璟驻兵大胜港，张德胜、朱虎率舟师出龙江关外，上总大军于卢龙山，令持帜者偃黄帜于山之右，偃赤帜于山之左，戒曰："寇至则举赤帜，闻鼓声则举黄帜，伏兵皆起。"是日，友谅果引舟师东下。至大胜港，水路狭，遇杨璟兵，即退出大江，径以舟冲江东桥。见桥皆铁石，乃惊疑。连呼老康莫应，始觉其诈。即分舟师千余向龙江，先遣万人登岸立栅，势甚锐。时酷暑，上度天必雨，疑是刘诚意推步。令诸军且就食。时天无云，忽风起西北，雨大至。赤帜举，诸军竞前拔栅。友谅麾军来争，战方合，适雨止。命发鼓，鼓声震，黄帜举，伏发，徐达兵亦至，舟师并集，内外合击，友谅军大败。乘胜逐之，遂复太平。

张子房

沛公欲以兵二万人击秦峣下军。张良说曰："秦兵尚强，未可轻。臣闻其将屠者子，贾竖易动以利。愿公且留壁，使人先行，为五万人具食，益张旗帜诸山上，为疑兵，令郦食其持重宝啖秦将。"秦将果叛，欲连和俱西袭咸阳。沛公欲听之，良曰："此独其将欲叛耳，恐士卒不从,不如因其懈击之。”沛公乃引兵击破秦军。

郦生既说下齐,而韩信袭击,遂至临淄。颉利兵败求和,太宗遣鸿胪卿唐俭等慰抚之。颉利外为卑顺,内实犹豫。李靖谋曰:“颉利虽败,其众尚十余万,若走度碛北,则难图矣。今诏使至彼,虏必自宽。若选万骑袭之,不战可擒也。唐俭辈何足惜!”遂勒兵夜发,大破之。二事俱同之。

李广　王越

广与百余骑独出,望匈奴数千骑,见广以为诱骑,皆惊,上山陈。广之百骑皆大恐,欲驰还走,广曰:“吾去大军数十里,今如此以百骑走,匈奴追射,我立尽。今我留,匈奴必以我为大军之诱,必不敢击。”乃令诸骑曰:“前。”未到匈奴陈二里所止,令曰:“皆下马解鞍。”其骑曰:“彼多且近,即有急,奈何?”广曰:“彼多以我为走,今皆解鞍,以示不走。”于是胡骑遂不敢击。有白马将出护其兵,广上马,与十余骑奔,射杀其白马将,而复还至其骑中,解鞍,令士皆纵马卧。会暮,众兵终怪之,不敢击。夜半,疑汉伏军欲夜取之,皆引去。平旦,广乃归大军。

威宁伯王越与保国公朱永,帅千人巡边。虏猝至,主客不当。永欲走,越止之,为阵列自固,虏疑未敢前。薄暮,令骑皆下马衔枚,鱼贯行,毋反顾,自率骁勇殿,从山后走五十里抵城,虏不觉。明日乃谓永曰:“我一动,彼蹑击,无噍类矣。结阵,示暇形以惑之也。次第而行,且下马,无军声,故虏不觉也。”

吕蒙　马隆

吕蒙既领汉昌太守,与关羽分土接境,知羽有并兼心,且据上流,乃外倍修好。后羽讨樊,留兵将备公安、南郡。蒙上疏曰:“羽讨樊而多留备兵,必恐蒙图其后故也。蒙常有病,乞分士众还建业,以治病为名,羽闻之,必撤备兵,尽赴襄阳。大军昼夜驰上,袭其空虚,则南郡可下,而羽可擒也。”遂称病笃,权乃露檄召蒙还,阴与图计。蒙以陆逊才堪负重,而未有远名,乃荐逊自代。逊遗书与羽,极其推让,羽意大安，稍撤兵以赴樊。权闻之，遂行，先遣蒙在前，蒙至郛阳，尽伏其精兵䑦䑸中，使白衣摇橹，作商贾人服，昼夜兼行。羽所置江边屯候，尽收缚之，故羽不闻知，直抵南郡。傅士仁、麋芳皆降，蒙入据城，尽得羽及将士家属，皆抚慰。有取民家一笠以覆官铠者，其人系蒙乡里，垂涕斩之，于是军中震栗，道不拾遗。蒙旦暮使亲近存恤耆老，问所不足，病者给医药，饥寒者赐衣粮，府藏财宝，皆封闭以待权至。羽还，在道路数使人与蒙相问。蒙辄厚遇其使，周游城中，家家致问，或手书示信。使还，私相参信，咸知家门无恙，见待过于平时，故吏士无斗心，羽遂成擒。

太康初，南虏成奚每为边患，西平太守马隆帅军讨之，虏据险拒守。隆令军士皆负农器，若将田者。虏以隆无征讨意，御众稍怠。隆因其无备，进兵击破之。毕隆之政，不敢为寇。

孙膑　虞诩

魏庞涓攻韩，齐田忌救韩，直走大梁。涓闻之，去韩而归，齐军已过而西矣。孙子谓田忌曰："彼三晋之兵，素悍勇而轻齐，齐号为怯。善战者因其势而利导之。兵法：'百里而趣利者，蹶上将；五十里而趣利者，军半至。'"使齐军入魏地为十万灶，明日为五万灶，又明日为三万灶。庞涓行三日，大喜曰："吾固知齐军怯，入吾地三日，士卒亡者过半矣。"乃弃其步军，与其轻锐兼程逐之。孙子度其行，暮当至马陵。马陵道狭，而旁多阻隘，可伏兵，乃斫大树，白而书之曰："庞涓死此树下。"奇计独造。于是令齐军善射者，万弩夹道而伏，期曰："暮见火举而俱发。"涓果夜至斫木下，见白书，乃钻火烛之。读未毕，齐军万弩俱发，魏军乱，大败，庞涓自刎。

李温陵曰：世岂有十万之师，三日之内，减至二万，而犹不知其计者乎？

羌寇武都，迁虞诩为武都太守。羌乃率众数千，遮诩于陈仓崤谷。诩军停不进，而宣言上书请兵，须到乃发。羌闻之，乃分钞旁县，诩因其兵散，日夜进道，兼行百余里。令军士各作两灶，日增倍之，羌不敢逼。或问曰："孙膑减灶，而君增之。兵法日行不过三十里，而今且二百里，何也？”诩曰：“彼众我寡，徐行则易为所及，速进则彼所不测。虏见吾灶日增，必谓郡兵来迎，众多行速，必惮追我。孙膑见弱，吾今示强，势不同也。”既到郡，兵不满三千，而羌众万余，攻围赤亭数十日。诩乃令军中，使强弩勿发，而潜发小弩，羌以为矢力弱不能至，并兵急攻。诩于是使二十强弩共射一人，发无不中。羌大震退，诩因出城奋击，多所杀伤。明日，悉陈其众，羌更相恐动。诩计贼当退，乃潜遣五百余人，浅水设伏，候其走路。虏果大奔，因掩击，大破之。

祖逖等三条

祖逖将韩潜，与后赵将桃豹，分据陈川故城。相守四旬，逖以布囊盛土，使千余人运以馈，潜又使数人担米息于道。豹兵逐之，即弃而走。豹兵久饥，以为逖士众丰饱，大惧宵遁。

宋檀道济伐魏累胜。至历城，魏以轻骑邀其前后，焚烧谷草，道济军食尽，引还。有卒亡降魏，俱告之，魏人追之。众汹惧，将溃。道济夜唱筹量沙，以所余少米覆其上。及旦，魏兵见之，谓道济资粮有余，以降者为妄而斩之，道济全军而归。

岳飞奉诏招抚岭表贼曹成，不从，乃上奏：“群盗力强则肆横，力屈则就招，不加剿而遽议招，未易也。”遂引兵入。会得成谍者缚之帐下，飞出檄调兵食，吏白曰：“粮尽矣，奈何？”飞使之。飞阳曰：“且反茶陵。”已而顾谍作失意状，顿足而入，阴令逸之。计谍归告，成必来追，即下令蓐食，潜趣绕岭。未明，而逼贼垒，出不意，惊呼曰：“岳家军至矣。”飞乘之，遂大溃，自是连夺其险隘。贼穷，飞乃曰：“招今可行矣。”

孙膑强而示之弱，虞诩弱而示之强，祖逖、檀道济饥而示之饱，岳忠武饱而示之饥。

臧宫等三条

建武十一年，臧宫将兵至中卢，屯骆越。时公孙述将田戎、任满与岑彭相距于荆川。彭战数不利，越人谋叛从蜀。宫兵少，力不能制。会属县送委输车数百乘至，宫夜使锯断城门限，令车声回转，出入至旦。越人候伺者闻车声不绝，而门限断，相告以汉兵大至。其渠帅乃奉牛酒劳军，宫陈兵大会，击牛酾酒，飨赐慰纳之，越人由是遂安。

周访击斩张彦于豫章，访亦中流矢，折前两齿，形色不变。及暮，访与贼隔水，贼众数倍，自知力不敌，乃密遣人如樵采者而出，于是结阵鸣鼓而来，大呼曰："左军至。"士卒皆呼万岁。至夜，令军中多布火而食，贼误官军益至，未晓而退。访谓诸将曰："贼虽引退，然终知我无救军，当还掩袭，宜促渡水北。"既渡，断桥讫，而贼果至，隔水不得进。

陈独孤永业守金墉，周主攻之不克。永业通夜办马槽二千，周人闻之，以为大军且至，惮之。适周主有疾，遂引还。

贺若弼

贺若弼谋攻京口，先以老马多买陈船而匿之，买弊船五六十艘，置于渎内。陈人觇之，以为中国无船。又会缘江防人交代之际，必集广陵，大列旗帜，营幙被野。陈人以为隋兵大至，急发兵为备。既而知之，不复戒严。又缘江时猎，人马喧噪。及是济江，陈人遂不知觉。

按：贺若弼攻京口，任忠言于陈主曰："兵法：'客贵远战，主贵持重。'今国家足食足兵，宜固守台城，缘淮立栅，北军虽来，勿与交战，分兵断江路，勿令彼信得通。给臣精兵一万，金翅三百艘，下江径掩六合，彼大军必谓其渡江，将士已被俘获，自然挫气。淮南之人，与臣旧相知悉。今闻臣往，必皆景从。臣复扬声欲往徐州，断彼归路，则诸军不击自去。"此良策也。陈主不从，以至于亡。

用　间三条

东魏将段琛据宜阳，遣其扬州刺史牛道恒煽诱边民，韦孝宽患之。乃遣谍人访获道恒书迹，令善学书者习之。因伪作道恒与孝宽书，论归款意，又为落烬烧迹，若灯下书者，还令谍人送琛。琛得书，果疑道恒，不用其谋，遂相继被擒。

齐相斛律明月多智用事。孝宽令参军曲岩作谣曰："百升飞上天，明月照长安。”百升，斛也。又言：“高山不摧自崩，槲树不扶自竖。”令谍人广传于邺下。时祖孝征正与明月隙，既闻，复润色奏之，明月竟坐诛。孝宽真熟于用间者。

岳飞知刘豫结黏罕，而兀术恶刘豫，可以间而动。会军中得兀术谍者，飞阳责之曰：“汝非吾军中人张斌耶？吾向遣汝至齐，约诱致四太子，汝往不复来。吾继遣人问齐，已许我今冬以会合寇江为名，致四太子于清河，汝所持书竟不至，何背我耶？”谍冀缓死，即诡服，乃作蜡书，言与刘豫同谋诛兀术事。因谓谍曰：“吾今贷汝，复遣至齐，问举兵期。”封股纳书，戒勿泄。谍归以书示兀术，兀术大惊，驰白其主，遂废豫。

元昊有腹心将，号野利王、天都王者，各统精兵，最为毒害，种世衡谋欲去之。野利尝令浪埋、赏乞、媚娘三人，诣世衡乞降。世衡知其诈，曰：“与其杀之，不若因以为间。”留使监税，出入骑从，甚宠。有紫山寺僧法嵩，世衡察其坚朴可用，延至门下，诱令冠带。因出师以获贼，功白于帅府，表授三班阶职，充指挥使。又为力办其家事，凡居室骑从之具，无不备。嵩酗酒狎博，无所不为，世衡待之愈厚。嵩既感恩，一日，世衡忽怒谓嵩曰：“我待汝如子，而阴与贼连，何相负也？”械系数十日，极其楚毒。苦肉计。嵩终不怨，曰：“嵩，丈夫也。公听奸人言，欲见杀，有死耳。”居半年，世衡察其不负，为解缚沐浴，延入卧内，厚抚谢之曰：“汝无过，聊相试耳。欲使为间，其苦有甚于此者，汝能为我卒不言否？”嵩泣允之。世衡乃草遗野利书，膏蜡致衲衣间，密缝之。仍祝之曰：“此非濒死不得泄，若泄时，当言负恩，不能成将军之事也。”又以画龟一幅、枣一蔀遗野利。野利见枣龟，影“早归”。度必有书，索之。嵩目左右，又对无有。野利乃封信上元昊。元昊召嵩并野利至数百里外，诘问遗书。嵩坚执无书，虽棰楚极苦，终不说。又数日，私召至其宫，乃令人问之，曰：“不速言，死矣。”嵩终不说，乃命曳出斩之，嵩乃大号而言曰：“空死，不了将军事矣。吾负将军，吾负将军。”其人急追问之，嵩于是褫衲衣取书书中必以及浪里等三人，使视之而可信。进入。移刻，命嵩就馆，而阴遣爱将，假为野利使，使世衡。世衡疑是元昊使，未即相见，只令官属日即馆舍劳问，问及兴州左右则详，至野利所部多不悉。可知非野利使。适擒生虏数人，世衡令于隙中密觇之。生虏因言使者姓名，果元昊使，乃引见使者，厚遣之。只觉恶草具进项王使其策未工。世衡度使返，嵩即还，而野利报死矣。世衡既杀野利，又欲并去天都，因设祭境上，书祭文于版，述二将相结，有意本朝，悼其垂成而败。其祭文杂纸币中，有虏至，急爇之以归，版字不可遽灭，虏得之以献元昊，天都亦得罪。元昊既失腹心之将，悔恨无及，乃定和议。嵩复姓为王嵩，后官至诸司使，至今边人谓之"王和尚"。

沈存中《补笔谈》亦载此事，云世衡厚遣嵩，以军机密事数条与之曰："可以此借手。"临行，解所服絮袍赠之曰："虏地苦寒，以此为别，至彼须万计求见计在此。遇乞，即野利王。非此人无以得其心腹。"嵩如所教，间关求通遇乞。虏人觉而疑之，执于有司。数日，或发袍领中，得世衡与遇乞书，词甚款密。嵩初不知领中书，土人苦之备至，终不言情。土人因疑遇乞，杀之，迁嵩于北境，亡归。事稍异。据《笔谈》，则领中书并嵩不知。嵩胆才壮，似更奇。

世衡又尝以罪怒一番将，杖其背，僚属为请，皆莫能得。其人杖已，即奔元昊，元昊甚亲信之。岁余，尽得其机密以归，乃知世衡能用间也。

内　应二条

李光弼募军中有少技皆取之，人尽其用。有钱工三者，善穿地道。史思明寇太原，光弼遣人诈为约降，而穿地道。周贼营中，楮之以木。至期，遣裨将将数千人出，如降状，咸皆属目。俄而营中地忽陷，死者千余人，贼众惊乱。官军鼓噪乘之，俘斩万计。

李元平至汝州，募工徒葺理郛郭。李希烈阴使勇士应募，执役服筑，凡入数百人，元平不知觉。希烈遣将以数百骑突至其城，执役者应于内，缚元平驰去。

嘉靖四十一年，倭入寇，围兴化府。都督刘显奉敕赴援，去府城三十里，隔一江，逗留不进。久之惧罪，遣五卒赍文诣府，约欲率兵越城御敌。贼获五卒,杀之,用其职衔,伪为显文,约某日夜某时,率兵潜入应援,城中勿举火作声,恐贼惊觉。择奸细五人,诈充刘卒,赍入,城中信之。至期,贼冒刘兵入城,遂陷之。夫中国所以能制夷狄者,智也。今智反在夷狄,可不为寒心哉。

刘　鄩二条

刘鄩,安邱人,初事青州王师范。唐昭宗幸凤翔,朱温率师迎于岐下,师范欲乘虚据兖州。鄩先遣人诈为鬻油者,觇城内虚实及出入所,视罗城下一水窦,可引兵而入,遂志之。鄩乃告师范,请步兵五百,自水窦衔枚而入,不虞之道。一夕而定,军城宴然,市民无扰。

朱温遣大将葛从周来攻城。良久,外援俱绝。鄩料简城中,凡不足当敌者,悉出之于外,与将士同甘苦。一日,副使王彦温逾城走,守陴者从之,不可止。鄩即遣人从容告彦温曰:"请少将人出,非素遣者勿带行。"又扬言于众曰:"素遣从副使行者,即勿禁,其擅去者,族之。"善用间。外军果疑彦温,即戮于城下,于是守军遂固。鄩后从师范降梁。

止追者二条

刘鄩败晋王于河曲,欲乘胜潜走太原。虑为晋军追,乃结刍为人,缚旗于上,以驴负之,循堞而行。数日,晋人方觉。

毕再遇尝与金人对垒。一夕拔营去,留旗帜于营,豫缚生羊,置其前二足于鼓上,击鼓有声。金人不觉为空营,复相持数日。及觉,欲追之,则已远矣。

侯　渊

魏尔朱荣使大都督侯渊讨韩楼,配卒甚少,或以为言。荣曰:"侯渊临机设变,是其所长。若总大众,未必能用。"渊遂广张军声,多设攻具,帅数百骑深入。去蓟百余里,值贼。渊潜伏以乘其背,大破之,虏五千人,皆还其马仗,纵使入城。左右皆谏,渊曰:"我兵少,不可力战,为奇计以间之,乃可克也。"度其已入,帅骑夜进。昧旦,叩其城门。楼果疑降卒为内应,遂走,追擒之。

韩 信三条

汉王以信为左丞相击魏。魏盛兵蒲阪，塞临晋。信乃益为疑兵，陈兵欲渡临晋，而伏兵从夏阳以木罂渡军，袭安邑。遂虏魏王豹，定河东。

信既破魏、代，遂与张耳东下井陉击赵。赵王歇、成安君余闻之，聚兵井陉口，号二十万。广武君李左车说成安君曰："信乘胜远斗，其锋不可当。臣闻千里馈粮，士有饥色。樵苏后爨，师不宿饱。今井陉之道，车不得方轨，骑不得成列，行数百里，其势粮食必在其后。愿假臣奇兵三万人，从间道绝其辎重。足下深沟高垒勿与战，彼前不得斗，退不得还，吾奇兵绝其后，野无所掠。不十日而两将之头，可致麾下。"成安君不听。信使间视，精细。知其不用，乃敢引兵遂下。未至井陉口三十里，止舍。夜半传发，选轻骑二千人，人持一赤帜，从间道望赵军，诫曰："赵见我走，必空壁逐我。若疾入赵壁，拔赵帜，立汉帜。"令其裨将传飧曰："今日破赵会食。"诸将皆莫信，佯应曰："诺。"乃使万人先行，出背水阵，创法。赵兵望见大笑。平旦，信建大将旗鼓，欲以致敌。鼓行出井陉口。赵开壁击之，大战。良久，信、耳佯弃鼓旗，走水上军，水上军开入之。赵果空壁，争汉旗鼓，逐信、耳，信、耳已入水上军，军皆殊死战，不可败。于是赵军还归壁，见壁皆汉帜，大惊，以为汉皆已得赵王将矣，遂乱走。汉兵夹击，大破之，斩陈余，擒赵王歇。诸将效首虏毕，因问信曰："兵法右倍山陵，前左水泽，今反以背水阵取胜，何也？"信曰："此在兵法，顾诸君不察耳。法不曰'陷之死地而后生，投之亡地而后存乎'？且信非得素拊循士大夫也，所谓驱市人而战之，其势非置之死地，使人人自为战。即予之生地，皆走，宁尚得而用之乎？"诸将乃服。

秦姚丕守渭桥以拒晋师。王镇恶泝渭而上，乘蒙冲小舰，行船者皆在舰内。秦人但见舰进，惊以为神。至渭桥，镇恶令军士食毕，皆持杖登岸，后者斩。既登，即密使人解放舟舰，渭水迅急，倏忽不见，乃谕士卒曰："此为长安北门，去家万里，舟楫衣粮，皆已随流。今进战而胜，则功名俱显，不胜，则骸骨不返矣。"乃身先士卒，众腾踊争进，大破丕军。〇李复乱，宣抚使檄韩世忠追击，所部不满千人。乃分为四队，布铁蒺藜，自塞归路。令曰："进则胜，退则死，走者命后队剿杀。"于是莫敢反顾，皆死战，大败之，斩复。此皆背水阵之故智也。

沈存中曰：韩信袭赵，先使万人背水阵，乃建大将旗鼓，出井陉口，与赵人大战，佯败弃旗鼓，走水上军。背水而阵，已是危道，又弃旗鼓而趋之，此必败势也，而信用之者，陈余老将，不以必败之势邀之，不能致也。信自知才过余，乃敢用此策，设使余少黠于信，信岂得不败？此所谓知己知彼，量敌为计。后之人不量敌势，袭信之迹，决败无疑。又曰：楚汉决胜于垓下，信将三十万自当之，孔将军居左，费将军居右，高帝在其后，绛侯、柴武在高帝后。信先合不利，孔将军、费将军纵，楚兵不利，信复乘之，大败楚师。信时威震天下，籍所惮者，独信耳。信以三十万人不利而却，真却也，然后不疑，故信与二将得以乘其隙。信兵虽却，而二将维其左右，高帝军其后，绛侯、柴武又在其后，异乎背水之危，此所以待项籍也。用破赵之迹，则歼矣。此皆信之奇策。班固为《汉书》，乃削此一事，盖固不察所以得籍者，正在此一战耳。

信已袭破齐临淄，遂东追齐王。楚使龙且将兵救齐。或说龙且曰："汉兵远斗穷战，其锋不可当。齐楚自居其地战，兵易败散。不如深壁，使齐王遣其信臣，招所亡城。亡城闻其王在，楚又来救，必反汉。汉兵二千里居齐，齐城皆反之，其势无所得食，可不战而降也。"龙且轻韩信为易与，遂战，与信夹潍水而阵。信乃夜令人为万余囊，盛沙壅水上流，引兵半渡击龙且，佯不胜还走。龙且果喜曰："固知信怯。"遂追信，渡水。信使人决壅囊，水大至，龙且军大半不得渡，即急击，杀龙且。

使左车之谋行，信必不能得志于赵；使或人之说用，信必不能得志于龙且。绕朝曰："子无谓秦无人，吾谋适不用也。"士固有遇不遇哉。

张弘范二条

张弘范字仲畴。讨李璮于济南，其父柔戒之曰："汝围城勿避险地。汝无怠心，则兵必致死。主者虑其险，苟有来犯，必攻救，可因以立功。勉之。”弘范营城西，瓆出军突诸将营，独不向弘范。弘范曰：“我营险地，瓆乃示弱于我，必以奇兵来袭。”遂筑长垒，内伏甲士，而外为濠，开东门以待之。夜令士卒浚濠，益深广，瓆不知也。明日，果拥飞桥来攻，未及岸，军陷濠中，得跨濠而上者，遇伏皆死。

元兵逼宋少帝于崖山，或请先用炮。弘范曰：“火起则舟散，不如战也。”明日，四分其军，军其东南北三面，弘范自将一军，相去里余。下令曰：“闻吾乐作乃举，违令者斩。”先麾北面一军，乘潮而战，不克。李恒等顺潮而退。乐作，宋将以为且宴，少懈。弘范舟师犯其前，众继之。预构战楼于舟尾，以布幕障之，命将士负盾而伏。令曰：“闻金声起战，先金而妄动者死。”飞矢集如蝟，伏盾者不动。舟将接，鸣金撤障，弩弓火石交作，顷刻共破七舟，宋师大溃，少帝赴水死。

越勾践　柴绍

吴阖庐伐越，越子勾践御之，陈于檇李。勾践患吴之整也，使死士再禽焉，不动。使罪人三行，属剑于颈而辞曰：“二君有治，臣奸旗鼓，不敏于君之行前，不敢逃刑，敢归死。”遂自刭也，吴师属目，越子因而伐之，大败之。

吐谷浑寇洮、岷二州，遣柴绍救之，为其所围。虏乘高射之，矢下如雨。绍遣人弹胡琵琶，二女子对舞。虏怪之，相与聚观。绍察其无备，潜遣精骑，出虏阵后击之，虏众大溃。

罪人胜如死士，女子胜如劲卒，是皆创奇设诱，得未曾有。

朱儁　周亚夫

黄巾贼十万人据宛，朱儁围之，起土山以临城内。鸣鼓攻其西南，贼悉众赴西南。儁自将精兵五千，掩东北，弯弓南指，情实西射。遂乘城而入。

太尉周亚夫击吴、楚，坚壁不战。吴兵乏粮，数挑战，终不出。后吴奔壁东南陬，即朱儁之计。太尉使备西北，已而精兵果奔西北，不得入。

合观二条，可识用兵之变。

宇文泰

高欢督诸军伐魏，遣司徒高昂趣上洛，窦泰趣潼关。欢军蒲坂，造三浮桥，欲渡河。宇文泰军广阳，谓诸将曰："贼犄吾三面，作浮桥以示必渡，此欲缀吾军，使窦泰西入耳。欢自起兵以来，窦泰常为前锋，其下多锐卒，屡胜而骄，今袭之必克。克泰，则欢不战自走矣。"诸将皆曰："贼在近，舍而袭远，脱有蹉跎，悔何及也？不如分兵御之。"泰曰："欢再攻潼关，吾军不出坝上。今大举而来，谓吾亦当自守，有轻我之心。乘此袭之，何患不克？贼虽作浮桥，未能径渡。不过五日，吾取窦泰必矣。"乃声言欲保陇右，而潜军东出。至小关，窦泰猝闻军至，自风陵渡河，宇文泰击破之。士众皆尽，窦泰自杀，传首长安。

韩世忠

金人与刘豫合兵，分道入侵。时韩世忠驻镇江，俾统制解元守高邮，候金步卒，亲提骑兵驻大仪，当敌骑。令遣魏良臣使金，世忠撤炊爨，给良臣曰："有诏，移屯守江。"良臣去，世忠即上马，令军中曰："视吾鞭所向。"于是引军次大仪，勒五阵，设伏二十余所，约闻鼓即起。良臣至金，孛堇闻世忠师退，即引兵至江口，距大仪五里，副将挞孛也拥铁骑过五阵东。世忠传小麾鸣鼓，伏兵四起，旗色与金人旗杂出。金军乱，我军迭进，背嵬军各持长斧，上揕人胸，下砍马足。敌披甲陷泥淖，世忠麾劲骑蹂之，人马俱毙，遂擒挞孛也。

冯异　王晙

冯异与赤眉战，使壮士变服与赤眉同，伏于道侧。旦日，赤眉使万人攻异前部，贼见势弱，遂悉众攻异，异乃纵兵大战。日暮，贼气衰，伏兵卒起，服色相乱，赤眉不复识别，众遂惊溃。异追击，大破之。

吐蕃寇临洮，次大来谷。安北大都护王晙率所部二千，与临洮兵合。料奇兵七百，易胡服，夜袭敌营。去贼五里，令曰："前遇寇，大呼，鼓角应之。"贼惊，疑伏兵在旁，自相斗，死者万计。

达奚武

宇文泰遣达奚武觇高欢军。武从三骑，皆效欢将士衣服。日暮，去营数百步，下马潜听，得其军号。因上马历营，若警夜者，有不如法，往往挞之，具知敌之情状而还。

厨人濮等四条

华氏叛宋，宋公讨之。华登以吴师救华氏，败于鸿口。华登帅其余以败宋师。公欲出，厨人濮曰："吾小人，可借死而不能送亡，君请待之。"乃徇曰："扬徽者，公徒也。"众从之。华氏北，复即之。厨人濮以裳裹首，而荷以走，曰："得华登矣。"遂败华氏于新里。

厨人濮一奋，而众皆扬徽；王孙贾一呼，而市皆左袒。忠义在，人心不泯也，难其倡之者耳。

桓玄既败，西走江陵，留何澹之守湓口。澹之空设羽仪旗帜于一舟，而身寄他舟。时何无忌欲攻羽仪所在者，诸将曰："澹之不在此舟，虽得无益。"无忌曰："固也，彼既不在此，守卫必弱，我以劲兵攻之，成擒必矣。擒之，则彼且以为失军主，而我徒扬言已得贼帅，则我气盛，而彼必惧，惧而薄之，迎刃之势也。"果一鼓而舟获，遂鼓噪唱曰："斩何澹之矣！"贼骇惑，以为然，竟瓦解。

李密与王世充战。世充先索得一人，貌类密者，缚而匿之。战方酣，使牵以过阵前，噪曰："已获李密矣！"士皆呼万岁，密军乱，遂溃。

王文成与宁王战，尚锐。值风不便，我兵少挫，急令斩取先却者头。知府伍文定等，立于铳炮之间，方奋督各兵，殊死抵战。贼兵忽见一大牌，书："宁王已擒，我军毋得纵杀。"一时惊扰，遂大溃。次日，贼兵既穷促，宸濠思欲潜逃，见一渔船，隐在芦苇之中。宸濠大声叫渡，渔舟移棹请渡，竟送中军。诸将尚未知也，其神速每如此。

狄 青

狄青为延州指挥使，党项犯塞，时亲募万胜军，未习战阵，遇寇多北。青一日尽将万胜旗号，陆抗破杨肇之计类此。付虎翼军，使之出战。虏望其旗易之，全军径趋，为虎翼所破。

朱景 傅永

梁之渡淮而南也，表其可涉之津。霍丘守将朱景，浮表于水，徙置深渊。及梁兵败还，视表而涉，溺死大半。

齐将鲁康祚侵魏，齐、魏夹淮而阵。魏长史傅永曰："南人好夜斫营，必于淮中置火，以记浅处。"乃夜分兵为二部，伏于营外，又以瓢贮火，密使人于深处置之。戒曰："见火起，亦燃之。"是夜康祚等果引兵斫营，永伏兵夹击之。康祚等走趋淮，火既竞起，不辨浅深处，溺死及斩首不知其数。

张齐贤

齐贤知代州，契丹入寇，齐贤遣使期潘美，以并师来会战。使为契丹所执，俄而美使至云："师出至柏井，得密诏，不许出战，已还州矣。"齐贤曰："敌知美之来，而不知美之退。"乃夜发兵二百，人持一帜，负一束刍，距州西南三十里，烈帜烧刍。契丹兵遥见火光中有旗帜，意谓并师至，骇而北走。齐贤先伏卒二千于土镫寨，掩击，大破之。

藁 人三条

令狐潮围睢阳，城中矢尽。张巡缚藁为人，披黑衣，夜缒城下，潮兵争射之，得箭数十万。其后复夜缒人，贼笑不设备，乃以死士五百斫潮营，焚垒幕，追奔十余里。

开禧中，毕再遇被围于六合，军中矢尽。再遇令人张青盖，往来城上。金人意主兵官也，争射之，须臾矢集楼墙如猬，获矢二十余万。又敌尝以水柜败我，再遇夜缚藁人数千，衣以甲胄，持旗帜戈矛，俨立戎行，昧爽鸣鼓。敌人惊视，急放水柜，旋知其非真也，意甚沮。急出师攻之，敌遂大败。

沅州蛮叛，荆湖制置遣兵讨之。蛮以竹为箭，傅以毒药，血濡缕立死。官军畏之，莫敢前。乃束藁人，罗列焜耀，蛮见之，以为官军，万矢俱发。伺其矢尽，乃出兵攻之，直捣其穴。

认贼将二条

张巡守睢阳，安庆绪遣尹子奇将劲兵凡十余万来攻。巡厉士固守，日中二十战，巡欲射子奇而不识。因剡蒿为矢，中者谓巡矢尽，走白子奇。巡乃使南霁云射之，一发中其左目，子奇乃退。

宝元中，党项犯边，有明珠族首领骁悍，最为边患。种世衡为将，欲以计擒之。闻其好击鼓，乃造一马，持战鼓，以银裹之，极华焕，密使谍者阳卖之。后乃择骁卒数百人，戒之曰："凡见负银鼓自随者，并力擒来。"一日羌酋负鼓而出，遂为世衡所擒。

裴行俭

调露元年，大总管裴行俭讨突厥。先是馈粮数为虏钞，行俭因诈为粮车三百乘，车伏壮士五辈，赍陌刀劲弩，以羸兵挽进，又伏精兵踵其后。虏果掠车，羸兵走险，贼驱就水草，解鞍牧马。方取粮车中，而壮士突出。伏兵至，杀获几尽，自是粮车无敢近者。

贺若敦

后周时，陈将侯瑱等围逼襄州，贺若敦奉命往救，相持于湘罗之间。初，土人密乘轻船，载米粟及笼鸡鸭，以饷瑱军，敦患之。乃伪为土人装船，伏甲士于中。瑱军人望见，谓饷船至，竞来取，敦伏甲尽擒杀之。又，敦军数有叛人乘马投瑱者。敦别取一马，牵以趋船，令船中逆以鞭鞭之，如是者再三，使马畏船不肯上。后伏兵江岸，使人乘畏船马，诈投附，以招陈军。陈军竞来牵马，马既畏船不上，伏兵发，又尽杀之。以后实有馈及亡奔瑱者，并戒不受。

李光弼

史思明有良马千余匹，每日出于河南渚浴之，循环不休。李光弼命索军中牝马，得五百匹，絷其驹而出之。思明马见之，悉浮渡河，尽驱入城。思明怒，泛火船欲烧浮桥。光弼先贮百尺长竿，以巨木承其根，毡裹铁叉置其首，以迎火船而叉之，船不能进，须臾自焚尽。

虞　翻

吕蒙既诱麋芳出降，未入郡城，而召诸将高会作乐。翻曰："今区区一心者，麋将军也。城中之人，岂可尽信？何不急入城持其管钥乎？"蒙从之。翻曰："未也，设城中有伏，吾与将军休矣。"复将芳入城。而翻代芳教曰："芳得间归，愿共死守。有能破吴军者，吾当低首拜之。"于是谋伏兵者皆前，翻尽按诛之，蒙乃入。

有此谋伏辈，南郡自足死守。未战而下，芳真奴才也。总是玄德不定都荆州之误。

程　昱

昱，东阿人。黄巾贼起，县丞王度反应之，吏民尽负老幼东奔渠丘山。度出城西五六里止屯。昱因谓县中大姓薛房曰："度得城郭而不居，其志可知。此不过欲掠财物耳，何不相卒还城而守之。"吏民不肯从，昱谓房等愚民不可计事，乃密遣数骑举幡东山上，令房等望见，因大呼曰："贼至矣！"便下山趣城，吏民奔走相随，昱遂与之共守。度来攻，昱击破之。

度　尚

桓帝延熹中，长沙零陵贼反，交趾守臣望风逃溃。帝诏度尚为荆州刺史。尚至，设方略，击破之，穷追入南海，军士大获珍宝。然贼帅卜阳、潘鸿遁入山谷，聚党犹盛。尚拟尽歼之，而士卒骄富，莫有斗志。尚乃宣言："阳、鸿作贼十年，习于战守。我兵甚寡，未易轻进，当须诸郡悉至，并力攻之。军中且恣听射猎。”兵士大喜，皆空营出猎为乐。尚乃密遣所亲，潜焚诸营珍宝，一时略尽。猎者还，无不涕泣。尚乃亲出慰劳，深自引咎，因曰：“阳、鸿等财宝山积，诸卿但并力一战，利当十倍，些些何足介也！”众且愤且跃，尚遂敕秣马蓐食。明旦，出不意赴贼屯，贼不及拒，一鼓尽歼之。

孔　镛

阿溪者，贵州清平卫部苗也，桀骜多智，雄视诸苗。有养子曰阿刺，膂力绝伦，被甲三袭，运二丈矛，跃地而起，辄三五丈。两人谋勇相资，横行夷落。近苗之弱者，岁分畜产，倍课其入。旅人经其境者，辄诱他苗劫之。官司探捕，必谒溪请计，溪则要我重贿，而捕远苗之不可用者，诬为贼以应命。于是远苗咸惮而投之，以为寨主。监军、总帅，率有岁赂。益恣肆无忌，时讧官、苗，以收鹬蚌之利。弘治间，都御史孔公镛巡抚贵州，廉得其状，询之监军、总帅，皆为溪解。公知不可与共事，乃自往清平，访部曲之良者，得指挥王通，厚礼之，叩以时事。通亹亹条答，独不及溪。公曰：“闻此中事，惟阿溪为大，若何秘不言也？”通不对。固叩之，通曰：“言之而公事办，则一方受福。不则公且损威，而吾族赤矣。”公笑曰：“第言之，何患弗办？”通遂慷慨陈列始末。公曰：“为阿溪通赂上官者谁也？”通曰：“指挥王曾、总旗陈瑞也，公必劫此两人方可。”公曰：“诺。”翌日，将佐庭参，公曰：“欲得一巡官，若等来前，吾自选之。”乃指曾曰：“庶几可者。”众既出，公私诘曾曰：“若何与贼通？”曾惊辩不已。公曰：“阿溪岁赂上官，汝为居间，辩而不服，吾且斩汝矣。”曾叩头不敢言。公曰：“勿惧，汝能为我取阿溪乎？”曾因陈溪、刺谋勇状，且曰：“更得一官同事乃可。”公令自举，乃曰：“无如陈总旗也。”公曰：“可，与偕来。”少选，瑞入，公讯之如讯曾者。瑞屡顾曾，曾曰：“勿讳也，吾等事公已悉知，第当尽力以报公耳。”瑞亦言难状。公曰：“汝第诱彼出寨，吾自能取之。”瑞诺而出。苗俗喜斗牛，瑞乃觅好牛牵置中道，伏壮士百人于牛傍丛薄间，乃入寨见溪。溪曰：“何久不来？”瑞曰：“都堂新到，故无暇。”溪问：“都堂何如？”曰：“懦夫，无能为也。”溪曰：“闻渠在广东时，杀贼有名，何谓无能?”瑞曰:“同姓者,非其人也。”溪曰:“赂之,何如?”瑞曰:“姑徐徐,何以遽舍重货?”溪遂酌瑞,纵谈斗牛事。瑞曰:“适见道中牛,恢然巨象也,未审比公家牛若何?”溪曰:“宁有是,我当买之。”瑞曰:“贩牛者似非土人,恐难强之入寨。”溪曰:“第往观之,顾阿刺同行。”瑞曰:“须牵公家牛往斗之,优劣可决也。”苗俗信鬼,动息必卜。溪以鸡卜不吉,又言梦大网披身,出恐不利。瑞曰:“梦网得鱼,牛必属公矣。”遂牵牛联骑而出。至牛所,观而喜之,两牛方作斗状,忽报巡官至矣。瑞曰:“公知之乎? 乃王指挥耳。”溪笑曰:“老王何幸得此荣差? 俟其至,吾当嘲之。”瑞曰:“巡官行寨,公当往迎,况故人也。”溪、刺将策骑往,瑞曰:“公等请去佩刀,恐新官见刀,以为不利。”溪、刺咸去刀见曾。曾厉声诘溪、刺曰:“上司按部,何不扫廨舍,具供帐,而洋洋至此何为?”溪、刺犹谓戏语,漫拒之。曾大怒曰:“谓不能擒若等耶?”溪、刺犹笑傲。曾大呼,伏兵起丛薄间,擒溪、刺。刺手搏伤者数十人。竟系之,驰贵州见公,磔于市,一境始宁。

卷二十四

兵智部武案

学医废人，学将废兵。匪学无获，学之贵精。鉴彼覆车，借其前旌。青山绿水，画本分明。集"武案"。

项梁 司马师

项梁尝杀人，与籍避仇吴中。吴中贤士大夫，皆出梁下，每有大繇役及丧，梁尝主办，阴以兵法部勒宾客、子弟，知兵者无处非兵法。以知其能。后果举事，使人收下县，得精兵八千人，部署豪杰，为校尉、候、司马。有一人不得官，自言，梁曰："某日某丧，使公主某事，不能办，以故不任公。"众乃皆服。

司马师阴养死士三千，散在人间。诛爽时，一朝而集，竟莫知其所自来。

李 纲

李纲云：古者自五两、卒、旅，积而至于二千五百人为师，又积而万二千五百人为军。其将、帅、正、长皆素具，故平居恩威，足以相服，行阵节制，足以相使。若身运臂，臂使指，无不可者，所以能御敌而成功。今宜法古，五人为伍，中择一人为伍长。五伍为甲，别选一人为甲正。四甲为队，有队将正副二人。五队为部，有部将正副二人。五部为军，有正副统制官。节制统制官有都统，节制都统有大帅，皆平时选定。闲居则阅习，有故则出战，非特兵将有以相识，而恩威亦有以相服。又置赏功司，凡士卒有功，即时推赏，后有不实，坐所保将帅。其败将逃卒必诛，临阵死敌者，宽主帅之罚，使必以实告而优恤之。又纳级计功之法，有可议者，如选锋精骑，陷阵却敌，神臂弓、强弩劲弓，射贼于数百步外，岂可责以斩首级哉？若此类，宜令将、帅保明，全军推赏。

其法本于《管子》，但彼寄军令于内政，犹是井田遗意。此则训练长征，尤今日治兵第一要务。

战　车

李纲请造战车，曰："虏以铁骑胜中国，其说有三，而非车不足以制之：步兵不足以当其驰突，一也；论车战莫详于此。用车则驰突可御。骑兵，马弗如之，二也；用车则骑兵在后，度便乃出。战卒多怯，见敌辄溃，虽有长技，不得而施，三也；用车则人有所依，可施其力，部伍有束，不得而逃，则车可制胜，明矣。靖康间，献车制者甚众，独总制官张行申者可取。其造车之法，用两竿双轮，推竿则轮转。两竿之间，以横木筦之，设架以载巨弩，其上施皮篱以捍矢石，绘神兽之像，弩矢发于口中，而窍其目以望敌。其下施甲裙以卫人足，其前施枪刀两重，重各四枚，上长而下短，长者以御人也，短者以御马也。其两旁以铁为钩索，止则联属以为营。其出战之法，则每车用步卒二十五人，四人推竿以运车，一人登车望敌以发弩矢，二十人执牌、弓弩、长枪、斩马刀，列车之两旁，重行，行五人。凡遇敌，则牌居前，弓弩次之，枪刀又次之。敌在百步内，则偃牌，弓弩间发以射之。既逼近，则弓弩退后，枪刀进前，枪以刺人，而刀以斩马足。贼退则车徙，鼓噪相联以进。及险乃止，以骑兵出两翼，追击以取胜。其布阵之法，则每军二千五百人，以五分之一凡五百人为将佐、卫兵及辎重之属，余二千人，为车八十乘。欲乘方阵，则面各用车二十乘，车相联，而步卒弥缝于其间，前者其车向敌，后者其车倒行，左右者其车顺行。贼攻左右而掩后，则随所攻而向之。前后左右，其变可以无穷，而将佐卫兵及辎重之属，皆处其中，方圆曲直，随地之便。行者鳞次以为阵，止则钩联以为营，不必开沟堑，筑营垒，最为简便而完固。"

先臣余子俊言："大同宣抚地方，地多旷衍，车战为宜。器械干粮，不烦马驮。运有用之城，策不饲之马。"二句尽车之利。因献图本，及兵部造试，所费不资，而迟重难行，卒归于废，故有"鹧鸪车"之号，谓"行不得"也。夫古人战皆用车，何便于昔而不便于今？殆考之未精，制之未善，而当事者遂以一试弃之耳。且如秦筑长城，万世为利，而今之筑堡筑垣者，皆云沙浮易圮。赵充国屯田，亦万世为利，而今之开屯者，亦多筑舍无成，是皆无实心任事之人合群策以求万全故也，法曷故哉？呜呼！苟无实心任事之人，即尽圣祖神宗之法制，皆题之曰“鹛鸪”可矣。

吴玠　吴璘

吴玠每战，选劲弓强弩，命诸将分番迭射，号“注队矢”。连发不绝，繁如雨注，敌不能当。

吴璘仿车战余意，立“叠阵法”。每战以长枪居前，坐不得起；次最强弓，次强弩，跪膝以俟；次神臂弓，约贼相搏。至百步内，则神臂先发；七十步，强弓并发；次阵如之。凡阵，以拒马为限，铁钩相连，伤则更代之。遇更代，则以鼓为节，骑为两翼，蔽于前，阵成而骑退，谓之叠阵。战士心定，则能持满，敌虽锐，不能当也。

璘著《兵法》二篇，大略谓：金人有四长，我有四短，当反我之短，制彼之长。四长曰骑兵，曰坚忍，曰重甲，曰弓矢。吾集番汉所长，兼收而用之，以分队制其骑兵，以番休迭战制其坚忍，以劲弓强弩制其重甲，以远克近、强制弱制其弓矢。布阵之法，则以步军为阵心，翼以马军，为左右肋，而拒马布两肋之间。

九军阵法出《补笔谈》

熙宁中，使六宅使郭固讨论九军阵法，著之为书，颁下诸帅府，副藏秘阁。固之法：九军共为一营阵，行则为阵，住则为营。以驻队绕之。若依古法，人占地二步，马四步，军中容军，队中容队，则十万人之阵，占地方十里余。天下岂有方十里之地，无邱阜沟涧林木之碍者？兼九军共以一驻队为篱落，则兵不复可分，如九人共一皮，分之则死，此正孙武所谓縻军也。予再加详定，谓九军当使别自为阵，虽分列左右前后，而各占地利，以驻地外向自绕，纵越沟涧林薄，不妨各自成营。金鼓一作，则卷舒合散，浑浑沦沦，而不可乱。九军合为一大阵，则中分四衢，如井田法。九军皆背背相承，面面相向，四头八尾，触处为首。上以为然，亲举手曰：“譬如此五指，若共为一皮包之，则何以施用?”遂著为令。

撒星阵

张威自行伍充偏裨，其军行，必若衔枚，寂不闻声。每战必克，金人惮之。荆鄂多平野，利骑不利步。威曰:“彼铁骑一击，则吾技穷矣。”乃以意创“撒星阵”，分合不常，闻鼓则聚，闻金则散。每骑兵至，则声金，一军辄分数十旅。金人随分兵，则又趋而聚之。倏忽间分合数变，金人失措，然后纵击之，以此辄胜。

威临阵战酣，则两眼皆赤，时号“张红眼”云。

鸳鸯阵

戚继光每以“鸳鸯阵”取胜，其法:二牌平列，狼筅各跟一牌，每牌用长枪二枝夹之，短兵居后。遇战，伍长低头，执挨牌前进。如已闻鼓声，而迟留不进，即以军法斩首，其余紧随牌进。交锋，筅以救牌，长枪救筅，短兵救长枪，牌手阵亡，伍下兵通斩。

郭忠武

定襄侯郭登智勇兼备，一年百战，未尝挫衄。以己意设为“搅地龙”、“飞天网”。凿深堑，覆土木，人马通行，如履实地。贼入围中，令人发其机，自相击撞，顷刻十余里皆陷。

今其法想尚存，何不试之?

轮　囤

政和中，晏州夷酋卜漏反。漏据轮囤，其山崛起数百仞，林箐深密，叠石为城，外树木栅，当道穿坑阱，仆巨枿，布渠答，夹以守障，官军不能进。时赵遹为招讨使，环按其旁，有崖壁峭绝处，贼恃险不设备。又山多生猱，及遣壮丁捕猱数千头，束麻作炬，灌以膏蜡，缚之猱背。于是身率正兵攻其前，旦夕战，羁縻之，而阴遣奇兵，从险绝处负梯衔枚，引猱上。既及贼栅，出火然炬，猱热狂跳，贼庐舍皆茅竹，猱窜其上，辄发火。贼号呼奔扑，猱益惊，火益炽。官军鼓噪破栅，遹望见火,直前迫之。前后夹攻,贼赴火堕崖,死者无算。卜漏突围走,追获之。

邓艾自阴平袭蜀,行无人之地七百余里,凿山通道,造作桥阁,山高谷深,至为艰险。艾以毡自裹,推转而下,将士皆攀木缘崖,鱼贯而进。其功甚奇,而其事甚险。夫计程七百,非一日之行也,凿山构阁,非一日之工也。即平日不知儆备,而临时岂无风闻?岂皓等蒙蔽,庸禅怡堂,如所谓置羽书于堂下者乎?不然,艾必无幸矣。赵遹之用猱,即出于创奇,亦由贼不设备而然。故曰:“凭险者固,恃险者亡。”〇李光弼军令严整,虽寇所不至,警逻不少懈,贼不能入。如是则必无阴平、轮囤之失矣。

《元史》:金人恃居庸之塞,冶铁锢关门,布铁蒺藜百余里,守以精锐。元祖进师,距关百里,不能前。召扎八儿问计,对曰:“从此而北,黑树林中有间道,骑行可一人,臣向尝过之。若勒兵衔枚以出,终夕可至。”元祖乃令扎八儿轻骑前导,日暮入谷,黎明诸军已在平地。疾趋南口,金鼓之声,若自天下,金人犹睡未知也。比惊起,已莫能支,关门既破,中都大震,金人遂迁汴。夫以极险之地,迫于至近,而金不知备,此又非阴平之可比矣。

凯口囤

嘉靖十六年,阿向与土官王仲武争田构杀。仲武出奔,阿向遂据凯口囤为乱。囤围十余里,高四十丈,四壁斗绝,独一径尺许,曲折而登。山有天池,虽旱不竭,积粮可支五年。变闻,都御史陈克宅、都督佥事杨仁,调水西兵剿之。宣慰使安万铨,素骄抗不法,邀重赏乃行,提兵万余屯囤下,相持三月,仰视绝壁,无可为计者。独东北隅有巨树,斜科偃蹇半壁间,然去地二十丈许。万铨令军中曰:“能为猿猱上绝壁者,与千金。”有两壮士出应命,重赏之下无不应者。乃锻铁钩,傅手足为指爪,人腰四徽一剑,约至木憩足,即垂徽下引人,人带铳炮长徽而起。候雨霁,夜昏黑,不辨咫尺时,爬缘而上。邓艾阴平之师亦不过是。微闻刺刺声,俄若崩石,则一人坠地,骸骨泥烂矣。俄而长徽下垂,始知一人已据树,乃遣兵四人,缘徽蹲树间。壮士应命者,复由木间爬缘而上。至囤顶,适为贼巡徼者鸣锣而至,壮士伏草间,俟其近,挥剑斩之,鸣锣代为巡檄者,贼恬然不觉也。垂徽下引树间人,树间人复引下人,累累而起,至囤者可二三十人,便举火发铳炮,大呼曰:"天兵上囤矣。"贼众惊起,昏黑中自相格杀,死者数千人,夺径而下,失足坠崖死者又千人。黎明,调水西军,蚁附上囤。克宅令军中曰:"贼非斗格而擅杀,及黎明后殿者,功俱不录。"非严也,刻也,所以表功。自是一军解体,相与卖路走贼。阿向始与其党二百人免,囤营一空,焚其积聚,乃班师,留三百官兵戍囤。

凯口之功奇矣,顾都御史幕下,岂乏二壮士,而必令出自水西乎?宜土官之恃功骄恣,乱相寻而不止也。至于阿向之局未结,而遽尔班师,使薄戍孤悬,全无犄角,善后万全之策,果如是乎?其后月余,阿向复纠党袭囤,尽杀戍卒,向以中敌,今还自中。复忽按察佥事田汝成之戒,轻兵往剿,自取挫衄,昔日奇功,付之煨烬。吁!书生之不足与谈兵也久矣,岂独一克宅哉?田汝成上克宅书,谈利害中窍,今略附于左。〇汝成闻克宅复勒兵剿囤,献书曰:"窃料今日贼势与昔殊科,攻伐之策亦当异应。往往一二枭獍,负其窟穴草窃为奸者,皆内储粮精,外翼党羽,包藏十有余年,乃敢陆梁,以延岁月。今者诸贼以亡命之余,忱在沟壑,冒万死一生之计,喧呼而起,非有旁寨渠酋,通谍结纳,拥群丑以张应援也。守弹丸之地,跧伏其中,无异瓮缶,襁升斗之粮,蹑尺五之道,束腓而登,无异哺鷇,非素有红粟朽贯积之仓庾,广蓄大豕肥牛,以资击剥也。失此二者,为必败之形,而欲蹑枵腹,张空拳,睅目而前,以膺貔虎,是曰刀锯之魂,不足虑也。然窃闻之,首祸一招,而合者三四百人,课其十日之粮,亦不下三四十石,费亦厚矣。而逾旬不馁者,无乃有间道捷径、偷输潜挽以给其中者乎?不然,何所恃以为生也?夫蛮陬夷落之地,事异中原,譬之御寇于洞房委巷之中,搏击无所为力。故征蛮之略,皆广列伏候,扼险四塞以困之。是以诸贼虽微,亦未可以蓐食屠翦,惟在据其要害,断其刍粟之途。重营密栅,勤其间觇,严壁而居,勿与角利,使彼进无所乘,退无所逸,远不过一月,而羸疲之尸，槁磔麾下矣。若夫我军既固，彼势益孤，食竭道穷，必至奔突，则溃围之战，不可不鏖也。相持既久，观望无端，我忽而衰，彼穷而锐，或晨昏惰卧，刁斗失鸣，则劫营之虞，不可不备也。防御既周，奸谋益窘，必甘辞纳款，以丐残息，目前虽可妥帖，他日必复萌生，则招抚之说，不可从也。肤见宵人，狃于诡道，欲出不意，以徼一获，彼既鉴于前车，我复袭其故辙，不惟徒费，抑恐损威。则偷囤之策，不可不拒也。至于事平之后，经画犹烦云云。”

太子晃

魏主以轻骑袭柔然，分兵为四道。魏主至鹿浑谷，遇敕连可汗，太子晃曰：“贼不意大军猝至，宜掩其不备，速进击之。”尚书刘絜曰：“贼营尘盛，其众必多，不如须大军至击之。”晃曰：“尘盛者，军士惊扰也，何得营上而有尘乎。”魏主疑之，不急击。柔然遁，追之不及，获其候骑曰：“柔然不觉魏军至，惶骇北走，经六七日，知无追者，始乃徐行。”魏主深悔之。

栾枝使舆曳柴而伪遁，是又诈扬尘以诱敌，不可不知。

冰　城

司马楚之别将督军粮，柔然欲击之。俄，军中有告失驴耳者，楚之曰：“此必贼遣奸人入营觇伺，割以为信耳，贼至不久，宜急为备。”乃伐柳为城，以水灌之，城立而柔然至，冰坚滑不可攻，乃散走。

张魏公

绍兴中，虏趋京，所过城邑，欲立取之。会天大寒，城池皆冻，虏藉冰梯城，不攻而入。张魏公在大名闻之，先弛濠鱼之禁，人争出取鱼，冰不得合。虏至城下，睥睨久之，叹息而去。

桓崇祖

魏师二十万攻豫州，刺史桓崇祖欲治外城，堰肥水以自固。众恐劳而无益，且众寡不敌。崇祖曰：“若弃外城，虏必据之，外修楼橹，内筑长围，则坐成擒矣。”乃于城西北堰肥水，堰北筑小城，周为深堑，使数千人守之。曰：“虏见城小，以为一举可取，必悉力攻之，以谋破堰，吾临水冲之，皆为流尸矣。”魏果攻小城，崇祖着白纱帽，肩舆上城，决堰下水，魏人溺死千数，遂退走。

柴　潭

孟珙攻蔡，蔡人恃柴潭为固。外即汝河，潭高于河五六丈，城上金字号楼伏巨弩，相传下有龙，人不敢近，将士疑畏。珙召麾下饮，酒再行，谓曰：“此潭楼非天造地设，伏弩能及远，而不可射近。彼所恃，此水耳，决而注之，涸可立待。”遣人凿其两翼，潭果决，实以薪苇，遂济师，攻城克之。

宗　泽

宗泽以计败却金人，念敌众十倍我，今一战而退，势必复来，使悉其铁骑夜袭吾军，则危矣。乃暮徙其军。金人夜果至，得空营，大惊。自是惮泽，不敢犯。

浮　梁二条

晋副总管李存进，造浮梁于德胜。旧制：浮梁须竹笮、铁牛、石囷，存进以苇笮维巨舰，系于土山巨木，逾月而成。浮梁之简便，自存进始。

唐池州人樊若水举进士不第，因谋归宋。乃渔钓于采石江上，乘小舟，载系绳维南岸，疾棹抵北岸，以度江之广狭。因诣阙上书，请造浮梁以济。议者谓江阔水深，古未有浮梁而济者，帝不听。擢若水右赞善大夫，遣石全振往荆湖，造黄黑龙船数千艘，又以大舰载巨竹絙，自荆渚而下，先试于石碑口，移置采石，三日而成，不差寸尺。

韦孝宽

魏韦孝宽镇玉壁，高欢倾山东之众来攻。连营数十里，直至玉壁城下。城南起土山，欲乘之以入城。城上先有两楼，直对土山。孝宽更缚木接之，令极高。欢遂于城南凿地道，又于城北起土山，攻具昼夜不息。孝宽掘长堑，简战士屯堑，每穿至堑，战士辄擒杀之。又于堑外积柴贮火，敌人有在地道者，便下柴火，以皮排吹之，火气一冲，咸即灼烂。城外又造攻车，车之所及，莫不摧毁，虽有排楯，亦莫能折。孝宽令缝布为幔，随其所向，布悬空中，车不能坏。城外又缚松于竿，灌油加火，欲以烧布焚楼。孝宽使作长钩利刃，火竿一来，以钩刃遥割之。城外又四面穿地，作二十一道，分为四路，于其中各施梁柱，以油灌柱，放火烧之，柱折，城并崩陷。孝宽随其崩处，竖木栅以捍之。敌终不得入。欢智勇俱困，因发疾遁去，遂死。

羊侃　杨智积

侯景之围台城也，初为尖顶木驴来攻，矢石不能制。侃作雉尾炬，施铁镞，灌以油，掷驴上，焚之立尽。俄又东西两面起土山临城，城中惊骇，侃命为地道，潜引其土，山不能立。贼又作登楼车，高十余丈，欲临射城内。侃曰："车高堑虚，彼来必倒，可卧而观之，无劳设备矣。"车动果倒。贼既频攻不克，乃筑长围。朱异等议出击之，侃曰："不可，贼久攻不克，其立长围，欲引城中降人耳。今击之，兵少不足破贼。若多，万一失利，门隘桥小，自相蹂践，必大挫衄，此自弱也。"异不从，一战败退，争桥赴水死者大半。后大雨，城内土崩，贼乘之，垂入。侃令多掷火把，为穴城以断其路，而徐于内筑城，贼卒不能进。未几，侃遘疾卒，城遂陷。

杨智积，隋文帝侄也。杨玄感反，攻城，烧城门，智积于内益薪，以助火势，贼不能入。

张　巡

尹子奇围睢阳，张巡应机守备。贼为云梯，势如半虹，置精卒二百于其上，推之临城，欲令腾入。巡预于城潜凿三穴，候梯将至，一穴中出大木，末置铁钩钩之，使不得退。一穴中出一大木，拄之使不得进。一穴中出一木，末置铁笼，盛火焚之。贼又以钩车钩城上栅阁，巡以大木置连锁大环，拔其钩而截之。贼又造木驴攻城，巡熔金汁灌之。贼又以土囊积柴为磴道，欲登城，巡潜以松明干蒿投之。积十余日，使人顺风持火焚之。贼服其智，不敢复入。

王禀守城

金黏没喝攻太原，悉破诸县，独城中以张孝纯、王禀固守不下。其攻城之具，曰炮石、洞子、鹅车、偏桥、云梯、火梯，凡有数千。每攻城，先列“克列炮”三十座，凡举一炮，听鼓声齐发。炮石入城者大于斗，楼橹中炮，无不坏者。赖总管王禀，先设虚栅，下又置糠布袋在楼橹上，虽为所坏，即时复成。黏罕填濠之法，先用洞子，下置车转轮，上安巨木，状如屋形，以生牛皮缦上，又以铁叶裹之。人在其内，推而行之，节次相续，凡五十余辆，人运土木柴薪于中。黏罕填濠，先用大板薪，次以荐覆，然后置土在上，增覆如初。王禀每见填，即先穿壁为窍，致火鞲在内。俟其薪多，即便放灯于水中，其灯下水寻木，能然湿薪。火既渐盛，令人鼓鞲，其焰旦天，至令不能填濠。其鹅车亦如鹅形，下亦用车轮，冠之以皮铁，使数十百人推行，欲上城楼。王禀于城中亦设眺楼，亦如鹅形，使人在内迎敌。鹅车至，令人在下以搭钩及绳拽之，其车前倒，又不能进。其云梯火梯，亦用车轮，其高一如城楼。王禀随机应变，终不能攻。

孟宗政

孟宗政权枣阳军，金完颜讹可拥步骑薄城。宗政囊糠盛沙，以覆楼棚，列瓮潴水，以隄火，募炮手击之，一炮辄杀数人。金人选精骑二千，号“弩子手”，拥云梯天桥先登。又募凿银矿石工，昼夜陷城，运茅苇直抵围楼下，欲焚楼。宗政先毁楼，掘深坑，防地道；创战棚，防城陨，穿阱才透，即施毒烟烈火，鼓鞲以熏之。金人窒，以湿毡析路以刬土，城颓楼陷。宗政撤楼益薪，架火山以绝其路，列勇士，以长枪劲弩，备其冲，距楼陷所亟筑偃月城，袤百余尺，翼傅正城，深坑培仞。躬督役，五日而成，金人卒不得志。

刘　馥

刘馥为扬州刺史，高为城垒，多积木石，编作草苫数千万枚，预备有用。益贮鱼膏数千斛，为战守备。建安十三年，孙权十万众，攻围合肥城百余日，时天连雨，城欲崩，于是以苫蓑覆之，夜然脂照城外，视贼所作而为备，贼破走。

盛 昶

盛昶为监察御史，以直谏谪罗江县令，为政廉明，吏畏而民信之。时邑寇胡元昂啸集称叛，昶行檄谕散其党。邻邑德阳寇赵铎者，僭称赵王，所至屠戮，攻成都，官军覆陷，杀汪都司，势叵测。罗江故无城，昶令引水绕负县田，以水为城亦一法。昼开四门，市中各闭户，藏兵于内，约炮响兵出。又伏奇兵山隈，阳示弱，遣迎贼。入室未半，昶率义勇士，闻炮声，兵突出，各横截贼，贼不相救。山隈伏兵应声夹攻，殊死斗，贼大北，斩获不记数，俘获子女财物，尽给其民，邑赖以完。父老泣曰："向微盛公，吾属俱罹锋镝矣。"

许 逵

许逵，河南固始人，令乐陵期月，令行禁止。时流贼势炽，逵预筑浚隍，贫富均役，要紧。逾月而成。又使民各筑墙，高过屋檐，仍开墙窦如圭，仅可容一人。家令一壮丁，执刀俟于窦内，其余人皆入队伍。令曰："守吾号令，视吾旗鼓，违者从军法。"又设伏巷中，洞开城门。未几，贼果至，火无所施，兵无所加，旗举伏发，尽擒斩之。

愚谓，近城要地，皆当仿此立墙，可使寇不临城矣。

王濬 王彦章

吴人于江碛要害处，并以铁锁横截之。又作铁锥长丈余，暗置江中，以逆拒舟舰。濬作大筏数十，方百余步，令善水者以筏先行，遇铁锥，锥辄着筏而去。又作火炬，贯以麻油，遇锁燃炬烧之，须臾熔液断绝，舟行无碍。

晋王尽有河北，以铁锁断德胜口，筑河南北为两城，号"夹寨"。王彦章受命至滑州，置酒大会，阴遣人具舟于杨村，命甲士六百人皆持巨斧，载冶者，具鞴炭，乘流而下。彦章会饮，酒半，佯醉起更衣，引精兵千，沿河以趋德胜。舟兵举火熔锁，因以巨斧斩断浮桥，而彦章引兵急击南城，遂破之。

韩世忠

世忠与兀术相持于黄天荡，以海舰进泊金山下，预用铁绠贯大钩，授骁健者。明旦，敌舟噪而前，世忠分海舟为两道，出其背。每缒一绠，则拽一舟沉之。兀术穷蹙。

嘉靖间，倭寇猖獗吴郡，亦有黄天荡之捷。时贼掠民舟，扬帆过荡，官军无敢抗者。乡民愤甚，敛河泥船数十只追之，以泥泼其船头，倭足滑不能立，而舟人皆蹑草履，用长脚钻能及远。倭覆溺者甚众。

船置草

杨素袭蒲城，夜至河际，收商贾船，得数百艘，置草其中，践之无声，遂衔枚而济。

破铁铠

马隆讨树机能，虏兵劲，皆负铁铠。隆于夹道累磁石，贼行不得前，而隆卒悉被犀甲，无所留碍，遂大破之。

柴断险道

周瑜使甘宁前据夷陵，曹仁分众围宁。宁困急，请救。蒙说瑜："分遣三百人，柴断险道，贼走，可得其马。"瑜从之。军到夷陵，即日交战，所杀过半，敌夜遁去，行遇柴道，骑皆舍马步走。兵追蹙之，获马三百匹。

纵　烟二条

隋兵与陈师战，退走数四，贺若弼纵烟以自隐。

哥舒翰追贼入隘道，贼乘高下木石，击杀甚众。翰以毡车驾马为前驱，欲以冲贼。会东风暴急，贼将崔乾祐以草车数十乘，塞毡车之前，纵火焚之。烟所被，官军不能开目，妄自相杀。

李　勣

薛延陀教习步战，每五人，以一人经习战阵者使执马，而四人前战。克胜，即授马以追奔，失于应接，罪至死，没其家口以赏战人。及入寇，李勣拒之。延陀弓矢俱发，伤我战马。勣令去马步战，率长矟数百为队，齐奋以冲之，其众溃散。薛万彻率数千骑，收其执马者。众失马，莫知所从，遂大败。

拐子马　铁浮图

兀术有劲军骑兵。皆重铠，贯以韦索，三人为联，名“拐子马”，又号“长胜军”。每于战酣时，用以攻坚，官军不能当。郾城之役，以万五千骑来，岳飞戒兵，率以麻扎刀入阵，勿仰视，但斫马足。拐子马相连，一马仆，二马不能行，官军奋击，大败之。

慕容绍宗引兵十万击侯景，旗甲耀目，鸣鼓长驱而进。景命战士皆被甲执短刀，入东魏阵，但低视，此即走板桥勿旁视之意。斫人胫马足。飞不学古法，岂暗合乎？

兀术有牙兵，步卒。皆重铠甲，戴铁兜鍪，周匝缀长檐，三人为伍，贯以韦索，号“铁浮图”。顺昌之役，方大战时，兀术被白袍，乘甲马，以三千人来，刘锜令壮士以枪摽去其兜，大斧断其臂，碎其首。

钱传瓘

吴越王镠遣其子传瓘击吴，吴人拒之，战于狼山。吴船乘风而进，传瓘引舟避之。既过，自后随之，反逆为顺。吴回船与战，传瓘使顺风扬灰，吴人不能开目。及船舷相接，传瓘使散沙于己船，而散豆于吴船。豆为战血所渍，吴人践之皆僵仆。因纵火焚吴船，吴兵大败。

杨　璇

杨璇为零陵太守，时苍梧、桂阳贼相聚攻郡县，贼众多而璇力弱，吏忧恐。璇乃特制马车数十乘，以排囊盛石灰于车上，系布索于马尾。又为兵车，专彀弓弩。克期会战，乃令马车居前，顺风鼓灰，贼不得视。因以火烧布，布然马惊，奔突贼阵。后车弓弩乱发，钲鼓鸣震，群盗骇散，追逐伤斩无数，枭其渠帅，郡境以清。

竹　筒

刘锜顺昌之战，戒甲士带一竹筒，其中实以煮豆，入阵则割弃竹筒，狼藉其豆于下。虏马饥，闻豆香，低头食之，又多为竹筒所滚，脚下不得地，以故士马俱毙。

毕再遇尝引敌与战，且前且却，至于数四。视日已晚，乃以香料煮黑豆布地上，复前搏战，佯败走。敌乘胜追逐，其马已饥，闻豆香就食，鞭之不前。我师反攻之，遂大胜。

假　兽四条

鲁庄公十年，齐师、宋师次于郎。公子偃曰："宋师不整，可败也，宋败，齐必还。"乃自雩门窃出，蒙皋比而先犯之，大败宋师，齐师乃还。

城濮之战，胥臣蒙马以虎皮，先犯陈蔡，本此。

魏主为南阳太守房伯玉所败，乃自引兵袭克宛，伯玉婴内城拒守。宛城东南有桥，魏主过之，伯玉使勇士数人，衣斑衣，戴虎头帽，伏窦下，突出击之，魏主人马惧惊。

檀和之等攻林邑，林邑王倾国来战，以具装被象，前后无际。宗悫曰："吾闻外国有狮子，威服百兽。"乃制其形与象相拒，象果奔走，遂克林邑。

朱滔围深州，李惟岳以田悦援兵至，惟岳将王武俊以骑三千，方阵横进。滔绘帛为狻猊象，使猛士百人蒙之，鼓噪奋驰，贼马惊乱，因击破。

师马　师蚁

齐桓公伐山戎，道孤竹国，前阻水浅，深不可测，夜黑迷失道。管仲曰："老马善识途。"放老马于前而随之，遂得道。行山中无水，隰朋曰："蚁冬居山之阳，夏居山之阴。蚁壤一寸，而仞有水。"乃掘地，遂得水。以管仲之圣而隰朋之智，不难于师老马与蚁。今人不知，以其愚心而师圣人之智，不亦过乎！

古圣开天制作，皆取师于万物，岂独济一时之急哉？

无底船

襄城之围，张贵为无底船百余艘，中竖旗帜，各立军士于两舷以诱之。敌皆竞跃以入，溺死者万余。亦昔人未有之奇也。

铁菱角　火老鸦

流贼犯江阴，县人以铁菱角布城外淖土中，纵牲畜其间。贼争掠豕，悉陷，着菱角不能起，擒数十人，后更不敢近城。

流贼刘七等，舟泊狼山下。苏人有应募献计用火攻，其名"火老鸦"，藏药及火于炮，水中发之。又为制形如鸟喙，持之入水，以喙钻船，而机发之，以自运转，转透船可沉。试用之，已破一船，贼骇，谓江南兵能水中破船，是神兵也，乃舍舟登山，遂为守兵所蹙。

分兵　合兵

越伐吴，军于江南，吴王军于江北。越王中分其师为左右军，以其私卒君子六千人为中军。明日交战，及昏，乃令左军衔枚，溯江五里以须。亦令右军衔枚，逾江五里以须。夜中，乃令左军右军，鸣鼓中水以须。吴师闻之，大骇曰："越人分为二师，将以夹攻我。"乃不待旦，亦中分其师，将以御越。越王乃令其中军衔枚潜涉，不鼓不噪，以袭攻之，吴师大北，遂围吴。

桓温伐汉，议者欲分为两军，异道俱进，以分敌势。袁乔曰："今悬军深入，当合势力，以取一战之捷。万一偏败，大事去矣。"乃全军而进，弃去釜甑，持三日粮，以示必死，遂败汉兵，直逼成都。

分兵用其计，合兵用其锐。有分而胜者，钟会牵姜维于剑阁，而邓艾别由阴平道袭蜀，是也。有合而胜者，吴夫差三万人为方阵，以势攻，晋人畏之，是也。有分而败者，黥布为三军，欲以相救，或言兵在散地，偏败必皆走，布不听而败，是也。有合而败者，兀术顺昌之战，兵集城下，太众，不能转动，是也。

晁　错

匈奴数苦边，晁错上言兵事，曰："臣闻用兵临战，合刃之急有三：一曰得地形，二曰卒服习，三曰器用利。故兵法：器械不利，以其卒予敌也；卒不可用，以其将予敌也；将不知兵，以其主予敌也；君不择将，以其国予敌也。四者，兵之至要也。臣又闻以蛮夷攻蛮夷，中国之形也。今匈奴地形技艺与中国异，上下山坂，出入溪涧，中国之马弗与也；险道倾仄，且驰且射，中国之骑弗与也；风雨罢劳，饥渴不困，中国之人弗与也：此匈奴之长技也。若夫平原易地，轻车突骑，则匈奴之众易挠乱也；劲弩长戟，射疏及远，长短相杂，游弩往来，什伍俱前，则匈奴之兵弗能当也；材官驺发，矢道同的，则匈奴之革笥木荐弗能支也；下马地斗，剑戟相接，去就相薄，则匈奴之足弗能给也：此中国之长技也。以此观之，匈奴之长技三，中国之长技五。帝王之道，出于万全。今降胡义渠来归者数千，长技与匈奴同，可赐之坚甲利兵，益以边郡之良骑。平地通道，则以轻车材官制之。两军相为表里，此万全之术也。"错又上言："胡貉之人，其性耐寒，扬粤之人，其性耐暑，秦之戍卒，不耐水土，见行如往弃市。陈胜先倡，天下从之者，秦以威劫而行之之敝也。不如选常居者为室庐、具田器，以便为城堑丘邑，募民免罪拜爵，复其家，予衣廪食。胡人入驱，而能止所驱者，以其半予之。如是则邑里相救助，赴胡不避死。非以德上也，欲生亲戚而利其财也。此与东方之戍卒，不习地势而心畏胡者，功相万也。"上从其言，募民徙塞下。

万世制虏之策，无能出其范围。

范雎策秦

范雎说秦王曰："以秦国之大，士卒之勇，以治诸侯，譬走韩卢而搏蹇兔也。而闭关十五年，不敢窥兵于山东者，是穰侯为秦不忠，而大王之计亦有所失也。"王跽曰："愿闻失计。"雎曰："夫穰侯越韩魏而攻齐，非计也，今王不如远交而近攻，得寸则王之寸也，得尺则王之尺也。今夫韩魏，中国之处而天下之枢也。王必亲中国，以为天下枢，以威楚赵，楚赵必皆附。楚赵附，齐必惧矣，如是则韩魏因可虏也。”王曰：“善。”

王朴策周

周世宗时，拾遗王朴献“平边策”，略云：“攻取之道，从易者始。当今惟吴易图，东至海，南至江，可挠之地二千里。从少备处先挠之，备东则挠其西，备西则挠其东。彼奔去以救弊，则奔走之间，我可窥其虚实，避实击虚，所向无前，则江北诸州举矣。既得江北，用彼之民，扬我之兵，江南亦不难下也。江南下，而桂、广、岷、蜀，可飞书召之矣。吴蜀既平，幽必望风而至。惟并为必死之寇，必须强兵力攻，然不足为边患也。”世宗奇之，未及试，其后宋兴，卒如其策。

任瓌等

李渊兵发晋阳，入临汾，去霍邑五十余里。隋将宋老生帅精兵二万屯霍邑，大将军屈突通将骁骑数万，屯河东以拒渊。诸将请先攻河东，任瓌说渊曰：“关中豪杰，皆企踵以待义兵，瓌在冯翊积年，知其豪杰，请往谕之，必从风而靡。义师自梁山济河，指韩城，迫郃阳，萧造文吏，必望尘请服。然后鼓行而进，直据永丰。虽未得长安，关中固已定矣。”裴寂曰：“屈突通拥众据城，吾舍之而去，若进攻长安，此亦常理。不克，退为河东所踵，腹背受敌，此危道也。”李世民曰：“不然，兵贵神速，吾席累胜之威，抚归附之众，鼓行而西，长安之人，望风惊骇，智不及谋，勇不及断，取之若振槁叶耳。若淹留时日，敝于坚城之下，彼得成谋，修备以待，我坐费日月，众心离阻，则大事去矣。且关中蜂起之将，未有所属，更要紧。不可不早怀也。屈突通自守虏耳，不足为虑。”会久雨，渊不能进，军中乏粮，刘文静请兵于治毕可汗。未返，或传突厥与刘武周乘虚袭晋阳，渊欲还救根本。世民曰：“今禾菽被野，何忧乏粮？老生轻躁，一战可擒。李密顾恋仓粟，未遑远略。武周与突厥，外虽相附，内实相猜。武周虽远利太原，岂可近忘马邑？

本兴大义，奋不顾身，以救苍生，当先入咸阳，号令天下。今遇小敌，遂已班师，恐从义之徒，一朝解体。还守太原一城之地，为贼尔，何以自全？”渊不听，世民将复入谏，会渊已寝，不得入，号哭于外，英雄。声闻帐中，渊召问之，世民曰：“今兵以义动，进战则克，退还则散，众散于前，敌乘于后，死亡无日，何得不悲？”渊乃悟曰：“兵已发，奈何？”世民曰：“右军严而未发，左军去亦未远，请自追之。”乃与建成分道夜进，追左军复还。已而太原运粮亦至，诱老生战，斩之。日已暮，无攻城具，将士肉薄而登，遂克霍邑。

按：任瓌之策，即李密说杨玄感、魏思温说徐敬业者，特太宗用之而胜，二逆不用而败耳。〇杨玄感之谋逆也，李密进三策曰：“天子远在辽海，公若长驱入蓟，直扼其喉，前有高丽，退无归路，不战而擒，此上计也。关中四塞，吾鼓行而西，经城勿攻，直取长安，收其豪杰，抚其士民，据险而守之，天子虽还，失其根本，可徐图也。若随近先向东都，以号令四方，但恐彼知固守，若攻之百日不克，援兵四至，非吾所知矣。”玄感曰：“不然，今百官家口俱在东都，若先取之，足以动其心。且经城不拔，何以示威？公之下计，乃为上策。”密知计不行，退谓人曰：“楚公好反而不求胜，吾属为虏矣。”未几，玄感败。徐敬业举兵，问计于军师魏思温，对曰：“公既以太后幽系天子，宜身自将兵，直趋洛阳。山东韩魏知公勤王，附者必众，天下指日定矣。”敬业曰：“不然，金陵负江，王气尚在，宜先并常润为霸基，然后鼓行而北。”此谋反，非勤王也，何以服众？思温曰：“郑、汴、徐、亳，士皆豪杰，不愿武后居上，蒸麦为饭，以待我师，奈何欲守金陵，投死地乎？”敬业不从，使敬猷屯淮阴，韦超屯都梁山，而自引兵击润州，下之。思温叹曰：“兵忌分，敬业不知席卷渡淮，率山东士先袭东都，吾知无能为矣。”〇李密为玄感策何智，自为策又何愚也？思温之谋善矣，而敬业不谋，实不为勤王，奈何从之？李士实亦劝逆濠直捣南都，勿攻安庆，亦李魏之故智，濠不听而败。夫隋炀弑虐，则天篡统，二李举兵，犹曰有名，彼逆濠何为者哉？天不佑叛贼，即直捣南都，亦未见其必胜也。

习马练刀法

北虏马生驹数日，则系骒马于山半，驹在下盘旋，母子哀鸣相应，力争而上，乃得乳。渐移系高处，驹亦渐登，故能陟峻如砥。今养马宜就高山所在放牧，亦仿其法，马自可用。又倭国每生儿，亲朋敛铁相贺，即投于井中，岁取锻炼一度，至长成，刃利不可当。今勋卫之家，世武为业，而家无锐刃，愚意亦宜仿此。箕裘弓冶，不足为笑也。

闺智部总序

冯子曰：语有之："男子有德便是才，妇人无才便是德。"其然，岂其然乎？夫祥麟虽祥，不能捕鼠；文凤虽文，不能攫兔。世有申生、孝己之行，才竟何居焉？成周圣善，首推邑姜，孔子称其才与九臣埒，不闻以才贬德也。夫才者，智而已矣。不智则懵，无才而可以为德，则天下之懵妇人，毋乃皆德类也乎？譬之日月，男日也，女月也。日光而月借，妻所以齐也；日没而月代，妇所以辅也，此亦日月之智，日月之才也。今日必赫赫，月必曀曀，曜一而已，何必二？余是以有取于闺智也。贤哲者，以别于愚也；雄略者，以别于雌也。吕武之智横而不可训也，灵芸之属智于技，上官之属智于文，纤而不足，术也。非横也，非纤也，谓之才可也，谓之德亦可也。若夫孝义节烈，彤管传馨，则亦闺阃中之麟祥凤文，而品智者未之及也。

卷二十五

闺智部贤哲

匪贤则愚，唯哲斯肖。嗟彼迷阳，假途闺教。集“贤哲”。

高皇后

高皇帝初造宝钞，屡不成，梦人告曰：“欲钞成，须取秀才心肝为之。”觉而思曰：“岂欲我杀士耶？”马皇后启曰：“以妾观之，秀才们所作文章，即心肝也。”上悦，即于本监取进呈文字用之，钞遂成。

赵威后

齐王使使者问赵威后。书未发，威后问使者曰：“岁亦无恙耶？民亦无恙耶？王亦无恙耶？”使者不悦曰：“臣奉使使威后，今不问王而先问岁与民，岂先贱而后尊贵者乎？”威后曰：“不然。苟无岁，何有民？苟无民，何有君？岂舍本而问末者耶？”乃进而问之曰：“齐有处士钟离子无恙耶？是其为人也，有粮者亦食，无粮者亦食，有衣者亦衣，无衣者亦衣，是助王养其民者也，何以至今不业也？叶阳子无恙耶？是其为人，哀鳏寡，恤孤独，赈困穷，补不足，是助王息其民者也，何以至今不业也？北宫之女婴儿子无恙耶？撤其环瑱，至老不嫁，以养父母，是皆率民而出于孝情者也，胡为至今不朝也？此二士不业，一女不朝，何以王齐国、子万民乎？於陵仲子尚存乎？是其为人也，上不臣于王，下不治其家，中不索交诸侯，此率民而出于无用者，何为至今不杀乎？”

刘　娥

刘聪妻刘氏，名娥，甚有宠于聪。既册后，诏起鹑仪殿以居娥。廷尉陈元达切谏，聪大怒，将斩之。娥私敕左右停刑，手疏上，略曰：“廷尉之言，关国大政，忠臣岂为身哉？陛下不唯不纳，而又欲诛之，陛下此怒，由妾而起，廷尉之祸，由妾而招。人怨国怨，咎皆归妾；拒谏戮忠，唯妾之故。自古败亡之辙，未有不因于妇人者也。妾每览古事，忿忿忘食，何意今日妾自为之？后人视妾，亦犹妾之视前人也，复何面目仰侍巾栉？请归死此堂，以塞陛下色荒之过。”聪览毕，谓群下曰：“朕愧元达矣。”因手娥表，示元达曰：“外辅如公，内辅如娥，朕复何忧？”

姜后、樊姬、徐惠妃一流。

李邦彦母

李太宰邦彦父曾为银工，或以为诮。邦彦羞之，归告其母。母曰：“宰相家出银工，乃可羞耳。银工家出宰相，此美事，何羞焉？”

狄武襄不肯祖梁公，我圣祖不肯祖文公，皆此义。

肃宗朝公主

肃宗宴于宫中，女优弄假戏，有绿衣秉简为参军者。天宝末，番将阿布思伏法，其妻配掖庭，善为优，因隶乐工，遂令为参军之戏。公主谏曰：“禁中妓女不少，何须此人？使阿布思真逆人耶，其妻亦同刑人，不合近至尊之座。若果冤横，又岂忍使其妻与群优杂处，为笑谑之具哉？妾虽至愚，深以为不可。”上亦悯恻，遂罢戏而免阿布思之妻，由是咸重公主。公主，即柳晟母也。

房景伯母

房景伯为清河太守。有民母讼子不孝，景伯母崔曰：“民未知礼，何足深责？”召其母，与之对榻共食，使其子侍立堂下，观景伯供食。未旬日，悔过求还。崔曰：“此虽面惭，其心未也，且置之。”凡二旬余，其子叩头出血，母涕泣乞还，然后听之，卒以孝闻。

此即张翼德示马孟起以礼之智。

柳氏婢

唐仆射柳仲郢镇郪城，有婢失意，于成都鬻之。刺史盖巨源，西川大将，累典支郡，居苦竹溪。女侩以婢导至，巨源赏其技巧。他日，巨源窗窥通衢，有鬻绫罗者，召之就宅，于束缣内选择，边幅舒卷，第其厚薄，酬酢可否。时柳婢侍左，失声而仆，诈。似中风，命扶之去，都无言语，但令还女侩家。翌日而瘳，诘其所苦。青衣曰："某虽贱人，曾为仆射婢。死则死矣，安能事卖绫绢牙郎乎？"蜀都闻之，皆嗟叹。

此婢胸中志气，殆不可测，愧杀王浚冲一辈人。

崔敬女　络秀

唐冀州长史吉懋，欲为男顼取南宫县丞崔敬女，敬不许。因有故，胁以求亲，敬惧而许之。择日下函，并花车卒然至门。敬妻郑氏初不知，抱女大哭曰："我家门户低，不曾有吉郎。"女坚卧不起，其小女白其母曰："父有急难，杀身救解。设令为婢，尚不合辞。姓望之门，何足为耻？姊若不可，儿自当之。"遂登车而去，顼后贵至拜相。

周顗母李氏，字络秀，少在室。顗父浚，时为安东将军，因出猎遇雨，止秀家。会秀父兄出，乃独与一婢为具数十人馔，甚精腆，寂不闻人声。浚怪觇之，见秀甚美，因求为妾。父兄不许，秀曰："门户单寒，何惜一女，焉知非福？"已归浚，生顗及嵩、谟，已三子并贵显。秀谓曰："我屈节为汝门妾，计门户耳。汝不与我家为亲亲者，吾亦何惜余年？"顗等敬诺，自是李氏遂振。

绝无一毫巾帼气。"生男勿喜女勿悲"，此诗正堪为二女咏耳。

乐羊子妻

乐羊子尝于行路拾遗金一饼，还以语妻。妻曰："志士不饮盗泉，廉士不食嗟来，况拾遗金乎？"羊子大惭，即捐之野。

乐羊子游学一年而归，妻问故，羊子曰："久客怀思耳。"妻乃引刀趋机而言曰："此织自一丝而累寸，寸而累丈，丈而累匹，今若断斯机，则前功尽捐矣。学废半途，何以异是？"羊子感其言，还卒业，七年不返。

乐羊子游学，其妻勤作以养姑。尝有他舍鸡谬入园，姑杀而烹之。妻对鸡不餐而泣，姑怪问故，对曰："自伤居贫，不能备物，使食有他肉耳”，姑遂弃去不食。

返遗金则妻为益友，卒业则妻为严师。谕姑于道，成夫之德，则妻又为大贤孝妇。

孙太学妓

嘉靖间，娄东有孙太学者，与妓某善，誓相嫁娶，为之倾资。无何，孙丧妇，家益贫落，亲友因唆使讼妓。妓闻之，以计致孙饮食之，与申前约，以身委焉。孙故不善治产，妓所携簪珥，不久复费尽。妓日夜勤辟纩以奉之，饘粥而已，如是十余年。孙益老成悔过，选期已及，自伤无资，中夜泣。妓审其诚，于日坐辟绩处，使孙穴地得千金，皆妓所阴埋也。孙以此得选县尉，迁按察司经历。宦橐稍润，妓遂劝孙乞休归，享小康，终其身。

既成就孙，而身亦得所归，可谓两利。所难者，十余年坚忍耳。

吴生妓

真定吴生，有声于庠。性不羁，悦某妓，而橐中实无余钱。妓怜其才，因询所长，曰：“善摴蒲。”妓乃馆生他室中，所遇凡爱摴蒲者，辄令生变姓名与之角，生多胜，因以供生灯火费。妓暇则就生宿，生暇则读书。后生成进士，欲娶妓，而妓适死。因为制服执丧，葬之以礼，每向人言，必流涕。

吴生从未出丑，此妓胜汧国夫人多多矣。

陶侃母

陶侃母湛氏，豫章新淦人。初，侃父丹聘为妾，生侃。而陶氏贫贱，湛每纺绩资给之，使交结胜己。侃少为浔阳县吏，尝监鱼梁，以一封鲊遗母。湛还鲊，以书责侃曰：“尔为吏，以官物遗我，非唯不能益我，乃以增我忧矣。”鄱阳范逵素知名，举孝廉，投侃宿，时冰雪积日，侃室如悬磬，而逵仆马甚多。湛语侃曰：“汝但出外留客，吾自为计。”湛头发委地，下为二髲，卖得数斛米。斫诸屋柱，悉割半为薪，剉卧荐以为马草，遂具精馔，从者俱给。逵闻叹曰："非此母不生此子。"至洛阳，大为延誉，侃遂通显。

李畲母

监察御史李畲母，清素贞洁。畲请禄米送至宅，母遣量之，剩三石，问其故，令史曰："御史例不概。"又问脚钱几文，又曰："御史例不还脚车钱。"母怒，令送所剩米及脚钱以责畲，畲乃追仓官科罪，既沿例，亦不必科罪。诸御史皆有惭色。

王孙贾母

齐湣王失国，王孙贾从王，失王之处。其母曰："汝朝出而晚来，则吾倚门而望，汝暮出而不还，则吾倚闾而望；汝今事王，不知王处，汝尚何归？"贾乃入市呼曰："从我者左袒。"从者三百人，相与攻杀淖齿，求王子奉之，卒复齐国。

不杀淖齿，则乐毅之势不孤，而兴复难于措手，非但仇不共戴天已也。张伯起作《灌园记》传奇，止谱私欢，而于王孙母子忠义不录，大失轻重，余已为改正矣。

赵括母　柴克宏母

秦、赵相拒长平。赵王信秦反间，欲以赵奢之子括为将而代廉颇。括平日每易言兵，奢不以为然。及是将行，其母上书言于王曰："括不可使将。"王曰："何以？"对曰："始妾事其父，时为将，身所奉饭饮而进食者以十数，所友者以百数，大王及宗室所赏赐者，尽以予军吏。受命之日，不问家事。今括一旦为将，东向而朝，军吏无敢仰视之者。王所赐金帛，归藏于家，而曰：'视便利田宅可买者买之。'父子异志，愿王勿遣。"王曰："母置之，吾已决矣。"括母因曰："王终遣之，即有不称，妾得无坐。"王许诺，括既将，悉变廉颇约束，兵败身死。赵王亦以括母先言，竟不诛也。

括母不独知人，其论将处亦高。

后唐龙武都虞侯柴克宏，再用之子也，沉默好施，不事家产。虽典宿卫,日与宾客博弈饮酒,未尝言兵,时人以为非将帅才。及吴越围常州,克宏请效死行阵。其母亦表称克宏有父风,可为将,苟不胜任,分甘孥戮。元宗用为左武卫将军,使救常州,大破敌兵。

括惟不知兵,故易言兵;克宏未尝言兵,故深于兵。赵母知败,柴母知胜,皆以其父决之,异哉!

婴母　陵母

东阳少年起兵,欲立令史陈婴为王。婴母曰:"暴得大名不祥,不如有所属。事成封侯,不成,非世所指名也。"婴乃推项梁。

王陵以兵属汉,项羽取陵母置军中。陵使至,则东向坐陵母,欲以招陵。陵母私送使者,泣曰:"愿为妾语陵,善事汉王。汉王长者,毋以老妾故持二心。"遂伏剑而死。干净。

婴母知废,胜于陈涉、韩广、田横、英布、陈豨诸人。陵母知兴,胜于亚父、蒯通、贯高诸人。〇姜叙讨贼,其母速之,马超叛,杀刺史太守,叙议讨之。母曰:"当速发,勿顾我。"超袭执叙母,母骂超而死。明大义也。乃楚汉争衡,雌雄未定,而陵母预识天下必属长者,而惟恐陵失之,且伏剑以绝其念。死生之际,能断决如此,女子中伟丈夫哉。徐庶之不终于昭烈也,其母全也;陵母不伏剑,陵亦庶也。

叔向母

初,叔向晋大夫羊舌肸。欲娶于申公巫臣氏,其母欲娶其党。叔向曰:"吾母多而庶鲜,吾惩舅氏矣。"其母曰:"子灵之妻夏姬也。杀三夫一君一子,而亡一国两卿矣,可无惩乎?吾闻之,甚美必有甚恶。昔有仍氏生女,黰黑而美,光可以鉴,名曰'玄妻'。乐正后夔取之,生伯封,实有豕心,贪婪无厌,忿纇无期,谓之封豕,有穷后羿灭之,夔是以不祀。今三代之亡、共子之废,皆是物也。汝何以为哉?夫有尤物,足以移人,苟非德义,则必有祸。"叔向惧,不敢取。平公强使娶之,生伯石。伯石始生,叔向之母视之,及堂,闻其声而还曰:"是豺狼之声也,狼子野心,非是莫丧羊舌氏矣。"遂弗视。

严延年母

严延年守河南，酷烈好杀，号曰“屠伯”。其母从东海来，适见报囚，大惊，便止都亭，不肯入府。因责延年曰：“天道神明，人不可独杀，我不意当老见壮子被刑戮也。行矣，去汝东归，南除墓地。”遂去归郡。后岁余，果败诛，东海莫不贤智其母。

伯宗妻

晋伯宗朝，以喜归，其妻曰：“子貌有喜，何也？”曰：“吾言于朝，诸大夫皆谓我智似阳子。”阳处父。对曰：“阳子华而不实，主言而无谋，是以难及其身，子何喜焉？”伯宗曰：“我饮诸大夫而与之语，尔试听之。”曰：“诺。”其妻曰：“诸大夫莫子若也。然而民不能戴其上久矣，难必及子，盍亟索士，慭赖也。庇州犁焉？”州犁，伯宗子。得毕阳。后诸大夫害伯宗，毕阳实送州犁于荆。初，伯宗每朝，其妻必戒之曰：“盗憎主人，民怨其上。子好直言，必及于难。”

李新声

李新声者，邯郸李岩女。太和中，张谷纳为家伎，长而有宠。刘从谏袭父封，谷以穷，游佐其事，新声谓谷曰：“前日天子授从谏节钺，非有拔城野战之功，特以先父挈齐还我，去就间未能夺其嗣耳。自刘氏奄有全赵，更改岁时，未尝以一履一蹄为天子寿。且章武朝数镇倾覆，彼皆雄才杰器，尚不能固天子恩，况从谏擢自儿女子手中耶？以不法而得，亦宜以不法而终。公不幸为其属，若不能早折其肘臂，以作天子计，则宜脱旅西去，大丈夫勿顾一饭恩，以骨肉腥健儿衣食。”言毕，悲泣不已，谷不决，竟从逆死。

娄 妃

宁藩将反，娄妃尝泣谏之，不听。既就擒，槛车北上，与监押官言往事，既痛哭，且曰：“昔纣用妇言而亡天下，吾不用妇言而亡家国，悔恨何及！”

仆固怀恩之母，劝其子勿反。谢综等赴东市，综母独不出视。皆能识大义者，与妃而三耳。

董 氏

则天朝，太仆卿来俊臣之强盛，朝官侧目。上林令侯敏偏事之，其妻董氏谏曰：“俊臣，国贼也，势不可久。一朝事坏，奸党先遭。君可敬而远之。”敏稍稍而退，俊臣怒，出为涪州武隆令。敏欲弃官归，董氏曰：“但去莫求住。”遂行至州，投刺参州将，错题一张纸。故意。州将看，尾后有字，大怒曰：“修名不了，何以为县令？”不放上。敏忧闷无已，董氏曰：“但住莫求去。”停五十日，忠州贼破武隆，杀旧县令，略家口并尽，敏以不许上获全。后俊臣诛，逐其党流岭南，敏又获免。

王章妻

王章为诸生，学长安，独与妻居。章疾病，无被，卧牛衣中，与妻诀，涕泣。其妻呵怒之曰：“仲卿，在朝廷贵人，谁逾仲卿者？今疾病困厄，不自激昂，乃反涕泣，何鄙也！”后章历位至京兆，欲奏封事。妻又止之曰：“人当知足，遭乱世不得不尔。独不念牛衣中涕泣时耶？”章曰：“非女子所知。”书遂上，果下廷尉狱，妻子皆收系。章小女年可十二，夜起号哭曰：“平日狱上呼囚，数常至九，今八而止，我君素刚，先死者必君。”明日问之，章果死。

吴长卿曰：“妻能料生，女能料死。虽然，其妻可及也，其女不可及也。”

陈子仲妻　王霸妻

楚王聘陈子仲为相。仲谓妻曰：“今日为相，明日结驷连骑，食方于前矣。”陋甚。妻曰：“结驷连骑，所安不过容膝。食方于前，所甘不过一肉。今以容膝之安，一肉之味，而怀楚国之忧，乱世多害，恐先生之不保命也。”于是夫妻遁去，为人灌园。

王霸与同郡令狐子伯为友。子伯为楚相，子为郡功曹。子伯遣子奉书于霸。客去，久卧不起。妻怪问之，霸曰：“向见令狐子容甚光，举措自适，而我儿蓬发历齿，未知礼则，见客而有惭色。父子恩深，不觉自失耳。”妻曰：“君少修清节，不顾荣禄。今子伯之贵，孰与君之高？奈何忘夙志而惭儿女子？”霸决起而笑曰：“有是哉。”遂共终身隐遁。

孟光、梁鸿妻。桓少君桓宣妻。得同心为匹，皆能删华就素，遂夫之高。而子仲、王霸之妻，乃能广其夫志，使炎心顿冷，优游无患，丈夫远不逮矣。

屈原姊

屈原既放逐，其姊闻之，亦来归，责原矫世，喻令自宽，故其地名姊归县。离骚曰：“女嬃之婵媛兮，申申其詈余。”楚人谓女曰嬃。

梁公委蛇，其姨讽之以方正。仁杰往候卢姨，欲为表弟求官。卢曰：“姨止一子，不欲其事女主。”仁杰大惭。屈平方正，其姊进之以委蛇。各具卓识，而姊之作用大矣。

僖负羁妻

晋公子重耳至曹，曹共公闻其骈胁，使浴而窥之。曹大夫僖负羁之妻曰：“吾观晋公子之从者，皆足以相国，若以相，夫子必反其国。反其国，必得志于诸侯，得志于诸侯，而诛无礼，曹其首也。子盍早自贰焉？”乃馈盘餐，置璧焉，公子受食反璧。及重耳入曹，令无入僖负羁之宫。

僖负羁始不能效郑叔詹之谏，而私欢晋客。及晋之报曹，又不能夫妻肉袒为曹君谢罪，盖庸人耳。独其妻能识人，能料事，有不可泯没者。

漂　母

韩信始为布衣时，贫无行，尝从人寄食，人多厌之。尝就南昌亭长食数月，亭长妻患之，乃晨炊蓐食。食时信往，不为具食，信觉其意，竟绝去。信钓于城下。诸母漂，有一母见信饥，饭信，竟漂数十日。信喜，谓漂母曰：“吾必有以重报母。”信之受祸，以责报故。母怒曰：“大丈夫不能自食,吾哀王孙而进食,岂望报乎?”高甚。信既贵,酬以千金。

刘季、陈平,皆不得于其嫂,何亭长之妻足怪!如母厚德,未数数也。独怪楚汉诸豪杰,无一人知信者,虽高祖亦不知,仅一萧相国,亦以与语故奇之,而母独识拔于邂逅憔悴之中,真古今第一具眼矣。淮阴漂母祠有对云:“世间不少奇男子,千古从无此妇人。”亦佳,惜祠太隘陋,不能为母生色。

刘道真少时,尝渔草泽,善歌啸,闻者莫不留连。有一老妪识其非常人,具眼。甚乐其歌啸,乃杀豚进之。道真食豚尽,了不谢。果非常人。妪见不饱,又进一豚,食半而去。后为吏部郎,妪儿时为小令史,道真超用之。不知其故,问母,母言之。此母亦何愧漂母?而道真胸次,胜淮阴数倍矣。

何无忌母

何无忌夜于屏风里草檄文。其母,刘牢之姊也,登凳密窥之,泣曰:“汝能如此,吾复何忧?”问所与谋者,曰:“刘裕。”母尤喜,因为言玄必败,事必成以示之。

既识大义,又能知人。

王珪母

王珪始隐居时,与房、杜善。母李尝曰:“儿必贵,然未知所与游者何如人,试与偕来。”会玄龄等过其家,李窥见大惊,敕具酒食尽欢,喜曰:“二客公辅才,尔贵不疑。”见《新唐书》。一说珪妻剪发供客,窥坐上数公皆英俊,末及最少年虬髯者,曰:“汝等成名,皆因此人。”少年乃太宗也。杜子美有诗纪其事。

潘炎妻

潘炎侍郎,德宗时为翰林学士,恩渥极异,妻刘晏女。有京兆谒见不得,赂阍者三百缣,夫人知之,谓潘曰:“为人臣而京兆尹愿一谒见,遗奴三百缣,其危可知也。”劝潘公避位。子孟阳,初为户部侍郎,夫人忧惕,谓曰:“以尔人才,而在承郎之位,吾惧祸之必至也。”户部解喻再三，乃曰："试会尔同列，吾观之。"因遍召客至，夫人垂帘观之，既罢会，喜曰："皆尔俦也，不足忧矣。"轻薄。问末座惨绿少年何人，曰："补阙杜黄裳。"夫人曰："此人全别，必是有名卿相。"

辛宪英

晋羊耽妻辛宪英，魏侍中毗女，有才鉴。初，曹丕得立为世子，抱毗项谓曰："知吾喜不？"毗归语之，宪英叹曰："世子，代君主国者也。代君不可不戚，主国不可不惧。宜戚宜惧而反喜，魏其不昌乎！"弟敞为曹爽参军，宣帝谋诛爽。或呼敞同赴爽，敞难之，宪英曰："爽与太傅同受顾命，而独专恣，于王室不忠，此举度不过诛爽耳。"敞曰："然则敞无出乎？"宪英曰："为人执鞭而弃其事，不祥，安可不出？若夫死难，则亲昵之任也，女从众而已。"敞遂出，宣帝果诛爽。敞叹曰："吾不谋诸姊，几不获于义。"

钟会为镇西将军，宪英谓耽从子祜曰："钟士季何故西出？"祜曰："将伐蜀。"宪英曰："会任事纵恣，非持久处下之道，吾畏其有他志也。"及会行，请其子琇为参军，宪英忧曰："他日吾为国忧，今难至吾家矣。"琇固辞，文帝不听，宪英谓琇曰："行矣，戒之。军旅之间，唯仁恕可以济。"会至蜀，果反。琇守其诫，竟全归。

许允妇

魏许允为吏部，选郡守多用其乡里，明帝遣虎贲收之。妇阮氏跣出谓允曰："明主可以理夺，难以情求。"既至。帝核问之，允对曰："举尔所知，臣之乡人，臣所知也，陛下检校为称职与否。若不称职，臣受其罪。"既检校，皆得人，乃释允。及允为镇北也，喜谓其妇曰："吾其免矣。"妇曰："祸见于此，何免之有？"允与夏侯玄、李丰善，事未发，而以他事见收，竟如妇言。允之收也，门生奔告其妇，妇坐机上，神色不变，曰："早知尔耳。"门生欲藏其子，妇曰："无预诸儿事。"乃移居墓所。大将军遣钟会视之曰："及父便收。"儿以语母，母曰："汝等虽佳，才具不多，率胸怀与会语，便是无忧，不须极哀。会止便止，不可数问朝事。"儿从之，大将军最猜忌，二子卒免于祸者，母之谋也。

李衡妻

丹阳太守李衡，数以事侵琅玡王，其妻习氏谏之，不听。及琅玡即位，衡忧惧不知所出，妻曰："王素好善慕名，方欲自显于天下，终不以私嫌杀君明矣。君宜自囚诣狱，表列前失，明求受罪。如此，当逆见优饶，非止活也。"衡从之，吴主诏曰："丹阳太守李衡，以往事之嫌，自拘司狱，其遣衡还郡。"

庾玉台妇

庾友妇，桓宣武温弟豁女也。桓诛庾希，将及友，桓女徒跣求进。阍禁不纳，女厉声曰："是何小人，我伯父门不听我前？"因突入，号泣请曰："庾玉台友小字。脚短三寸，常因人，当复能作贼否？"宣武笑曰："婿固自急。"遂原庾友一门。

李文姬

李固既策罢，知不免祸，乃遣二子归乡里。时燮年十三，姊文姬为同郡赵伯英妻，贤而有智。见二兄归，具知事本。默然独悲，知几。曰："李氏灭矣。自太公以来，积德累仁，何以遇此？"密与二兄谋，豫藏匿燮，托言还京师，人咸信之。有顷，难作，下郡收固三子，二兄受害。文姬乃告父门生王成知人。曰："君执义先公，有古人之节。今委君以六尺之孤。李氏存灭，其在君矣。"成感其义，乃将燮乘江东下，入徐州界内，令变姓名为酒家佣，而成卖卜于市。名为异居，阴相往来，燮从受学。酒家异之，意非常人，以女妻燮。燮专精经学，十余年间，梁冀既诛，为灾眚屡见。明年，史官上言："宜有赦令，又当存录大臣冤死者子孙。"于是大赦天下，并求固后嗣。燮乃以本末告酒家，酒家具车重厚遣之，皆不受。遂还乡里，姊弟相见，悲感傍人。既而戒燮曰："先公正直，为汉忠臣，而遇朝廷倾乱，梁冀肆虐。令吾宗祀血食将绝，今弟幸而得济，岂非天耶？宜杜绝众人，勿妄往来，慎无以一言加于梁氏，尤大见识。加梁氏则连主上，祸重至矣，唯引咎而已。"

王佐妾

都指挥使王佐掌锦衣篆,而陆松佐之。松子炳未二十,佐器其才貌,教以爰书、公移之类,曰:“锦衣帅不可不精刀笔。”炳甚德焉。后佐卒,炳代父职,有宠,旋掌篆,势益张。而佐有孽子不肖,纵饮博。有别墅三,炳已计得其二,最后一墅至雄丽,炳复图之不得,乃陷以狎邪中罪,捕其党,与其不才奴一二,使证成佐子罪而后捕之,死杖下者数人矣。佐子窘甚,而会其母故妾也,名亦在捕中。既入对,炳方与其僚列坐,张刑具而胁之。其子初亦固抗,母膝行而前,道其子罪甚详。其子恚,呼母曰:“儿顷刻死,忍助虐耶?”母叱曰:“死即死,何说?”指炳坐而顾曰:“而父坐此非一日矣,作此等事,应亦非一,而生汝不肖子,天道也,复奚言?”炳頳发赤,伪旁顾,汗下,趣遣出,事遂寝。

王冀公孙女

陈恭公执中当国日,曾鲁公由起居注除待制。恭公弟妇,王冀公孙女,曾氏出也。岁旦拜恭公,公迎谓曰:“六新妇,曾三除从官喜否?”王固未尝归外家,辄答曰:“三舅甚荷相公收录,但太夫人不乐,责三舅曰:‘汝三人及第,必是全废学,丞相姻家备知之,故除待制也。’”恭公嘿然,未几,改知制诰。盖恭公不由科举,失于查考,女子之警敏如此。

袁隗妻

袁隗妻,马融女也,字伦,有才辩。家世素丰,资妆甚盛。初成礼,隗问之曰:“妇奉箕帚而已,何故珍丽乎?”对曰:“慈亲垂爱,不敢逆命。君若慕鲍宣、梁鸿之高者,妾亦请从少君、德曜之事矣。”隗又曰:“弟先兄举,世以为笑,处姊未适,先行可乎?”对曰:“妾姊高行殊貌,未遭良匹,不似鄙薄,隗应大惭。苟然而已。”又问曰:“南郡君学穷道奥,文擅词宗,而所在动以贿闻,何也?”对曰:“孔子大圣,蒙毁武叔,子路大贤,见诉伯寮,家君获此,固其宜耳。”隗默然不能屈。

李夫人

李夫人病笃，上自临候之，夫人蒙被谢曰："妾久寝病，形貌毁坏，不可以见帝，愿以王及兄弟为托。"李生昌邑哀王。上曰："夫人病甚，殆将不起，属托王及兄弟，岂不快哉，"夫人曰："妇人貌不修饰，不见君父，妾不敢以燕媠见帝。"上曰："夫人第一见我，将加赐千金，而予兄弟尊官。"夫人曰："尊官在帝，不在一见。"上复言必欲见之，夫人遂转向歔欷而不复言。于是上不悦而起，夫人姊妹让之曰："贵人独不可一见上，属托兄弟耶？何为恨上如此？"夫人曰："夫以色事人者，色衰而爱弛，爱弛则恩绝。上所以恋恋我者，以平生容貌故。今日我毁坏，必畏恶吐弃我，识透人情。尚肯复追思悯录其兄弟哉！所以不欲见帝者，乃欲以深托兄弟也。"及夫人卒，上思念不已。

张说女

张说女嫁卢氏。女尝为其舅求官，说不语，但指搘床龟示之，归告其夫曰："舅得詹事矣。"

唐湖州妓

湖守饮饯，客有献木瓜，所未尝有也，传以示客。有中使即袖归，曰："禁中未曾有，宜进于上。"顷之，解舟而去。郡守惧得罪，不乐，欲撤饮。官妓作酒纠者立白守曰："请郎中尽饮，某度木瓜经宿，必委中流也。"守征其说，以此物芳脆，初因递观，手掐必损，何能入献？会送使者还，云："果溃烂弃之矣，守因召妓厚赍之。

谚云："智妇胜男。"即不胜，亦无不及。吾于赵威后诸人得"见大"焉，于崔敬女，络秀诸人得"远猷"焉，于柳氏婢得"通简"焉，于侯敏、许允、辛宪英妇得"游刃"焉，于叔向母、伯宗妻得"知微"焉，于李新声、潘炎妻等得"亿中"焉，于王陵、赵括、柴克宏诸母得"识断"焉，于屈原姊、娄江妓得"委蛇"焉，于王佐妾得"缪数"焉，于李文姬得"权奇"焉，于陶侃母得"灵变"焉，于张说女得"敏悟"焉。所以经国祚家，相夫勖子，其效亦可睹矣！

卷二十六

闺智部雄略

士或巾帼，女或弁冕。行不逾阈，谟能致远。睹彼英英，惭余谫谫。集“雄略”。

君王后

秦王使人献玉连环于君王后，齐襄王之后太史氏。曰：“齐人多智，能解此环乎？”君王后取椎击碎之，谢使者曰：“已解之矣。”

君王后识法章于佣奴之中，可谓具眼。其椎碎连环，不受秦人戏侮，分明女中蔺相如也。汉惠时，匈奴为书以谑吕后，耻莫大焉，而乃过自贬损，为好语以答之，平、勃皆在，无一君王后之智也，何哉？

齐姜　张后

晋公子重耳出亡至齐，齐桓妻以宗女，有马二十乘，公子安之，留齐五岁无去心。赵衰、咎犯辈乃于桑下谋行，蚕妾在桑上闻之，以告姜氏，姜氏杀之，劝公子趣行。公子曰：“人生安乐，孰知其他？”姜氏曰：“子一国公子，穷而来此，数士者以子为命，子不疾反国，报劳臣，而怀女德，窃为子羞之！且不求，何时得功？”乃与赵衰等谋醉重耳，载以行。

五伯桓、文为盛，即一女一妻，已足千古。

张氏，司马懿后也，有智略。懿初辞魏武命，托病风痹不起。一日晒书，忽暴雨至，懿不觉自起收之，家唯一婢见，后即手杀婢以灭口，而亲自执炊。

艺祖姊

宋太祖将北征，京师喧言“军中欲立点检为天子”。太祖告家人曰："外间汹汹如此，将若之何？"太祖姊方在厨，引面杖击太祖，逐之曰："丈夫临大事，可否当自决于怀，乃来家间恐怖妇女，何为耶？"太祖默而出。

分明劝驾。

刘太妃

太妃刘氏，晋王克用妻也。克用追黄巢，还军过梁，朱温阳为欢宴，阴伏兵，夜半攻之。克用逃归，即议击温。刘谏曰："公本为国讨贼，今梁事未暴，而遽反兵相攻，天下闻之，莫分曲直。大见识。不若敛军还镇，自诉于朝，然后可声罪也。"克用悟，从之，天下于是不直温。

按：克用困上源驿，左右先脱归者，以汴人为变告刘，刘神色不动，立斩之。因召大将约束，谋保军以还。此其智勇，岂克用所可及哉！假令克用不幸而死，必能为张茂之妻；设犹幸未死，必能为邵续之女。虽然，为张茂之妻、邵续之女易，为刘太妃难，何也？其勇可及，其智不可及也。〇张茂为吴郡守，被沈充所害，妻陆氏率茂部曲为先登讨充。充败，遂为陆所杀。邵续女嫁刘遐，遐为石季龙所困。女将数骑拔围，出遐于万人之中。

太原被围，克用屡败，忧窘不知所为。时大将李存信劝且亡入北边，以图后举。克用以语刘，刘骂曰："存信，代北牧羊奴，何足与计成败？公尝笑王行瑜弃邠州走，卒为人擒，今乃躬蹈之耶？昔公亡走鞑靼，几不能自脱，赖天下多故，乃得南归。今屡败之兵，人无固志，一失守，谁复从公者？北边其可至乎！"克用悟，乃止。

苻坚妻

坚妻张氏，明辨有才识。坚将寇晋，群臣切谏不从。张氏进曰："妾闻圣王御天下，莫不因其性而邕之。汤武灭夏商，因民欲也，是以有因成，无因败。今朝臣上下皆言不可，陛下复何所因乎？术士有言：'鸡夜鸣者，不利行师，犬群嗥者，宅室必空。兵动马惊，军败不归。'秋冬以来，每夜犬嗥鸡鸣，又闻厩马惊逸，武库兵器无故作声，即天道崇远,非妾所知。据斯人事,未见其可,愿陛下熟思之。”坚曰:“军旅之事,岂妇人所知?”遂兴兵,张氏请从。坚败,张氏即自杀。

刘智远夫人

刘智远至晋阳,议率民财以赏将士。夫人李氏谏曰:“陛下因河东创大业,未有惠泽及民,而先夺其生资,殆非新天子所以救民之意也。请悉出军中所有劳军,虽复不厚,人无怨言。”智远从之,中外大悦。

李景让母

唐李景让母郑氏,性严明。景让宦达,发已斑白,小有过,不免捶楚。其为浙西观察使,有牙将逆意,杖之而毙,军中愤怒,将为变。母闻之,出坐厅事,立景让于庭而责之曰:“天子付汝以方面,岂得以国家刑法为喜怒之资,而妄杀无罪?万一致一方不宁,岂唯上负朝廷?使垂老之母含羞入地,何以见汝之先人哉?”命左右褫其衣,将挞其背。将佐皆为之请,良久乃释,军中遂安。

按:郑氏早寡,家贫子幼,母自教之。宅后墙陷,得钱盈船,母祝之曰:“吾闻无劳而获,身之灾也。天若矜我贫,则愿诸孤学问有成,此不敢取。”遂掩而筑之,盖妇人中有大见识者。景让弟景庄,老于场屋。每被黜,母辄挞景让,此事可笑。然景让终不肯属主司,曰:“朝廷取士,自有公道,岂有效人求关节乎?”其渐于义方深矣。

杨敞妻

霍光与张安世谋废立,议既定,使大司农田延年报杨敞。敞惊惧,不知所言,汗出浃背。延年起更衣,敞夫人遽从东厢谓敞曰:“此国家大事,今大将军议已定,使九卿来报君,君不疾应,与大将军同心,犹豫无决,先事诛矣。”延年更衣还,夫人与延年参语许诺。

此何等事,而妇人乃了然于胸中。不唯敞不如,即大将军亦不如。

莒妇

莒有妇人。莒子杀其夫，已为嫠妇。及老，托于纪鄣，纺焉，以度而去之。及师至，则投诸外，或献诸子占。子占使师夜缒而登，登者六十人，缒绝。师鼓噪，城上之人亦噪，莒子惧，启西门而走。

莒妇之为嫠且老矣，血恨积中，卒以灭国，人亦何可轻杀也？君犹不能得之一嫠妇，一嫠妇犹能报之其君，况他乎！

孟昶妻

孟昶妻周氏，昶弟觊妻，又其从妹也，二家并丰财产。初，桓玄尝推重昶，而刘迈毁之，昶深自惋失。及刘裕将建义，与昶定谋，昶欲尽散财物以充军粮。其妻非常妇，可语大事，乃谓曰："刘迈毁我于桓公，便是一生沦陷，决当作贼。卿幸可早尔离绝，脱得富贵，相迎不晚。"周氏曰："君父母在堂，欲建非常之谋，岂妇人所谏？事之不成，当于奚官中奉养大家，义无归志也。"昶怆然久之而起。周氏追昶坐云："观君举厝，非谋及妇人者，不过欲得财物耳。"因指怀中所生女曰："此而可卖，亦当不惜，况资财乎？"遂领资给之，而托以他用。及将举事，周氏谓觊妻云："吾昨梦殊恶，门内宜浣濯沐浴以除之，且不宜赤色，当悉取作七日藏厌。"觊妻信之，所有绛色者，悉敛以付焉。乃置帐中，潜自剔绵，以绛与昶，遂得数十人被服赫然，悉周氏所出，而家人不之知也。

周氏非常妇，其夫犹知之未尽。

邓曼

楚屈瑕伐罗，斗伯比送之。还谓其御曰："莫敖，官名，即屈瑕。必败，举趾高，心不固矣。"遂见楚子曰："必济师。"楚子辞焉，入告夫人邓曼。邓曼曰："大夫其非众之谓，其谓君抚小民以信，训诸司以德，而威莫敖以刑也。莫敖狃于蒲骚之役，先是屈瑕败郧人于蒲骚。将自用也，必小罗。君若不镇抚，其不设备乎！夫固谓君训众而好镇抚之，召诸司而训之以令德，见莫敖而告诸天之不假易也。不然，夫岂不知楚师之尽行也!”楚子使赖人追之,不及。莫敖果不设备,师败而缢。

冼 氏二条

高凉冼氏,世为蛮酋,部落十余万家。有女,多筹略。罗州刺史冯融,聘以为子宝妇。融虽世为方伯,非其土人,号令不行。冼氏约束本宗,使从民礼,参决词讼,犯者虽亲不赦,由是冯氏得行其政。高州刺史李迁仕遣使召宝。宝欲往,冼氏止之曰:“刺史被召援台,时台城被围。乃称有疾,铸兵聚众而后召君,此必欲质君以发君之兵也。愿且勿往,以观其变。”数日,迁仕果反,遣主帅杜平虏将兵逼南康。陈霸先使周文育击之,冼氏谓宝曰:“平虏今与官军相拒,势不得还,迁仕在州,无能为也。君若自往,必有战斗。宜遣使卑词厚礼告之曰:‘身未敢出,欲遣妇参。’彼必喜而无备,我将千余人步担杂物,昌言输赕,得至栅下,破之必矣。”宝从之,迁仕果不设备,冼氏袭击,破走之,与霸先会于灨石。还谓宝曰:“陈都督非常人也,知人。甚得众心,必能平贼,宜厚资之。”及宝卒,岭表大乱,夫人怀集百粤,数州晏然,共奉夫人为圣母。

智勇具足,女中大将。

隋文帝时,番州总管赵讷贪虐,诸俚獠多叛。夫人遣长史上封事,论安抚之宜,并言讷罪状。上置讷于法,敕夫人招慰亡叛。夫人亲载诏书,自称使者,历十余州,宣述上意,所至皆降。及卒,谥“诚敬夫人”。

白瑾妻

白瑾妻,山阴葛氏女也。瑾素弱,葛善为调节,使读书。成化中,以进士为分宜令,葛与俱往。其明年,瑾病逾时,而库所贮折银尚数千两。邻境有因饥作乱者,聚徒百人将劫取。县固无城郭,寇卒至,诸簿丞挈家走匿。葛独分命家人,力拒其两门,乃迁白公于他室,埋其银污池中,着公之服,升堂以候贼。不慌不忙,有条有理。贼至,则阳为好语相劳苦,尽出其所私藏钗珥衣服诸物以与贼。贼谢而去,不知阴已表识,竟物色捕得之。

白公衣,合让与此妇穿戴。

夫人城

朱序镇襄阳,苻坚遣其将苻丕率众围之。先是序母韩氏,亲登城审势,谓西北角当先受敌。乃率百余婢并城中女丁,于其角头预斜筑城二十余丈,其后贼攻城,西北角果溃,凭新筑处固守得完,襄阳人遂号其筑为“夫人城”。

娘子军

唐平阳昭公主,大穆皇后所生,下嫁柴绍。初,高祖兵兴,主居长安。绍曰:“尊公将以兵清京师,我欲往,恐不能偕,奈何?”主曰:“公行矣,我自为计。”绍诡道走并州,主奔鄠,发家资招南山亡命,得数百人以应帝。遣家奴马三宝,谕降名贼何潘仁,因略地至盩厔、武功,纪律严明,远近咸附,勒兵七万,威震关中。帝渡河,绍以数百骑从南山来,主引精兵万人,与秦王会渭北。绍及主对置幕府,京师号“娘子军”。

李侃妇

建中末,李希烈陷汴州,谋袭陈。李侃为项城令,欲逃去。妇曰:“寇至当守,力不足则死,焉逃之?若重赏募死士,可守也。”侃乃召吏民告之曰:“令诚若主,然满岁则去,非如吏民生此土也,坟墓皆在,宜相与竭力死守。”众皆泣,乃徇曰:“以瓦石击贼者赏钱千,以刀矢杀贼者赏钱万。”得数百人,率以乘城。妇自炊爨以享众,使报贼曰:“项城父老,义不下贼,得吾城不足为威,徒失和无益也。”会侃中流矢,走还。妻怒曰:“君不在,人谁肯守?死于外,不犹愈于床乎!”侃乃登城。贼引去,县卒完。

晏恭人

晏氏,宁化人,嫁福之曾氏。夫死,守幼子不嫁。宋绍定间,寇大举，晏依山为砦，召田丁谕曰："汝曾衣食吾家，可念主母，各当用命，不胜即杀我。"因解藏橐悉散之，田丁莫不感奋。晏自捶鼓，令诸婢鸣金。贼退散，乡人挈家归砦者甚众。晏以家粮助不给者，拓砦为伍，互相援应，贼弗能攻，全活老幼以数万计。事闻，封恭人，赐冠帔，补其子承信郎。

汉天子曰："吾独不得廉颇、李牧为将，岂忧匈奴哉？"虽然，何必颇、牧，诚得李侃妇、晏恭人以守，邵续女、崔宁妾以战，刘太妃为上将，平阳昭公主副之，邓曼、冼氏为参军，荀崧女为游奕使，虽方行天下可也。〇大历中，杨子琳袭成都，据之。崔宁屡战力屈。宁妾任氏，魁伟果干，出家财十万募勇士。信宿间得千人，设队伍将校，手自麾兵，以逼子琳，琳拔城自溃。荀崧小女灌，有奇节，崧守襄城，为杜曾所围，力弱食尽，求救于故吏平南将军石览，计无从出。灌时年十三，乃率勇士数十人，逾城突围夜出。贼追甚急，灌且战且走，卒获免。自诣览乞师，又为崧书，与南中郎将周访请援。贼闻救至，遂散走。

窦　女

李希烈入汴时，强取参军窦良之女。女顾其父曰："慎无戚，我能灭贼。"奇。女闻希烈将陈仙奇忠勇，因劝希烈任之。又闻其妻亦窦姓，言于希烈，愿与通家往来，以结其心。及希烈有疾，窦女乘间谓仙奇妻曰："贼虽强，终必败，奈何？"妻以告仙奇，仙奇始悟，赂医人使毒杀之。希烈已死，子不肯发丧，欲悉诛诸将而自立。适有献桃者，窦女请分遗诸将以示暇，因染帛裹絮如桃状，而藏书信于中。仙奇妻剖桃，始知希烈凶信。仙奇乃率兵入，斩希烈子，并枭希烈一门共七首，献诸天子，诏拜淮西节度使。

王翠翘

王翠翘，临淄妓也，初曰马翘儿，能新声，善胡琵琶。以计脱假母，而自徙居海上，更今名。倭寇江南，掠翠翘去。寨主徐海越人，号明山和尚。绝爱幸之，尊为夫人，凡一切计画，唯翘指使。翘亦阳昵之，实阴幸其败事，冀一归国以老也。会督府遣华老人招海降，海恐，缚老人将杀之，翘谏曰："降不降在君，何与来使事？"亲解其缚而赠之金，且劳苦之。示之以意。老人者，海上人，翘故识之，而老人亦私觑所谓"王夫人"似翘，不敢泄，归告督府曰："贼未可图也，第所爱幸王夫人者，臣视之有外心，可请以磔贼耳。"督府曰："善。"乃更遣罗中军诣海说，而益市金珠宝玉以阴贿翘。翘日在帐中，从容言："大事必不可成，不如降也。江南苦兵久，降且得官，终身共富贵。"海计遂决。督府大整兵，佯称逆降，迫海寨。海信翘言不为备愚人。兵官突入，斩海首而生致翘，倭人歼焉。凯旋，督府设大饷于辕门，令翘歌而行酒。诸参佐皆起为寿。督府酒酣心动，降阶与翘戏。夜深，席大乱。明日悔之，而以翘功高不忍杀，乃以赐所调永顺酋长。翘去，渡钱塘，叹曰："明山遇我厚，我以国事诱杀之，杀一酋更属一酋，何面目生乎？"夜半，投江死。可怜。

鸟尽弓藏，红颜薄命，翠翘兼之。始疑西子沉江，真有是事。胡梅林脱落边幅，其乱而悔，悔而使翘不得志以死，此举殊不脱酸腐气。吾谓翠翘有功，言于朝，旌之可也。若侠骨相契者，虽纳之犹可也。不则开笼放雪衣，亦庶几不负其归老之初意乎。梅林之功而获罪，或者其天道与！

孙翊妻

孙翊为丹阳守，妫览时为都督督兵，戴员为部丞，与左右亲近边洪等数患苦翊。会翊送客，洪从后斫杀翊，进走入山。翊妻徐氏，购募追捕得洪，杀之。览遂入军府，悉取翊嫔妾及左右侍御，欲复取徐。徐恐见害，乃绐之曰："乞须晦日设祭除服乃可。"览听之。徐潜使人语翊旧将孙高、傅婴等，高、婴相与涕泣，共誓合谋。至晦日，徐氏设祭讫，乃除服，熏香沐浴，更于他室安施帏帐，言笑欢悦。览密觇，无复疑意。徐先呼高、婴与诸婢罗列户内，览入。徐出户拜览，即大呼，高、婴俱出，共杀览，余人就外杀员。徐乃还缞绖，奉览、员首以祭翊，举军震骇。

申屠希光

申屠氏长乐人，慕孟光之为人，自名希光，有诗才。既适侯官秀才董昌，绝不复吟，食贫作苦，晏如也。郡中大豪方六一闻希光美，心悦之，乃使人诬昌，阴重罪，罪至族。六一复阳为居间，恶极。得轻比，独昌报杀，妻子俱免。因使侍者通殷勤，强委禽焉。希光具知其谋，谬许之，密寄其孤于昌之友人。要紧着。乃求利匕首挟以往，好言谢六一，因请葬夫大事。而后成礼。六一大喜，使人以礼葬昌。希光则伪为色喜，艳妆入室。六一既至，即以匕首刺之帐中，六一立死，因复杀其侍者二人。至夜中，诈谓六一暴病，以次呼其家人，至则皆杀之，尽灭其宗。因斩六一头，置囊中，至昌葬所祭之。明日，悉召村民告以故，且曰："吾将从夫地下。"遂缢而死，时靖康二年事。

六一陷人于族，乃人不族而己族矣。以一文弱妇人，奋其白刃，全家为戮，义愤所激，鬼神助之，有志竟成，岂必须眉丈夫哉！

邹仆妻

梁末，襄州都军务周景温移职于徐，亦管都军之务。有劲仆自恃拳勇，独与妻策驴而行。至芒砀泽间，大声曰："闻此素多豪客，岂无一人与吾曹决胜负乎！"太恃。言毕，有五六盗自丛薄间跃出，一夫自后双手交抱，搏而仆之，抽短刀以断其喉，盖掩其不备也。唯妻在侧，殊无惶骇，好急智。但矫而大呼曰："快哉，今日方雪吾之耻也。吾为良家之子，遇其俘掠，以致于此，孰谓无神明哉！"贼谓其诚而不杀，与行李并二驴，驱以南迈。近五六十里，至亳之北界，达孤庄南而息焉。庄之门有器甲，盖近戍巡警之卒也。此妇遂径入村人之中堂，盗亦谓其谋食不疑。乃泣拜其总首，且告其夫遭屠之状。总首潜召其徒，一时执缚，唯一盗得逸。械送亳城，咸弃市。妇返襄阳，为尼终焉。

徐氏、申屠氏、邹仆之妻，皆能为夫报仇于身后者也，徐，贵人之妇，而又宿将合谋于外，诸婢协力于内，以制一粗疏不备之妫览，如击病鼠耳。申屠氏则难矣，然仇迹未露，犹可从容而图之。邹仆妻则又难矣，变起仓卒，亲见群凶攒刃于其夫，即秦舞阳旁观，不能不动色，而意中遂作复仇之算，甘言诳贼，不逾日而以计擒灭，可不谓大智大勇者乎！生于下贱，何曾读书知礼义？而临变不乱，处分绰如。世之自命读书知理义者，吾不知有此手段乎否也。

谢小娥

谢小娥者，豫章估客女也。生八岁，丧母，嫁历阳段氏，故二姓常同舟，贸易江湖间。小娥年十四，始及笄，父与夫皆为劫盗所杀，二姓之党歼焉。小娥亦伤脑折足，漂流水中，为他船所获，经夕而活。因流转乞食，至上元县，依妙果寺尼净悟。初，小娥父死时，梦父谓曰："杀我者，'车中猿，门东草'。"又数日后，梦其夫谓曰："杀我者，'禾中走，一日夫'。"小娥不能解，常书此语，广求智者辨之，历年不得。至元和八年，李公佐罢江西从事，泊舟建业，登瓦官寺阁，僧齐物为李述之。李凭槛书空，凝思嘿虑，忽然了悟。令寺童疾召小娥，谓之曰："杀汝父者，申兰。杀汝夫者，申春也。其曰'车中猿'者，车字之中乃申字，申非属猴乎。草下有门，门中有东，兰(蘭)字也。又'禾中走'，是穿田过，亦是申字。'一日夫'者，夫上更一画，下一日，是春字，其为申兰、申春可明矣。"小娥恸哭再拜，密书四字于衣，誓访二贼，以复其冤。更为男子服，佣保江湖间。岁余，至浔阳郡，见纸榜子召佣者，娥应召，问其主果申兰也。娥心愤貌顺，大有心人。在兰左右，积二岁余，甚见亲爱，金帛出入之数无不委之。每睹谢之衣物器具，未尝不暗泣。兰与春，宗昆弟也。春家在大江北独树浦，往来密洽。一日，春携大鲤兼酒诣兰。至夕，群贼毕至，酣饮。暨诸凶既去，春沉醉卧于内室，兰亦复寝于庭。小娥潜锁春于内，抽佩刃先斩兰首，贼在掌中，从容摆布。呼号邻人并至。春擒于内，兰死于外，获赃货至数千万。初，兰、春有党数十人，暗记其名，悉擒就戮。时浔阳太守张公，嘉其孝节，免死。还当旌异，岂特免死！娥竟削发为尼以终。

其智勇或有之，其坚忍处，万万难及。

吕　母

王莽时，琅琊海曲有吕母者，子为县吏，犯小罪，宰杀之。吕母怨，思报宰。母家故丰资，乃益酿醇酒，买刀剑衣服。少年来酤者，辄奢与之，衣敝者辄假衣，不问直。数年而财尽。少年欲相与偿之。母泣曰："所为厚诸君，非求利也，徒以县宰枉杀吾子故。诸君肯哀之乎？"少年壮之，皆许诺，遂招合亡命数千。吕母自称将军，引兵攻破海曲，执宰，数其罪。诸吏叩首请免，母曰："吾子不当死，为宰枉杀。杀人者死，又何请乎？"遂斩宰，以头祭子冢，因以众属刘盆子。更高。

世间有此等奇妇人，酷吏或少知警。

李诞女

东越闽中有庸岭，高数十里，其下北隰中，有大蛇，长七八丈，围一丈。土俗常惧。东冶都尉及属城长吏，多有死者，祭以牛羊，故不得祸。或与人梦，或喻巫祝，欲得啖童女年十二三者。都尉令长患之，共求人家生婢子，兼有罪家女养之，至八月朝祭送蛇穴口，蛇辄夜出吞啮之。累年如此，前后已用九女。一岁，将祀之，募索未得。将乐县李诞家有六女，无男，其小女名寄，应募欲行，父母不听。寄曰："父母无相留，今唯生六女，无有一男，虽有如无。女无缇萦济父母之功，既不能供养，徒费衣食。生无所益，不如早死，卖寄之身，可得少钞以供父母，岂不善耶！"父母慈怜不听去，终不可禁止。寄乃行，请好剑及咋蛇犬。至八月朝，怀剑将犬诣庙中坐，先作数石米糍蜜麨，以置穴口。蛇夜便出，头大如囷，目如二尺镜，闻糍香气，先啖食之。寄便放犬，犬就啮咋，寄从后斫蛇，因踊出，至庭而死。寄入视穴，得其九女髑髅，悉举出，咤言曰："汝曹怯弱，为蛇所食，甚可哀愍。"于是寄女缓步而归。越王闻之，聘寄为后，拜其父为将乐令，母及姊皆有赏赐，自是东冶无复妖邪。

刘季斫杀蛇遂作帝，李寄斫杀蛇遂作后，天下未尝无对。

红　拂

杨素守西京日，李靖以布衣献策。素踞床而见，靖长揖曰："天下方乱，英雄竞起，公为重臣，须以收罗豪杰为心，不宜踞见宾客。"素敛容谢之。时妓妾罗列，内有执红拂者有殊色，独目靖。见便识李靖。

靖既去，而执拂者临轩指吏曰："问去者处士第几？住何处？"靖具以对，妓诵而去。靖归逆旅，其夜五更初，忽闻叩门而声低者。靖启视，则紫衣纱帽人，杖一囊，问之，曰："杨家红拂妓也。"延入，脱衣去帽，遽向靖拜。靖惊答之，再叩来意，曰："妾侍杨司空久，阅天下之人多矣，无如公者，故来相就耳。"靖曰："如司空何？"曰："彼尸居余气，又识杨素。不足畏也！诸妓知其无成，去者甚众矣，如何方是有成，须急着眼。彼亦不甚逐也。计之详矣，幸无疑焉。"问其姓，曰："张。"问其伯仲之次，曰："最长。"观其肌肤仪状，言辞气语，真天人也。靖不自意获之，愈喜愈惧，万虑不安，而窥户者无停履。数日，亦闻追讨之声，意亦非峻，乃雄服乘马，排闼而去。将归太原，行次灵石旅舍，既设床，炉中烹肉且熟。张氏以发长委地，立梳床前。靖方刷马，忽有一客，奇形，赤髯如虬，策蹇驴而来，投革囊于炉前，取枕欹卧，便知非常人。看张梳头。靖怒甚，欲发。张熟视客，一手映身摇示靖，令勿怒。又识虬髯客。急梳毕，敛衽前问其姓，客卧而答之曰："姓张。"对曰："妾亦姓张，合是妹。"遽拜之，问第几，曰："行三。"亦问妹第几，曰："最长。"客喜曰："今日幸逢一妹。"张氏遥呼："李郎，且来见三兄。"靖骤拜之，遂环坐。问煮何肉，曰："羊肉，计已熟矣。"客曰饥。靖出市胡饼，客抽腰间匕首，切肉共食。复索酒饮，于是开革囊取下酒物，乃一人首并心肝。却头囊中，以匕首切心肝共食之，曰："此人乃天下负心者，衔之十年，今始获之。"又曰："观李郎贫士，何以得致异人？"靖不敢隐。具言其由。曰："然，故知非君所致也。今将何之？"曰："将避地太原。"曰："望气者言太原有奇气，吾将访之。"靖因言州将子李世民。客与靖期会于汾阳桥，遂乘驴疾去。及期候之，相见大喜。靖诈言客善相，因友人刘文靖得见。"世民，真天子矣。"废然而返，遂邀靖夫妇至家，令其妻出见，酒极奢。因倾家财付靖，文簿匙锁，共二十床，曰："赠李郎佐真主立功业也。"与其妻戎服跃马，一奴从之，数步遂不复见。靖竟佐命，封卫公。

吴长卿曰：红拂见卫公，自以为不世之遇，视杨素蔑如矣。孰知又有一虬髯也，视李郎又蔑如矣。惜哉！不及见李公子也。

沈小霞妾

锦衣卫经历沈錬以攻严相得罪，谪佃保安。时总督杨顺、巡按路楷皆嵩客，受世蕃指："若除吾疡，大者侯，小者卿。"顺因与楷合策，捕诸白莲教通虏者，窜錬名籍中，论斩，籍其家。顺以功荫一子锦衣千户，楷候选五品卿寺。顺犹怏怏曰："相君薄我赏，犹有不足乎？"取錬二子杖杀之，而移檄越，逮公长子诸生襄。至则日掠治，困急且死。会顺、楷被劾，奉旨逮治，而襄得末减问戍。襄之始来也，止一爱妾从行，及是，与妾俱赴戍所。中道，微闻严氏将使人要而杀之，襄惧欲窜，而顾妾不能割。妾曰："君一身，沈氏宗祧所系。第去，勿忧我。"自度力能摆脱群小故。襄遂绐押者，城中有年家某，负吾家金钱，往索可得。押者恃妾在不疑，纵之去。久之不返，押者往年家询之，云未尝至，还复叩妾。妾把其襟大恸，曰："吾夫妇患难相守，无顷刻离。今去而不返，必汝曹受严氏指，戕杀吾夫矣。"观者如市，不能判，闻于监司。监司亦疑严氏真有此事，不得已权使妾寄食尼庵，而立限责押者迹襄。押者物色不得，屡受笞，乃哀恳于妾，言："襄实自窜，毋枉我。"因以间亡命去。久之，嵩败，襄始出讼冤，捕顺、楷抵罪，妾复相从。襄号小霞，楚人江进之有《沈小霞妾传》。

严氏将要襄杀之，事之有无不可知，然襄此去，实大便宜大干净。得此妾一番撒赖，即上官亦疑真有是事，而襄始安然亡命无患矣。顺、楷辈死，肉不足喂狗。而此妾与沈氏父子并传，忠智萃于一门，盛矣哉。

邑宰妾

万历中，政务宽缓，刑部囚人多老死者。某乡科，北人。为邑宰，坐事入诏狱，久之不得雪，且老矣。已分必死，而自伤无子，乃尽鬻其产，营一室于近处，置所爱妾，而厚赂典狱者，阴出入焉。有侄颇不肖，稍窃其资，入博场中，为逻者所疑，穷诘之，因尽吐。且云家有一青骡子，叔行必乘之，无事则出赁，请以骡为验。逻者伺数日，果如其言。宰方与妾对食中堂，群逻至，惊失箸。妾遽起迎曰："翁胆薄，毋相迫。尔曹与翁有隙耶?”曰:“无之。”曰:“若然,不过欲多得金耳。金属我掌,第随我行,当以饱汝。”逻者顾妇人貌美而言甘,乃留一人守视宰,而群尾妾入房。妾指所卧床曰:“金在其颠。”携小梯而登。众自下谑之,殊不怒,笑声达于外。须臾,捧一匣下,发之多金。妾曰:“未也。”再捧一巨箱下,大镪实焉。众攫金,声愈哄。守者贪分金,不能忍,足不觉前,宰以间潜逸。众怀金既餍,出视失宰,惧欲走。妾择弱者一人力持之,大呼:“攫金贼在!”众奋拳齐殴,齿甲俱集,妾且死,终不释,声愈厉,动外人。外人入,众窜,获其一,并妾所持者两人,送巡城潘御史。妾诉群凶淫贪状,兼具所失鬻产银数。此两人不能讳,尽供其党姓名。顷之,悉擒至,银犹在怀也,而以犯官逸出为解。御史使视诏狱,则宰在焉。众语塞,乃委罪于不肖侄。御史收侄,尽毙之棰下,妾取故金归,籍数报宰。病数日,乃死。

狱中囚私出入,非法也,诏狱甚矣。方群逻押至,不以宰为奇货哉。言胆薄,坚其志,言多金,中其欲,忍谑以坚之,空橐以饵之,怠守者而逸宰,固已在吾算中矣。出其不意,持一弱以羁众强。假令身毙老拳之下,罪人其免乎?至群凶先吾死,而目可瞑也。妇之智不必言,独其猝不乱,死不怵,从容就功,有丈夫之智所不逮者。惜传者逸其名。虽然,千秋而下,知有一邑宰妾在,浣沙女、锐司徒妻、车中女子之俦,斯不为无友也已。

崔简妻

唐滕王极淫,诸官美妻无得白者,诈言妃唤,即行无礼。时典签崔简妻郑氏初到,王遣唤,欲不去,则惧王之威,去则被王之辱。郑曰:“无害。”遂入王中门外小阁。王在其中,郑入,欲逼之。郑大叫左右曰:“大王岂作如是?必家奴耳。”取只履击王头破,抓面流血。妃闻而出,郑氏乃得还。王惭,旬日不视事。简每日参候,不敢离门。后王坐,简向前谢。王惭,乃出诸官之妻,曾被唤入者,莫不羞之。

不唯自全,又能全人,此妇有胆有识。

蓝　姐

绍兴中，京东王寓新淦之涛泥寺。尝燕客，中夕散，主人醉卧。俄而盗群入，执诸子及群婢缚之。群婢呼曰："司库钥者，蓝姐也。"蓝即应曰："有，毋惊主人。"付钥匙，秉席上烛指引之，金银酒器首饰尽数取出。主人醒，方知。明发诉于县。蓝姐密谓主人曰："易捕也，群盗皆衣白，妾秉烛时，尽以烛泪污其背，当密令捕者以是验。"后果皆获。事见《贤奕编》。

新妇处盗

某家娶妇之夕，有贼来穴壁，已入矣。会其地有大木，贼触木倒，破头死。烛之，乃所识邻人，仓皇间，惧反饵祸。新妇曰："无妨。"令空一箱，纳贼尸于内，舁至贼家门首，剥啄数下。贼妇开门见箱，谓是夫盗来之物，欣然收纳。数日夫不还，发视，乃是夫尸，莫知谁杀，因密瘗之而遁。

辽阳妇

辽阳东山虏剽掠，至一家，男子俱不在，在者惟三四妇人耳。虏不知虚实，不敢入其室，于院中以弓矢恐之。室中两妇引绳，一妇安矢于绳，自窗绷而射之。数矢后，贼犹不退，矢竭矣，乃大声诡呼曰："取箭来。"自绷上以麻秸一束掷之地，作矢声。贼惊曰："彼矢多如是，不易制也。"遂退去。

妇引绳发矢，犹能退贼，始知虏未尝不畏人。人自过怯，让虏得利耳。

李成梁夫人

相传李帅成梁夫人，乃辽阳民家女也。辽民时苦寇掠，往往掘深阱以藏货财。此家以避寇去，独留女伏守阱中。有二虏入其室，觉阱中有人，一虏悬縋而下，得女甚喜，呼党先牵女上。党复临视，欲下縋，女自后遽推堕，即以物压盖之，得系马于门，跨而走。数日寇退，父母俱还家,女言其故,相与毙二虏,取首邀赏。李帅时在伍,闻女智略,求为妇,后为一品夫人。

木兰等三条

秦发卒戍边,女子木兰悯父年老,代之行,在边十二年始归,人无知者。

韩氏,保宁民家女也。明玉珍乱蜀,女恐为所掠,乃易男子饰,托名从军,调征云南,往返七年,人无知者,虽同伍亦莫觉也。后遇其叔,一见惊异,乃明是女,携归四川,当时皆呼为贞女。

黄善聪,应天怀清桥民家女。年十二失母,其姊已适人,独父业贩线香。怜善聪孤幼,无所寄养,乃令为男子装饰,携之旅游庐、凤间者数年。父亦死,善聪即诡姓名曰张胜,大智术。仍习其业自活。同辈有李英者,亦贩香,自金陵来,不知其女也,约为伙伴,同寝食者逾年。恒称有疾,不解衣袜,夜乃溲溺。弘治辛亥正月,与英皆返南京,已年二十矣,巾帽往见其姊,乃以姊称之。姊言:"我初无弟,安得来此?"善聪乃笑曰:"弟即善聪也。"泣语其故。姊大怒,亦奇人。且詈之曰:"男女乱群,玷辱我家甚矣,汝虽自明,谁则信之?"因逐不纳。善聪不胜愤懑,泣且誓曰:"妹此身苟污,有死而已,须令明白以表寸心。"其邻即稳婆居,姊聊呼验之,乃果处子,始相持恸哭,手为易去男装。越日英来候,再约同往,则善聪出见,忽为女子矣。英大惊骇,问知其故,怏怏而归,如有所失,盖恨其往事之愚也。乃告其母,母亦嗟叹不已。时英犹未室,母贤之,即为之求婚。善聪不从曰:"妾竟归英,保人无疑乎?"大是。交亲邻里来劝,则涕泪横流,所执益坚。众口喧传,以为奇事。厂卫闻之,好媒人。乃助其聘礼,判为夫妇。

木兰十二年最久,韩贞女七年,善聪逾年耳。至于善藏其用,以权济变,其智一也。若南齐之东阳娄逞,五代之临邛黄崇嘏,无故而诈为丈夫,窜入仕宦,是岂女子之分乎?至如唐贞元之孟姬,年二十六而从夫,夫死而伪为夫之弟,以事郭汾阳。郭死,寡居一十五年,军中累奏兼御史大夫,忽见茕独,复嫁人,时年已七十二,又生二子,寿百余岁而卒,斯殆人妖欤?又不可以常理论矣。

练　氏

章郇公得象。之高祖，建州人，仕王氏为刺史，号章太傅。其夫人练氏，智识过人。太傅尝出兵，有二将后期，欲斩之。夫人置酒，饰美姬进之，太傅欢甚。迨夜饮醉，夫人密释二将使亡去。二将奔南唐，后为南唐将。攻建州。时太傅已死，夫人居建州。二将遣使厚以金帛遗夫人，且以一白旗授之，曰："吾且屠城，夫人可植旗为识，吾戒士卒令勿犯。"夫人反其金帛，曰："君幸思旧德，愿全合城性命。必欲屠之，吾家与众俱死，不愿独生也。"二将感其言，遂止不屠。

夫人之免二将，必须知其为有用之才而惜之，或先请于太傅不从，故以计释去耳。不然，军法后期者死，夫人肯曲法以市恩乎？至于后之食报，何其巧也？夫人免二将之死，而二将且因夫人以免一城之死，夫人之所收者厚矣。按太傅十三子，其八为夫人出，及宋兴，子孙及第至达官者甚众，皆出八房。阴德之报，岂诬也哉！

陈觉妻

陈觉微时，为宋齐丘之客。及为兵部侍郎也，其妻李氏妒悍，亲执匕炊，不置妾媵。齐丘选姿首之婢三人与之，李亦无难色，奉侍三婢若舅姑礼。问其故，李曰："此令公宠幸之人，见之若面令公，何敢倨慢？"三婢既不自安，求还宋第，宋笑而许之。

近有一甲科丧偶，眷一土妓。及继娶，每托言宿于外馆，深夜潜诣妓家，辨色即归。继夫人察而知之，绝不漏言。伺其再往，于五鼓集童仆轿伞，往彼迎接，传夫人之命。甲科大惭，遂止。亦善于用妒者也。

杂智部总序

冯子曰：智何以名杂也？以其黠而狡，慧而小也。正智无取于狡，而正智或反为狡者困；大智无取于小，而大智或反为小者欺。破其狡，则正者胜矣；识其小，则大者又胜矣。况狡而归之于正，未始非正，小而充之于大，未始不大乎！一饧也，夷以娱老，跖以脂户，是故狡可正，而正可狡也。一不龟手也，或以战胜封，或不免于洴澼洸，是故大可小，而小可大也。杂智具，而天下无余智矣。难之者曰："大智若愚，是不有余智乎？"吾应之曰："正惟无余智，乃可以有余智。太山而却撮土，河海而辞涓流，则亦不成其为太山河海矣。鸡鸣狗盗，卒免孟尝，为薛上客，顾用之何如耳。吾又安知古人之所谓正且大者，不反为不善用智者之贼乎！"是故以杂智终其篇焉。得其智，化其杂也可；略其杂，采其智也可。

卷二十七

杂智部狡黠

英雄欺人，盗亦有道。智日以深，奸日以老。象物为备，禹鼎在兹。庶几不若，莫或逢之。集“狡黠”。

吕不韦

秦太子妃曰华阳夫人，无子。夏姬生子异人，质于赵。秦数伐赵，赵不礼之，因不得意。阳翟大贾吕不韦适邯郸，见之曰：“此奇货可居。”乃说之曰：“太子爱华阳夫人而无子，子之兄弟二十余人，子居中，不甚见幸，不得争立。不韦请以千金为子西游，立子为嗣。”异人曰：“必如君策，秦国与子共之。”不韦乃厚资西见夫人娣，而以献于夫人。因举异人贤孝，日夜泣思太子及夫人。不韦因使其娣说曰：“夫人爱而无子，异人贤，自知中子不得为适，诚以此时拔之，是异人无国而有国，夫人无子而有子也，则终身有宠于秦矣。”夫人以为然，遂与太子约以为嗣，使不韦还报异人。异人变服逃归，更名楚。不韦娶邯郸姬绝美者与居，知其有娠。异人见而请之，不韦佯怒，既而献之。期年而生子政，嗣楚立，是为始皇。

真西山曰：“秦自孝公以至昭王，国势益张，合五国百万之众，攻之不克。而不韦以一女子，从容谈笑夺其国于衽席间。不韦非大贾，乃大盗也。”

陈　乞

齐陈乞将立公子阳生，而难高、国，乃伪事之。每朝，必骖乘焉。所从，必言诸大夫曰：“彼皆偃蹇，将弃子之命。皆曰：‘高、国得君，必逼我，盍去诸？’固将谋子，子早图之。图之，莫如尽灭之，需，事之下也。”及朝，则曰：“彼虎狼也，见我在子之侧，杀我无日矣，请就之位。”又谓诸大夫曰：“二子恃得君而欲谋二三子，曰：‘国之多难，贵宠之由,尽去之而后君定。'既成谋矣,盍及其未作也先诸?作而后,悔亦无及也。"大夫从之。夏六月,陈乞及诸大夫以甲入于公宫,国夏闻之,与高张乘如公,战败奔鲁。初,景公爱少子荼,谋于陈乞,欲立之。陈乞曰:"所乐乎为君者,废兴由我故也。君欲立荼,则臣请立之。"阳生谓陈乞曰:"吾闻子盖将不立我也。"陈乞曰:"夫千乘之主,废正而立不正,必杀正者。吾不立子,所以生子也。走矣。"与之玉节而走之。景公死,荼立,陈乞使人迎阳生置于家。除景公之丧,诸大夫皆在朝。陈乞曰:"常之母有鱼菽之祭,愿诸大夫之化我也。"诸大夫皆曰:"诺。"于是偕之陈乞之家。陈乞使力士举巨囊而至于中霤,诸大夫见之,皆色然而骇。开之,则闯然公子阳生也。陈乞曰:"此君也已。"诸大夫不得已,皆逡巡北面,再拜稽首而君之,自是往弑荼。

自陈氏厚施,已有代齐之势矣,所难者高、国耳。高、国既除,诸大夫其如陈氏何哉?弑荼立阳生,旋弑阳生立壬,此皆禅国中间过文也。六朝之际,此伎俩最熟,陈乞,其作俑者乎?

徐温

初,张颢与徐温谋弑其节度使杨渥。温曰:"参用左右牙兵,必不一,不若独用吾兵。"反言之。颢不可,温曰:"然则独用公兵。"本意如此。颢从之。后穷治逆党,皆左牙兵,由是人以温为实不知谋。

荀伯玉

或言萧道成有异相,宋主疑之。征为黄门侍郎,道成无计得留。荀伯玉教其遣骑入魏境。魏果遣游骑行境上,宋主闻而惧,乃使道成复本任。

高欢

欢计图尔朱兆,阴收众心。乃诈为兆书,将以六镇人配契胡为部曲,众遂愁怨。又伪为并州符,征兵讨步落稽,发万人,将遣之,而故令孙腾、尉景伪请留五日。如此者再,欢亲送之郊,雪涕执别。于是众皆号哭,声动地。欢乃喻之曰:"与尔俱失乡客,义同一家,不愿乃尔！今直向西，当死；后军期，又当死，配胡人，又当死，奈何？”众曰：“惟有反耳。”欢曰：“反是急计，须推一人为主。”众愿奉欢，欢曰：“尔等皆乡里，难制，虽百万众，无法终灰灭。今须与前异，不得欺汉儿，不得犯军令，否者，吾不能取笑天下。”众皆顿首，生死惟命，于是明日遂椎牛享士，攻邺，破之。

潘　崇

楚成王以商臣为太子，既而又欲立公子职。商臣闻之，未察也，告其傅潘崇曰：“若之何而察之？”潘崇曰：“饷江芈成王嬖。而勿敬也。”商臣从其策，江芈果怒曰：“呼！役夫，宜君王之欲废汝而立职也。”商臣曰：“信矣。”

阳山君相卫，闻卫君之疑己也，乃伪谤其所爱樛竖以知之，术同此。

曹　操

魏武尝行军，廪谷不足，私召主者问如何。主者曰：“可行小斛足之。”曹公曰：“善。”后军中言曹公欺众，公谓主者曰：“借汝一物，以厌众心。”乃斩之，取首题徇曰：“行小斛，盗官谷。”军心遂定。

曹公尝云：“我眠中不可妄近，近便斫人，亦不自觉，左右宜深慎。”一日阳眠，所幸一人，窃以被覆之，因便斫杀，复卧。既觉，问：“谁杀我侍者？”自是每眠，人不敢近。

魏武言人欲危己，己辄心动。因语所亲小人曰：“汝怀刃密来我侧，我必说心动，执汝使行刑，汝但勿言，保无他故，当厚相报。”亲者信焉，不以为惧，遂斩之。此人至死不知也。左右以为实，谋逆者挫气矣。

操少时，尝与袁绍观人新婚，因潜入主人园中，夜叫呼云：“有偷儿贼。”青庐中人皆出观。操乃入，抽刃劫新妇，与绍还。出失道，堕枳棘中，绍不能得动，操复大呼云：“偷儿在此。”绍遑迫，自掷出，遂以俱免。

《世说》又载，袁绍曾遣人夜以剑掷操，少下不着。操度后来必高，因帖卧床上，剑至，果高。此谬也。操多疑，其儆备必严，剑何由及床？设有之，操必迁卧，宁有复居危地以身试智之理？

田婴　刘瑾

田婴相齐，人有说王者曰："终岁之计，王盍以数日之间自听之？不然，无以知吏之奸邪得失也。"王曰："善。"田婴即遽请于王而听其计。王将听之矣，田婴令官具押券斗石参升之计，王自听计，计不胜听，罢食后，复坐，不复暮食矣。田婴复请曰："群臣所终岁日夜不敢偷怠之事也，王以一夕听之，则群臣有为劝勉矣。"王曰："诺。"俄而王已睡矣，吏尽偷刀削其押券升石之计。王终不能听，于是尽以委婴。

刘瑾欲专权，乃构杂艺于武庙前，候其玩弄，则多取各司章奏请省决。王曰："吾用尔何为？而一一烦朕耶，宣亟去。"如此者数次，后事无大小，惟意裁决，不复奏。

赵高　李林甫

赵高既劝二世深居，而己专决，李斯病之。高乃见斯曰："关东群盗多，而上皆发徭治阿房宫。臣欲谏，为位卑，此真君侯之事，君何不谏？"斯曰："上居深宫，欲见无间。"高曰："请候上间语君。"于是待二世方燕乐，妇女居前，使人告斯，可奏事矣。斯至上谒，二世怒，高因言丞相怨望欲反，下斯狱，夷三族。

李林甫谓李适之曰："华山有金矿，采之可以益国。"上未之知也，使金果可采，林甫何不自言？他日适之言之，上以问林甫，对曰："臣久知之。但华山陛下本命，王气所在，凿之非宜，故不敢言。"上以林甫为爱己，而疏适之，遂罢政事。严挺之徙绛州刺史。天宝初，帝顾林甫曰："严挺之安在？此其才可用。"林甫退，召其弟损之，与道旧，惇惇款曲，且许美官。因曰："天子视绛州厚要，当以事自解归，得见上，且大用。"天子果欲大用。因给挺之使称病，愿就医京师。林甫已得奏，即言挺之春秋高，有疾，幸闲官得养。帝恨咤久之，乃以为员外詹事，诏归东郡，挺之郁郁成疾。帝尝大陈乐勤政楼，既罢，兵部侍郎卢绚按辔绝道去。帝爱其蕴藉,称美之。明日,林甫召绚子曰:"尊府素望,上欲任以交广,若惮行,且当请老。"绚惧,从之,因出为华州刺史,绚由是废。

三人皆在林甫掌股中为所玩弄而不知,信奸人之雄矣。然使适之不贪富贵之谋,挺之不起大用之念,卢绚不惮交、广之远,则林甫虽狡,亦安所售其计哉?愚谓此三人之愚,非林甫之智也。

石　显

石显自知擅权,恐天子一旦入间言,乃时归诚,取一言为验。显尝使至诸宫,有所征发,先白上曰:"恐漏尽宫门闭,请诏吏开门。"上许之。显于是故投夜还,称诏开门入。旦果有人上书,告显矫诏开宫门者。天子得书,笑以示显,显因泣曰:"陛下过私小臣,群下嫉妒,欲陷臣。"上以为然,愈宠信之。

蓝道行

世庙时,方士蓝道行以乩得幸。上故有所问,密封使中官至乩所焚之,不能答,则咎中官秽,不能格真仙。中官以密封授道行,使自焚。道行乃为伪封付火,而匿其真迹,所答具如旨。上以为神,益信之。

蓝诈矣,然廷臣卒赖其力,假神仙以去严嵩,则诈亦有用处也。

严　嵩

伊庶人为王时,以残暴历见纠于台使者,迫则行十万余金于嵩,得小缓。及嵩败家居,则遣军卒十辈,造嵩家胁偿金。嵩置酒款之,而好语曰:"所惠金十万实无之,仅得半耳,而又半费,请以二万金偿。"因尽以上所赐金有印识者予之。既去,而闻于郡曰:"有江盗劫吾家二万金去矣,速掩之,可获也。"郡发卒追得金,悉捕军卒,下狱论死。

吉　温

李适之为兵部尚书，李林甫恶之，使人发兵部诠曹奸利事，收吏六十余人付京兆尹。尹使法曹吉温鞫之。温入院，先于后厅取二重囚讯问，或杖或压，号呼之声，所不忍闻。兵部吏素闻温惨酷，及引入，皆自诬服，顷刻狱成，而囚无搒掠。适之遂得免。

阳　虎

阳虎之败，鲁人闭门而捕之，围之三匝。虎奔及门，门者曰："天下探之不穷，句有味。我今出子。"虎遂扬剑提戈而出，顾反取戈以伤出之者。出之者怨之曰："我非故与子友也，为子脱死被罪，而反伤我。"既，鲁君闻失虎大怒，问所出之门，有司拘之，不伤者被罪，而伤者独蒙厚赏。

伪　孝二条

东海孝子郭纯丧母，每哭则群鸟大集。使检有实，旌表门闾。复讯，乃是每哭即撒饼于地，群鸟争来食之。其后数数如此，鸟闻哭声，莫不竞凑，非有灵也。

田单妙计，可惜小用，然撒饼亦资冥福，称孝可矣。

河东孝子王燧家，猫犬互乳其子。言之州县，遂蒙旌表。讯之，乃是猫犬同时产子，取其子互置窠中，饮其乳惯，遂以为常。

即使非伪，与孝何干？

丁谓　曹翰

丁谓窜崖州，其家寓洛阳，尝作家书，遣使致之洛守刘烨，祈转付家，戒使者曰："伺烨会僚众时呈达。"烨得书，遂不敢隐，即以闻，帝启视，则语多自刻责，叙国厚恩，戒家人无怨望。帝感恻，遂徙雷州。

曹翰贬汝州，有中使来，翰泣曰："众口食贫不能活，以袱封故衣一包，质十千。"中使回奏之，太宗开视，乃一画障，题曰《下江南图》。恻然怜之，因召还。

秦　桧

秦桧用事，天下贡献先入其门，而次及官家。一日，王夫人尝出自禁中，显仁太后言，近日子鱼大者绝少。夫人对曰：“妾家有之，当以百尾进。”归告桧，桧咎其失言。明日，进糟青鱼百尾，显仁拊掌笑曰：“我道这婆子村，果然。”又，程厚子山与桧善。为中舍时，一日邀至府第内阁，一室萧然，独案上有紫绕缥一册，写《圣人以日星为纪赋》，尾有“学士类贡进士秦埙呈”。文采艳丽，程兀坐静观，反复成诵，惟酒肴问劳沓至。及晚，桧竟不出，乃退，程莫测也。后数日，差知贡举宣押入院，始大悟，即以此命题，此赋擅场，埙遂首选。

李道古

李道古便佞巧宦，常以酒肴棋博游公卿门，角赌之际，伪为不胜博忠厚名。而厚偿之，故得一时虚名，而嗜利者悉与之狎。

邹老人

邹老人，吴之猾徒也。有富人王甲，夜杀其仇家李乙而事露，有司捕置于狱，以重贿求老人。老人索百金，怀之走南都，纳交于刑曹徐公，往来渐密。时留宿，忽中夜出金献徐。诉以内亲王甲枉狱。徐曰：“吾不吝为谋，然吴越事隔，何可致力？”老人曰：“不难，昨公捕得海盗二十余人，内两人吴产也，公第敕二盗认李乙为其夜杀，则此不加罪，而彼得再生矣。”徐许之，老人退，又密访二盗妻子，许从养育，二盗亦许之。及鞫，刑曹问：“若吴人，曾杀人否？”二盗即招某月日杀李乙于家，掠其资。老人抱案还吴，令王甲之子鸣于官，竟得释。甲自狱归，遇李乙于门，竟死。

啮耳讼师

浙中有子殴七十岁父，而堕其齿者，父取齿讼诸官。子惧甚，延一名讼师问计，许以百金。师摇首曰：“大难事。”子益金固请，许留三日，思之。至次日，忽谓曰：“得之矣。辟人，当耳语若。”子倾耳相就，师遽啮之，断其半轮，血污衣，子大惊。师曰："勿呼。是乃所以脱子也，然子须善藏，俟临鞫乃出。"既庭质，遂以父啮耳堕齿为辨。官谓耳不可以自啮，老人齿不固，啮而堕，良是，竟免。

殴父而以计免，讼师之颠倒王章，可畏哉，然其策亦大奇矣。

土豪张

北京城外某街有张姓者，土豪也，能以财致人死力，凡京中无赖皆归之。忽思乞儿一种未收，奇思。乃于隙地筑土室，招群丐以居，时其缓急而周之，群乞感恩次骨，思一报而无地。久之，先用以索债，债家畏丐嬲，无不立偿者。已而诇人有营干之事，辄往拜，自请居间。或不从，则密喻群乞嬲之，复阴使人为之画策，谓非张某不解。及张至，嗔目一呼，群丐骇散。人服其才，因倩营干，任意笼络，得钱不资。复以小嫌怒一徽人。其人开质库者，张遣人伪以龙袍数事质银，意似匆遽，嘱云："有急用故，且不索票，为我姑留外架，晚即来取也。"别使人首之法司，指为违禁，袍尚存架，而籍无质银者姓名，遂不能直，立枷而死。逾年，张坐他事系狱，徽人子讼父冤，尽发其奸状，且大出金钱为费。张亦问立枷，而所取枷，即上年所用以杀徽人者，封识姓名尚存。人咸异之，张竟死。天道不远，巧于示人，然则天更智矣。

丐，废人也，而以智役之，能得其用，彼坐拥如林而指臂不相运掉者，何哉？张之憸狡不足道，乃其才亦有过人者。若虞诩设三科募士，堪作一队长矣。

皦生光

万历间，皦生光坐妖书事论死，京都快之。生光才而狡，往往以术制人为利。有缙绅媚一权贵，求得玉杯为寿，偶询之生光。不三日，生光持杯一双来售，云出自中官家，价可百金，止索五十金。缙绅欣然鬻之。逾数日，忽有厂校束缚二人噪而来，势甚急，视之则生光与中官也。生光蹙额言："前杯本大内物，中官窃出。今事觉不能讳，惟有速还原物，彼此可保无害。"缙绅大窘，杯已馈去，无可偿，反求计于生光。光有难色，久之乃为料理，纳贿某中官若干，某衙门若干，庶万一可以弥缝。缙绅不得已从之，费几及千金。后虽知生光狡诈，无如何矣。

永嘉舟子

湖州小客，货姜于永嘉富人王生，酬值未定，强秤之。客语侵生，生怒拳其背，仆户限死。生扶救良久，复苏，以酒食谢过，遗之匹绢。还次渡口。舟子问何处得此，乃道所以。且曰："几作他乡鬼矣。"时数里间有流尸，舟子因生心，从容买其绢，并丐筠篮。客既去，即携尸近生居，脱衫裤衣之，急走叩生门，仓皇告曰："午后有湖州客过渡，云为君家捶击垂死，挽我告官，呼骨肉直其冤，留绢与篮为证，今已绝矣。"生举家惧且泣，以二百金贿舟子，求瘗尸深林中。后为黠仆要胁，闻于官。生因徙居，忘故瘗处，拷掠病死。而明年姜客具土仪来访，言卖绢之故，其家执仆诉冤，官并捕舟子毙死。

干红猫

临安城内外西巷，有卖熟肉翁孙三者，每出必戒其妻曰："照管猫儿，都城并无此种，莫令外人闻见。或被窃去，绝吾命矣。我老无子，此与我子无异也。"日日申言不已，乡里数闻其语，心窃异之，觅一见不可得。一日，忽拽索出到门，妻急抱回。其猫干红色，尾足毛须尽然，见者无不骇羡。孙三归，责妻漫藏，棰詈交至。已而浸淫达于内侍之耳，即遣人啖以厚直。孙峻拒，内侍求之甚力，反复数四，仅许一见。既见，益不忍释，竟以钱三百千取去。孙涕泪，复棰其妻，竟日嗟怅。内侍得猫喜极，欲调驯然后进御。已而色泽渐淡，才及半月，全成白猫。走访孙氏，已徙居矣。盖用染马缨法，渍白为伪，前之告戒棰怒，悉奸计也。

铁　牛

绍兴间，淮堧有一道人求乞，手持一铁牛，高呼："铁牛道人！"在浮光数月，忽一日，入富家典库乞钱。主人问："铁牛何用？"曰："能粪瓜子金。"主人欲以资财易之，道人坚不肯。后议止赁一宿，令置密室。

来早开视，果粪瓜子金数星。道人至，取铁牛去。主人妄想心炽，寻访道人，欲买此牛。道人不从，百色宛转方允，议以日得金计之，偿以一岁金价。在家数日，粪金如前，未几遂止。视牛尾后有一窍，无他异。忽家中一婢暴疾，召其夫赎去。后有人云："道人预买此妇人，密持其金在其家。前后粪金，皆此妇人所为。"急寻之，已遁矣。出赵灌园《就日录》。

若能粪金，尚须乞钱耶？其伪甚明，而竟为贪心所蔽，利令智昏，信哉。

京邸中贵

嘉靖间，一士人候选京邸。有官矣，然久客橐空，欲贷千金，与所故游客谈。数日，报命曰："某中贵允尔五百。"士人犹恨少，客曰："凡贷者例以厚贽先，内相性喜谀，苟得其欢，即请益非难也。"士人拮据，凑货器币约值百金，为期入谒。及门，堂轩丽巨，苍头庐儿，皆曳绮缟，两壁米袋充栋，皆有御用字。久之，主人出，状横肥，以两童子头抵背而行，极力装扮。享礼微笑，许贷八百。庐儿曰："已晚，须明日。"主人可之。士人既出，喜不自胜，客复属耳："当早至，我俟于此。"及明往，寥然空宅，堂下煤土两堆，皆袋所倾。问主宅者，曰："昨有内相赁宅半日，知是谁何？"客亦灭迹，方悟其诈。

一钱驱百金

胠箧惟京师最黠，有盗能以一钱驱百金者。作贵游衣冠，先诣马市，呼卖胡床者，与一钱，戒曰："吾即乘马，尔以胡床侍。"其人许诺，乃谓马主："吾欲市骏，试可乃论价。"马主谨奉羁靮。其人设胡床，盗上马，疾驰而去。马主初意设胡床者其仆也，已知其非，乃亟追之。盗径扣官店，维马于门，云："吾某太监家下。欲缎匹若干，以马为质，用则奉价。"店睹良马，不之疑，如数畀之，负而去。俄而马主踪迹至店，与之争马，成讼。有司不能决，为平分其马价云。

老妪骗局

万历戊子，杭郡北门外有居民，年望六而丧妻。二子妇皆美，而事翁皆孝敬。一日,忽有老妪立于门,自晨至午,若有期待而不至者。翁出入数次,怜其久立,命二子妇询其故。妪曰:“吾子忤逆,将诉之官,期妮子同往,久候不来,腹且枵矣。”子妇怜而饭之,言论甚相惬。至暮,期者不来,因留之宿。一住旬日,凡子妇操作,悉代其劳,而女工尤精。子妇惟恐其去也,谓妪无夫而子不孝,茕茕无归,力劝翁娶之,翁乃与合。又旬余,妪之子与妮子始寻觅而来,拜跪告罪。妪犹厉詈不已,劝解之,乃留饮。其人即拜翁为继父,喜母有所托也。彼此往来三月。一日,妪之孙来请翁一门,云已行聘。妪曰:“子妇来何容易,吾与翁及两郎君来耳。”往则醉而返。又月余,其孙复来请云:“某日毕姻,必求二姆同降。”子妇允其请,且多贷衣饰盛妆而往。妪子妇出迎,面黄如病者。日将晡,妪子请二姆迎亲,且曰:“乡间风俗若是耳。”妪佯曰:“汝妻虽病,今日称姑矣。何以不自往迎,而烦二位乎?”其子曰:“规模不雅,无以取重,既来此,何惜一往?”妪乃许之,于是妪与病妇及二子妇俱下船去,更余不返。妪子假出觇,孙又继之,皆去矣。金蝉脱壳计。及天明,遍觅无踪,访之房主,则云五六月前来租房住,不知其故。翁父子怅怅而归,亲友来取衣饰,倾囊偿之,而二妇家来觅女不得,讼之官,翁与二子恨极,因自尽。

乘驴妇

有三妇人,雇驴骑行,一男子执鞭随之。忽少妇欲下驴择便地,呼二妇曰:“缓行俟我。”因倩男子佐之下,即与调谑,若相悦者。已乘驴曰:“我心痛不能急行。”男子既不欲强少妇,追二妇又不可得,乃憩道傍,而不知少妇反走久矣。是日三驴皆失。

卜者朱生

瞽者朱化凡,居吴江,善卜,就卜者如市,家道浸康。一日晡时,忽有青衣二人,传主命欲延朱子舟中问卜。其主人,贵公子也。朱辞以明晨,青衣不可,曰:“主人性卞急,且所占事不得缓。”固请同行,因左右翼而去。步良久,至一舟,似僻地,而人甚伙。坐定且饮食之,谓朱曰:“吾侪探囊者,实非求卜,今宵拟掠一大姓,借汝为魁。”朱大恐,自云盲人无用。答曰:“无他。但乞安坐堂中,以木拍案,高叫快取宝来而已。得财当分惠汝,不然者,斫汝数段,投波中矣。”朱惧而从之。夜半,如前翼之而行。到一家,坐朱堂中,朱如其戒,且拍且叫,群盗罄所藏而去,朱犹拍呼不已。主人妻初疑贼尚在,未敢出。久之,窃视止一人,而其声颇似习闻者。因前缚,举火照之,乃其夫也。所劫即化凡家物。惊问其故,方知群贼之巧。

黄铁脚

黄铁脚,穿窬之雄也。邻有酒肆,黄往贳,肆吝与。黄戏曰:“必窃若壶,他肆易饮。”是夕,肆主挈壶置卧榻前几上,镝户甚固,遂安寝。比晓,失壶,视镝如故。亟从他肆物色,壶果在。问所得,曰黄某。主诣黄问故,黄自言用一小竿窍其中,俾通气,以猪溺囊系竿端,从溜引竿,纳囊于壶,乃嘘气胀囊,举而升之,故得壶也。

窃　磬

乡一老媪向诵经,有古铜磬。一贼以石块作包,负之至媪门外,人问何物,曰:“铜磬,将鬻耳。”入门见无人,弃石于地,负磬反向门内曰:“欲买磬乎?”曰:“家自有。”贼包磬复负而出,内外皆不觉。

伪跛　伪躄

阊门有匠,凿金于肆。忽一士人,巾服甚伟,跛曳而来,自语曰:“暴令以小过毒挞我,我必报之。”因袖出一大膏药,薰于炉次,若将以治疮者。俟其熔化,急糊匠面孔。匠畏热援以手,其人即持金奔去。又一家门集米袋,忽有躄者垂腹甚大,盘旋其足而来,坐米袋上。众所共睹,不知何由。匿米一袋于胯下,复盘旋而去。后失米,始知之。盖其腹衬塞而成,而躄亦伪也。

躄　盗

有躄盗者,一足躄,善穿窬。尝夜从二盗入巨姓家,登屋翻瓦,使二盗以绳下之。搜资入之柜,命二盗系上,已复下其柜,入资上之,如是者三矣。躄盗自度曰:“柜上,彼无置我去乎?”遂自入坐柜中。二盗系上之,果私语曰:“资重矣,彼出必多取,不如弃去。”遂持柜行大野中,一人曰:“躄盗称善偷,乃为我二人卖。”一人曰:“此时将见主人翁矣。”相与大笑欢喜,不知躄盗乃在柜中。顷,二盗倦坐道上,躄盗度将曙,又闻远舍有人语笑,从柜出大声曰:“盗劫我。”二盗惶讶遁去,躄盗顾乃得金资归。何大复作《躄盗篇》。

京都道人

北宋时,有道人至京都,称得丹砂之妙,颜如弱冠,自言三百余岁。贵贱咸争慕之,输货求丹、横经请益者,门如市肆。时朝士数人造其第,饮啜方酣,阍者报曰:“郎君从庄上来,欲参觐。”道士作色叱之,坐客或曰:“贤郎远来,何妨一见?”道士颦蹙移时,乃曰:“但令入来。”俄见一老叟须发如银,昏耄伛偻,趋前而拜,拜讫,叱入中门。徐谓坐客曰:“小儿愚骇,不肯服食丹砂,以至此,都未及百岁,枯槁如斯,常日斥至村墅间耳。”坐客愈更神之。后有人私诘道者亲知,乃云伛偻者即其父也。

丹　客二条

客有炫丹术者,舆从甚盛,携美妾日饮于西湖,所罗列器皿,望之灿然皆黄白。一富翁见而艳之,前揖问曰:“公何术而富若此?”客曰:“丹成,特长物耳。”富翁遂延客并其妾至家,出二千金为母,使炼之。客入铅药,炼十余日,密约一长髯突至,绐曰:“家罹内艰,求亟返。”客大恸,谓主人曰:“事出无奈,烦主君同余婢守炉,余不日来耳。”客实窃丹去,又嘱妇私与主媾,而不悟也,遂堕计中。绸缪数宵而客至,启炉视之,大惊曰:“败矣,似有触之者。”因詈主人无行,欲掠治妾。主人不能讳,复出厚镪谢罪,客作怏怏状去。主君犹以得遣为幸,而不知银器皆伪物,妾则典妓为骗局也。翁中于贪淫,此客亦黠矣哉。

嘉靖中,松江一监生博学有口才,而酷信丹术。有丹士先以小试取信,乃大出其金,而尽窃之。生惭愤甚,欲广游以冀一遇。忽一日,值于吴之阊门,丹士不俟启齿,即邀饮肆中,殷勤谢过,既而谋曰:“吾侪得金，随手费去。今东山一大姓，业有成约，俟吾师来举事，君肯权作吾师，取偿于彼，易易耳。”生急于得金，许之，乃令剪发为头陀，事以师礼。大姓接其谈锋，深相钦服，日与款接，而以丹事委其徒辈，且谓师在，无虑也。一日，复窃金去，执其师欲讼之官，生号泣自明，仅而得释。及归，亲知见其发种种，皆讪笑焉。

以金易色，尚未全输，但缠头过费耳。若送却头发，博“师父”一声，尤无谓也。〇近年昆山有一家，为丹客所欺，去千金。忿甚，乃悬重赏物色之。逾数日，或报丹客在东门外酒肆中聚饮，觇之信然，索赏而去。主人入肆，丹客欢然起迎，主人欲言，客遽止之，曰：“勿扬吾短，原物在，且饮三杯，当璧还耳。”主人喜，正剧饮间，丹客起小便，伺间逸去。问同席者，皆云：“偶此群饮，初不相识。”方知报信者亦其党，来骗赏银耳。

谲僧

有僧异貌，能绝粒，瓢衲之外，丝粟俱无。坐徽商木筏上，旬日不食不饥。商试之，放其筏中流，又旬日，亦如此，乃相率礼拜，称为活佛，竞相供养。曰：“无用供养，我某山寺头陀，以大殿毁，欲从檀越乞布施，作无量功德。”因出疏，令各占甲乙毕，仍期某月日入寺相见。及期，众往询寺，绝无此僧，殿即毁，亦无乞施者。方与僧骇之，忽见伽蓝貌酷似僧，怀中有簿，即前疏。众诧神异，喜施千金，恐泄语有损功德，戒勿相传。后乃知始塑像时，因僧异貌，遂肖之，作此伎俩。而不食，乃以干牛肉脔大数珠数十颗，暗啖之，皆奸僧所为。阌乡一村僧，见田家牛肥硕，日伺牛在野，置盐己首，俾牛舐之，久遂娴习。僧一夕至田家，泣告曰：“君牛乃吾父后身，父以梦告我，我欲赎归。”主驱牛出，牛见僧即舐僧首，主遂以牛与僧。僧归，杀牛，丸其肉置空竹杖中，又以坐关不食欺人焉。后有孟知县者，询僧便溺，始穷其诈。

白铁余

白铁余者，延州稽胡也，埋一铜佛像于穷谷中柏树之下，俟草遍生,宣言佛光现,乃集数百人设斋以示圣佛。佯从地斫斸之,不得,谓是众诚未至,不布施耳。盖施者百余万,即斸埋处获像焉。求见圣佛者日益众,乃以绀紫绯黄绫为袋数重盛像,观者去其一重,一回布施。数百里老少士女,就之若狂,遂作乱,自称光王军师。程务挺讨斩之。

一智也,善用之即李抱贞、刘元佐,不善用之则白铁余矣,于智何尤哉。

刘龙子

唐高宗时,有刘龙子者作一金龙头,藏袖中,以羊肠盛蜜水绕系之。每聚众,出龙头,言圣龙吐水,饮之百病皆瘥。遂转羊肠水于龙口中出,与人饮之,皆罔云病愈,施舍无数,后以谋逆被诛。

马太守

兴古太守马氏在官,有亲故人投之,求恤焉。马乃令此人出外住,诈云是神人道士,治病无不手下立愈。又令辩士游行,为之虚声,云能令盲者登视,躄者即行。于是四方云集,趋之如市,而钱帛固已积山矣。又敕诸求治病者,虽不便愈,当告人言愈也,如此则必愈,若告人未愈者,则后终不愈也。道法正尔,不可不信。于是后人问前来人,辄告云已愈,无敢言未愈者也。旬日之间,乃致巨富焉。

大安国寺奸民

唐懿宗屡微行游寺观,奸民闻大安国寺有江淮进奏官寄吴绫千匹在院,于是暗集其群,内选一人肖上之状者,衣上私行之服,多以龙脑诸香薰袭,引二三小仆,潜入寄绫之院。其时有丐者一二人至,假服者遗之而去,逡巡间诸色丐求之人,接迹而至,给之不暇。假服者谓院僧曰:“院中有何物?可借之。”僧未诺间,小仆掷眼向僧,僧惊骇曰:“柜内有人寄绫千匹,唯命是听。”于是启柜,罄而给之。小仆谓僧曰:“来早于朝门相觅,可奏引入内,所酬不轻。”假服者遂跨卫而去。僧自是经月访于内门,杳无所见,方知群丐并是奸党。

南京道者

万历丙午间，南京有山西贾人，鬻羢货于三山街。忽一日，有客偕一道者至，单开羢货，约百余金，体制俱异。先留定银一大锭，俟货足兑绝。自是以催货为名，频频到店。到则两人耳语，指天画地，若甚秘密事。贾人疑而问之，不言，再问，客乃屏人语曰："吾道兄善望气者。昔秦皇谓江南有天子气，因埋金千万以厌之，故曰金陵，从来莫知其处，夜来道兄见宝气腾空，知藏金久当出世，未卜其处。今详察宝气所腾之处，在尊店第三重屋下，诚祷祝而发之，富可敌国。"贾人贪，信之。乃曰："第三重，乃吾内室也，发之当如何？"客曰："此事须问吾道兄。"道者曰："可引吾一观乎。"贾人曰："可。"既审视，曰："的矣，自此至彼，凡三丈余，皆金穴也。此金数千年而气上腾，的是天数。足下若非莫大之福，亦不能遇吾至也。今惟择吉，具牲醴，祭告天地，集龘锄数十辈，于人静后，齐工发掘，至五尺余，便可知矣。"贾人信其言，与之订期。至日午后，客与道者偕来，祭奠极诚，道者复披发仗剑，作法事良久。使众皆饱食，俟深夜，龘锄并举，发至五尺深，并无所见，天已大明。忽闻门外呵殿之声，则督府某以通家红帖来拜。贾人方惊讶，而某衣花绣登堂，固请相见。贾子强出，拜伏于地，某掖起之，因曰："闻秦皇埋金为足下所发，其富敌国，某特奉旨，方今边饷告匮，诚以数万佐国家之急，万户侯不足道也，某当为足下奏闻。"贾人觳觫谢无有。某直入内室，见户外杯盘狼藉，地下开垦纵横，而客与道士俯伏前谒，言埋金实有之，但不甚多。贾人不能白，惧祸，不得已，馈三千金求免，并还定货之银，由是毡业遂废。

《太平广记》载：薛氏二子野居伊阙，有道士叩关求浆，薛氏钦其道气，接谈甚洽。道士因夸所居气色甚佳："自此东南百步，有五松虬偃，在境内否？"曰："是某良田也。"道人遂屏人语："此下有黄金百万，宝剑二口，其气隐隐浮张翼间，某寻之久矣。黄金可以施德，其龙泉自佩，当位极人臣。某亦请其一，效斩魔之术。"二子惑之。道士择日起土，索灰缠三百尺，五色彩缣甚多。又用祭坛十座，器皿俱用白金，约费数千。又言："某善点化之术，视金银如粪土。今有囊箧寄太微宫，欲暂寄。”须臾，令人负箧而至，封锸甚固，重不可举。至某夜，与其徒设法于五松间，戒勿妄窥，俟法事毕，当相召。及晓杳然，二子往视之，但见轮蹄之迹，所陈设为之一空矣，事颇相类。

文　科二条

江南有文科者，衣冠之族，性奸巧，好以术困人而取其资。有房一所，货于徽人，业经改造久矣。科执原直取赎，不可，乃售计于奴，使其夫妇往投徽人为仆，徽人不疑也。两月余，此仆夫妇潜窜还家，科即使他奴数辈谓徽人曰：“吾家有逃奴某，闻靠汝家，今安在？”徽人曰：“某来投，实有之，初不知为贵仆，昨已逸去矣。”奴辈曰：“吾家昨始缉知在宅，岂有逸去之事？必汝家匿之耳，吾当搜之。”徽人自信不欺，乃屏家眷于一室，而纵诸奴入视。诸奴搜至酒房，见有土松处，佯疑，取锄发之，得死人腿一只。乃哄曰：“汝谋害吾家人矣，不然，此腿从何而来？当执此讼官耳。”徽人惧，乃倩人居间，科曰：“还吾房契，当寝其事耳。”徽人不得已，与之期而迁去。在酒房之人腿，则前投靠之奴所埋也。

科尝为人居间公事，其人约于公所封物，正较量次，有一跛丐右持杖，左携竹篮，篮内有破衣，挨入乞赏。科拈零星与之，丐嫌少，科佯怒，取元宝一锭，掷篮中叱曰：“汝欲此耶？”丐悚惧曰：“财主不添则已，何必怒？”双手捧宝置几上而去。后事不谐，其人启封，则元宝乃伪物，为向丐者易去矣。丐者，即科党所假也。

苏城四方辐辏之地，骗局甚多。曾记万历季年，有徽人叔侄争坟事，结讼数年矣。其侄先有人通郡司理，欲于抚台准一词发之。忽有某公子寓阊门外，云是抚公年侄，衣冠甚伟，仆从亦都。徽侄往拜，因邀之饮，偶谈及此事，公子一力承当，遂封物为质。及期，公子公服，取讼词纳袖中，径入抚台之门。徽侄从外伺之，忽公事已毕，而门闭矣，意抚公留公子餐也，询门役，俱莫知。乃晚衙，公子从人丛中洒容而出，意气扬扬，云抚公相待颇厚，所请已谐。抵徽寓，出官封袖中，印识宛然。徽侄大喜，复饮食之，公子索酬如议而去。明日，徽侄以文书付驿卒。此公子私从驿卒索文书自投，驿卒不与。公子言是伪封，不可投。驿卒大惊，还责徽侄。急访公子，故在寓也，反叱徽人用假批假印，欲行出首。徽人惧，复出数十金赂之始免。后访知此棍惯假宦、假公子为骗局。时有春元谒见抚院，彼乘闹混入，潜匿于土地堂中，众不及察，遂掩门。渠预藏酒糕，以烧酒制糕，食之醉饱。啖之，晚衙复乘闹出，封筒印识，皆预造藏于袖中者。小人行险侥幸至此，亦可谓神棍矣。

猾　吏二条

包孝肃尹京日，有民犯法当杖脊。吏受赇与约曰："今见尹必付我责状，汝第呼号自辩，我与汝分此罪。"既而包引囚问毕，果付吏责状。囚如吏教，分辩不已，吏大声诃之曰："但受杖出去，何用多言？"包谓其市权，捽吏于庭，杖之七十，特宽囚罪，以抑吏势，不知为所卖也。

包铁面尚尔，况他人乎？

有县令监视用印，暗数已多一颗，检不得，严讯吏，亦不承。令乃好谓曰："我明知汝盗印，今不汝罪矣，第为我言藏处。"学乖。此令素不食言者，于是吏叩头谢罪曰："实有之，即折置印匣内，俟后开印时，方取出耳。"又闻某按院疑一吏书途中受贿，亲自简查，无迹而止。盖按院止搜其通身行李，而串铃与马鞭、大帽，明置案前，贿即在内，不及察也。吏之奸弊，何所不至哉！

袁术诸妇

司隶冯方女有国色，避乱扬州。袁术登城，见而悦之，遂取焉。诸妇教以将军贵人重志节，宜数涕泣以示忧愁也，若此必加重。冯女后见术，每垂泣，术果以为有心，益宠之。诸妇乃共绞杀，陷之于厕，言其哀怨自杀。术以其不得志而死，厚加殡敛。

达奚盈盈

达奚盈盈者，天宝中贵人之妾，姿艳冠绝一时。会有同官之子为千牛者失,索之甚急。明皇闻之,诏大索京师,无所不至,而莫见其迹。因问近往何处,其父言贵人病,尝往候之。诏且索贵人之室。盈盈谓千牛曰:“今势不能自隐矣,出亦无甚害。”千牛惧得罪,盈盈因教曰:“第不可言在此,如上问何往,但云所见人物如此,所见帟幕帷帐如此,所食物如此,势不由己,决无患矣。”既出,明皇大怒,问之,对如盈盈言,上笑而不问。错认了。后数日,虢国夫人入内,上戏谓曰:“何久藏少年不出耶?”夫人亦大笑而已。亦错认。

妇人之智可畏。

卷二十八

杂智部小慧

熠熠隙光，分于全曜。萤火难嘘，囊之亦照。我怀海若，取喻行潦。集“小慧”。

周主

周主亡玉簪，令吏求之，三日不能得也。周主令人求而得之家人之屋间。自置自得，以欺众目。周主曰：“我知吏之不事事也。”于是吏皆悚惧，以为神明。

商太宰

商太宰使少庶子之市，顾反而问之曰：“何见于市？”曰：“无见也。”太宰曰：“虽然，何见？”对曰：“市南门之外，甚众牛车，仅可以行耳。”太宰因诫使者，毋敢告人吾所问于汝。因召市吏而诮之曰：“市门之外，何多牛屎？”市吏甚怪太宰知之疾也，乃悚惧其所也。

韩昭侯　子之

韩昭侯握瓜而佯亡一瓜，求之甚急，左右因割其瓜而效之，昭侯以此察左右之诚。

子之相燕，坐而佯言曰：“走出门者何白马也？”左右皆言不见，有一人走追之，报曰：“有。”子之以此知左右之不诚信。

綦母恢

韩咎立为君，未定也，弟在周，周欲重之，而恐韩咎不立也。不立其弟。綦母恢曰：“不若以车百乘送之。得立，因曰为戒；不立，则曰来效贼也。”

苏　代

苏代自燕之齐，见于章华南门。齐王曰：“嘻！子之来也，秦使魏冉致帝，子以为何如？”对曰：“王之问臣也卒，而患之所从生者微，今不听，是恨秦也；听之，是恨天下也。不如听之，以为秦，勿庸称也，以为天下。秦称之，天下听之，王亦称之，先后之事，帝名为无伤也。秦称之而天下不听，王因勿称，于以收天下，此大资也。”

薛　公

齐王夫人死，有七孺子皆近，薛公欲知王所立，乃献七珥，美其一。明日，视美珥所在，劝王立为夫人。

江西日者

赵王李德诚镇江西，有日者，自称世人贵贱，一见辄分。王使女妓数人，与其妻滕国君同妆梳服饰，立庭中，请辨良贱。客俯躬而进曰：“国君头上有黄云。”众妓不觉皆仰视，日者因指所不视者为国君。

江　彪

诸葛令女，庾氏妇。既寡，誓云：“不复重出。”此女性甚正强，无有登车理。恢既许江思玄彪婚，乃移家近之。初诳女云：“宜徙。”于是，家人一时去，独留女在后。比其觉，已不复得出。江郎暮来，女哭詈弥甚。积日渐歇，江暝入宿，恒在对床上。后观其意转帖，江乃诈魇，良久不寤，声气转急。女乃呼婢云：“唤江郎觉。”江于是跃然就之曰：“我自是天下男子，魇何与卿事？而烦见唤。既尔相关，那得不共语？”女嘿然而惭，情意遂笃。

以情相感，虽铁石心肠，亦为之移，况夫妇乎。

孙兴公

王文度坦之。弟阿智虔之，字文将。恶乃不翅，当年长而无人与婚。孙兴公绰。有女阿恒，亦僻错，无复嫁娶理。孙因诣文度，求见阿智。既见，便佯言："此定可，殊不如人所传，那得至今未有婚处！我有一女，乃不恶。但吾寒士，不宜与卿计，欲令阿智娶之。"文度欣然而启蓝田王述。云："兴公欲婚吾家阿智。"蓝田惊喜。既成婚，女之顽嚣尤过阿智，方知兴公之诈。

阿恒得夫，阿智得妻。一人有智，方便两家。

科试郊饯

科试故事，邑侯有郊饯，酒酸甚，众哗席上。张幼于令勿喧，保为易之，因索大觥，满引为寿。侯不知其异也，既饮不觉攒眉，怒惩吏，易以醇。

唐类函

吴中镂书多利，而甚苦翻板。俞羡章刻《唐类函》将成，先出讼牒，谬言新印书若干，载往某处，被盗劫去，乞官为捕之。因出赏格募盗书贼，由是《类函》盛行，无敢翻者。

孟　陀

张让在桓帝时，权倾中外。让有监奴主家事。扶风富人孟陀倾囊结奴，奴德之。问陀何欲，欲为成就。陀曰："望汝曹为我一拜耳。"时公卿求谒让者车每填门。陀一日诣让，壅不得前。监奴望见，为率诸苍头迎拜于路，共舆入。时宾客大惊，谓让厚陀，遂争赂陀，自是积资巨万。

无故而我结者，必有以用我矣。孟陀善贾，较吕不韦术更捷。

窦　公

唐崇贤窦公，善治生而力甚困。京城内有隙地一段，与大阉相邻，阉贵欲之，然其地止值五六百千而已。窦公欣然以此奉之，殊不言价。阉既喜甚，乃托故欲往江淮，希三两护戎缄题。阉为致书，凡获三千缗，由是甚济。东市有隙地一片，洼下停污，乃以廉值市之，俾婢妪将蒸饼盘,就彼诱儿童,若抛砖瓦,中一指标,得一饼。儿童奔走竞抛,十填六七,乃以好土覆之,起一店停波斯,日获一缗。

窦　乂

扶风窦乂年十五,诸姑累朝国戚,其伯工部尚书,于嘉令坊有庙院。张敬立任安州归,安州土出丝履,敬立赍十数緉,散诸甥侄,咸竞取之,乂独不取。俄而所剩之一緉,又稍大,乂再拜而受,遂于市鬻之,得钱半斤,密贮之,潜于锻炉作二枝小锸,利其刃。五月初,长安盛飞榆荚,乂扫聚,得斛余,遂往请伯所借庙院习业,伯父从之。乂夜则潜寄褒义寺法安上人院止,昼则往庙中,以二锸开隙地,广五寸,深五寸,共四十五条,皆长二十余步,汲水渍之,布榆荚于其中。寻遇夏雨,尽皆滋长。比及秋,森然已及尺余,千万余株矣。及明年,已长三尺余,乂伐其并者,相去各三寸,又选其条枝稠直者悉留之。所斫下者,作围束之,得百余束,遇秋阴霖,每束鬻值十余钱。又明年,汲水于旧榆沟中,至秋,榆已有大者如鸡卵,更选其稠直者以斧去之,又得二百余束,此时鬻利数倍矣。后五年,遂取大者作屋椽,约十余茎,鬻之得三四万钱。其端大之材在庙院者,不啻千余,皆堪作车乘之用。此时生涯已有百余,遂买麻布,雇人作小袋子,又买内乡新麻鞋数百緉,不离庙中。长安诸坊小儿,及金吾家小儿等,日给饼三枚钱十五文,付与袋子一口,至冬拾槐子实其内,纳焉。月余,槐子已积两车矣。又令小儿拾破麻鞋,每三緉以新麻鞋一緉换之,远近知之,送破麻鞋者云集,数日获千余量。然后鬻榆材中车轮者,此时又得百余千。雇日佣人于宗贤西门水涧,洗其破麻鞋,曝干,贮庙院中。又坊门外买诸堆积弃碎瓦子,令工人于流水涧洗其泥滓,车载积于庙中,然后置石嘴碓五具,剉碓三具,西市买油靛数石,佣人执炊,广召日佣人,令剉其破麻鞋,粉其碎瓦,以疏布筛之,合槐子、油靛,令役人日夜加工烂捣,从臼中熟出,命二人并手团握,例长三尺以下,圆径三寸,垛之,得万余条,号为法烛。建中初六月,京城大雨,巷无车辆,乂乃取此法烛鬻之,每条百文,将燃炊爨,与薪功倍,又获无穷之利。先是西市坪行之南有十余亩坳下潜污之地,目为小海池,为旗亭之内众污所聚，乂遂求买之。其主不测，乂酬钱三万。既获之，于其中立标悬幡子，绕池设六七铺，制造煎饼及团子，召小儿掷瓦砾，击其幡标，中者以煎饼、团子啖。不逾月，两街小儿竞往，所掷瓦已满池矣，遂经度造店二十间，当其要害，日收利数千。店今存焉，号为窦家店。

石鞑子

吴中有石子，貌类胡，因呼为石鞑子，善谑多智。尝困倦，步至一邸舍，欲少憩。有一小楼颇洁，先为僧所据矣。石登楼窥之，僧方掩窗昼寝，窗隙中见两楼相向，一少妇临窗刺绣。石乃袭僧衣帽，微启窗向妇而戏。妇怒，以告其夫，夫因与僧闹。僧茫然莫辨，亟移去，而石安处焉。

黠童子

一童子随主人宦游，从县中索骑，彼所值甚驽下，望后来人得骏马，驰而来，手握缰绳，佯泣于马上。后来问曰："何泣也？"曰："吾马奔逸绝尘，深惧其泛驾而伤我也。"后来以为稚弱可信，意此马更佳，乃下地与之易。童子既得马，策而去。后来人乘马，始悟其欺，追之不及。

黠竖子

西邻母有好李，苦窥园者，设阱墙下，置粪秽其中。黠竖子呼类窃李，登垣，陷阱间，秽及其衣领，犹仰首于其曹曰："来此，有佳李。"其一人复坠，方发口，黠竖子遽掩其两唇，呼来来不已。俄一人又坠，二子相与诟病，黠竖子曰："假令三子者有一人不坠阱中，其笑我终无已时。"

小人拖人下浑水，使开口不得，皆用此术，或传此为唐伯虎事，恐未确。

节日门状

刘贡父为馆职，节日，同舍遣人以书筒盛门状，遍散人家。刘知之,乃呼所遣人坐于别室,犒以酒肴,因取书筒视之。凡与己一面之旧者,尽易以己门状。其人既饮食,再三致谢,遍走巷陌,实为刘投刺,而主人之刺遂已。

事虽甚小,却是损人利己。

智胜力

王下于军中置宴,一角牴夫甚魁岸,负大力,诸健卒与较,悉不敌。坐间一秀才,自言能胜之,乃以左指略展,魁岸者辄倒。下以为神,叩其故,秀才云:“此人怕酱,预得之同伴。先入厨求得少许酱,彼见辄倒耳。”

定远弓手

濠州定远县一弓手善用矛,有一偷亦精此技,每欲与决生死。一日,弓手因事至村,值偷适在市饮,势不可避,遂曳矛而斗,观者如堵。久之,各未能进。弓手忽谓偷曰:“尉至矣,我与尔皆健者,汝敢与我尉前决生死乎。”偷曰:“诺。”弓手应声刺之而毙,盖乘其隙也。又有人曾遇强寇,斗方接刃,寇先含水满口,忽噀其面,其人愕然,刃已揕胸。后有一壮士,复与寇遇,已先知噀水之事,寇复用之,反为所刺。

种氏取虎

忻代种氏子弟,每会集讲武,多以奇胜为能。一夕步月庄居,有庄户迎曰:“数夕来,每有一虎至麦场软藁间,转辗取快,移时而去,宜徐往也。”或请以一矢毙之,一子弟在后笑曰:“我不烦此,当以胶黐取之,如黏飞雀之易。”众责其夸。曰:“请醵钱五千具饮,若不如所言,我当独出此钱。”众许之。翌晨,集庄户,置胶黐斗余,尽涂场间麦杆上,并系羊为饵,而共伺其旁。至月色穿林,虎果至,遇系羊,攫而食之。意若饱适,即顾麦场转舒其体。数转之后,胶杆丛身,牢不可脱。畜性刚烈,大不能堪。于是伏地大吼,腾跃而起,几至丈许。已而屹立不动。久之,众合噪前视,已死矣。

术制继母

王阳明年十二，继母待之不慈。父官京师，公度不能免。以母信佛，乃夜潜起，列五托子于室门。母晨兴，见而心悸，他日复如之，母愈骇，然犹不悛也。公乃于郊外访射鸟者，得一异形鸟，生置母衾内。母整衾，见怪鸟飞去，大惧，召巫媪问之。公怀金赂媪，诈言："王状元前室责母虐其遗婴，今诉于天，遣阴兵收汝魂魄，衾中之鸟是也。"后母大恸，叩头谢不敢，公亦泣拜。良久，巫故作恨恨，乃蹶然苏。自是母性骤改。

制妒妇

《艺文类聚》：京邑士人妇大妒，尝以长绳系夫脚，唤便牵绳。士密与巫媪谋。因妇眠，士以绳系羊，缘墙走避。妇觉，牵绳而羊至，大惊。召问巫，巫曰："先人怪娘积恶，故郎君变羊。能悔，可祈请。"妇因抱羊痛哭悔誓。巫乃令七日斋，举家大小悉诣神前祈祝，士徐徐还，妇见泣曰："多日作羊，不辛苦耶？"士曰："犹忆啖草不美，时作腹痛。"妇愈悲哀，后略复妒。士即伏地作羊鸣，妇惊起，永谢不敢。

敖上舍

韩侂胄既逐赵汝愚至死，太学生敖陶孙赋诗于三元楼壁吊之，方纵笔，题未一二行，壁已舁去矣。敖知必为韩所廉，急更衣持酒具下楼，正逢捕者，问敖上舍在否，对曰："方酣饮。"亟亡命走闽，韩败乃登第一。

金还酒债

荆公素喜俞清老。一日谓荆公曰："吾欲为浮屠，苦无钱买祠部牒耳。"荆公欣然为具僧资，约日祝发，过期寂然。公问故，清老徐曰："吾思僧亦不易为，祠部牒金，且送酒家还债。"公大笑。

肯出钱与买僧牒，何不肯偿酒债，清老似多说一谎。

下马常例

宋时有世赏官王氏，任浙西一监。初莅任日，吏民献钱物几数百千，仍白曰：“下马常例。”王公见之，以为污己，便欲作状，并物申解上司。吏辈祈请再四，乃令取一柜，以物悉纳其中，对众封缄，置于厅治，戒曰：“有一小犯，即发。”由是吏民惊惧，课息俱备。比终任荣归，登舟之次，吏白厅柜，公曰：“寻常既有此例，须有文牍。”吏赍案至，俾舁柜于舟，载之而去。

不矫不贪，人己两利，是大有作为人，不止巧宦已也。

吞舍利

《广记》：唐洛中，顷年有僧持数粒所谓舍利者，贮于琉璃器中，昼夜香火檀越之礼，日无虚焉。有贫士子无赖，因诣僧请观舍利子，僧出瓶授与，遽取吞之，僧惶骇无措，复虑外闻之。士子曰：“与我钱，当服药出之耳。”赠二百缗，乃服巴豆泻下，僧欢然濯而收之。

陈　五

京师闾阎多信女巫，有武人陈五者，厌其家崇信之笃，莫能治。一日，含青李于腮，绐家人疮肿痛甚，不食而卧者竟日。其妻忧甚，召女巫治之。巫降，谓五所患是名疔疮，以其素不敬神，神不与救。家人罗拜恳祈，然后许之。五佯作呻吟甚急，语家人云：“必得神师入视救我可也。”巫入案视，五乃从容吐青李视之，捽巫批其颊而叱之门外。自此家人无崇信者。

以舍利取人，即有借舍利以取之者；以神道困人，即有诡神道以困之者。无奸不破，无伪不穷，信哉。

易　术

凡幻戏之术，多系伪妄。金陵有人卖药者，车载大士像问病，将药从大士手中过，有留于手不下者，则许人服之，日获千钱。有少年子从旁观，欲得其术。俟人散后，邀饮酒家，不付酒钱，饮毕竟出，酒家如不见也。如是三，卖药人叩其法，曰："此小术耳，君许相易幸甚。"卖药人曰："我无他，大士手是磁石，药有铁屑则黏矣。"少年曰："我更无他，不过先以钱付酒家，约客到，绝不相问耳。"彼此大笑而罢。

诱出户

朱古民文学善谑，冬日在汤生斋中。汤曰："汝素多智术，假如今坐室中，能诱我出户外乎？"朱曰："户外风寒，汝必不肯出，倘先立户外，我则以室中受用诱汝，汝必信矣。"汤信之，便出户外立，谓朱曰："汝安诱我入户哉？"朱拍手笑曰："我今已诱汝出户矣。"

谢　生

长洲谢生嗜酒，尝游张幼于先生之门。幼于喜宴会，而家贫不能醉客。一日，得美酒招客，童子率斟半杯，谢生苦不足，因出席小遗，纸封土块，招童子密授之，嘱曰："我因脏病发，不能饮，今以数文钱劳汝，求汝浅斟吾酒也。"发封得块，恨甚，故满斟之，谢是日独得倍饮。